Lorenz Braun/Claus Morgenstern/Michael Radeck
Prozessoptimierung mit statistischen Verfahren

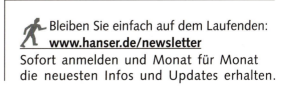

Bleiben Sie einfach auf dem Laufenden:
www.hanser.de/newsletter
Sofort anmelden und Monat für Monat
die neuesten Infos und Updates erhalten.

Lorenz Braun
Claus Morgenstern
Michael Radeck

Prozessoptimierung mit statistischen Verfahren

Eine anwendungsorientierte Einführung mit destra® und Minitab®

HANSER

Die Autoren:

Prof. Dr. oec. Lorenz Braun, Hochschule für Wirtschaft und Umwelt Nürtingen-Geislingen, Fachgebiet Quantitative Methoden, Neckarsteige 6–10, 72622 Nürtingen, Lorenz.Braun@hfwu.de

Prof. Dr.-Ing. habil. Claus Morgenstern, Leiter der Six Sigma Academy der TEQ Training und Consulting GmbH, Chemnitz sowie Dozent und Seniorconsultant auf den Gebieten Six Sigma, Qualitätsmanagement, TQM, moderne Qualitätstechniken und Zuverlässigkeit.

Dipl.-Ing. Michael Radeck, Trainer und Referent der TEQ Training und Consulting GmbH, Weinheim, ASQ Certified Six Sigma Black Belt

Bibliografische Information Der Deutschen Bibliothek:
Die Deutsche Bibliothek verzeichnet diese Publikation in der Deutschen Nationalbibliografie; detaillierte bibliografische Daten sind im Internet über <http://dnb.ddb.de> abrufbar.

ISBN 978-3-446-42130-1

Die Wiedergabe von Gebrauchsnamen, Handelsnamen, Warenbezeichnungen usw. in diesem Werk berechtigt auch ohne besondere Kennzeichnung nicht zu der Annahme, dass solche Namen im Sinne der Warenzeichen- und Markenschutzgesetzgebung als frei zu betrachten wären und daher von jedermann benutzt werden dürften.

Alle in diesem Buch enthaltenen Verfahren bzw. Daten wurden nach bestem Wissen dargestellt. Dennoch sind Fehler nicht ganz auszuschließen.

Aus diesem Grund sind die in diesem Buch enthaltenen Darstellungen und Daten mit keiner Verpflichtung oder Garantie irgendeiner Art verbunden. Autoren und Verlag übernehmen infolgedessen keine Verantwortung und werden keine daraus folgende oder sonstige Haftung übernehmen, die auf irgendeine Art aus der Benutzung dieser Darstellungen oder Daten oder Teilen davon entsteht.

Dieses Werk ist urheberrechtlich geschützt.

Alle Rechte, auch die der Übersetzung, des Nachdruckes und der Vervielfältigung des Buches oder Teilen daraus, vorbehalten. Kein Teil des Werkes darf ohne schriftliche Einwilligung des Verlages in irgendeiner Form (Fotokopie, Mikrofilm oder einem anderen Verfahren), auch nicht für Zwecke der Unterrichtsgestaltung – mit Ausnahme der in den §§ 53, 54 URG genannten Sonderfälle –, reproduziert oder unter Verwendung elektronischer Systeme verarbeitet, vervielfältigt oder verbreitet werden.

© 2010 Carl Hanser Verlag München Wien
www.hanser.de
Lektorat: Dipl.-Ing.Volker Herzberg
Herstellung: Der Buch*macher*, Arthur Lenner, München
Coverconcept: Marc Müller-Bremer, Rebranding, München, Germany
Titelillustration: Atelier Frank Wohlgemuth, Bremen
Coverrealisierung: Stephan Rönigk
Druck und Bindung: Druckhaus »Thomas Müntzer« GmbH, Bad Langensalza
Printed in Germany

Vorwort

„Die Statistik ist eine sehr gefällige Dame. Nähert man sich ihr mit entsprechender Höflichkeit, dann verweigert sie einem fast nie etwas."
Edouard Herriot (1872 – 1957)

Statistische Verfahren werden längst in allen Unternehmensbereichen und ebenso für die Beurteilung von Prozessen eingesetzt. Doch in den letzten Jahrzehnten hat sich schleichend ein Wandel vollzogen: von der Beschreibung zur Erklärung und vom Akademiker zum Anwender. Wurde Statistik früher überwiegend zur Beschreibung im Sinne der Ist-Analyse verwendet, sind heute vermehrt Verfahren gefragt, die den Ursache-Wirkungs-Zusammenhang eines Prozesses abbilden und damit eine bewusste Steuerung ermöglichen. Zudem werden statistische Methoden nicht mehr vornehmlich von Spezialisten im „Hinterzimmer" angewendet, sondern von den Prozessexperten vor Ort.

Dieser Wandel wurde durch zwei wichtige Entwicklungen intensiviert. Zum einen ist Statistiksoftware inzwischen sehr leistungsfähig und bedienerfreundlich, gerade auch auf dem Gebiet der Prozessoptimierung. Zum anderen haben Qualifizierungsmaßnahmen insbesondere im Rahmen von Six Sigma viele Prozessexperten befähigt, statistische Verfahren problemorientiert und erfolgreich anzuwenden.

Es gibt eine Vielzahl von statistischen Verfahren zur Prozessoptimierung. Neben der klassischen Anwendung zur Planung und Auswertung von Versuchen werden vermehrt Methoden verwendet, die auf Beobachtungsdaten basieren. Jede Statistik hat Vor- und Nachteile und muss bestimmte Voraussetzungen erfüllen. Hier setzt dieses Buch an. Es enthält das „Grundgerüst" der statistischen Verfahren zur Prozessoptimierung. Anwender aus Entwicklung, Konstruktion, Fertigung und Qualitätsmanagement aber auch Studierende sollen anhand von Beispielen einen problemorientierten Einstieg in die wesentlichen Verfahren erhalten und einen Überblick gewinnen, damit sie für ihre Fragestellungen bewusst die geeignete Methode auswählen und anwenden können.

Das Buch untergliedert sich in zwei Teile: eine Einführung in die Prozessoptimierung mit statistischen Verfahren und im Anschluss die verschiedenen Methodenkapitel.

Die Einführung (Kapitel 1) soll zunächst ein gemeinsames Verständnis über die Prozessoptimierung schaffen. Welche unterschiedlichen Sichtweisen der Prozessoptimierung gibt es? Wo kommen statistische Methoden ins Spiel? Derartige Fragen werden in diesem Kapitel beantwortet. Danach folgt eine Wiederholung statistischer Grundlagen, deren Verständnis für die Methodenkapitel wichtig ist. Schließlich soll dem Anwender im Abschnitt „Vom Problem zum statistischen Verfahren" ein Überblick über die vorgestellten Verfahren und gleichzeitig eine Auswahlhilfe gegeben werden. Gerade in der Wahl des „richtigen" Verfahrens liegt der Schlüssel für den erfolgreichen Einsatz der Statistik.

In den Methodenkapiteln werden alle wichtigen Verfahren zur Abbildung einer Ursache-Wirkungs-Beziehung, wie sie jedem Prozess zugrunde liegt, vorgestellt. Zunächst werden die Regressionsanalyse (Kapitel 1) und die Varianzanalyse (Kapitel 3) eingeführt. Beide können zur Auswertung von Beobachtungsdaten verwendet werden, dienen aber ebenso als Auswerteverfahren für geplante Versuche (Kapitel 4). Schließlich werden in Kapitel 5 und 6 die logistische Regression und Mehrfeldtafeln dargelegt, welche vorwiegend zur Auswertung von Beobachtungsdaten eingesetzt werden.

Alle Methodenkapitel können unabhängig voneinander gelesen werden. Verweise auf die anderen statistischen Verfahren sollen zudem das Verständnis über die Zusammenhänge erhöhen. Dadurch treten bisweilen Wiederholungen bzw. Redundanzen auf. Da aber das Verständnis und die Anwendung der Verfahren im Vordergrund stehen, ist dies bewusst so gestaltet und erwünscht.

Für die Anwendung ebenfalls wichtig ist der Einsatz von Statistik-Software. Deshalb wird in jedem Methodenkapitel ein Fallbeispiel mit dem Statistik-Paket destra® der Fa. Q-DAS® berechnet. Im Anhang werden dieselben Fallbeispiele mit Minitab® vorgestellt. Dadurch erhält der Leser einen Eindruck über die Umsetzung der einzelnen Verfahren inklusive Software-Ausgaben und Interpretation mit zwei wichtigen Statistik-Paketen.

Zum Schluss wollen wir allen ganz herzlich danken, die zu diesem Buch beigetragen haben. Besonderer Dank gebührt Dr.-Ing. Edgar Dietrich (Q-DAS® GmbH & Co. KG) und Dr.-Ing. Wolfgang Schultz (TEQ Training und Consulting GmbH) für deren Unterstützung bei der Umsetzung dieses Buches. Auch danken wir Frau Heide Mesad (Q-DAS® GmbH & Co. KG) für die Satzarbeiten und Frau Petra Schön für ihre wertvollen Hinweise zur Verständlichkeit der Ausführungen.

Wir wünschen allen Lesern eine anregende Lektüre und viel Erfolg bei der Anwendung der statistischen Verfahren. Über Kritik und konstruktive Anregungen freuen wir uns (E-Mail: Lorenz.Braun@hfwu.de).

Beipieldaten und Software-Demoversionen finden Sie zum Download unter www.Lorenz-Braun.de/Prozessoptimierung

Weinheim, im Juli 2010

Lorenz Braun, Claus Morgenstern, Michael Radeck

Inhaltsverzeichnis

Vorwort v

Inhaltsverzeichnis vii

1 Einführung in die Prozessoptimierung 1
    1.1 Ansätze der Prozessoptimierung 1
        1.1.1 Grundlagen und Begriffe 1
        1.1.2 Six Sigma 4
        1.1.3 Lean Management 7
    1.2 Grundlagen der Statistik 9
        1.2.1 Daten und Merkmale 9
        1.2.2 Statistische Kenngrößen und Verteilungen 12
        1.2.3 Statistische Tests 18
    1.3 Vom Problem zum statistischen Verfahren 23
        1.3.1 Realität und Modell 24
        1.3.2 Modellierung von Problemstellungen 26
        1.3.3 Ein einführendes Beispiel 30
    1.4 Weiterführende Literatur 35

2 Regressionsanalyse 36
    2.1 Problemstellung 36
        2.1.1 Anwendungsbeispiele 37
        2.1.2 Grundlagen der Regression 38
    2.2 Vorgehensweise 42
        2.2.1 Modellformulierung 43
        2.2.2 Schätzung der Regression 44
        2.2.3 Modellprüfung 55
        2.2.4 Interpretation und Umsetzung 76
    2.3 Fallbeispiel 81
        2.3.1 Beschreibung des Ist-Zustandes 81
        2.3.2 Abhängigkeiten im Prozess 82
        2.3.3 Schätzung und Beurteilung des Regressionsmodells 83
        2.3.4 Steuerung des Prozesses 88
    2.4 Modellvarianten 89
        2.4.1 Auswahl der wesentlichen Einflussgrößen 90
        2.4.2 Nicht-lineare Regression 92
        2.4.3 Dummy-Variablen 95
    2.5 Anwendungsempfehlungen 98
    2.6 Weiterführende Literatur 99

3 Varianzanalyse 100
    3.1 Fragestellung 100
        3.1.1 Beispiele für die Anwendung 101
        3.1.2 Grundlagen der Varianzanalyse 101

3.2 Vorgehensweise 106
3.2.1 Die einfaktorielle Varianzanalyse 107
3.2.2 Prüfung des Modells 117
3.2.3 Ergänzende Deutungen 125
3.3 Zweifaktorielle Varianzanalyse 128
3.3.1 Das Prinzip der Streuungszerlegung 129
3.3.2 Diagramme der Haupt- und Wechselwirkungseffekte 134
3.4 Fallbeispiel Schweißversuch 136
3.5 Modellvarianten 141
3.5.1 Ungleicher Stichprobenumfang 141
3.5.2 Multivariate Varianzanalyse 141
3.5.3 Kovarianzanalyse 142
3.5.4 Nicht normalverteilte Merkmalswerte 142
3.6 Weiterführende Literatur 144

4 Statistische Versuchsplanung 145
4.1 Problemstellung 145
4.1.1 Anwendungsbeispiele 147
4.1.2 Grundlagen der Versuchsplanung 148
4.2 Vorgehensweise 167
4.2.1 Einflussgrößenscreening 167
4.2.2 Modellbildung durch Anwendung vollständiger faktorieller Versuchspläne ... 176
4.2.3 Teilweise faktorielle Versuchspläne 200
4.2.4 Versuchsplanung für nominale Einflussgrößen 210
4.2.5 Blockbildung 211
4.2.6 Optimierung 216
4.3 Fallbeispiel 226
4.4 Anwendungsempfehlungen 232
4.5 Weiterführende Literatur 234

5 Logistische Regression 235
5.1 Problemstellung 235
5.1.1 Anwendungsbeispiele 236
5.1.2 Grundlagen der logistischen Regression 236
5.2 Vorgehensweise 240
5.2.1 Modellformulierung 241
5.2.2 Schätzung der logistischen Regression 244
5.2.3 Modellprüfung 248
5.2.4 Interpretation und Umsetzung 263
5.3 Fallbeispiel 267
5.4 Modellvarianten 274
5.4.1 Auswahl der wesentlichen Einflussgrößen 275
5.4.2 Weiterführende Statistiken 276
5.4.3 Modell für Zielgrößen mit mehreren Ausprägungen 279
5.5 Anwendungsempfehlungen 279
5.6 Weiterführende Literatur 281

6 Mehrfeldertafeln ... 282

- 6.1 Problemstellung ... 282
  - 6.1.1 Anwendungsbeispiele ... 283
  - 6.1.2 Grundlagen ... 283
- 6.2 Vorgehensweise ... 284
  - 6.2.1 Vierfeldertafel ... 284
  - 6.2.2 Mehrfeldertest mit der Zielgröße Anzahl fehlerhafte Einheiten ... 290
  - 6.2.3 Mehrfeldertafel mit der Zielgröße Anzahl der Fehler ... 294
- 6.3 Fallbeispiel ... 296
  - 6.3.1 Bearbeitung des Fallbeispiels mit dem Programm destra ... 297
- 6.4 Anwendungsempfehlungen ... 298
  - 6.4.1 Vierfeldertafel mit kleinen Stichproben ... 298
  - 6.4.2 Mehrfeldertafel mit kleinen Stichproben ... 299
  - 6.4.3 k×j Mehrfeldertafeln ... 299
- 6.5 Weiterführende Literatur ... 299

7 Anhang – Fallbeispiele mit Minitab ... 300

- 7.1 Regressionsanalyse ... 300
  - 7.1.1 Beschreibung des Ist-Zustandes ... 300
  - 7.1.2 Abhängigkeiten im Prozess ... 301
  - 7.1.3 Schätzung und Beurteilung des Regressionsmodells ... 303
  - 7.1.4 Steuerung des Prozesses ... 307
- 7.2 Varianzanalyse ... 308
- 7.3 Statistische Versuchsplanung ... 315
- 7.4 Logistische Regression ... 324
- 7.5 Mehrfeldertafeln ... 332

8 Tabellenanhang ... 334

- 8.1 Verteilungsfunktion Φ der Standardnormalverteilung ... 334
- 8.2 Quantile $z_{1-\alpha}$ der Standardnormalverteilung $N(0, 1)$ ... 335
- 8.3 Quantile $t_{FG,1-\alpha}$ der t-Verteilung mit FG Freiheitsgraden ... 336
- 8.4 Quantile $\chi^2_{FG,1-\alpha}$ der Chi-Quadrat-Verteilung mit FG Freiheitsgraden ... 337
- 8.5 95-%-Quantile $F_{FG_1FG_2;0,95}$ der F-Verteilung mit FG1 und FG2 Freiheitsgraden ... 338
- 8.6 99-%-Quantile $F_{FG_1FG_2;0,95}$ der F-Verteilung mit FG1 und FG2 Freiheitsgraden ... 339

9 Verzeichnisse ... 340

- 9.1 Abbildungsverzeichnis ... 340
- 9.2 Tabellenverzeichnis ... 345

10 Index ... 350

Beipieldaten und Software-Demoversionen finden Sie zum Download unter www.Lorenz-Braun.de/Prozessoptimierung.

x

1 Einführung in die Prozessoptimierung

1.1 Ansätze der Prozessoptimierung

Der Begriff „Prozessoptimierung" wird inflationär verwendet. Unterschiedliche Unternehmensbereiche bedienen sich seiner, ohne zu hinterfragen, was genau damit gemeint ist. Versteht ein IT-Mitarbeiter darunter das Gleiche wie ein Mitarbeiter aus der Produktion? Dies darf angezweifelt werden. Im folgenden Abschnitt soll deshalb der Begriff definiert und konkretisiert werden, damit ein gemeinsames Verständnis für die Prozessoptimierung entsteht – nicht im Sinne der Konkurrenz unterschiedlicher Betrachtungsweisen, sondern als gegenseitige Ergänzung.

1.1.1 Grundlagen und Begriffe

Zunächst soll die Frage beantwortet werden, *was* verbessert werden soll. Ein Prozess ist ein „Satz von in Wechselbeziehung oder Wechselwirkungen stehenden Tätigkeiten, der Eingaben in Ergebnisse umwandelt".[1] Ein Geschäftsprozess ist allgemeiner definiert. Er „besteht aus der funktions- und organisationsübergreifenden Verknüpfung wertschöpfender Aktivitäten, die von Kunden erwartete Leistungen erzeugen".[2] Diese Definition kann mehrere Prozesse beinhalten und zielt stärker auf die Erfüllung der Kundenanforderungen ab. Für die weiteren Ausführungen wird die Definition eines Prozesses zugrunde gelegt, allerdings erweitert um die Anforderungen, die ein Produkt erfüllen soll. Abbildung 1-1 soll dies verdeutlichen. Das Ergebnis eines Prozesses ist ein Produkt, das gewissen Anforderungen genügen oder bestimmte Funktionen erfüllen muss. Diese Aussage gilt analog für die Erbringung von Dienstleistungen.

Abbildung 1-1: *Zusammenhang zwischen Prozess, Produkt und Anforderung*

Nach der Definition eines Prozesses folgt die Frage: *wie* soll ein Prozess optimiert werden? Zur Beantwortung soll zwischen der Verbesserung des Prozesses zur Herstellung eines Produktes und der Verbesserung des Produktes zur Erfüllung der Anforderungen unterschieden werden. Im ersten Fall werden die Spezifikationen eines Produktes als gegeben angesehen. Sie sollen „möglichst gut" erfüllt werden. Im zweiten Fall stehen die Anforderungen im Vordergrund. Ein Produkt oder eine Dienstleistung soll diese „möglichst gut" erfüllen.

Was ist mit „möglichst gut" gemeint? Ein erster Ansatz der Optimierung liegt im Grad der Erfüllung: Wie exakt werden die Spezifikationen des Produktes bei der Herstellung

---

[1] ISO 9000:2000.
[2] Vgl. Schmelzer, H. J. und W. Sesselmann (2008): Geschäftsprozessmanagement in der Praxis, 6. Aufl., Hanser München, S. 64.

erfüllt bzw. wie genau entspricht ein Produkt seinen Anforderungen? Dies wird als Effektivität, dem Grad der Zielerfüllung bezeichnet. Der zweite Ansatz der Optimierung betrifft die Effizienz, also mit welchen Mitteln ein Ziel erreicht wird. Welcher Input wird benötigt, um ein Produkt herzustellen bzw. welche Produkteigenschaften sind wesentlich zur Erfüllung der Anforderungen? Für das bessere Verständnis der möglichen Ansätze, einen Prozess zu optimieren, wird zwischen Effektivität und Effizienz unterschieden. Dabei werden zusätzlich die Prozess-Produkt- und die Produkt-Anforderung-Beziehungen betrachtet (vgl. Abbildung 1-2).

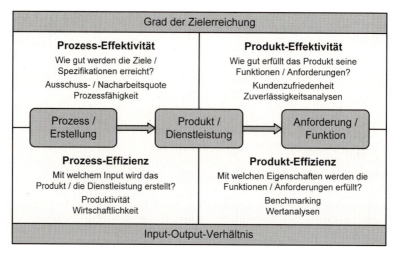

Abbildung 1-2: Effektivität und Effizienz bei Prozessen und Produkten

Grundsätzlich steht die Effektivitätsbetrachtung vor derjenigen der Effizienz. So kann ein schlechtes Produkt im Sinne der Erfüllung von Anforderungen durchaus effizient hergestellt werden. Effektive Produkte bzw. Dienstleistungen erfüllen ihre Anforderungen in einem hohen Maße. Kundenzufriedenheitsanalysen sind ein wichtiges Maß für den Grad der Erfüllung. Bei technischen Produkten können weitere Untersuchungen, wie z.B. Zuverlässigkeitsanalysen, verwendet werden. Sie zeigen, ob ein Produkt über den geplanten Zeitraum unter bestimmten Bedingungen fehlerfrei eingesetzt werden kann.

Die Prozess-Effektivität ist als Fähigkeit zu verstehen, ein Produkt entsprechend den Spezifikationen (Sollwerte und Toleranzen) herzustellen. Werden diese nicht erfüllt, muss nachgearbeitet werden oder es entsteht Ausschuss. Im Produktionsbereich werden häufig Prozessfähigkeiten berechnet, die ausdrücken, wie gut ein Produktmerkmal innerhalb seiner Toleranz liegt.

Bei der Produkt-Effizienz wird die Entwicklung von Produkten und Dienstleistungen betrachtet. Dabei soll darauf geachtet werden, dass nur Komponenten oder Eigenschaften im Produkt oder einer Dienstleistung enthalten sind, die zur Erfüllung der Anforderungen notwendig sind. Eine gute Möglichkeit der Überprüfung ist die Wertanalyse. Sie versucht herauszuarbeiten, ob alle Wirkungen eines Produktes gewünscht oder notwendig sind und ob diese kostengünstiger oder besser realisierbar sind.

Für die Prozess-Effizienz werden die Spezifikationen als gegeben angenommen. Mit welchen Mitteln diese im Prozess erreicht werden, kann als Leistungsfähigkeit eines Prozesses verstanden werden. Zwei wichtige Kennzahlen zur Beurteilung sind die Produktivität und die Wirtschaftlichkeit. Bei der ersteren wird die Ausbringungsmenge ins Verhältnis zu einer Einsatzmenge betrachtet. Beispielhaft sei die Mitarbeiterproduktivität genannt. Sie besagt, wie viele Mitarbeiter bzw. Arbeitszeit benötigt werden, um eine Einheit herzustellen. Bei der Wirtschaftlichkeit wird die mengenmäßige Betrachtung durch Geldeinheiten bewertet. Somit wird der Ertrag ins Verhältnis zum Aufwand gesetzt.

Der Begriff der Optimierung soll ebenfalls definiert werden. Darunter ist das beste erreichbare Ergebnis zu verstehen, unter Berücksichtigung vorgegebener Ziele und Bedingungen. Sowohl die Steigerung der Effizienz als auch der Effektivität fällt unter diese Definition. Neben der Erfüllung von Kundenanforderungen sind weitere Zielvorgaben, wie z.B. die Unternehmensstrategie oder eine bestimmte Produktpolitik, zu berücksichtigen. Als Bedingungen können die Kompetenzen des Unternehmens oder dessen Anlagen und Maschinen verstanden werden.

Nachdem die wesentlichen Begriffe der Prozessoptimierung definiert und abgegrenzt wurden, sollen im Folgenden wichtige Managementkonzepte und -methoden anhand ihrer Optimierungsschwerpunkte eingestuft werden. Dabei wird wiederum zwischen Effektivität und Effizienz unterschieden, jeweils bezogen auf den Prozess und das Produkt (vgl. Tabelle 1-1).

Managementkonzepte und -methoden	Prozess		Produkt	
	Effektivität	Effizienz	Effektivität	Effizienz
Six Sigma	+++	+	++	
Lean Management	+	+++	+	
Kaizen / KVP	++	+	+	
Business Process Management (BPM)	+	+++	++	+
Supply Chain Management (SCM)	+	+++	++	+
Customer Relationship Management (CRM)		+	+++	++

Tabelle 1-1: Beurteilung ausgewählter Managementkonzepte und -methoden nach ihren Optimierungsschwerpunkten

Im Folgenden wird als Konzept zur Effizienzsteigerung das Lean Management und zur Effektivitätssteigerung Six Sigma vorgestellt. Beide Arbeitsweisen sind projekt-orientiert. Sie ergänzen sich aufgrund ihrer unterschiedlichen Schwerpunkte und haben sich in der Praxis der Prozessoptimierung bewährt. KVP und Kaizen beschäftigen sich eher mit der schrittweisen Verbesserung überschaubarer Fragestellungen. Die anderen in der Tabelle genannten Konzepte sind umfangreichere Management-Konzepte mit anderen Schwerpunkten und dienen hier lediglich dem Vergleich. Auf diese wird nicht näher eingegangen.

1.1.2 Six Sigma

Six Sigma wurde in den 80er Jahren des letzten Jahrhunderts in den USA von Motorola entwickelt. Der Erfolg des Management-Konzeptes wurde 1988 durch den Malcom Baldrige National Quality Award bestätigt, was die Verbreitung in den USA und schließlich auch in Europa zur Folge hatte. Six Sigma ist als umfassende Initiative zu verstehen, die eine Vermeidung von Fehlern und eine drastische Verbesserung von Prozessen, Produkten und Dienstleistungen zum Ziel hat. Diese sehr allgemeine Definition soll durch einige zentrale Elemente von Six Sigma verdeutlicht werden.

Unternehmensstrategie und Management-Konzept

Six Sigma hat die langfristige Steigerung der Wettbewerbsfähigkeit eines Unternehmens zum Ziel. Ausgehend von den Anforderungen der Kunden sollen die Produktions- und Geschäftsprozesse eines Unternehmens verbessert werden. Alle Mitarbeiter sollen in den Verbesserungsprozess eingebunden werden. Diese strategische Ausrichtung wird in Europa häufig ebenfalls durch ein QM-System (z.B. DIN ISO 9000 ff.) abgedeckt und wird deshalb nicht als Besonderheit von Six Sigma wahrgenommen.

Dagegen ist die organisatorische Integration und Umsetzung von Six Sigma im Sinne eines Management-Konzeptes bedeutend. Jede Unternehmensebene soll integriert werden. Die oberste Unternehmensleitung hat die Aufgaben, klare Ziele für Six Sigma vorzugeben und die notwendigen Ressourcen zur Verfügung zu stellen. Die beiden zentralen Personengruppen in Six Sigma sind die Sponsoren (Champions) und die Black Belts. Erstere wählen die Verbesserungsprojekte aus und geben klare Zielvorgaben. Verantwortlich für die Projektdurchführung sind die Black Belts. Neben der Projektorganisation sind sie für den Projekterfolg verantwortlich. Sie werden intensiv in Projektmanagement und in der Anwendung von Problemlösungsmethoden geschult. Im Projekt stehen ihnen meist Green und teilweise auch Yellow Belts zur Seite. Diese Gruppen erhalten ebenfalls eine Six Sigma-Ausbildung, die allerdings nicht so intensiv wie bei den Black Belts ist. Bei größeren Six Sigma-Organisationen wird oft die Stabsstelle des Master Black Belts geschaffen. Dieser Methodenspezialist unterstützt die Projektgruppen. Darüber hinaus ist er häufig bei der Projektauswahl beteiligt und ist für das Management der Six Sigma-Initiative verantwortlich.

Symbol für Streuung und anspruchsvolles Verbesserungsziel

Der griechische Buchstabe Sigma (σ) ist in der Statistik die Standardabweichung und somit eine Maßzahl für die Streuung. Deren Wert kann als „Ungenauigkeit" eines Prozessergebnisses verstanden werden: Je größer σ, desto unsicherer arbeitet ein Prozess. Six Sigma ist als angestrebtes Qualitätsniveau zu verstehen: Die Streuung eines Produktmerkmals soll ausgehend vom Sollwert erst nach sechs Mal der Standardabweichung ($6\,\sigma$) auf die obere bzw. untere Spezifikationsgrenze treffen. Bei dieser kurzfristigen Betrachtung soll also zwölf Mal die Standardabweichung in eine Toleranz passen. Die Erfahrung der Prozesssteuerung zeigt, dass dieses Niveau langfristig nicht zu halten ist. Deswegen wird über die Zeit eine Verschiebung der Lage des Produktmerkmals um 1,5 σ akzeptiert. Somit bleiben bis zur kritischen Spezifikationsgrenze 4,5 σ, was einem akzeptierten Ausschussanteil von 3,4 ppm (Parts per Million) entspricht. Die folgende Abbildung soll dies verdeutlichen.

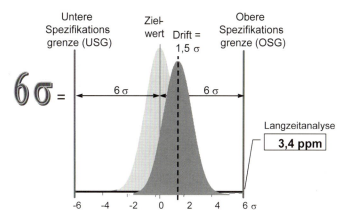

Abbildung 1-3: Prinzip zur Berechnung des Qualitätsniveaus von Six Sigma

Wird dieses Qualitätsniveau auf die Prozessfähigkeit übertragen, so ergibt sich kurzfristig C_{mk} = 2,0 und langfristig C_{pk} = 1,5. Zur Verallgemeinerung und zum Vergleich von Produktions- und Geschäftsprozessen wird häufig nicht über Prozessfähigkeiten oder Fehlerquoten, sondern über das so genannte Sigma-Niveau argumentiert. So entspricht 6 σ eben dem Fehleranteil von 3,4 ppm und beispielsweise 4 σ 6210 ppm.

Das Six Sigma-Niveau ist als langfristiges Ziel zu verstehen, das von verschiedenen Faktoren abhängt. Beispielsweise seien das Niveau zu Beginn einer Six Sigma-Initiative, die Intensität der Umsetzung und die Komplexität der Produkte und Prozesse genannt. Grundsätzlich kann aber davon ausgegangen werden, dass die Zielerreichung mehrere Jahre benötigt. Für das Erreichen des langfristigen Six Sigma-Niveaus ist eine vollständige Durchdringung eines Unternehmens notwendig. Insbesondere die Produkt- und Prozessentwicklung sollte eingebunden werden. Dies erfolgt im so genannten DFSS (Design for Six Sigma). Bei Neu- und Weiterentwicklungen sollen dadurch einerseits relevante Kundenwünsche berücksichtigt und andererseits ein hohes Sigma-Niveau ermöglicht werden.

Projektorientierte Prozess- und Produktverbesserung

Die Verbesserung von Produkten und Prozessen erfolgt in Projekten, die ungefähr 6 Monate dauern sollen und in klar festgelegten Phasen ablaufen. Nach der Define-Phase, die der Problem- und Teamauswahl dient, folgt die Measure-Phase. Hier wird der betrachtete Prozess abgegrenzt und das Problem durch Messgrößen eindeutig beschrieben. Im Anschluss erfolgt im Rahmen der Analyse-Phase die Suche nach den Ursachen für das Problem. Die Beeinflussung der Ursachen zur Lösung des Problems erfolgt in der Improve-Phase. Der Erfolg der Verbesserung wird in der Control-Phase durch die Einführung eines Überwachungs- und Steuerungssystems sichergestellt. Diese Phasen werden durch das Akronym „DMAIC" zusammengefasst.

Das DMAIC-Phasemodell hat auch zusätzlich die Aufgabe, die Projektarbeit des Verbesserungsteams zu steuern. In der Define-Phase werden in einem Projektvertrag die Aufgaben und Ziele sowie die Teamzusammensetzung definiert. Ebenfalls werden darin Meilensteine festgelegt. Am Ende der Phasen Measure, Analyse und Improve präsentiert das Team die bisherigen Ergebnisse und stimmt das weitere Vorgehen mit seinem Sponsor ab.

Die Verbesserung von Prozessen wird an den Kriterien „Qualität", „Zeit" und „Kosten" ausgerichtet. Dabei ist die Kostensenkung als ein „Muss-Kriterium" zu verstehen. Projekte werden oft erst ab einem Einsparpotential von 100.000 Euro freigegeben. Nach erfolgreicher Beendigung werden nach dem Pareto-Prinzip neue Projekte im Sinne einer ständigen Verbesserung aufgelegt. Die aus den Projekten gewonnene Erfahrung wird dokumentiert und nachfolgenden Teams zur Verfügung gestellt. Dadurch soll auch ein Wissensaufbau und -transfer erzielt werden.

Werkzeugkoffer zur Problemlösung

Eine Besonderheit von Six Sigma im Vergleich zu anderen Konzepten wie Kaizen oder KVP ist sicherlich die intensive Verwendung von statistischen Methoden zur Problemlösung. Entscheidungen sollen auf der Basis von Daten getroffen werden. Zum richtigen Einsatz der Methoden werden diese den einzelnen DMAIC-Phasen zugeordnet. Die wichtigsten Methoden werden in der Tabelle 1-2 vorgestellt. Die Zuordnung der Methoden zu den Phasen zeigt auch den Schwerpunkt in der Analyse- und Improve-Phase.

	Define	Measure	Analyse	Improve	Control
Benchmarking	✓		✓		
Voice of the Customer (VOC)	✓				
Quality Function Deployment	✓				
SIPOC	✓				
Pareto-Analyse	✓	✓	✓		✓
Ablaufdiagramme		✓		✓	
Critical-to-Matrix (CT-Matrix)		✓			
Messsystemanalyse		✓			
Histogramme		✓			
Prozessfähigkeiten		✓			
Ursache-Wirkungs-Diagramm			✓		
Cause & Effekt-Matrix (C&E)			✓		
FMEA			✓	✓	✓
Shainin-Methoden			✓	✓	
Statistische Tests			✓	✓	
Korrelationsanalyse			✓	✓	
Regressionsanalyse			✓	✓	
Logistische Regression			✓	✓	
Mehrfeldtafeln			✓	✓	

Varianzanalyse (ANOVA)			✓	✓	
Statistische Versuchsplanung			✓	✓	
Prozesssimulation			✓	✓	
Poka Yoke				✓	
Tolerance Design			✓	✓	
Prüfpläne					✓
Qualitätsregelkartentechnik					✓

Tabelle 1-2:   Six Sigma-Werkzeuge im DMAIC-Phasen-Modell

1.1.3 Lean Management

Der Begriff Lean Management ist in seinem Herkunftsland Japan nicht geläufig. Er wurde vor allem durch die amerikanische Management-Literatur verbreitet. Besondere Beachtung aus dem Gesamtsystem Lean Management fanden die Elemente Gruppenarbeit und das Prinzip der Just-in-Time Fertigung, die mit einem Minimum an Beständen auskommt. Die erfolgreich mit Lean Management arbeitenden Unternehmen haben es geschafft, ihre Mitarbeiter in die Lage zu versetzen, dass sie die Informationen, Methoden und Sachmittel haben, die sie für ein optimal zielgerichtetes Handeln benötigen. Das dazu notwendige Niveau an Arbeitsmoral und Selbstdisziplin gedeiht jedoch nur dort, wo die Verpflichtung gegenüber den Mitarbeitern in der Beteiligung an ihren Aktivitäten und im direkten Austausch von Informationen spürbar ist.

Ein zentrales Ziel des Lean Managements ist das Schaffen von schlanken Prozessen. Überflüssige Tätigkeiten oder Zwischenlager sollen vermieden werden. Die hohe Synergie des Lean Management erwächst aus der simultanen Anwendung von Systemen wie Total Quality Management, Just-in-Time-Produktionsprinzip, Total Productive Maintenance, Policy Deployment, Vorschlagswesen und Kleingruppenarbeit.

Total Quality Management (TQM)

Das TQM-Konzept bedeutet, dass jeder im Unternehmen eingebunden wird, beginnend mit der Unternehmensleitung, über Führungshierarchien hinweg bis zu den Mitarbeitern an den Linien. Dabei sind Vertriebsorganisationen und auch Lieferanten mit einbezogen. Inhaltlich umfasst TQM Arbeitsmittel wie das Policy Deployment, Qualitätssicherungskonzepte, Standardisierung, Training und Ausbildung, Kostenmanagement und auch die Kleingruppenarbeit.

Just-in-Time-Produktionsprinzip

Entwickelt wurde das Prinzip bei Toyota. Es umfasst die Konzepte Angleichung der Takt- und Zykluszeit, Pull-Production, Autonomation der Mitarbeiter (Jidoka) und die Einführung von Fertigungszellen unter Berücksichtigung des One-Piece-Flow.

Total Productive Maintenance (TPM)

Der wesentliche Fokus von TPM ist die gelebte Praxis eines vorbeugenden Instandhaltungssystems mit dem Ziel, die Einrichtungen und Maschinen über die gesamte Lebensdauer hinweg mit maximaler Effizienz zu betreiben.

Policy Deployment

Ausgehend von der langfristigen Strategie der Unternehmensleitung werden mittel- und kurzfristige operative Pläne entworfen, die in konkrete Aktivitäten münden. Muss beispielsweise ein Unternehmen seine Kosten aus Wettbewerbsgründen um x % senken, kann dies in den Werken auf unterschiedliche Art und Weise erreicht werden. Beispielsweise kann die Produktivität erhöht, die Bestände reduziert oder der Ausschuss und die Nacharbeit reduziert werden. Ein beträchtlicher Teil der operativen Umsetzung solcher Aufgaben wird durch Verbesserungsprojekte erzielt. Je nach dem Schwierigkeitsgrad und der Komplexität der Aufgabenstellung reicht das Spektrum von ad hoc gebildeten Kleingruppen bis hin zu Projekten mit Laufzeiten von mehreren Monaten.

Vorschlagswesen

Ziel des Vorschlagswesens ist die aktive Beteiligung der Mitarbeiter an der Gestaltung des eigenen Arbeitsplatzes. Daraus soll eine erhöhte Arbeitsmoral entstehen. Das Vorschlagwesen leistet einen wichtigen Beitrag zur Zufriedenheit, wenn nicht allein die Vorschläge akzeptiert werden, bei denen hohe Einsparungen erreicht werden, sondern auch Themen der Arbeitserleichterung Berücksichtigung finden.

Kleingruppen

Hierunter fallen Verbesserungsprojekte, die geplant oder auch ad hoc zu vorgegebenen Zielsetzungen zur Verbesserung der Produktivität, Sicherheit und Qualität organisiert werden.

Unternehmensleitung

Die Unternehmensleitung führt das Unternehmen durch den Aufbau des Managementsystems sowie durch die Entwicklung und Durchsetzung von Strategien zur Bewältigung der Qualitäts-, Kosten- und Lieferziele. Darüber hinaus müssen Kommunikationsnetzwerke geschaffen und die Mitarbeiter entsprechend qualifiziert werden. Eine ständige Überprüfung der Strategien und Ziele und etwaige Anpassungen sind ebenfalls erforderlich.

Lean Management ist die konsequente Antwort auf die Komplexität, Sprunghaftigkeit und Geschwindigkeit der Veränderung von Märkten. Das Managen dieser Herausforderungen erfordert Wissen und Methodik, ob im obersten Führungskreis oder an der Linie. Möglichst viele Personen im Unternehmen sollen in die Lage versetzen werden, Situationen zu analysieren und rational Entscheidungen zu treffen und Handlungen auszuführen. Beides kann erlernt und trainiert werden. Methodik führt dabei keineswegs zu Standardabläufen und Standardlösungen. Das methodische Vorgehen macht Entscheidungen und Handlungen erst transparent und nachvollziehbar und ist damit ein wichtiges Mittel der Unternehmenskommunikation. In diesem Sinne sind die in diesem Buch beschriebenen Methoden zu verstehen.

Abschließend bleibt zu bemerken, dass es kein „fertiges" Programm „Lean Management" von der Stange gibt, das man als einzige Lösung kaufen und implementieren kann. Das Toyota-Produktionssystem entstand in einem Veränderungsprozess von mehr als 40 Jahren und es entwickelt sich weiter.

1.2 Grundlagen der Statistik

Statistik ist die Lehre von der Aufbereitung und Auswertung von Daten. Die Optimierung von Prozessen kann ohne Statistik nicht erfolgen. Allein der Nachweis einer Verbesserung bedarf der Statistik: Wie sonst sollen Veränderungen im Prozess festgestellt werden? Und die Statistik kann noch mehr. Sie stellt leistungsfähige Verfahren und Methoden bereit, die den Experten bei der Prozessoptimierung unterstützen. Mit Hilfe solcher Verfahren kann das Ursache-Wirkungs-Prinzip, das jedem Prozess zugrunde liegt, aus den Prozessdaten ermittelt werden. Dieses Wissen ist notwendige Grundlage für die Steuerung eines Prozesses.

Werden in späteren Kapiteln dieses Buches einige leistungsfähige Verfahren vorgestellt, sollen hier wichtige Grundlagen der Statistik aufgezeigt werden. Allgemein soll die Frage beantwortet werden, welche Daten wie erhoben und welche Aussagen mit Statistik getroffen werden können. Die folgenden Ausführungen sind dabei als zielorientierte Wiederholung für das Verständnis der Methodenkapitel zu verstehen. Eine Einführung in die Statistik kann nicht geleistet werden. Grundlegende Kenntnisse werden vorausgesetzt.

1.2.1 Daten und Merkmale

Daten sind die Grundlage jeder Statistik. Um zu verstehen, was Daten sind, müssen einige Begriffe erklärt werden:

- **Untersuchungseinheit:** Was soll untersucht werden?
  Bei der Prozessoptimierung handelt es sich um ein Produkt und den zugehörigen Prozess. Grundsätzlich können aber auch andere Einheiten, wie z.B. Menschen oder Unternehmen, betrachtet werden.

- **Merkmal:** Welche Eigenschaft soll untersucht werden?
  Produkte und Prozesse lassen sich durch eine Vielzahl von Eigenschaften beschreiben. Wichtige Eigenschaften des Produktes werden künftig als Zielgrößen bezeichnet, die des Prozesses als Einflussgrößen.

- **Merkmalsausprägungen:** Welche Werte können theoretisch gemessen werden?
  Je nachdem, welche Ausprägungen möglich sind, werden Merkmalstypen unterschieden. Diese sind Grundlage für die Auswahl von statistischen Kenngrößen und Verfahren.

- **Daten:** Welche Werte wurden für die Merkmalsausprägungen tatsächlich erhoben?
  Die erhobenen Werte enthalten Informationen über das Produkt, den Prozess und deren Abhängigkeiten untereinander.

Diese Ausführungen zeigen, dass die Definition der Merkmale der Datenerhebung vorausgehen muss. So müssen für die Prozessoptimierung immer die Ziel- und Einflussgrößen festgelegt werden. Dabei sind die Zielgrößen als messbare Wirkung, die Einflussgrößen als messbare Ursachen zu deuten. Da die Skala der Messung entscheidend für die Methodenwahl ist, werden in Tabelle 1-3 die unterschiedlichen Skalen- und Merkmalstypen aufgelistet und bewertet.

Merkmalstyp	qualitativ	komparativ	quantitativ	
Skalentyp	Nominalskala	Ordinalskala (Rangskala)	Kardinalskala (metrisch)	
			Intervallskala	Verhältnisskala
Relation zwischen den Ausprägungen	Verschiedenheit $x_i \neq x_j$	Rangfolge $x_i < x_j$	Abstände $x_i - x_j$ sinnvoll	Verhältnisse $x_i : x_j$ sinnvoll
Beispiele:	Geschlecht Lieferanten	Schulnoten Qualitätsstufen	Temperatur °C IQ-Skala	Temperatur K Abmessungen Kosten, Zeit
Informationsgehalt	gering ⟵⎯⎯⎯⎯⎯⎯⎯⎯⎯⎯⎯⎯⎯⎯⎯⟶ hoch			
Tendenzieller Erhebungsaufwand	gering ⟵⎯⎯⎯⎯⎯⎯⎯⎯⎯⎯⎯⎯⎯⎯⎯⟶ hoch			

Tabelle 1-3:   Merkmals- und Skalentypen

Qualitative Merkmale werden auf einer Nominalskala gemessen. Die möglichen Ausprägungen sind dabei als Eigenschaften zu verstehen, die nicht in Relation zueinander gebracht werden können. Es kann lediglich deren Unterschied festgestellt werden. Beispielsweise können die Ausprägungen „männlich" und „weiblich" nicht in eine natürliche Reihenfolge gebracht werden. Ebenso verhält es sich bei unterschiedlichen Lieferanten und beim Merkmal Qualität zur Unterscheidung von „gut" und „schlecht". Zwar ist eine gute Qualität erstrebenswert, aber die unterschiedlichen Ausprägungen sind statistisch nur als Zustände zu verstehen.

Können die Merkmalsausprägungen in eine natürliche Rangfolge gebracht werden, wird das Merkmal auf einer Ordinalskala gemessen. Ein klassisches Beispiel hierfür sind Schulnoten. So ist unbestreitbar, dass eine Eins besser als eine Drei ist, aber um wie viel kann nicht eindeutig beziffert werden. Deutlicher wird dies am Beispiel von Qualitätsstufen. So ist die Qualitätsstufe A besser als die Stufe B, welche wiederum besser als C ist. Es ist aber keine Aussage möglich, ob der Abstand zwischen A und B genau so groß ist wie zwischen B und C.

Eine klare Aussage über den Abstand einzelner Ausprägungen wird erst auf der Intervallskala möglich, was dam Beispiel der Temperatur, gemessen in Grad Celsius, verdeutlicht werden soll. Diese Skala besitzt keinen natürlichen Nullpunkt. Somit sind keine Aussagen über das Verhältnis zweier Ausprägungen möglich: 20 °C sind nicht „doppelt so warm" wie 10 °C. Interessanterweise besitzt die Temperaturskala Kelvin einen natürlichen Nullpunkt, nämlich wenn keine Bewegungsenergie mehr vorhanden ist. Sie wird deswegen auf einer Verhältnisskala gemessen. Eindeutig lässt sich der Unterschied am Beispiel von Abmessungen erklären. So sind 10 Millimeter genau doppelt so viel wie 5 Millimeter.

Die unterschiedlichen Skalen lassen sich anhand zweier Kriterien beurteilen. So ist der Informationsgehalt metrischer Daten höher als derjenige qualitativer. Ein kleines Beispiel soll dies verdeutlichen. Kann bei einem Qualitätsmerkmal nur zwischen „gut" und „schlecht" unterschieden werden, ist dies die geringst mögliche Information. Wird dagegen festgestellt, wo sich ein Merkmal innerhalb oder außerhalb einer Toleranz befindet, liegt wesentlich mehr Information vor. Zu berücksichtigen ist aber auch der Erhebungsaufwand. Nominale Merkmale sind häufig einfacher zu messen als metrische. Die Entscheidung, auf welcher Skala gemessen werden soll, ist damit eine Kosten-Nutzen-Abwägung.

Nach der Definition die Ziel- und Einflussgrößen werden Daten aus einem Prozess und am Produkt erhoben. Dabei können viele Fehler gemacht werden, weshalb die wichtigsten Anforderungen an eine gute bzw. richtige Datenerhebung im Folgenden aufgeführt und erläutert werden. Die **Datensätze müssen**

- **zuordenbar erhoben werden.**
  Damit ist gemeint, dass die „Geschichte" eines Produktes in seinem Weg durch einen Prozess exakt erfasst wird. Für alle Verfahren zur Abbildung des Ursache-Wirkungs-Prinzips müssen die Werte der Einflussgrößen direkt dem Wert der Zielgröße zuordenbar sein.

- **vollständig sein.**
  Liegen für einzelne Produkte nicht alle Werte der Ziel- oder Einflussgrößen vor, kann dieser Datensatz nicht für die weiteren Berechnungen verwendet werden und muss aus der Stichprobe entfernt werden. Dadurch sinkt der Stichprobenumfang.

- **fehlerfrei sein.**
  Werden Daten ungenau erfasst, können die Ergebnisse von statistischen Verfahren nicht zutreffend sein. Deshalb ist die Messsystemanalyse im Qualitätsbereich von großer Bedeutung. Sie soll gewährleisten, dass keine bzw. nur akzeptable Fehler bei der Messung auftreten.

- **in ausreichender Anzahl vorliegen.**
  Die Frage nach dem notwendigen Stichprobenumfang wird in den einzelnen Methodenkapiteln genauer beantwortet. Grundsätzlich ist davon auszugehen, dass ein größerer Stichprobenumfang ein besseres Ergebnis liefert.

- **zufällig bzw. repräsentativ für den Prozess sein.**
  Aufgrund der erhobenen Daten sollen Informationen über die Struktur eines Prozesses erhalten werden. Dies ist nur dann möglich, wenn die Information der Stichprobe repräsentativ für den normal ablaufenden Prozess ist. Im einfachsten Fall ist eine zufällige Stichprobe zu erheben.

Zusätzlich ist darauf zu achten, dass nicht erhobene Einflussgrößen nur zufällig wirken bzw. konstant sind. Ist dies nicht der Fall, können die Ergebnisse der Auswertung unscharf oder gar fehlerhaft werden, wenn z.B. wichtige Ursachen im Hintergrund wirken, aber nicht über Einflussgrößen berücksichtigt werden. Eine gewissenhafte Datenerhebung ist also notwendige Voraussetzung für gute Analyseergebnisse.

1.2.2 Statistische Kenngrößen und Verteilungen

Die in diesem Buch vorgestellten statistischen Verfahren sollen ausgehend von den erhobenen Daten die Gesetzmäßigkeiten eines Prozesses abbilden. Allgemeiner ausgedrückt soll von einer Stichprobe auf die Grundgesamtheit geschlossen werden. Dazu werden die Daten der Stichprobe zunächst grafisch und rechnerisch aufbereitet und bewertet. Zur Verallgemeinerung der Ergebnisse ist eine Vorstellung von der Grundgesamtheit notwendig. Dies ist für ein Merkmal dessen theoretische Verteilung. Deshalb werden in diesem Abschnitt Grafiken, statistische Kenngrößen und Verteilungen für metrische und nominale Merkmale vorgestellt.

Wird ein Merkmal auf einer nominalen Skala erhoben, wird häufig zwischen zwei Zuständen unterschieden. Für eine Zielgröße kann z.B. zwischen „gut" und „schlecht" unterschieden oder zusätzlich die Fehlerarten betrachtet werden. Die Fehlerhäufigkeit wird grafisch durch ein Pareto-Diagramm dargestellt. Darin werden von links ausgehend die Häufigkeiten der Fehler absteigend sortiert (vgl. Abbildung 1-4).

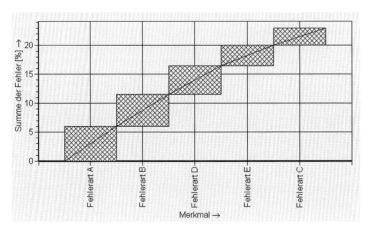

Abbildung 1-4:   Pareto-Diagramm für Fehlerhäufigkeiten

Die Fehlerart A kommt am häufigsten vor, C dagegen am seltensten. Das Pareto-Diagramm wird auch zur Auswertung einer Fehlersammelkarte verwendet. In eine solche Karte werden Fehleranteile bezogen auf eine Stichprobe eingezeichnet (vgl. Abbildung 1-5). Dadurch wird eine Beurteilung der Fehlerentwicklung über die Zeit möglich.

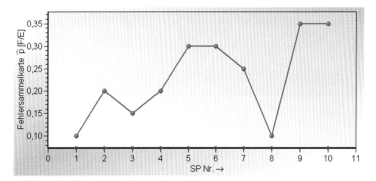

Abbildung 1-5: Grafische Darstellung einer Fehlersammelkarte

In der Abbildung wurden insgesamt zehn Stichproben (SP) betrachtet, wobei jeweils die Fehleranzahl in das Verhältnis zum Stichprobenumfang gesetzt wurde, d.h.

$$\hat{p} = \frac{\text{Anzahl fehlerhafter Teile (F)}}{\text{Anzahl aller Einheiten (E)}}.$$

Der Ausdruck $\hat{p}$ weist auf ein Stichprobenergebnis hin. Soll damit auf den Fehleranteil der Grundgesamtheit geschlossen werden, spricht man in der Statistik von einer Schätzung.

Werden Merkmale auf einer metrischen Skala gemessen, können die Ergebnisse ebenfalls über die Zeit als Werteverlauf dargestellt werden (vgl. Abbildung 1-6). Anhand einer solchen Grafik wird beurteilt, ob die Zielgröße einer zeitlichen Entwicklung unterliegt, wie z.B. einem Trend.

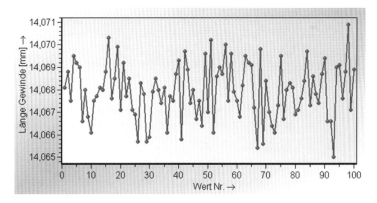

Abbildung 1-6: Werteverlauf für eine metrische Zielgröße

Der Werteverlauf in der Abbildung zeigt keinen Trend, sondern lediglich die unterschiedlichen Ausprägungen der Daten. Wie häufig diese auftreten, wird durch ein Histogramm veranschaulicht. Dabei werden die erhobenen Werte in gleich breite Klassen eingeteilt, so dass die Höhe der Balken deren Häufigkeiten widerspiegelt.

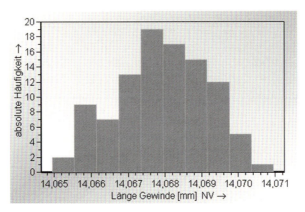

Abbildung 1-7:   Histogramm für eine metrische Zielgröße

Abbildung 1-7 gibt einen Eindruck über die Verteilung der Messwerte, d.h. wie die Werte streuen. Die rechnerische Aufbereitung der Daten erfolgt anhand statistischer Kenngrößen. Diese lassen sich grundsätzlich in Lage- und Streuungsparameter unterteilen. Der wichtigste Lageparameter als „Maß für die Mitte der Verteilung" ist das arithmetische Mittel (Mittelwert). Es berechnet sich mit

$$\bar{x} = \frac{1}{n}\sum_{i=1}^{n} x_i = \frac{x_1 + x_2 + \ldots + x_n}{n},$$

wobei n der Stichprobenumfang ist und x_i für alle erhobenen Einzelwerte i = 1, ..., n steht. Um die Verteilung der Messwerte ausreichend beschreiben zu können, sind zusätzlich Maße für die Streuung notwendig. Ein einfaches Maß ist die Spannweite

$$R = x_{max} - x_{min},$$

das sich als Differenz zwischen größtem und kleinstem Wert ergibt. Die Spannweite ist ein sehr grobes Maß, da nur zwei Werte aus einer Stichprobe in die Berechnung eingehen. Wichtigere Maße berücksichtigen die Abweichungen aller erhobenen Werte vom Mittelwert. Die Varianz

$$s^2 = \frac{1}{n-1}\sum_{i=1}^{n}(x_i - \bar{x})^2$$

betrachtet deren quadrierte Abweichungen. Dadurch werden positive und negative Werte gleich behandelt. Allerdings ist eine Interpretation kaum möglich, da die Einheit des Merkmals mitquadriert wird. Aus diesem Grunde wird zur Beurteilung der Streuung die Wurzel aus der Varianz, die Standardabweichung

$$s = \sqrt{\frac{1}{n-1}\sum_{i=1}^{n}(x_i - \bar{x})^2}$$

verwendet. Eine anschauliche Interpretation dieser Kenngröße wird erst durch die Normalverteilung möglich, die im Verlauf dieses Kapitels noch vorgestellt wird.

Nach den statistischen Kenngrößen werden nun wichtige theoretische Verteilungen vorgestellt, wiederum beginnend für nominale Merkmale. Bei diesen so genannten diskreten Verteilungen wird davon ausgegangen, dass nur zwei Merkmalsausprägungen vorkommen. Im Qualitätsbereich ist dies der klassische Fall der Fehlerbetrachtung. Angenommen, in einem Prozess entstehen tatsächlich 2 % fehlerhafte Teile (Grundgesamtheit). Wird nun eine Stichprobe von n = 100 Teilen geprüft, so sind zwei fehlerhafte Teile zu erwarten. Doch aufgrund der Zufälligkeit der Stichprobenentnahme können auch mehr oder weniger Fehler auftreten. Die zugrunde liegende Gesetzmäßigkeit ist die Binomialverteilung.

Die Abbildung 1-8 zeigt, dass die Wahrscheinlichkeit, in einer Stichprobe von n = 100 tatsächlich x = 2 Fehler zu finden, mit ca. 27 % am höchsten ist. Andere Fehleranzahlen sind weniger wahrscheinlich aber möglich. Die exakte Berechnung erfolgt über die Formel

$$g(x) = P(X = x) = \binom{n}{x} \cdot p^x \cdot (1-p)^{n-x}.$$

Dabei ist P(X = x) die Wahrscheinlichkeit P, dass die Zufallsvariable X einen bestimmten Wert x annimmt. p ist der Fehleranteil in der Grundgesamtheit, der im Beispiel mit p = 0,02 (2 %) vorgegeben war.

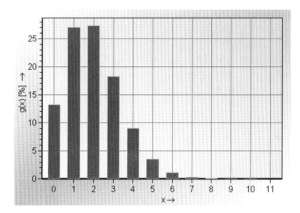

Abbildung 1-8:   Beispielhafte Darstellung einer Binomialverteilung

Anstatt auf einen Stichprobenumfang kann sich die Fehleranzahl auch auf eine andere Größe beziehen. Eine solche Bezugsgröße könnte z.B. die Zeit oder eine Lieferung sein. Die Anzahl der Fehler pro Lieferung wären dann poissonverteilt. Das vorherige Beispiel kann modifiziert verwendet werden. Im jetzigen Fall wird angenommen, dass in jeder Lieferung wiederum x = 2 Fehler zu erwarten sind (Grundgesamtheit). Wiederum variieren die Stichprobenergebnisse (vgl. Abbildung 1-9).

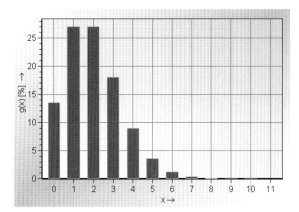

Abbildung 1-9:   Beispielhafte Darstellung einer Poissonverteilung

Die Verteilung ähnelt der Binomialverteilung, berechnet sich aber über die erwartete Fehleranzahl λ mit

$$g(x) = P(X = x) = \frac{e^{-\lambda} \cdot \lambda^x}{x!}.$$

Beide Verteilungen zeigen die Zufälligkeit einer Stichprobenentnahme. Das Ergebnis einer Stichprobe darf demzufolge nicht mit dem wahren Wert der Grundgesamtheit gleichgesetzt werden. Dies gilt auch für Verteilungen von stetigen (metrischen) Zufallsvariablen. Die wichtigste ist die Normalverteilung. Sie ist lediglich von ihrem Erwartungswert μ und der Standardabweichung σ abhängig. Das Beispiel in Abbildung 1-10 geht von einem Erwartungswert von μ = 10 und einer Standardabweichung von σ = 10 aus.

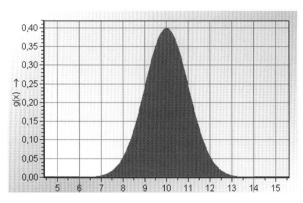

Abbildung 1-10: Beispielhafte Darstellung einer Normalverteilung

Je höher die Verteilung ist, desto wahrscheinlicher ist das Eintreten von Merkmalswerten. Diese Gesetzmäßigkeit wird durch die so genannte Dichte der Normalverteilung – einer Glockenkurve – abgebildet. Sie berechnet sich mit

$$g(x) = \frac{1}{\sqrt{2\pi} \cdot \sigma} \cdot e^{-\frac{(x-\mu)^2}{2\sigma^2}}.$$

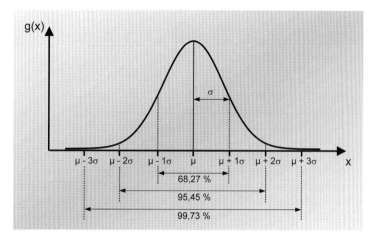

Abbildung 1-11: Wahrscheinlichkeiten in Normalverteilungen

Mit Hilfe von μ und σ können Aussagen über die zu erwartende Verteilung der Messwerte getroffen werden. So liegen bei einer Normalverteilung im Intervall μ ± 1σ 68,27 % aller Werte, im Intervall μ ± 3σ 99,73 % (vgl. Abbildung 1-11). Die Standardabweichung σ kann damit besser interpretiert werden. Interessanterweise entspricht diese dem Abstand zwischen dem Erwartungswert und dem Wendepunkt der Glockenkurve.

Wie kann nun von einer Stichprobe auf die Grundgesamtheit geschlossen werden oder anders ausgedrückt, wie kann das Stichprobenergebnis für die Grundgesamtheit verallgemeinert werden? Dies soll anhand der Normalverteilung für den Stichprobenmittelwert $\bar{x}$ gezeigt werden, mit dem auf den Erwartungswert μ geschlossen werden soll. Zunächst sei nochmals in Erinnerung gerufen, dass Einzelwerte zufällig streuen. Da Mittelwerte aus Einzelwerten berechnet werden, streuen auch diese. Also kann nicht von einer Übereinstimmung von μ und $\bar{x}$ ausgegangen werden. Aber die bestmögliche Schätzung des Erwartungswerts bleibt der Mittelwert als Punktschätzung, d.h.

$$\hat{\mu} = \bar{x}.$$

Die Ungenauigkeit der Schätzung wird über ein Intervall ausgedrückt. Dieses so genannte Konfidenzintervall besagt, dass mit einer Wahrscheinlichkeit von meist 95 % der Erwartungswert innerhalb eines bestimmten Bereichs liegt. Es berechnet sich mit

$$K_{1-\alpha} = \left[\left(\bar{x} - t_{FG, 1-\alpha/2} \cdot \frac{\hat{\sigma}}{\sqrt{n}}\right), \left(\bar{x} + t_{FG, 1-\alpha/2} \cdot \frac{\hat{\sigma}}{\sqrt{n}}\right)\right].$$

Aus dieser Formel wird die Abhängigkeit der Intervallbreite vom Stichprobenumfang n und der geschätzten Standardabweichung $\hat{\sigma} = s$ ersichtlich. Da durch n dividiert wird, wird das Konfidenzintervall bei steigendem Stichprobenumfang geringer – die Schätzung wird genauer. Eine große Standardabweichung $\hat{\sigma}$ erhöht dagegen die Ungenauigkeit. Noch zu klären bleibt der Ausdruck $t_{FG,\ 1-\alpha/2}$. Werden sowohl der Erwartungswert als auch die Standardabweichung aus einer Stichprobe geschätzt, so ist der Ausdruck

$$\frac{\bar{x}-\mu}{\hat{\sigma}}\cdot\sqrt{n}$$

t-verteilt mit n - 1 Freiheitsgraden[3]. Bei einem 95 % Konfidenzintervall steht α = 0,05 (5 %) für die Wahrscheinlichkeit, dass µ nicht im Intervall liegt. Da in diesen Fällen µ sowohl unter- als auch oberhalb der berechneten Grenze liegen kann, wird α auf beide Seiten verteilt, womit sich der Ausdruck $\alpha/2$ erklärt.

1.2.3 Statistische Tests

Statistische Aussagen sind oft unscharf. So kann z.B. eine Prozessänderung aufgrund einer Stichprobe nie mit absoluter Sicherheit behauptet werden – es gibt immer ein Restrisiko. Nur über eine 100 %-Erhebung würde ein Beweis vorliegen, vorausgesetzt, es gäbe keine Messungenauigkeiten. Zudem wird ein Prozess für die Zukunft, also für weitere Produkte oder Dienstleistungen, verbessert. Eine 100 %-Erhebung kann somit zum Zeitpunkt der Optimierung nicht vorliegen. Folglich müssen datenbasierte Entscheidungen unter Unsicherheit getroffen werden.

Wie werden auf der Basis von Wahrscheinlichkeiten Entscheidungen getroffen? Diese Frage ist fundamental z.B. für den Nachweis einer Optimierung und wird mit Hilfe von statistischen Tests beantwortet. Dabei wird die Signifikanz einer Aussage geprüft. Darunter ist die Richtigkeit einer Aussage zu verstehen, allerdings mit einem geringen Restrisiko, damit falsch zu liegen. Statistische Tests vollziehen sich in mehreren Schritten:

- **Aufstellen der Null- und Alternativhypothese**
  Eine Aussage über eine statistische Kenngröße wird durch eine Null- und Alternativhypothese konkretisiert. Aus der Widerlegung der Nullhypothese folgt die Annahme der Alternativhypothese. Eine Nullhypothese ist z.B. die Aussage, dass sich eine Zielgröße nicht geändert hat. Die Alternativhypothese entspräche dann einer Verbesserung.

- **Festlegung des Signifikanzniveaus**
  Da eine statistische Aussage nie mit absoluter Sicherheit getroffen werden kann, muss eine Irrtumswahrscheinlichkeit festgelegt werden. Damit ist das Risiko gemeint, eine Nullhypothese aufgrund einer Stichprobe zu verwerfen, obwohl diese tatsächlich richtig ist. Im obigen Beispiel der Zielgröße ist damit die Wahrscheinlichkeit gemeint, von einer Prozessverbesserung auszugehen, obwohl diese nicht eingetroffen ist. Klassisch werden Signifikanzniveaus von 5, 1 oder 0,1 % verwendet.

- **Berechnung der Teststatistik**
  Aus den Daten der Stichprobe wird eine Teststatistik berechnet. Die Wahl des Tests

---

[3] Das Konzept der Freiheitsgrade ist für die Beurteilung von geschätzten Kenngrößen wichtig. Sie berechnen sich aus dem Stichprobenumfang abzüglich der Anzahl dafür verwendeter Kenngrößen.

hängt von der Fragestellung und den statistischen Kenngrößen ab. Beispiele über Teststatistiken werden weiter unten aufgeführt.

- **Bestimmung der Ablehnungsgrenze**
  Jede Teststatistik ist einer Testverteilung zugeordnet. Mit ihrer Hilfe wird ein theoretischer Testwert ermittelt, ab dem eine Nullhypothese zu verwerfen ist. Diese Ablehnungsgrenze hängt auch vom gewählten Signifikanzniveau ab. Werte für wichtige Testverteilungen finden sich im Anhang.

- **Testentscheidung**
  Die Entscheidung basiert auf dem Vergleich des theoretischen Testwerts mit dem Wert der berechneten Teststatistik. Liegt der berechnete Wert außerhalb der Grenze für die Nullhypothese, wird diese verworfen und die Alternativhypothese wird angenommen.

Bevor ein statistischer Test anhand eines Beispiels durchgeführt wird, soll die Problematik von Testentscheidungen mit Hilfe der Abbildung 1-12 verdeutlicht werden.

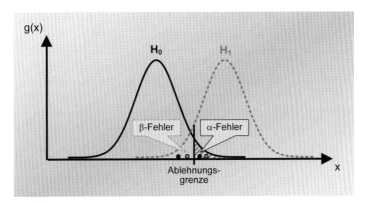

Abbildung 1-12: Darstellung möglicher Testentscheidungen

Die linke Verteilung in der Abbildung steht für die Nullhypothese. Ist diese richtig, so streuen die Stichprobenergebnisse dennoch entsprechend der Normalverteilung. Die rechte Verteilung soll eine beliebige Alternativhypothese darstellen. Um zwischen den beiden Hypothesen zu unterscheiden, wird über das Signifikanzniveau (α-Fehler) eine Ablehnungsgrenze berechnet. Der α-Fehler ist die Wahrscheinlichkeit, eine Nullhypothese abzulehnen, obwohl sie richtig ist. Der β-Fehler steht dagegen für die Wahrscheinlichkeit, eine Nullhypothese anzunehmen, obwohl diese eigentlich falsch wäre.

Bei den Tests können unterschiedliche Situationen eintreten, welche in der Abbildung durch einzelne Punkte dargestellt sind. Die Farbe der Punkte repräsentiert die tatsächliche Herkunft der Stichprobe: Ein schwarzer Punkt gehört also zur Verteilung der Nullhypothese, ein grauer zur Alternativhypothese. Aus der Testentscheidung und dem tatsächlichen Zustand lassen sich vier Fälle unterscheiden, die in der Tabelle 1-4 zusammengefasst sind.

		tatsächlicher Zustand	
		H_0 ist richtig	H_0 ist falsch
Testentscheidung	H_0 wird nicht verworfen	richtige Entscheidung	Fehler 2. Art: β-Fehler (Nichtablehnung einer falschen Nullhypothese)
	H_0 wird verworfen	Fehler 1. Art: α-Fehler (Ablehnung einer richtigen Nullhypothese)	richtige Entscheidung

Tabelle 1-4:   Tabelle möglicher Testentscheidungen

Falsche Entscheidungen werden getroffen, wenn eine richtige Nullhypothese verworfen wird (α-Fehler) oder wenn eine falsche Nullhypothese angenommen wird (β-Fehler). Da der β-Fehler aufgrund der unbekannten H_1-Verteilung nicht berechnet werden kann, werden Testentscheidungen immer über den α-Fehler beurteilt: Je geringer dieser Fehler ist, desto signifikanter ist eine Testentscheidung.

Nach dieser kurzen Einführung in die Testtheorie soll die Durchführung und Interpretation an einem Beispiel verdeutlicht werden. Getestet werden soll die signifikante Änderung eines Erwartungswertes µ. Eine solche Frage tritt auch häufig im Rahmen einer Prozessoptimierung auf, wenn die Lage einer Zielgröße geändert werden soll. Die Null- und Alternativhypothese lauten beispielhaft

H_0: µ = 10,

H_1: µ ≠ 10.

Als Signifikanzniveau wird α = 0,05 (5 %) verwendet. Aus einer Stichprobe von n = 15 berechnen sich die statistischen Kenngrößen $\hat{\mu}$ = 9,36 und $\hat{\sigma}$ = 0,89. Über die Teststatistik eines t-Tests ergibt sich

$$t^* = \frac{|\bar{x} - \mu|}{\hat{\sigma}} \sqrt{n} = \frac{|9{,}36 - 10|}{0{,}89} \sqrt{15} = 2{,}785.$$

Die Nullhypothese wird verworfen, wenn $t^* > t_{FG; 1-\alpha/2}$ gilt. Für das Beispiel ist der kritische Wert[4] $t_{14; 0{,}975}$ = 2,145. Da der empirische Wert größer als der tabellarische ist, wird die Nullhypothese verworfen, d.h. zu einem Niveau von 5 % hat sich der Wert µ geändert. Hätte man ein Signifikanzniveau von a = 1 % gefordert, wäre die Nullhypothese nicht verworfen worden, da $t_{14; 0{,}995}$ = 2,997 gilt.

Dieses kleine Beispiel sollte das Prinzip der statistischen Tests aufzeigen. In den Methodenkapiteln werden eine Vielzahl von Tests vorgestellt, die sich in der Fragestellung und Berechnung unterscheiden. Das vorgestellte prinzipielle Vorgehen ist aber für alle Tests gleich. Im Folgenden sollen noch einige wichtige Testverteilungen vorgestellt werden, die im Anhang tabelliert sind und in den Methodenkapiteln verwendet werden.

---

[4] Der Wert findet sich im Anhang in der Tabelle der Quantile der t-Verteilung.

Standardnormalverteilung

Diese Verteilung ergibt sich aus der Normierung von beliebig normalverteilten Merkmalen mit

$$z = \frac{X - \mu}{\sigma}.$$

Abbildung 1-13 zeigt die Dichte der Standardnormalverteilung. Zusätzlich ist in der Abbildung die Wahrscheinlichkeit $P(Z \leq z_0) = P(Z \leq 1{,}96) = 0{,}975$ dargestellt, wobei $z_0 = x_{ob}$ gilt.

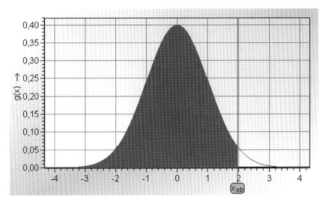

Abbildung 1-13: Dichte der Standardnormalverteilung

Studentsche t-Verteilung

Quotienten aus normalverteilten und $\sqrt{\chi^2}$-verteilten Zufallsvariablen sind t-verteilt. Die Form dieser Verteilung ist der Standardnormalverteilung ähnlich, hängt aber zusätzlich von den Freiheitsgraden ab. Der Ausdruck

$$t = \frac{|\bar{x} - \mu|}{\hat{\sigma}} \sqrt{n}.$$

ist t-verteilt mit n - 1 Freiheitsgraden. In Abbildung 1-14 ist eine t-Verteilung mit 14 Freiheitsgraden dargestellt. Zum Vergleich mit der Standardnormalverteilung gilt wiederum $P(t \leq t_0) = P(t \leq 2{,}145) = 0{,}975$, d.h. die Enden der t-Verteilung besitzen eine höhere Wahrscheinlichkeit als die der Standardnormalverteilung.

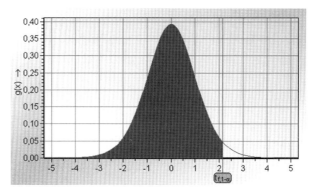

Abbildung 1-14: Dichte der t-Verteilung mit 14 Freiheitsgraden

χ^2-Verteilung

Quadratsummen von normalverteilten Zufallsvariablen sind χ^2-verteilt. Dies gilt z.B. für die Varianzen. Die Teststatistik

$$\chi^{2*} = \frac{(n-1)\hat{\sigma}^2}{\sigma^2}$$

wird zur Prüfung einer Stichprobenvarianz gegen eine gegebene Varianz verwendet. Auch die χ^2-Verteilung ist abhängig von ihren Freiheitsgraden, beispielsweise dargestellt in Abbildung 1-15 für acht Freiheitsgrade.

Es gilt $P(\chi^2 \leq \chi_0^2) = P(\chi^2 \leq 17{,}535) = 0{,}975$.

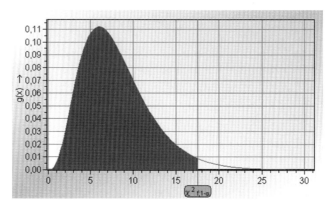

Abbildung 1-15: Dichte der χ^2-Verteilung mit acht Freiheitsgraden

F-Verteilung

Quotienten zweier χ^2-verteilten Zufallsvariablen sind F-verteilt mit den Freiheitsgraden FG_1 und FG_2. Diese Verteilung wird häufig zur Varianzerklärung verwendet. Eine einfache Teststatistik ist

$$F^* = \frac{\hat{\sigma}_1^2}{\hat{\sigma}_2^2}.$$

Die F-Verteilung ähnelt der χ^2-Verteilung, wie das Beispiel in Abbildung 1-16 mit acht und 20 Freiheitsgraden zeigt. Es gilt $P(F \leq F_0) = P(F \leq 3{,}289) = 0{,}975$.

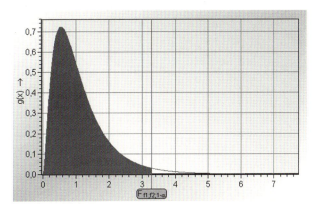

Abbildung 1-16: Dichte der F-Verteilung mit acht und 20 Freiheitsgraden

1.3 Vom Problem zum statistischen Verfahren

Jedes Problem ist einmalig. Dies ist auf die Besonderheiten der Produkte und Dienstleistungen zurückzuführen, die Unternehmen für ihre Kunden erstellen. Unterschiedliche Branchen haben unterschiedliche Probleme, ebenso Unternehmen der gleichen Branche. Sogar Prozesse zur Herstellung des gleichen Produktes müssen oft unterschiedlich gesteuert werden.

Neben den Besonderheiten gibt es aber auch Gemeinsamkeiten. Jedes Problem entsteht in einem Prozess, der nach dem Ursache-Wirkungs-Prinzip funktioniert. Auf diesem fundamentalen Prinzip basieren die statistischen Verfahren, die in diesem Buch vorgestellt werden. Die Besonderheiten liegen in den verschiedenen Ursachen für ein Problem. Diese zu berücksichtigen und in die Analyse einzubeziehen, ist die Aufgabe der Prozessexperten. Die statistischen Verfahren sind dabei als Hilfsmittel zu verstehen, die den Experten bei der Optimierung von Prozessen unterstützen.

Wie wird das passende statistische Verfahren zu einer Problemstellung ausgewählt? Eine Antwort darauf liefert dieses Kapitel. Dazu wird zunächst der Zusammenhang zwischen Realität und Modell beschrieben, bevor eine schrittweise Vorgehensweise der Modellierung vorgestellt wird. Im letzten Abschnitt soll ein einfaches Beispiel dies verdeutlichen.

1.3.1 Realität und Modell

Ein Modell bildet einen Realitätsausschnitt vereinfacht ab. Dabei sollen die wesentlichen Aspekte der Realität erfasst werden, um eine nutzbringende Anwendung des Modells zu ermöglichen. Nicht alle Aspekte eines realen Prozesses können berücksichtigt werden, ist dieser doch viel zu komplex. Das Ziel ist also, ein Modell zu bilden, das eine bewusste Prozesssteuerung erlaubt, damit ein Problem behoben oder zumindest verringert wird.

Grundsätzlich lassen sich mehrere Modelltypen unterscheiden. Anhand von Beispielen aus dem Bereich der Prozessoptimierung werden deren Besonderheiten erläutert:

- **Beschreibungsmodelle**
  Ein Beschreibungsmodell dient der klaren und eindeutigen Beschreibung eines Ist-Zustands. So ist z.B. die Berechnung einer Prozessfähigkeit auf der Basis einer Normalverteilung ein statistisches Beschreibungsmodell. Ein Prozessmodell soll indessen die logische Abfolge einzelner Prozessschritte darstellen. Beschreibungsmodelle werden für eine klare Problemdefinition (Define- und Measure-Phase bei Six Sigma-Projekten) verwendet.

- **Erklärungsmodelle**
  Erklärungsmodelle sollen Ursache-Wirkungs-Beziehungen abbilden. Mit Hilfe solcher statistischen Modelle versucht man, die wesentlichen Einflussgrößen in ihrer Wirkung auf die Zielgröße zu finden und zu bewerten. Grundsätzlich kann zwischen monokausalen Modellen, mit nur einer Einflussgröße und multikausalen Modellen unterschieden werden. Für eine präzise Prozesssteuerung sind meist multikausale Modelle notwendig, da diese auch die Abhängigkeiten zwischen den Einflussgrößen berücksichtigen. Angewendet werden sie im Rahmen der Analyse-Phase.

- **Prognosemodelle**
  Eine wichtige Anwendung von Erklärungsmodellen ist die Prognose. Werden konkrete Einstellungen der Einflussgrößen im statistischen Modell simuliert und damit auch deren Wirkung auf die Zielgröße(n) vorhergesagt, findet eine Prognose statt. Diese wird meist im Rahmen der Improve-Phase durchgeführt: Zuerst werden verschiedene Einstellungskombinationen „durchgespielt", bevor eine sinnvolle ausgewählt und im realen Prozess getestet wird.

- **Entscheidungsmodelle**
  Ein Entscheidungsmodell soll aus verschiedenen Alternativen eine optimale auswählen. Ein klassisches Verfahren ist die Nutzwertanalyse (Entscheidungsmatrix). Mit dieser soll eine Lösung ausgewählt werden, die einen maximalen Nutzen liefert. Anwendung finden solche Modelle in der Inprove-Phase von Six Sigma Projekten. Der Nutzen einer möglichen Lösung wird dabei anhand verschiedener Kriterien (z.B. Kosten, Zeit und Qualität) bewertet. Ebenfalls in diesen Bereich fallen mathematische

Modelle zur Planung eines Produktionsprogramms. Dabei wird eine Zielfunktion (z.B. Gewinn) unter bestimmten Nebenbedingungen (z.B. Kapazitäten) optimiert.

Bei den im Folgenden betrachteten Modellen handelt es sich vorwiegend um Erklärungs- und Prognosemodelle. Die Problemlösung mit Hilfe eines Modells erfolgt in mehreren Schritten. Zunächst wird das Prozessproblem durch die Modellierung in ein statistisches Prozessmodell überführt. Zu dessen Lösung werden im Anschluss Prozessdaten erhoben, mit deren Hilfe die Zusammenhänge im Prozess quantifiziert bzw. berechnet werden sollen. Die statistischen Verfahren dienen also der Umsetzung des Ursache-Wirkungs-Prinzips.

Das berechnete Prozessmodell kann als Lösung des modellierten Problems verstanden werden. Doch für die Prozessoptimierung ist die Übertragung auf den realen Prozess erforderlich. Diese erfolgt im Rahmen der Prüfung der Modellannahmen und der Interpretation der Ergebnisse. Werden die Modellannahmen nicht erfüllt, stimmen die Ergebnisse (Modell) nicht mit der Wirklichkeit (Prozessdaten) überein. Eine Änderung des Modells ist erforderlich. Sind die Modellannahmen dagegen erfüllt, wird über die Interpretation der Modellergebnisse ein Lösungsansatz in Form einer konkreten Einstellung des Prozesses erarbeitet (vgl. Abbildung 1-17). In diesem letzten Schritt muss sich das berechnete Modell in der Realität bewähren: Stimmen die Modellergebnisse mit dem realen Prozess überein?

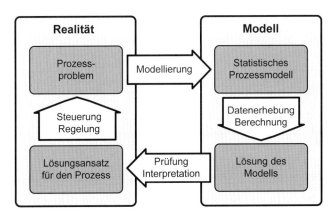

Abbildung 1-17: Zusammenhang zwischen Realität und Modell

In den folgenden Methodenkapiteln werden verschiedene statistische Verfahren vorgestellt. Es wird gezeigt, wie Prozessdaten erhoben, Modelle berechnet, geprüft und interpretiert werden und schließlich, wie ein Prozess mit Hilfe eines statistischen Prozessmodells gesteuert wird. Die Verfahren basieren auf dem folgenden Prozessmodell (vgl. Abbildung 1-18).

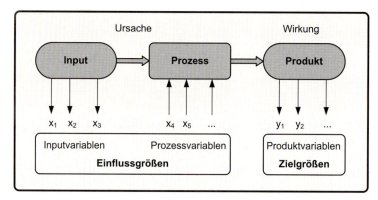

Abbildung 1-18: Das Prozessmodell zur Abbildung von Ursache-Wirkungs-Beziehungen

Das Produkt als Ergebnis eines Prozesses ergibt sich durch den Prozess und dessen Input. Es wird durch Produktmerkmale (Zielgrößen) charakterisiert. Entsprechen diese nicht ihren Vorgaben, liegt ein Problem vor. Die Zielgrößen werden durch die Einflussgrößen des Prozesses verursacht. Auf Prozessvariablen (eingehende Pfeile) kann unmittelbar Einfluss genommen werden, während die Inputs (abgehende Pfeile) als Ergebnis eines vorangegangenen Prozesses zu verstehen sind. Sie sind nur über den entsprechenden Vorgängerprozess zu beeinflussen. Ein kleines Beispiel soll dies verdeutlichen: Die Temperatur als Prozessvariable kann im Prozess selbst gesteuert werden, während Materialeigenschaften nur vom Lieferanten geändert werden können.

Mathematisch lässt sich eine Ursache-Wirkungs-Beziehung mit der Gleichung

$$Y = f(x_1, x_2, \ldots)$$

darstellen. Werden für die unabhängigen Variablen x_j bestimmte Werte in eine Gleichung eingesetzt, ergibt sich für die abhängige Variable Y der daraus berechnete Wert. Übertragen auf die Prozessoptimierung geht es darum, die Einflussgrößen (x_j) so zu steuern, dass die Zielgröße Y ihren Anforderungen genügt.

1.3.2 Modellierung von Problemstellungen

Die Modellierung von Problemstellungen ist für Ungeübte häufig schwierig. Insbesondere die Unsicherheit bei der Auswahl eines passenden Verfahrens kann zu einer Ablehnung der Anwendung von statistischen Methoden führen. Oder es wird immer wieder dasselbe Verfahren verwendet, obwohl ein anderes kostengünstiger wäre oder bessere Ergebnisse erzielte. Aus diesen Gründen wird im Folgenden eine mehrstufige Vorgehensweise vorgestellt, die ausgehend von einer Problemstellung verlässlich zum richtigen Verfahren führt. Den einzelnen Stufen der Modellierung werden dabei Werkzeuge und Methoden sowie die zentralen Fragestellungen zugeordnet (vgl. Tabelle 1-5).

1.3 Vom Problem zum statistischen Verfahren

Stufen der Modellierung		Werkzeuge / Methoden	Zentrale Fragestellungen
Abstrahieren	Vereinfachen	Prozessdarstellung Ablaufdiagramm	Was sind die zentralen Tätigkeiten und Elemente (z.B. Informationen und Maschinen) des Prozesses?
	Strukturieren	Kundenanforderungsprofil CT-Matrix	Wie ist der Prozess aufgebaut? Welche Zusammenhänge bestehen im Prozess?
	Konkretisieren	Ist-Zustand Prozessfähigkeit	Was sind die konkreten Anforderungen und Ziele des Prozesses?
Operationalisieren	Zielgröße definieren		Welche Zielgrößen sollen untersucht werden? Auf welcher Skala werden diese gemessen oder geprüft?
	Einflussgrößen auswählen	Ursache-Wirkungs-Diagramm C&E-Matrix	Welche sind die wohl wichtigen Einflussgrößen auf eine Zielgröße? Wie können diese erfasst werden?
	Hypothesen aufstellen	Relationsdiagramm Matrixdiagramm	Welche Abhängigkeiten bestehen zwischen der Ziel- und den Einflussgrößen?

Tabelle 1-5: Modellierung und Modellierungswerkzeuge

Die Modellbildung zur Darstellung einer Ursache-Wirkungs-Beziehung mit statistischen Verfahren ist in zwei Hauptbereiche untergliedert: das Abstrahieren und Operationalisieren. Beim Abstrahieren sollen Problem und Prozess möglichst einfach und klar dargestellt werden. Dies erfolgt in Six Sigma-Projekten überwiegend in der Define- und Measure-Phase.

Das Abstrahieren ist die Grundlage für das Operationalisieren. Hier werden die Zielgröße und die Einflussgrößen des Prozesses mess- oder prüfbar definiert und Hypothesen über die erwarteten Abhängigkeiten im Prozess aufgestellt. Die Definition der Ziel- und Einflussgrößen ist das entscheidende Kriterium für die Auswahl des passenden statistischen Verfahrens. In Six Sigma-Projekten erfolgt dies in der Measure- und Analyse-Phase. Im Folgenden werden die einzelnen Stufen vorgestellt.

- **Vereinfachen**
  Unter Vereinfachung darf nicht Banalisierung verstanden werden. Vielmehr soll der Prozess und dessen Aktivitäten bezogen auf die Problemstellung hinterfragt werden. Welche Informationen und welche Einflüsse sind wesentlich für die Problemstellung? Bleiben hier wichtige Aspekte unberücksichtigt, wird jedes gewählte Modell Schwächen haben.

- **Strukturieren**
  Die Strukturierung des Prozesses ist die logische Konsequenz aus der Vereinfachung. Alle für das Problem wesentlichen Tätigkeiten und Informationen werden in einem Ablaufdiagramm dargestellt. Dabei ist auf eine klare Abgrenzung des betrachteten Prozesses zu achten. Die Strukturierung erfolgt meist mit einer logischen Prozessdarstellung: Welche Tätigkeiten folgen logisch und zeitlich aufeinander und welche Informationen sind für die einzelnen Tätigkeiten notwendig und vorhanden?

- **Konkretisieren**
  Ein Prozess hat viele Ergebnisse (z.B. Menge, Kosten, Qualität und Zeit). Um welches konkrete Prozessergebnis geht es in der Problemstellung? Diese Frage ist meist mit der Aufgabenstellung und dem Ziel der Optimierung verbunden. Möglichkeiten zur Unterstützung einer konkreten Zieldefinition sind eine gewissenhafte Definition des Kundenanforderungsprofils oder die CT-Matrix. In einer CT-Matrix (critical to) werden die Eigenschaften eines Produktes oder einer Dienstleistung in ihrem Beitrag zur Erfüllung der Kundenanforderungen untersucht. Auf Produkteigenschaften, die für die Kunden wichtig sind, sollte bei der Prozessoptimierung besonders geachtet werden.

- **Zielgröße definieren**
  Zunächst sollte eine Zielgröße genauer betrachtet werden. Es muss klar festgelegt werden, ob die Zielgröße nominal (qualitativ) oder metrisch (quantitativ) erhoben werden soll. Oft sind mehrere Möglichkeiten gegeben. So kann das Problem der Prozessoptimierung eine Ausschussquote sein (nominal) oder die messbare Eigenschaft des Produktes, anhand derer der Fehler festgestellt wird, wie z.B. eine Abmessung (metrisch). Grundsätzlich sollte versucht werden, die Zielgröße metrisch zu definieren, da darauf basierende statistische Verfahren geringere Stichprobenumfänge benötigen.

- **Einflussgrößen auswählen**
  Nach der Definition der Zielgröße folgt eine Vorauswahl von potentiellen Einflussgrößen. Hier sind wiederum die Prozessexperten mit ihrem Wissen maßgeblich. Fehlen wichtige Einflussgrößen, kann der Prozess nur unzureichend gesteuert werden. Werden dagegen viele unwichtige Einflussgrößen in das Modell mit aufgenommen, erhöht sich der Aufwand der Datenerhebung und das berechnete Modell ist eventuell nicht mehr aussagekräftig. Für die Sammlung und anschließende Bewertung von Einflussgrößen wird vielfach das Ursache-Wirkungs-Diagramm (Ishikawa-Diagramm) verwendet. Die ausgewählten Einflussgrößen gehen wiederum als nominale oder metrische Merkmale in das statistische Modell ein. Werden mehrere Zielgrößen gemeinsam betrachtet, bietet sich die C&E-Matrix (Cause & Effekt) aus dem Six Sigma-Werkzeugkoffer an.

- **Hypothesen aufstellen**
  Dieser Schritt scheint auf den ersten Blick sehr theoretisch zu sein. Doch er dient lediglich der Überprüfung des bisherigen Prozesswissens. Bevor die Berechnung eines statistischen Modells erfolgt, sollte überlegt werden, in welcher Art und Weise (linear oder nicht linear bzw. positiv oder negativ) die Einflussgrößen auf die Zielgröße wirken. Zusätzlich können auch die Abhängigkeiten zwischen den Einflussgrößen abgeschätzt werden. Die daraus formulierten Vermutungen über die Zusammenhänge im Prozess werden später mit den Berechnungen verglichen. Widerlegte Vermutungen sollten erklärt werden. Als Methode kann das Relationsdiagramm verwendet werden. Dieses ist als Ursache-Wirkungs-Diagramm zu verstehen, das nur die betrachteten Einflussgrößen und die vermuteten Zusammenhänge enthält. Werden dagegen mehrere Zielgrößen gemeinsam betrachtet, ist das Matrixdiagramm vorzuziehen.

Aus den Schritten „Zielgröße definieren" und „Einflussgrößen auswählen" ergibt sich das passende statistische Verfahren. Das Kriterium für die Auswahl ist nämlich das Skalenniveau der Ziel- und Einflussgrößen (vgl. Tabelle 1-6). Werden beispielsweise die Zielgröße Y und die Einflussgrößen x metrisch gemessen, ist die Regressionsanalyse die Methode der Wahl. Streuungsdiagramme sind eine einfache Möglichkeit solche Zusammenhängen grafisch darzustellen.

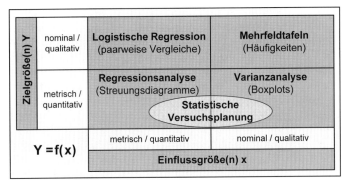

Tabelle 1-6: *Auswahlschema für statistische Verfahren zur Prozessoptimierung*

Die nachfolgenden Methodenkapitel sind entsprechend diesem Auswahlschema gegliedert. Hinzu kommt ein übergreifendes Kapitel „Versuchsplanung", das auf eine zusätzliche Unterscheidung der Modelle nach der Art der Datenerhebung hinweist: Erstens können Daten durch Beobachtungen im laufenden Prozess gewonnen werden. In diesem Fall wird nicht in das Prozessgeschehen eingegriffen. Werden dagegen zweitens bewusst und strukturiert die Einflussgrößen zur Erhebung der Zielgröße eingestellt, werden Experimente durchgeführt. In diesem Fall findet die statistische Versuchsplanung Anwendung. Hierbei spielt die Erhebung der Daten, also die Gestaltung der Versuche, eine zentrale Rolle. Die Auswertung erfolgt entsprechend dem Auswahlschema als Varianz- oder Regressionsanalyse, da die Versuchsplanung fast ausschließliche für metrische Einflussgrößen eingesetzt wird. Die Unterschiede zwischen der Modellberechnung aufgrund von Beobachtungsdaten und Versuchsplänen werden in den entsprechenden Methodenkapiteln ausführlich erläutert. Vorab soll aber ein Überblick in Tabellenform gegeben werden (vgl. Tabelle 1-7).

	Vorteile	Nachteile
Datenerhebung im laufenden Prozess	• Meist günstig zu realisieren • Möglichkeit, auf vorhandene Daten zurückzugreifen • Sehr gute Möglichkeit des Einstiegs in eine Prozessoptimierung • Viele Einflussgrößen können in ein Modell aufgenommen werden.	• Daten liegen häufig nicht zuordenbar vor • Daten sind teilweise von schlechter Qualität • Variationsbereich der Einflussgrößen nicht direkt beeinflussbar • Teilweise große Stichproben erforderlich
Datenerhebung durch Versuche	• Modell ist einfach zu berechnen • Wirkungen der Einflussgrößen können verlässlich bestimmt werden • Daten liegen durch Versuchsaufbau immer zuordenbar vor • Anzahl der Versuche bei wenigen Einflussgrößen gering	• Nur eine geringe Anzahl von Einflussgrößen kann untersucht werden • Hoher Aufwand (teuer) • Wechselwirkungen teilweise schwer zu interpretieren • Einflussgrößen teilweise nicht oder schwer einstellbar

Tabelle 1-7: Vor- und Nachteile von Versuchen und Prozessbeobachtungen

1.3.3 Ein einführendes Beispiel

Das in diesem Abschnitt vorgestellte Beispiel wird als Fragestellung für die folgenden Methodenkapitel verwendet. Dabei handelt es sich um die Herstellung von Lego-Bausteinen. Dieses Beispiel wurde gewählt, da das Produkt anschaulich ist und der Herstellungsprozess, ein Spritzgussverfahren, in seiner groben Struktur nachvollziehbar ist. Werden in den Methodenkapiteln die statistischen Verfahren erklärt, wird hier die grundsätzliche Vorgehensweise zur Optimierung eines Prozesses aufgezeigt. Die einzelnen Schritte orientieren sich dabei an dem DMAIC-Phasenmodell[5], wobei insbesondere auf die Modellierung und die Auswahl der entsprechenden statistischen Verfahren geachtet wird.

Am Anfang steht das Problem: Ein Produkt entspricht nicht seinen Anforderungen. Die Ursachen dafür liegen im Prozess. Deshalb wird zuerst der Prozess in den Modellierungsschritten Vereinfachen und Strukturieren veranschaulicht. Im Beispiel soll der Spritzgussprozess zur Legoherstellung durch ein Strukturdiagramm verdeutlicht werden (vgl. Abbildung 1-19).

---

[5] Jedes Six Sigma-Projekt durchläuft die Phasen Define, Measure, Analyse, Improve und Contol.

Abbildung 1-19: Prinzip des Spritzgießens zur Herstellung von Lego-Bausteinen

Durch einen Trichter wird kontinuierlich Kunststoffgranulat zugeführt. Eine Schnecke befördert das Granulat in Richtung der Spritzdüse. Dabei wird es erwärmt und plastifiziert. Über einen Stoßzylinder wird der flüssige Kunststoff in die Form gedrückt. Er kühlt ab und wird anschließend aus der Form geworfen. Diese vereinfachte Beschreibung des Spritzgussverfahrens ist für das Beispiel ausreichend.

Die logische Abfolge der einzelnen Prozessschritte lässt sich in einem Ablaufdiagramm darstellen (vgl. Abbildung 1-20). Zu den Tätigkeiten sollten die wichtigsten Inputs und Outputs vermerkt werden. Neben technischen Größen, wie Maschinenparameter, sind auch Informationen, wie Planungsdaten der Produktion oder vorhandene Steuerungsvorgaben zu berücksichtigen.

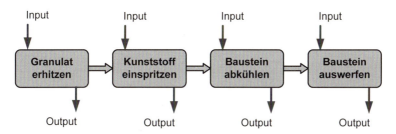

Abbildung 1-20: Vereinfachte Darstellung des Ablaufs beim Spritzgießen

Nachdem der Prozess ausreichend beschrieben und strukturiert wurde, folgt das Konkretisieren der Problemstellung. Aussagen wie „Wir haben zu viel Ausschuss" sind nicht ausreichend. Selbst eine Ausschussquote ist nicht exakt genug, wenn die Fehler zusätzlich in Fehlerklassen unterteilt werden können. Das Ziel ist eine klare und eindeutige Problembeschreibung und darauf basierend die Festlegung eines Verbesserungsziels. Im Sinne einer besseren Befriedigung der Kundenbedürfnisse sollen deren Anforderungen berücksichtigt werden. Für das Lego-Beispiel werden dafür die Produkteigenschaften in Beziehung zu den Anforderungen an einen Baustein gebracht. Dies erfolgt anhand der CT-Matrix in Tabelle 1-8.

		Kundenanforderung und Bedeutung					
		7	10	9	6	5	
		Universell einsetzbar	Einfache Handhabung	Passgenau	Farbecht	Hohe Belastbarkeit	Bedeutung der Eigenschaft (Rang)
Produkteigenschaften	Konstruktion der Bausteine	9	3	1	0	3	117
	Abmessungen	9	1	9	0	1	159
	Kanten mit Gratbildung	0	1	9	0	1	96
	Kunststoffmischung	0	0	3	9	9	126

Tabelle 1-8: CT-Matrix für das Lego-Beispiel

Die einzelnen Anforderungen sind für die Kunden unterschiedlich wichtig und werden deshalb gewichtet. Die Eigenschaften eines Produktes dienen der Erfüllung der Kundenanforderungen, was in der Matrix bewertet wird. So bedeutet 0 keinen, 1 einen geringen, 3 einen mittleren und 9 einen hohen diesbezüglichen Beitrag. Das Ziel der CT-Matrix ist, die wichtigsten Produkteigenschaften für den Kunden zu identifizieren. Dazu wird für jede Eigenschaft die Bewertung mit der Bedeutung der Kundenanforderung multipliziert und über die Produkteigenschaft (Zeile) addiert. Beispielhaft ergibt sich für die Abmessungen

$$9 \cdot 7 + 1 \cdot 10 + 9 \cdot 9 + 0 \cdot 6 + 1 \cdot 5 = 159.$$

Im Beispiel ist dies die wichtigste Eigenschaft, gefolgt von der Kunststoffmischung und der Konstruktion. Die Produkteigenschaften sind hier sehr allgemein formuliert. Häufig werden dafür aber auch konkrete technische Spezifikationen verwendet. Wurden im Lego-Beispiel nur Produkteigenschaften betrachtet, die sich primär auf die Qualität beziehen, sollten allgemein auch Kosten- und Zeitkriterien berücksichtigt werden. Welche Eigenschaften zur Erfüllung der Kundenanforderungen relevant sind, wird durch die so genannten CTs beschrieben:

- CTQ (Critical to Quality)
- CTC (Critical to Costs)
- CTD (Critical to Delivery).

Nachdem der Prozess abgebildet und das Problem im Hinblick auf die Kundenanforderungen konkretisiert wurde, folgt die Operationalisierung der Zielgrößen. Dabei bedeutet „messbar machen" nicht nur, entsprechende Merkmale zu definieren, sondern auch das Messverfahren festzulegen. Der Schritt „Zielgröße definieren" muss so erfolgen, dass das Prozessergebnis anhand von Prozessdaten eindeutig beurteilt werden kann. Die einfachste Möglichkeit ist, zwischen „gut" und „schlecht" zu unterscheiden, d.h. die Zielgröße wird auf nominalem Niveau gemessen. Der Ist-Zustand wird dann in Form einer Ausschuss- oder Fehlerquote beschrieben. Entsprechend der Tabelle 1-6 kommen als

Werkzeuge die logistische Regression (paarweise Vergleiche) oder die Mehrfeldtafeln (Häufigkeitstabellen) in Betracht, je nachdem auf welchem Niveau die Einflussgrößen gemessen werden.

Sofern es möglich und sinnvoll ist, sollte die Zielgröße metrisch gemessen werden. Beispielsweise sollte ein nominal erhobener Fehler (gut / schlecht) wenn möglich durch eine Abmessung ersetzt werden. Als metrisches Merkmal könnte sie durch eine Prozessfähigkeit beurteilt werden. Wiederum ist der Tabelle 1-6 zu entnehmen, dass die Regressions- oder die Varianzanalyse zur Optimierung des Prozesses verwendet werden kann.

Im folgenden Schritt sind die Einflussgrößen auszuwählen. Häufig wird dafür ein Ursache-Wirkungs-Diagramm erstellt, das alle möglichen Einflüsse auf das Problem gesammelt enthalten soll. Abbildung 1-21 zeigt ein typisches Ursache-Wirkungs-Diagramm für das Lego-Beispiel, das zu Beginn der Analysephase erstellt wird.

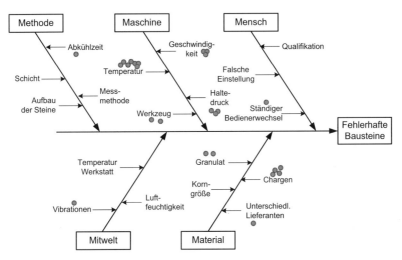

Abbildung 1-21: Ursache-Wirkungs-Diagramm für das Lego-Beispiel

Nach der Sammlung möglicher Einflüsse einigen sich die Prozessexperten auf die wahrscheinlichsten Ursachen. Eine einfache und sinnvolle Methode hierfür ist das Bepunkten. Jedes Teammitglied erhält Punkte, die entsprechend der angenommenen Bedeutung auf die Einflüsse verteilt werden. Im Beispiel werden die Fehlerursachen am ehesten bei der Temperatur und den unterschiedlichen Materialchargen vermutet. Bevor Prozessdaten zur Überprüfung der Vermutungen erhoben werden, sollte man die Annahmen in Form von Hypothesen aufstellen. Dies muss nicht in Form von präzisen quantitativen Aussagen erfolgen, sondern lediglich in Form von Vermutungen über die Art und Weise der Wirkung zwischen den Ziel- und Einflussgrößen. Für das Lego-Beispiel mit der Zielgröße Schrumpfung könnte dies wie folgt aussehen (vgl. Abbildung 1-22).

34 1 Einführung in die Prozessoptimierung

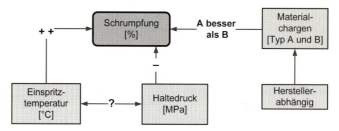

Abbildung 1-22: Relationsdiagramm für das Lego-Beispiel

Die Abbildung zeigt ausgewählte Einflussgrößen, die in ihrer Wirkung auf die Zielgröße bewertet werden. So bedeutet „++" einen starken positiven Einfluss der Einspritztemperatur auf die Schrumpfung: Je höher die Einspritztemperatur, desto stärker die Schrumpfung. Bei höherem Haltedruck wird dagegen von einer geringeren Schrumpfung ausgegangen (–). Ob zwischen diesen beiden Einflussgrößen eine Abhängigkeit existiert, konnte nicht beurteilt werden. Die Materialcharge als nominale Einflussgröße wird ebenfalls bewertet. So wird angenommen, dass Chargen vom Typ A zu einer geringeren Schrumpfung führen und somit zu bevorzugen sind.

Die Überprüfung der Hypothesen bzw. Vermutungen erfolgt anhand von Prozessdaten. Dazu müssen auch die Einflussgrößen messbar (metrisch) oder prüfbar (nominal) definiert werden. Sind die Einflussgrößen nominal oder werden zumindest nominal erhoben[6], ist die Varianzanalyse oder die Mehrfeldtafeln zu wählen, je nachdem auf welcher Skala die Zielgröße erhoben wird. Bei metrischen Einflussgrößen kann zwischen der logistischen Regression und der klassischen Regression unterschieden werden.

Grundsätzlich sind Verfahren zu bevorzugen, die auf einer metrischen Zielgröße basieren, da signifikante Aussagen über die Wirkung der Einflussgrößen schon bei geringeren Stichprobenumfängen möglich werden. Die logistische Regression und die Mehrfeldtafeln erfordern dagegen häufig große Stichprobenumfänge. Mischformen bezüglich der Skala der Einflussgrößen sind ebenfalls möglich. So kann z.B. eine nominale Einflussgröße in ein Regressionsmodell einbezogen werden. Einzelheiten dazu finden sich in den Methodenkapiteln.

---

[6] Die Einspritztemperatur ist zwar eine metrische Einflussgröße, kann aber z.B. im Rahmen der Versuchsplanung nur auf zwei Stufen erhoben werden und wird dann wie ein nominales Merkmal betrachtet.

1.4 Weiterführende Literatur

[1] **Bandow, G. und H. H. Holzmüller**
Das ist gar kein Modell: Unterschiedliche Modelle und Modellierungen in Betriebswirtschaftslehre und Ingenieurwissenschaften.
Gabler Wiesbaden, 2010.

[2] **Dahm, M. H. und C. Haindl**
Lean Management und Six Sigma: Qualität und Wirtschaftlichkeit in der Wettbewerbsstrategie.
Schmidt Berlin, 2009.

[3] **Harry, Mikel, Schroeder, R. und B. J. Hohmann**
Six Sigma: Prozesse optimierung, Null-Fehler-Qualität schaffen, Rendite radikal steigern.
3. Aufl., Campus Verlag, 2000.

[4] **Sachs, L. u. J. Hedderich**
Angewandte Statistik – Methodensammlung mit R
13. akt. u. erw. Aufl., Springer Dordrecht Heidelberg, 2009.

[5] **Schmelzer, H. J. und W. Sesselmann**
Geschäftsprozessmanagement in der Praxis.
6. Aufl., Hanser München, 2008.

2 Regressionsanalyse

2.1 Problemstellung

Die Regressionsanalyse ist das wohl wichtigste statistische Verfahren zur Untersuchung von Ursache-Wirkungs-Beziehungen. Im Rahmen der Prozessoptimierung soll damit untersucht werden, wie sich die Veränderung einer oder mehrerer Einflussgrößen auf das Prozessergebnis auswirkt. Erkenntnisse aus solchen Analysen sind fundamental für die Prozessoptimierung. Denn nur über die zielgerichtete Steuerung von Einflussgrößen kann das Prozessergebnis beeinflusst werden, sei es um bestimmte Eigenschaften eines Produktes zu erreichen oder den gewünschten Anforderungen zu genügen.

Im Einzelnen sollen folgende Fragestellungen der Prozessoptimierung durch die Regressionsanalyse beantwortet werden:
- Welche Abhängigkeiten bestehen im Prozess?
- Wie gut kann die Zielgröße des Prozesses durch die Einflussgrößen beeinflusst werden?
- Wie wichtig sind einzelne Einflussgrößen?
- Wie müssen die Einflussgrößen gesteuert werden, um ein gefordertes Ziel zu erreichen?

Die Besonderheiten der Regressionsanalyse, speziell im Vergleich mit anderen Verfahren, lassen sich im folgenden Steckbrief zusammenfassen.

Kriterium	Eigenschaft der Regressionsanalyse
Zentrale Fragestellung	Welche Wirkung haben Einflussgrößen auf eine Zielgröße?
Skalenniveau der Zielgröße	stetig (metrisch)
Skalenniveau der Einflussgrößen	stetig (metrisch)
Datenerhebung	Beobachtung (prozessbegleitend) oder Experiment (Versuchsplanung)
Modellvarianten	Auswahl der wesentlichen Einflussgrößen, nichtlineare Regression, Dummy-Variablen, ...
Wichtige Begriffe	Bestimmtheitsmaß, F-Test, t-Test, ...
Sonstige Hinweise	

Tabelle 2-1: Methodensteckbrief zur Regressionsanalyse

2.1.1 Anwendungsbeispiele

In der folgenden Tabelle sind verschiedene Beispiele für die Anwendung der Regressionsanalyse aufgelistet. Vollständigkeit kann natürlich nicht erreicht werden, da letztlich jeder Prozess Besonderheiten hat. Diese zu erkennen und zu berücksichtigen, ist eine wichtige Aufgabe der Prozessexperten.

Fragestellung	Zielgröße	Einflussgröße
Wodurch lässt sich die Qualität von Bauplatten erhöhen?	Bruchspannung	Menge an Eisensulfat, Entschäumerbeimischung, Wasseranteil, …
Was sind die wichtigen Einflussgrößen für die Oberflächenrauheit einer Metalloberfläche?	Rauheit	Schnittgeschwindigkeit, Vorschub, Schnitttiefe, Materialeigenschaften, …
Wie lässt sich der Edelmetallguss verbessern?	Anzahl / Fläche der Lunker	Gießtemperatur, Legierung, Nachspeiszeit,…
Wie ist die Herstellung von Halbschalen für einen Bohrschrauber präziser möglich?	Parallelität (bezogen auf Befestigungspunkte)	Heiztemperatur, Dichte, Massetemperatur, Friktion, …
Wodurch unterscheidet sich die Leistung von Motoren vom gleichen Typ?	Leistung	Kolbenoberfläche, Zündzeitpunkt, Gasgemisch, Oktanzahl, …
Wie lässt sich ein unterwünschtes Nebenprodukt im chemischen Prozess vermeiden?	Dioxin	Temperatur, Druck, Beimischungsanteile, Reaktionsdauer, …
Wie lässt sich die Schichtdicke bei der Galvanisierung bestimmen?	Schichtdicke	Dauer, chemische Zusammensetzung, …

Tabelle 2-2: *Ausgewählte Fragestellungen der Regressionsanalyse*

Die Beispiele lassen sich unterschiedlichen Modelltypen zuordnen:
- Erklärungsmodell:
  Wie wichtig sind einzelne Einflussgrößen für das Verhalten der Zielgröße?
- Prognosemodell:
  Wie verändert sich die Zielgröße, wenn Einflussgrößen bewusst gesteuert werden?
- Zeitreihenanalyse:
  Wie verändert sich die Zielgröße unter Berücksichtigung der Zeit?

Ein Erklärungsmodell liefert Erkenntnisse über die „Gesetzmäßigkeiten" eines Prozesses: Welche Einflussgrößen sind wesentlich und in welcher Art und Weise wirken diese auf die Zielgröße? Dies ist die Grundlage für die Steuerung des Prozesses, die sich in zwei Schritte zerlegen lässt. Zunächst werden Änderungen der Einflussgrößen in ihrer Wirkung auf die Zielgröße im Prognosemodell simuliert und anschließend eine abgeleitete Prozesseinstellung im realen Prozess getestet.

Die Zeitreihenanalyse dient der Untersuchung von zeitlichen Mustern im Prozessgeschehen. Dies könnte z.B. ein Trend in der Zielgröße durch Verschleißerscheinungen oder periodische Schwankungen sein. Letztlich sind Zeitreihenanalysen eine spezielle Form des Prognosemodells, in dem die Zeit als Einflussgröße im Modell enthalten ist.

2.1.2 Grundlagen der Regression

Die Grundlagen der Regressionsanalyse werden anhand eines einfachen Beispiels verdeutlicht. Dabei wird großer Wert auf das Verständnis gelegt, unterstützt durch geeignete grafische Darstellungen. Auch wenn im Folgenden Begriffe verwendet werden, die sich im Umfeld der Prozessoptimierung durchgesetzt haben, sollen die wichtigsten zuvor definiert werden.

Eine Ursache-Wirkungs-Beziehung wird mathematisch durch eine Funktion $Y = f(x)$[7] im Falle einer Einflussgröße bzw. allgemein durch $Y = f(x_1, x_2, ..., x_m)$ abgebildet. Die Ziel- und Einflussgrößen werden teilweise unterschiedlich bezeichnet, wie der folgenden Tabelle entnommen werden kann.

Y	$x_1, x_2, ..., x_m$
Zielgröße	Einflussgrößen
Regressand	Regressor
Abhängige Variable	Unabhängige Variable
Endogene Variable	Exogene Variable
Erklärte Variable	Erklärende Variable

Tabelle 2-3: *Bezeichnungen der Ziel- und Einflussgrößen*

Jeder Prozess funktioniert nach dem Ursache-Wirkungs-Prinzip und kann somit durch eine Funktion abgebildet werden. Am Beispiel der Herstellung von Lego-Bausteinen durch ein Spritzgussverfahren soll dies veranschaulicht werden. Ein Problem beim Spritzgießen ist die Schrumpfung der Lego-Bausteine, die durch Abkühlung des flüssigen Kunststoffes eintritt.[8] Die Prozessexperten gehen davon aus, dass die Einspritztemperatur eine wesentliche Einflussgröße für die Schrumpfung ist.

---

[7] Der Großbuchstabe Y weist darauf hin, dass im Modell die Zielgröße eine Zufallsgröße ist. Dagegen werden die Einflussgrößen als fest einstellbare Steuergrößen betrachtet (Kleinbuchstabe x).
[8] Für die Verständlichkeit des statistischen Verfahrens wird die Herstellungsproblematik sehr vereinfacht dargestellt.

2.1 Problemstellung

Im Beispiel ist die Schrumpfung der Lego-Bausteine die Zielgröße Y. Das Schrumpfungsverhalten soll durch die Einspritztemperatur (Einflussgröße x) erklärt werden. Das Modell Y = f(x) lautet somit für diese Fragestellung:

Schrumpfung = f(Einspritztemperatur).

Zur Untersuchung des angenommenen Zusammenhangs wurden aus der laufenden Produktion zufällig 15 Bausteine entnommen, für welche jeweils die Einspritztemperatur [°C] im Spritzgussprozess und die Schrumpfung nach Abkühlung [%] gemessen wurden:

Nr.	Schrumpfung [%]	Einspritztemp. [°C]
1	0,87	295,0
2	0,93	296,8
3	0,87	293,7
4	0,83	294,2
5	0,82	293,2
6	0,86	295,9
7	0,89	294,7
8	0,90	296,3
9	0,92	295,4
10	0,95	296,1
11	0,93	295,0
12	0,91	294,9
13	0,84	293,8
14	0,88	295,3
15	0,86	294,4

Tabelle 2-4: Lego-Beispiel – Datensatz im einer Einflussgröße

Ein möglicher Zusammenhang soll vorab grafisch beurteilt werden. Dazu werden die 15 Wertepaare (x_i, y_i), i = 1, ... 15 in ein Streuungsdiagramm eingezeichnet.

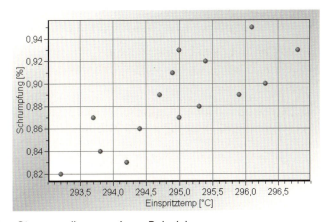

Abbildung 2-1: Streuungsdiagramm Lego-Beispiel

Das Streuungsdiagramm zeigt einen positiven Zusammenhang zwischen der Einspritztemperatur und der Schrumpfung: Je höher die Temperatur, desto stärker ist tendenziell die Schrumpfung. Die Stärke des Zusammenhangs wird in der Statistik durch den Korrelationskoeffizienten r_{xy} beschrieben. Dieser berechnet sich mit

$$r_{xy} = \frac{\sum_{i=1}^{n}(x_i - \bar{x})(y_i - \bar{y})}{\sqrt{\sum_{i=1}^{n}(x_i - \bar{x})^2 \sum_{i=1}^{n}(y_i - \bar{y})^2}} = \frac{s_{xy}}{s_x s_y},$$

wobei $\bar{x}$, $\bar{y}$ die Mittelwerte

$$\bar{x} = \frac{1}{n}\sum_{i=1}^{n} x_i, \quad \bar{y} = \frac{1}{n}\sum_{i=1}^{n} y_i$$

sind,

$$s_{xy} = \frac{1}{n-1}\sum_{i=1}^{n}(x_i - \bar{x})(y_i - \bar{y})$$

die Kovarianz der beiden Variablen ist und

$$s_x = \sqrt{\frac{1}{n-1}\sum_{i=1}^{n}(x_i - \bar{x})^2}, \quad s_y = \sqrt{\frac{1}{n-1}\sum_{i=1}^{n}(y_i - \bar{y})^2}$$

die Standardabweichungen von x und Y sind. Der Korrelationskoeffizient als „Grad des linearen Zusammenhangs zweier Variablen" liegt immer zwischen -1 und +1. Ein positiver Korrelationskoeffizient bedeutet einen gleichsinnigen Zusammenhang zwischen x und Y, ein negativer Korrelationskoeffizient weist auf gegensinnigen Zusammenhang hin. Bei $r_{xy} = \pm 1$ würden alle n Wertepaare (x_i, y_i) auf einer gedachten linearen Geraden liegen. Gilt $r_{xy} = 0$, existiert kein linearer Zusammenhang.

Im Beispiel der Lego-Bausteine liegt ein positiver Zusammenhang vor. Mit den beiden Mittelwerten $\bar{x} = 294{,}98$ und $\bar{y} = 0{,}886$, den Standardabweichungen $s_x = 1{,}0234$ und $s_y = 0{,}03851$ sowie der Kovarianz $s_{xy} = 0{,}03106$ berechnet sich ein Korrelationskoeffizient von

$$r_{xy} = \frac{0{,}03106}{1{,}0234 \cdot 0{,}03851} = 0{,}788.$$

Es besteht also ein positiver Zusammenhang zwischen der Einspritztemperatur und der Schrumpfung. Dies entspricht der Erwartung aufgrund des Streuungsdiagramms. Zur besseren Beurteilung von Zusammenhängen werden in der folgenden Abbildung mehrere Streuungsdiagramme mit unterschiedlichen Korrelationskoeffizienten gegenübergestellt.

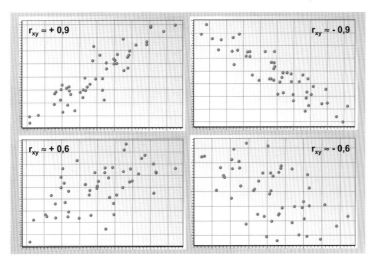

Abbildung 2-2: Streuungsdiagramm und Korrelationskoeffizienten

Das Streuungsdiagramm des Lego-Beispiels lässt sich in seinem Erscheinungsbild zwischen den beiden linken Streuungsdiagrammen ($r_{xy} \approx +0{,}9$ und $r_{xy} \approx +0{,}6$) einordnen.

Streuungsdiagramme und Korrelationskoeffizienten sind für die Prozessexperten ein wichtiges Hilfsmittel zur Analyse von Abhängigkeiten im Prozess: sowohl zwischen Einflussgrößen und Zielgrößen, als auch zwischen jeweils zwei Einflussgrößen. Allerdings beschreibt der Korrelationskoeffizient keine gerichtete Abhängigkeit. Er gibt keinen Aufschluss darüber, ob x von Y oder Y von x abhängt. In der Prozessoptimierung soll aber die Abhängigkeit der Zielgröße von Einflussgrößen abgebildet werden, formuliert durch Y = f(x). Dies erfolgt über die Regressionsanalyse, im einfachsten Fall über die lineare Prozessgleichung

$$y = a + bx,$$

wobei a der Schnitt der Geraden mit der y-Achse (Ordinate) und b die Steigung der Geraden ist. Das Ziel der Regressionsanalyse ist es, eine Gerade möglichst gut durch die Punktewolke des Streuungsdiagramms zu legen. Bezogen auf die Prozessoptimierung soll die Gerade das Prozessverhalten möglichst genau abbilden. Rein grafisch könnte dies für das Lego-Beispiel wie folgt aussehen (vgl. Abbildung 2-3).

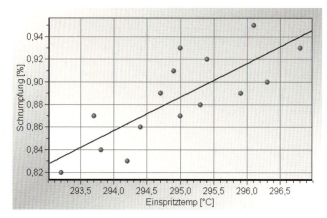

Abbildung 2-3: Streuungsdiagramm mit Regressionsgerade

Die eingezeichnete Gerade gibt die beobachteten Wertepaare nicht exakt wieder, weshalb diese Ungenauigkeit in der Prozessgleichung berücksichtigt werden muss. Dies erfolgt durch die so genannten Residuen oder Fehlerterme u. In der Abbildung sind diese als Differenzen zwischen den beobachteten Werten der Zielgröße und der Regressionsgeraden erkennbar. Unter Berücksichtigung der Residuen lautet die Regressionsgleichung in der üblichen statistischen Schreibweise

$Y = \beta_0 + \beta_1 x + u$.

β_0 entspricht wiederum dem Achsenabschnitt und β_1 der Steigung. Die Berechnung, Interpretation und Anwendung dieser Gleichung zur Prozessoptimierung wird im folgenden Kapitel vorgestellt.

2.2 Vorgehensweise

Bei dem folgenden Regressionsmodell handelt es sich um die Regression mit festen Einflussgrößen. In diesem Modell wird nur die Zielgröße als Zufallsvariable betrachtet, die Einflussgrößen dagegen als exakt einstellbare Merkmale. Dass Einflussgrößen exakt einstellbar und damit absolut beherrschbar sind, ist in der Praxis nicht immer gegeben. In solchen Fällen wird auf die Erweiterung des Regressionsmodells mit zufälligen (stochastischen) Einflussgrößen verwiesen.[9] Die Schätzung beider Modelle ist weitgehend gleich; die Kenntnisse aus dem hier vorgestellten Modell können ohne Schwierigkeiten auf das stochastische Modell übertragen werden.

---

[9] Vgl. Jahn, W. und. L. Braun (2006): Praxisleitfaden Qualität – Prozessoptimierung mit multivariater Statistik in 150 Beispielen, Hanser-Verlag.

2.2.1 Modellformulierung

Die Formulierung des Regressionsmodells ist Aufgabe der Prozessexperten. Sie entscheiden darüber, welche Zielgröße untersucht werden soll und welche Einflussgrößen für die Erklärung der Zielgröße wichtig sein könnten. Zudem sollte eine Vorstellung entwickelt werden, wie die Einflussgrößen auf die Zielgrößen wirken. Häufig kann zumindest näherungsweise von einem linearen Zusammenhang ausgegangen werden. Selbst wenn diese Annahme technisch über einen großen Wertebereich nicht haltbar ist, findet sich oft in der Praxis ein näherungsweise linearer Zusammenhang über den Steuerbereich. Aus diesem Grund wird die Regression anhand des linearen Modells eingeführt. Möglichkeiten, nicht-lineare Zusammenhänge in der Regressionsanalyse zu berücksichtigen, werden im Rahmen der Modellvarianten diskutiert.

Diese Vorüberlegungen zur Modellbildung finden häufig nach Erstellung eines Ursache-Wirkungs-Diagramms statt. Bezogen auf die Zielgröße werden mögliche Ursachen durch die Prozessexperten für eine Überprüfung ausgewählt. Diese Einflussgrößen gehen als messbare Merkmale in das Regressionsmodell ein. Anschließend werden Daten für die Ziel- und Einflussgrößen erhoben oder es wird auf vorhandene Daten zurückgegriffen. Mit Hilfe der gewonnenen Daten wird das Regressionsmodell geschätzt.

Für das Lego-Beispiel wurde bisher davon ausgegangen, dass die Schrumpfung Y nur von der Einspritztemperatur x abhängt. Im linearen Fall lautet das Modell

$Y = \beta_0 + \beta_1 x + u$.

Dieses Modell wird für die Einführung in die Einfachregression verwendet. Tatsächlich werden in der Praxis aber häufig mehrere Einflussgrößen in ihrer gemeinsamen Wirkung auf die Zielgröße untersucht. Im Rahmen der Schätzung der Mehrfachregression wird deshalb ein multiples Modell verwendet. Die betrachteten Größen sind in folgender Tabelle zusammengefasst:

Variablen		Bezeichnung	Einheit
Zielgröße	Y	Schrumpfung	%
Einflussgrößen	x_1	Einspritztemperatur	°C
	x_2	Einspritzgeschwindigkeit	mm/sek
	x_3	Haltedruck	MPa

Tabelle 2-5:   Variablenbezeichnungen des Lego-Beispiels

Laut Expertenmeinung soll die Einspritztemperatur positiv mit der Schrumpfung korrelieren (je höher, desto stärker die Schrumpfung), der Haltedruck dagegen negativ (je höher, desto geringer die Schrumpfung). Über die Einspritzgeschwindigkeit wurde keine Aussage getroffen. Der Datensatz aus Tabelle 2-4 wurde für die Mehrfachregression in der Tabelle 2-6 erweitert.

Nr.	Schrumpfung [%]	Einspritztemp [°C]	Einspritzgeschw [mm/sek]	Haltedruck [MPa]
1	0,87	295,0	205,2	37,31
2	0,93	296,8	205,2	35,46
3	0,87	293,7	204,3	36,01
4	0,92	295,4	205,5	37,51
5	0,82	293,2	204,1	37,49
6	0,89	295,9	205,3	37,21
7	0,89	294,7	205,1	36,64
8	0,90	296,3	205,9	37,14
9	0,83	294,2	204,2	37,06
10	0,95	296,1	204,9	35,87
11	0,93	295,0	205,8	34,52
12	0,91	294,9	204,9	36,68
13	0,84	293,8	203,3	37,23
14	0,88	295,3	205,3	37,36
15	0,86	294,4	205,7	36,45

Tabelle 2-6:   Lego-Beispiel – Datensatz mit drei Einflussgrößen

2.2.2   Schätzung der Regression

Mit Hilfe einer Schätzfunktion werden die unbekannten Parameter der Grundgesamtheit aus den erhobenen Daten der Stichprobe geschätzt. Die unbekannten Parameter sind die Regressionskoeffizienten, also der Achsenabschnitt und die Steigungen. Unter dem Begriff der Grundgesamtheit ist die tatsächliche Wirkungsweise eines Prozesses zu verstehen. Die Erkenntnisse aus der Stichprobe – aufbereitet in der Prozessgleichung – können auf den realen Prozess übertragen werden.

2.2.2.1   Einfachregression

Nachdem das Modell formuliert und die Daten erhoben wurden, erfolgt die Schätzung der Prozessgleichung, üblicherweise mittels Statistik-Software. Dennoch sollte das Prinzip der Schätzung verstanden werden, damit die Ergebnisse angemessen beurteilt und interpretiert werden können.

Die Schätzung wird anhand des Lego-Beispiels mit einer Einflussgröße erläutert. Durch das Streuungsdiagramm in Abbildung 2-3 wurde bereits „gedanklich" eine Gerade gelegt, welche die beobachteten Wertepaare (y_i, x_i) gut widerspiegeln sollte. Die Differenzen zwischen den beobachteten Werten der Zielgröße (y_i) und der Geraden werden durch die Residuen (u_i) ausgedrückt. Für die Beschreibung aller beobachteten Werte i = 1, ..., 15 unter Berücksichtigung der Residuen lautet die Prozessgleichung

$y_i = \beta_0 + \beta_1 x_i + u_i$.

Die Residuen sind aber unbekannt und können erst durch die geschätzte Regressionsgerade bestimmt werden. Die geschätzte Regressionsgerade lautet

$\hat{y}_i = \hat{\beta}_0 + \hat{\beta}_1 x_i$.

Werden in diese Gleichung die beobachteten Werte x_i der Einflussgröße eingesetzt, ergeben sich nicht mehr die beobachteten Werte der Zielgröße y_i, sondern die Schätzwerte $\hat{y}_i$. Diese Werte sind also die Punkte auf der Regressionsgeraden an der Stelle x_i. Die Differenz zwischen dem beobachteten Wert und dem geschätzten Wert ergibt das Residuum, d.h. $\hat{u}_i = y_i - \hat{y}_i$. In der Abbildung 2-4 ist dieser Zusammenhang beispielhaft für das dritte Wertepaar dargestellt.

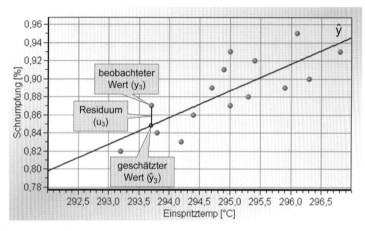

Abbildung 2-4: Statistische Kennwerte im Streuungsdiagramm

Wie sollte eine gute Schätzung der unbekannten Prozessgleichung aussehen? Intuitiv wird als Ziel für die Bestimmung der Geraden häufig die Minimierung aller Residuen genannt, also die Summe der Abstände zwischen den beobachteten und den geschätzten Werten der Zielgröße. Zur Vermeidung der Vorzeichenproblematik (positive und negative Abweichungen) wird aber tatsächlich die Summe der quadrierten Abstände verwendet. Dieser Schätzer wird dementsprechend auch Kleinst-Quadrat-Schätzer genannt und ergibt sich durch Umformung der Gleichung

$y_i = \beta_0 + \beta_1 x_i + u_i$,

nach u_i, der Quadrierung beider Seiten und der Bildung der Summe über alle Beobachtungswerte mit

$$\sum_{i=1}^{n} u_i^2 = \sum_{i=1}^{n} (y_i - \beta_0 - \beta_1 \cdot x_i)^2 \to \text{Min!}.$$

Die Summe der minimalen Fehlerquadrate erhält man, indem die Gleichung partiell nach den unbekannten Regressionskoeffizienten $\hat{\beta}_0$ und $\hat{\beta}_1$ abgeleitet, das resultierende Gleichungssystem Null gesetzt und gelöst wird. Für die Einfachregression ergeben sich dadurch die Koeffizienten mit

$$\hat{\beta}_1 = \frac{\sum_{i=1}^{n}(x_i - \bar{x}) \cdot (y_i - \bar{y})}{\sum_{i=1}^{n}(x_i - \bar{x})^2} = \frac{s_{xy}}{s_x^2} \text{ und}$$

$$\hat{\beta}_0 = \bar{y} - \hat{\beta}_1 \cdot \bar{x}.$$

Durch Einsetzen der Werte der Einflussgröße x_i in die Gleichung berechnen sich die Schätzwerte $\hat{y}_i$. Damit lautet die Prozessgleichung

$$\hat{y}_i = \hat{\beta}_0 + \hat{\beta}_1 \cdot x_i.$$

Die Residuen sind sehr wichtig für die Beurteilung der Schätzung. Mit ihrer Hilfe können die Güte der Prozessgleichung bestimmt und einige Modellannahmen (vgl. Kapitel 2.2.3.3) überprüft werden.

Für das Lego-Beispiel wurden im Rahmen der Korrelationsanalyse schon alle wichtigen Kenngrößen berechnet (vgl. Kapitel 2.1.2). Die geschätzten Regressionskoeffizienten sind (bis auf Ungenauigkeiten durch Rundung)

$$\hat{\beta}_1 = \frac{0{,}03106}{(1{,}0234)^2} = 0{,}02965,$$

$$\hat{\beta}_0 = 0{,}886 - 0{,}02965 \cdot 294{,}98 = -7{,}8604$$

und damit lautet die Prozessgleichung

$$\hat{y}_i = -7{,}8604 + 0{,}02965 \cdot x_i.$$

Der Achsenabschnitt der Prozessgleichung $\hat{\beta}_0 = -7{,}8604$ entspräche der Schrumpfung bei einer Einspritztemperatur von 0 °C. Wäre nämlich x = 0, entfiele der Wert der Steigung (β_1) und nur der Achsenabschnitts bliebe übrig. Eine negative prozentuale Schrumpfung ist zwar denkbar, aber für das Beispiel nicht sinnvoll, da der Kunststoff, aus dem die Lego-Steine gegossen werden, bei 0 °C nicht flüssig ist. Somit kann in diesem Fall der Achsenabschnitt technisch/chemisch nicht erklärt werden. Die Steigung von $\hat{\beta}_1 = 0{,}02965$ ist dagegen interpretierbar. Eine Steigung gibt immer die Änderung der Zielgröße ($\Delta \hat{y}$) aufgrund einer Änderung einer Einflussgröße (Δx) an (vgl. Abbildung 2-5).

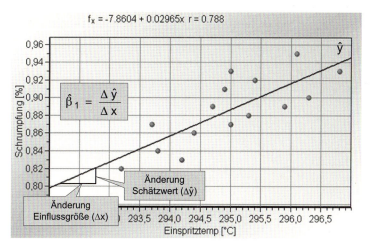

Abbildung 2-5   Interpretation der Steigung einer Regressionsgeraden

Wie entwickelt sich nun die Schrumpfung, wenn sich die Einspritztemperatur ändert? Am einfachsten lässt sich dies erklären, wenn die Änderung auf $\Delta x = 1$ gesetzt wird: Wird nun die Einspritztemperatur um 1 °C erwärmt, so erhöht sich die Schrumpfung um 0,02965 %. Die Koeffizienten der Prozessgleichung werden also über die Einheiten der Einfluss- und Zielgröße interpretiert. Das Vorzeichen von $\hat{\beta}_1$ zeigt die Änderungsrichtung an, der Wert die Differenz.

Der Wert der Steigung ist aber kein ausreichendes Maß für die Beurteilung der Bedeutung einer Einflussgröße. Eine erneute Betrachtung der Abbildung 2-5 soll dies verdeutlichen: Würden die Beobachtungspunkte wesentlich stärker um die Regressionsgerade streuen (geringere Korrelation), könnte die Steigung dennoch den gleichen Wert annehmen. Darüber hinaus hat die Wahl der Einheiten der Ziel- und Einflussgrößen Einfluss auf die Steigung: Würde die Temperatur anstatt in Grad Celsius in Kelvin oder Fahrenheit gemessen, ergäbe sich eine andere Steigung, da sich $\Delta x = 1$ ja auch auf Kelvin oder Fahrenheit beziehen würde. Das aber wohl wichtigste Argument ist die Zufälligkeit der Stichprobenentnahme. Eine erneute Stichprobenentnahme von n = 15 Beobachtungen würde sicherlich zu einer leicht geänderten Steigung führen, da die wahren Werte β_0 und β_1 nur bei einer Vollerhebung bestimmt werden könnten. Weitere Kenngrößen zur Beurteilung der Regressionskoeffizienten bzw. der Einflussgrößen werden dadurch notwendig.

Im Rahmen der Schätzung wird deshalb die Punktschätzung ($\hat{\beta}_0$ und $\hat{\beta}_1$) durch eine Intervallschätzung erweitert. Das so genannte Konfidenzintervall ist als Maß für die Genauigkeit der Punktschätzung zu verstehen. Es besagt, dass mit einer Wahrscheinlichkeit von (meist) 95 %, der wahre Wert des Regressionskoeffizienten innerhalb des Konfidenzintervalls liegt.

Die Ungenauigkeit der geschätzten Regressionskoeffizienten wird durch eine Standardabweichung ausgedrückt. Für die einfache lineare Regression gilt

$$s_{\hat{\beta}_1} = \sqrt{\frac{s_u^2}{\sum_{i=1}^{n}(x_i - \bar{x})^2}}$$

und

$$s_{\hat{\beta}_0} = \sqrt{\frac{s_u^2\left(\sum_{i=1}^{n} x_i^2 / n\right)}{\sum_{i=1}^{n}(x_i - \bar{x})^2}}.$$

s_u^2 ist der nicht erklärte Teil der Streuung der Zielgröße und wird als Rest- oder Residualvarianz bezeichnet. Sie berechnet sich mit

$$s_u^2 = \frac{1}{n-m-1} \cdot \sum_{i=1}^{n} \hat{u}_i^2,$$

wobei n dem Stichprobenumfang und m der Anzahl der Einflussgrößen entspricht. Die beiden Gleichungen enthalten jeweils die Residualvarianz als wichtige Größe. Sie ist ja gerade das Maß für die Abweichungen der Residuen um die Regressionsgerade – also ein wichtiges Maß für die Güte der Schätzung. Die Konfidenzintervalle berechnen sich über die Standardabweichungen der Regressionskoeffizienten mit

$$\hat{\beta}_j - t_{FG,1-\alpha/2} \cdot s_{\hat{\beta}_j} \leq \beta_j \leq \hat{\beta}_j + t_{FG,1-\alpha/2} \cdot s_{\hat{\beta}_j}.$$

Der Ausdruck $t_{FG,\ 1-\alpha/2}$ muss noch erklärt werden. Die Berechnung des Konfidenzintervalls beruht auf der t-Verteilung. Sind die Residuen normalverteilt, so ist der Ausdruck

$$\frac{\hat{\beta}_j - \beta_j}{s_{\hat{\beta}_j}} \sim t_{FG},$$

d.h. t-verteilt mit bestimmten Freiheitsgraden (FG). Die Freiheitsgrade ergeben sich bei der Einfachregression mit n – 2. Der Stichprobenumfang n wird dabei um 2 reduziert, was den beiden geschätzten Regressionskoeffizienten entspricht. Das Konfidenzintervall gibt den Bereich an, in dem sich mit einer Wahrscheinlichkeit von 1-α der wahre Wert des Regressionskoeffizienten befindet. In unserem Falle mit 0,95, d.h. mit 95 %. Die 5 % nicht erfassten Fälle werden zu gleichen Teilen nach oben (größer) und nach unten (kleiner) gelegt. So ergibt sich der Ausdruck 1-α/2.

Die Abbildung 2-6 zeigt, wie die Konfidenzintervalle der Regressionskoeffizienten zu interpretieren sind.

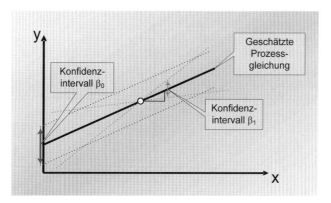

Abbildung 2-6:   Konfidenzintervalle der Regressionskoeffizienten

Die Regressionsgerade $\hat{y}_i = \hat{\beta}_0 + \hat{\beta}_1 \cdot x_i$ ist als Punktschätzung die bestmögliche Gerade, die aus den erhobenen Daten berechnet werden kann. Dennoch muss über die Konfidenzintervalle die Ungenauigkeit des Modells berücksichtigt werden. Der Achsenabschnitt β_0 könnte tatsächlich einen etwas größeren oder kleineren Wert haben, was einer Parallelverschiebung der Regressionsgerade entspricht. Eine Änderung der Steigung β_1 führt zu einem Kippen der Regressionsgerade – entweder wird diese flacher als bei der Punktschätzung oder steiler. Werden beide Konfidenzintervalle gemeinsam betrachtet, ergibt sich der Konfidenzbereich in Abbildung 2-7. Dieser besagt, dass die wahre Regressionsgerade (tatsächliche Gesetzmäßigkeit) mit 95 % innerhalb des eingegrenzten Bereichs liegt.

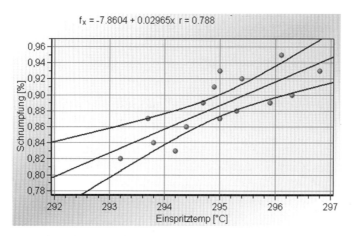

Abbildung 2-7:   Konfidenzintervalle für das Lego-Beispiel

Die Berechnung der Konfidenzintervalle wird im Folgenden für das Lego-Beispiel durchgeführt. Die Summe der Residuen wird vorgegeben und ist

$$\sum_{i=1}^{n} \hat{u}_i^2 = 0{,}007868$$

und damit die Residualvarianz $s_u^2 = 0{,}0006052$. Daraus berechnen sich die Standardabweichungen der beiden Regressionskoeffizienten mit

$$s_{\hat{\beta}_1} = \sqrt{\frac{s_u^2}{\sum_{i=1}^{n}(x_i - \bar{x})^2}} = \sqrt{\frac{0{,}0006052}{14{,}664}} = 0{,}006424$$

und

$$s_{\hat{\beta}_0} = \sqrt{\frac{s_u^2 \left(\sum_{i=1}^{n} x_i^2 / n\right)}{\sum_{i=1}^{n}(x_i - \bar{x})^2}} = \sqrt{\frac{0{,}0006052 \cdot (1.305.212{,}67 / 15)}{14{,}664}} = 1{,}895.$$

Werden zusätzlich die Freiheitsgrade und das gewünschte Vertrauensniveau von 95 % gewählt, ergibt sich für das Beispiel folgende Formel zur Berechnung des Konfidenzintervalls:

$$\hat{\beta}_j - t_{13;0.975} \cdot s_{\hat{\beta}_j} \leq \beta_j \leq \hat{\beta}_j + t_{13;0.975} \cdot s_{\hat{\beta}_j}$$

Mit dieser Formel berechnet sich das Konfidenzintervall für β_1 unter Verwendung der tabellierten t-Werte mit

$$0{,}02965 - 2{,}1609 \cdot 0{,}006424 \leq \beta_1 \leq 0{,}02965 + 2{,}1609 \cdot 0{,}006424$$
$$0{,}01577 \leq \beta_1 \leq 0{,}04353$$

und für β_0 mit

$$-7{,}8604 - 2{,}1609 \cdot 1{,}895 \leq \beta_0 \leq -7{,}8604 + 2{,}1609 \cdot 1{,}895$$
$$-11{,}955 \leq \beta_0 \leq -3{,}766.$$

Wie sind diese Konfidenzintervalle für das Lego-Beispiel zu interpretieren? Mit 95 % Wahrscheinlichkeit liegt der Achsenabschnitt der Grundgesamtheit zwischen -11,955 und -3,766 und die Steigung zwischen 0,01577 und 0,04353. Wie bereits erwähnt, lässt sich der Achsenabschnitt für das Beispiel nicht sinnvoll interpretieren, für die Steigung dagegen sehr wohl. Wird die Einspritztemperatur um 1 °C erhöht, verstärkt sich die Schrumpfung im realen Prozess (Grundgesamtheit) zwischen 0,01577 und 0,04353 %, mit einer Wahrscheinlichkeit von 95 %. Die Schätzung ist aufgrund des breiten Konfidenzintervalls ziemlich ungenau, was zum einen auf den relativ geringen Stichprobenumfang und zum anderen auf die relativ große Residualvarianz zurückzuführen ist.

2.2.2.2 Mehrfachregression

Das Prozesse gewöhnlich nicht monokausal sind, müssen sie durch mehrere Einflussgrößen gesteuert werden. Das Modell der Mehrfachregression lautet

$$Y = f(x_1, x_2, ..., x_m)$$

bzw. für den linearen Fall und unter Berücksichtigung der Residuen

$$y_i = \beta_0 + \beta_1 \cdot x_{1i} + \beta_2 \cdot x_{2i} + ... + \beta_m \cdot x_{mi} + u_i \,.$$

Die einzelnen Einflussgrößen wirken im Prozess nicht unabhängig voneinander, sondern können korreliert sein[10], wie die Abbildung 2-8 zeigt. Die Wirkung der Einflussgrößen auf die Zielgröße muss also die Abhängigkeiten zwischen den Einflussgrößen berücksichtigen.

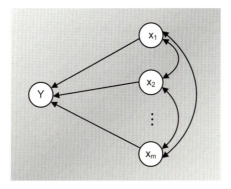

Abbildung 2-8:   Abhängigkeitsstruktur zwischen Ziel- und Einflussgrößen

Bevor die Mehrfachregression berechnet wird, werden für das Lego-Beispiel die Korrelationen in Verbindung mit der Abhängigkeitsstruktur aufgezeigt.

Betrachtet man zunächst nur die Korrelationen (vgl. Abbildung 2-9) zwischen der Schrumpfung Y und den drei Einflussgrößen, zeigt sich im Falle der Einspritztemperatur und der Einspritzgeschwindigkeit ein positiver Zusammenhang (r_{y1} = 0,7880 und r_{y2} = 0,6801). Für Fällen gilt also: Je höher der Wert der Einflussgröße, desto stärker die Schrumpfung. Dagegen besteht zwischen der Schrumpfung und dem Haltedruck ein negativer Zusammenhang (r_{y3} = -0,5612): Je höher der Haltedruck, desto geringer die Schrumpfung.

---

[10] Im Rahmen der Statistischen Versuchsplanung werden die Einflussgrößen z.T. bewusst so eingestellt, dass keine Korrelationen unter ihnen auftreten. Abhängigkeiten werden in der Versuchsplanung nicht durch Korrelationen, sondern durch Wechselwirkungen dargestellt.

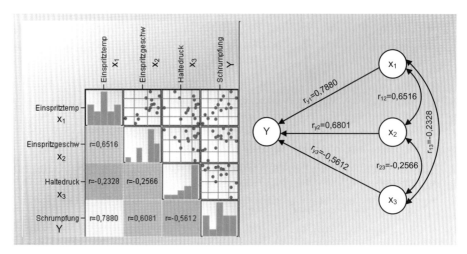

Abbildung 2-9: Abhängigkeitsstruktur im Lego-Beispiel

Werden nun zusätzlich die Korrelationen zwischen den Einflussgrößen betrachtet, fällt insbesondere der positive Zusammenhang zwischen Einspritztemperatur und Einspritzgeschwindigkeit auf (r_{12} = 0,6516). Technisch lässt sich dies z.B. durch eine höhere Fließrate bei einer höheren Temperatur erklären. Wie wirkt sich eine Abhängigkeit zwischen den Einflussgrößen auf deren Wirkung auf die Zielgröße aus? Diese Frage wird nach der Schätzung der Mehrfachregression im Rahmen der Modellbeurteilung behandelt (vgl. Kapitel 2.2.3.2).

Die Schätzung der linearen Mehrfachregression wird mittels der Matrixschreibweise eingeführt. Dadurch bleibt die Schätzung übersichtlich und kann auch analog der normalen Gleichungsschreibweise interpretiert werden.

Für jeden Datensatz i = 1, ..., n gilt unter Berücksichtigung der Residuen die Prozessgleichung. Werden alle Datensätze in die Regressionsgleichung eingesetzt, ergibt sich folgendes Gleichungssystem:

$$y_1 = \beta_0 + \beta_1 x_{11} + \beta_2 x_{21} + ... + \beta_m x_{m1} + u_1$$
$$y_2 = \beta_0 + \beta_1 x_{12} + \beta_2 x_{22} + ... + \beta_m x_{m2} + u_2$$
$$... \quad ... \quad ... \quad ... \quad ... \quad ... \quad ...$$
$$y_n = \beta_0 + \beta_1 x_{1n} + \beta_2 x_{2n} + ... + \beta_m x_{mn} + u_n$$

Dieses Gleichungssystem vereinfacht sich in der Matrixschreibweise zu:

$$\mathbf{y} = \mathbf{X}\boldsymbol{\beta} + \mathbf{u},$$

wobei

$$y = \begin{pmatrix} y_1 \\ y_2 \\ \vdots \\ y_n \end{pmatrix}, \quad X = \begin{pmatrix} 1 & x_{11} & \cdots & x_{m1} \\ 1 & x_{12} & \vdots & x_{m2} \\ \vdots & \vdots & \ddots & \vdots \\ 1 & x_{1n} & \cdots & x_{mn} \end{pmatrix}, \quad \beta = \begin{pmatrix} \beta_0 \\ \beta_1 \\ \vdots \\ \beta_m \end{pmatrix}, \quad u = \begin{pmatrix} u_1 \\ u_2 \\ \vdots \\ u_n \end{pmatrix}.$$

Der Einservektor in der ersten Spalte der Matrix der Beobachtungsdaten für die Einflussgrößen **X** wird für die Schätzung des Absolutgliedes β_0 benötigt. Wiederum werden die unbekannten Regressionskoeffizienten (β_0, ..., β_m) nach dem Prinzip der kleinsten Quadrate geschätzt. Um die Summe der Fehlerquadrate zu minimieren, muss das Gleichungssystem wie im Rahmen der Einfachregression nach den Residuen umgeformt und minimiert werden. Es ergibt sich folgende Funktion

$$u^T u = (y - X\beta)^T (y - X\beta) \to \text{Min!}$$

Durch partielles Ableiten nach allen β_j, j = 0, ..., m und anschließendem Nullsetzen der abgeleiteten Ausdrücke ergibt sich als Schätzer für die Regressionskoeffizienten

$$\hat{\beta} = (X^T X)^{-1} X^T y.$$

Die Residuen berechnen sich analog der Einfachregression mit $\hat{u}_i = y_i - \hat{y}_i$ bzw. in Matrixschreibweise über die Vektoren mit $\hat{u} = y - \hat{y}$.

Die Schätzung und die Interpretation der Mehrfachregression werden anhand des Lego-Beispiels verdeutlicht. In der Matrixgleichung der Regressionsanalyse $y = X\beta + u$ sind β und u unbekannt und werden mit Hilfe des Vektors der beobachteten Werte der Zielgröße **y** und der Matrix der beobachteten Werte der Einflussgrößen **x** berechnet. Auszugsweise ergeben sich mit den Werten aus Tabelle 2-6 folgender Vektor und folgende Matrix:

$$y = \begin{pmatrix} 0{,}87 \\ 0{,}93 \\ \vdots \\ 0{,}86 \end{pmatrix} \quad X = \begin{pmatrix} 1 & 295{,}0 & 205{,}2 & 37{,}31 \\ 1 & 296{,}8 & 205{,}2 & 35{,}46 \\ \vdots & \vdots & \vdots & \vdots \\ 1 & 294{,}4 & 205{,}7 & 36{,}45 \end{pmatrix}$$

Wird mit den beobachteten Daten die Schätzung über die Formel $\hat{\beta} = (X^T X)^{-1} X^T y$ durchgeführt, ergibt sich die Prozessgleichung

$$\hat{y}_i = -6{,}5649 + 0{,}02395 x_1 + 0{,}004983 x_2 - 0{,}01734 x_3.$$

Die Interpretation der Regressionskoeffizienten entspricht dem Fall der Einfachregression, bis auf die Annahme, dass alle anderen Einflussgrößen jeweils konstant gehalten werden. Für den Haltedruck (x_3) soll dies erklärt werden: Eine Erhöhung des Drucks um ein MPa reduziert die Schrumpfung um 0,01734 %, unter der Bedingung, dass die anderen Einflussgrößen (Einspritztemperatur und Einspritzgeschwindigkeit) konstant gehalten werden bzw. nicht wirken. Die Unterstellung der Bedingung mag zunächst als „theoretisches Konstrukt" gedeutet werden. Doch ist es letztlich ja die Aufgabe der Prozessexperten, die einzelnen Einflussgrößen unabhängig von den anderen zu steuern, da nur so eine gezielte und nachvollziehbare Beeinflussung des Prozesses möglich wird.

Selbstverständlich kann mit der Prozessgleichung auch die Auswirkung einer gemeinsamen Änderung mehrerer Einflussgrößen nachvollzogen werden. Bevor eine solche Steuerung simuliert wird, werden zunächst die Stichprobenmittelwerte der Einflussgrößen in die Prozessgleichung eingesetzt (berechnet über die Werte aus Tabelle 2-6). Es ergibt sich

$$\hat{y}_i = -6{,}5649 + 0{,}02395 \cdot \bar{x}_1 + 0{,}004983 \cdot \bar{x}_2 - 0{,}01734 \cdot \bar{x}_3$$
$$= -6{,}5649 + 0{,}02395 \cdot 294{,}98 + 0{,}004983 \cdot 204{,}98 - 0{,}01734 \cdot 36{,}663$$
$$= 0{,}886 = \bar{y}.$$

Dieses Ergebnis war zu erwarten. Der Mittelwert der Einflussgröße führt zum Durchschnitt der Zielgröße. Soll nun bewusst eine Verringerung der Schrumpfung im Prozess erreicht werden, wird ebenfalls über die Prozessgleichung argumentiert. Den Vorzeichen der Regressionskoeffizienten kann entnommen werden, was zu einer Verringerung der Schrumpfung führt: Die Einspritztemperatur ($\hat{\beta}_1$) und die Einspritzgeschwindigkeit ($\hat{\beta}_2$) haben ein positives Vorzeichen, so dass eine Senkung beider Einflussgrößen zu einer Reduzierung der Schrumpfung führt. Der Regressionskoeffizient $\hat{\beta}_3$ des Haltedrucks hat ein positives Vorzeichen, was eine erhöhte Einstellung sinnvoll macht. In folgender Gleichung werden beispielhaft Einstellwerte verwendet, die zu einer Reduzierung der Schrumpfung führen:

$$\hat{y}_p = -6{,}5649 + 0{,}02395 \cdot 294 + 0{,}004983 \cdot 204 - 0{,}01734 \cdot 37$$
$$= 0{,}851.$$

Inwiefern eine gewählte Einstellung in der Prozessgleichung tatsächlich im Prozess realisierbar ist, müssen in erster Linie die Prozessexperten beurteilen. Für die statistische Beurteilung der Prozessgleichung und der einzelnen Koeffizienten gibt es weitere Kenngrößen, die im folgenden Kapitel vorgestellt werden.

Neben der Punktschätzung wird zuvor kurz die Berechnung der Konfidenzintervalle für die Mehrfachregression eingeführt. Für deren Berechnung wird die Formel

$$\hat{\beta}_j - t_{FG;1-\alpha/2} \cdot s_{\hat{\beta}_j} \leq \beta_j \leq \hat{\beta}_j + t_{FG;1-\alpha/2} \cdot s_{\hat{\beta}_j}$$

der Einfachregression verwendet. Lediglich die Freiheitsgrade werden aufgrund ihrer Berechnung mit n - m - 1 geringer. Die Standardabweichungen der Regressionskoeffizienten berechnen sich über

$$\mathbf{S}_{\hat{\beta}} = s_u^2 (\mathbf{X}^T \mathbf{X})^{-1}.$$

$\mathbf{S}_{\hat{\beta}}$ ist die Kovarianzmatrix der Regressionskoeffizienten, deren Wurzel aus den Hauptdiagonalelementen die Standardabweichung der einzelnen Regressionskoeffizienten ist. s_u^2 ist wiederum die Residualvarianz, die sich analog über die Residuen berechnet.

Es gilt

$$s_u^2 = \frac{1}{n-m-1} \cdot \sum_{i=1}^{n} \hat{u}_i^2.$$

Für das Lego-Beispiel der Mehrfachregression erhält man eine Residualvarianz von $s_u^2 = 0{,}0004212$. Daraus errechnet sich die Kovarianzmatrix der Regressionskoeffizienten mit

$$S_{\hat{\beta}} = \begin{pmatrix} 3{,}5047 & -0{,}005737 & -0{,}007988 & -0{,}004773 \\ -0{,}005737 & 0{,}00005032 & 0{,}00004518 & 0{,}000004184 \\ -0{,}007988 & -0{,}00004518 & 0{,}0001023 & 0{,}000009485 \\ -0{,}004773 & 0{,}000004184 & 0{,}000009485 & 0{,}00004348 \end{pmatrix}.$$

Durch Ziehen der Wurzel aus den Hauptdiagonalelementen der Matrix ergibt sich der Vektor der Standardabweichungen der Regressionskoeffizienten und die berechneten 95 % Konfidenzintervalle. Die nachfolgende Abbildung enthält die Ergebnisse.

Merkm.Bez.	x_i	b_i	b_i [...]	s_{ci}
Schrumpfung	$f(x_1..x_3)$			
	Konst.	-6,565	-10,685...-2,444	1,872
Einspritztemp	X_1	0,0240	0,0083...0,0396	0,00709
Einspritzgeschw	X_2	0,0050	-0,0173...0,0272	0,0101
Haltedruck	X_3	-0,0173	-0,0319...-0,0028	0,00659

Tabelle 2-7:   Regressionskoeffizienten und Konfidenzintervalle für das Lego-Beispiel

In dieser, für eine moderne Software klassischen Ausgabe entspricht die Spalte b_i den geschätzten Regressionskoeffizienten $\hat{\beta}_i$, s_{ci} den Standardabweichungen der Regressionskoeffizienten $s_{\hat{\beta}_i}$ und b_i [...] dem Konfidenzintervall für den jeweiligen Regressionskoeffizienten.

2.2.3 Modellprüfung

Die Schätzung einer Prozessgleichung ist – bis auf wenige Ausnahmen – immer möglich, unabhängig von der Qualität der Daten und der Bedeutung der Einflussgrößen. Eine Prüfung bzw. Beurteilung des geschätzten Regressionsansatzes ist also notwendig. Hierfür gibt es mehrere Möglichkeiten, die sich in drei Gruppen einteilen lassen:

- Prüfung des gesamten Regressionsansatzes
  Wie gut erklären alle Einflussgrößen gemeinsam das Verhalten der Zielgröße? Die

Beantwortung dieser Frage ist für die grundsätzliche Steuerbarkeit eines Prozesses wichtig. Wurden die falschen Einflussgrößen ausgewählt, kann ein Prozess nicht wirkungsvoll beeinflusst werden.

- Prüfung der Regressionskoeffizienten
  Welche Bedeutung haben die einzelnen Einflussgrößen für das Verhalten der Zielgröße? Für die konkrete Steuerung eines Prozesses ist die Art und Weise der Wirkung einzelner Einflussgrößen entscheidend. Wichtige Einflussgrößen müssen vorrangiger und sensibler gesteuert werden als unwichtige.

- Prüfung der Modellannahmen
  Sind die Voraussetzungen für die Schätzung des Regressionsmodells erfüllt? Durch die Einhaltung verschiedener Annahmen ergibt sich die bestmögliche Schätzung der Regressionsfunktion. Die Analyseergebnisse lassen sich bei Einhaltung der Annahmen gesichert auf den untersuchten Prozess übertragen.

Genau genommen ist die Prüfung der Modellannahmen eine notwendige Voraussetzung für die Prüfung des Regressionsansatzes und der Regressionskoeffizienten. Werden einzelne Modellannahmen nicht eingehalten, lassen sich die Analyseergebnisse nicht zweifelsfrei oder nur beschränkt auf den tatsächlichen Prozess übertragen. Aus didaktischen Gründen werden die Prüfung des gesamten Regressionsansatzes und der Regressionskoeffizienten vorgezogen.

2.2.3.1 Prüfung des gesamten Regressionsansatzes

Die klassischen Maße zur Beurteilung des gesamten Regressionsansatzes sind

- der Standardfehler,
- das Bestimmtheitsmaß und
- der F-Test.

Standardfehler

Der Standardfehler als Standardabweichung der Residuen ist ein erstes Maß für die Beurteilung des Regressionsansatzes. Er berechnet sich als Wurzel der Residualvarianz mit

$$s_u = \sqrt{\frac{1}{n-m-1} \cdot \sum_{i=1}^{n} \hat{u}_i^2}.$$

Die Interpretation der Residualvarianz erfolgt anhand des Lego-Beispiels mit einer Einflussgröße[11]. Der für dieses Beispiel berechnete Standardfehler ist $s_u = \sqrt{0{,}0006052} = 0{,}0246$ [%]. Der Standardfehler hat die Einheit der Zielgröße Schrumpfung. Durch die berechnete Regression wird also die Streuung der Zielgröße

---

[11] Nachfolgende Berechnungen basieren auf den Ergebnissen aus Kapitel 2.2.2.

(s_y = 0,03851 [%]) durch die Berücksichtigung der Einflussgröße Einspritztemperatur auf einen nicht erklärten Standardfehler von s_u = 0,0246 [%] reduziert. Diese Reduktion lässt sich am Streuungsdiagramm zeigen. Dabei wird davon ausgegangen, dass sowohl die Zielgröße als auch die Residuen normalverteilt sind (vgl. auch Abbildung 2-10).

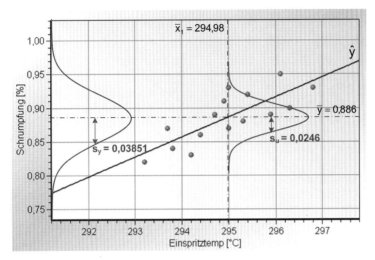

Abbildung 2-10: Standardabweichung der Zielgröße und Standardfehler

Die Abbildung zeigt auf der linken Seite die Standardabweichung der Zielgröße s_y und auf der rechten Seite die reduzierte Streuung (Standardfehler s_u), die sich durch die Berücksichtigung der Einflussgröße ergibt. Da der Standardfehler mit der Einheit der Zielgröße behaftet ist, lässt sich die Ausprägung dieser Kenngröße oft nur schwer deuten. Aus diesem Grunde wird zur Interpretation häufig das Bestimmtheitsmaß bevorzugt.

Bestimmtheitsmaß

Während der Standardfehler den nicht erklärten Teil der Streuung der Zielgröße repräsentiert, steht das Bestimmtheitsmaß für den durch die Einflussgrößen erklärten Streuungsanteil größe. Es berechnet sich über die quadrierten Abweichungen der Schätzung. Dafür wird die Summe der quadrierten Abweichungen der Zielgröße in einen durch die Regression erklärten Anteil (Einflussgrößen) und einen nicht erklärten Anteil (Residuen) zerlegt. Für diese Streuungszerlegung gilt

$$\sum_{i=1}^{n}(y_i - \overline{y})^2 = \sum_{i=1}^{n}(\hat{y}_i - \overline{y})^2 + \sum_{i=1}^{n}(y_i - \hat{y}_i)^2$$

$$= \sum_{i=1}^{n}(\hat{y}_i - \overline{y})^2 + \sum_{i=1}^{n}\hat{u}^2.$$

Werden beide Seiten dieser Gleichung durch die Summe der quadrierten Abweichungen dividiert, folgt

$$1 = \frac{\sum_{i=1}^{n}(\hat{y}_i - \overline{y})^2}{\sum_{i=1}^{n}(y_i - \overline{y})^2} + \frac{\sum_{i=1}^{n}\hat{u}_i^2}{\sum_{i=1}^{n}(y_i - \overline{y})^2}$$

$$1 = \quad R^2 \quad + \quad U,$$

wobei R^2 das Bestimmtheitsmaß ist. U ist der nicht erklärte Streuungsanteil. Lassen sich nun – übertragen auf einen Prozess – die Einflussgrößen fest einstellen, so reduziert sich die Streuung der Zielgröße um den entsprechenden Anteil. Anders ausgedrückt ist dies der Streuungsanteil der Zielgröße, der durch eine exakte Steuerung der Einflussgrößen beherrschbar und beeinflussbar ist. Deshalb wird das Bestimmtheitsmaß auch als „Maß der Beherrschbarkeit" bezeichnet.

Das Bestimmtheitsmaß berechnet sich mit

$$R^2 = \frac{\sum_{i=1}^{n}(\hat{y}_i - \overline{y})^2}{\sum_{i=1}^{n}(y_i - \overline{y})^2} = 1 - \frac{\sum_{i=1}^{n}\hat{u}_i^2}{\sum_{i=1}^{n}(y_i - \overline{y})^2}$$

Es gilt $0 \leq R^2 \leq 1$. Gilt $R^2 = 1$ (U = 0), liegen alle Punkte des Streuungsdiagramms auf der Prozessgleichung, d.h. der Schätzwert $\hat{y}_i$ entspricht dem beobachteten Wert y_i. Gilt $R^2 = 0$ (U = 1), ist die Gesamtvarianz von Y gleich der Restvarianz. Somit liefert die Regression keinen Erklärungsgehalt für die Zielgröße und die Prozessgleichung verläuft waagerecht, wie sich in folgender Abbildung erkennen lässt.

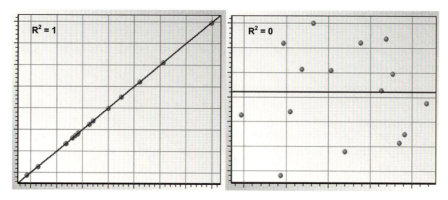

Abbildung 2-11: Bestimmtheitsmaß und Streuungsdiagramm

Für das Lego-Beispiel mit einer Einflussgröße werden die Berechnungen ausführlich durchgeführt. Der Mittelwert der Zielgröße von $\overline{y} = 0{,}886$ wurde bereits im vorhergehenden Kapitel berechnet. Ebenso die Prozessgleichung $\hat{y}_i = -7{,}8604 + 0{,}02965 \cdot x_i$. Durch Einsetzen der Beobachtungswerte der Einspritztemperatur x_i in diese Gleichung ergeben sich die Schätzwerte $\hat{y}_i$. Diese und weitere Berechnungen sind in der Tabelle 2-8 zusammengefasst.

i	y_i	$(y_i - \bar{y})^2$	$\hat{y}_i$	$(\hat{y}_i - \bar{y})^2$	$\hat{u}_i$
1	0,87	0,0002560	0,88659	0,0000004	0,0002753
2	0,93	0,0019360	0,93996	0,0029122	0,0000993
3	0,87	0,0002560	0,84805	0,0014404	0,0004819
4	0,92	0,0011560	0,89845	0,0001551	0,0004643
5	0,82	0,0043560	0,83322	0,0027856	0,0001748
6	0,89	0,0000160	0,91328	0,0007441	0,0005419
7	0,89	0,0000160	0,87770	0,0000689	0,0001513
8	0,9	0,0001960	0,92514	0,0015319	0,0006320
9	0,83	0,0031360	0,86287	0,0005349	0,0010806
10	0,95	0,0040960	0,91921	0,0011028	0,0009481
11	0,93	0,0019360	0,88659	0,0000004	0,0018842
12	0,91	0,0005760	0,88363	0,0000056	0,0006955
13	0,84	0,0021160	0,85101	0,0012242	0,0001213
14	0,88	0,0000360	0,89549	0,0000900	0,0002399
15	0,86	0,0006760	0,86880	0,0002958	0,0000775
	Summe:	0,0207600		0,0128922	0,0078678

Tabelle 2-8: Streuungszerlegung für das Lego-Beispiel

Werden die berechneten Summen in die Gleichung der Streuungszerlegung eingesetzt, ergibt sich

$$\sum_{i=1}^{n}(y_i - \bar{y})^2 = \sum_{i=1}^{n}(\hat{y}_i - \bar{y})^2 + \sum_{i=1}^{n}\hat{u}^2$$

0,027600 = 0,0128922 + 0,0078678.

Daraus folgt für das Bestimmtheitsmaß

$$R^2 = \frac{\sum_{i=1}^{n}(\hat{y}_i - \bar{y})^2}{\sum_{i=1}^{n}(y_i - \bar{y})^2} = \frac{0,0128922}{0,02076} = 0,621.$$

Für die Einfachregression gilt auch $R^2 = r^2 = 0,788^2 = 0,6201$. Die Einflussgröße Einspritztemperatur erklärt also 62,1 % der Streuung (Varianz) der Zielgröße Schrumpfung. Kann die Einspritztemperatur im Prozess gezielt gesteuert, d.h. präzise eingestellt werden, ist eine Reduzierung der Streuung um 62,1 % zu erwarten. Dies ist zwar schon ein beachtlicher Anteil, doch die übrigen ca. 40 % der Streuung der Schrumpfung werden durch das Modell der Einfachregression nicht erklärt.

Für die Regression des Lego-Beispiels mit drei Einflussgrößen berechnet sich das Bestimmtheitsmaß mit Hilfe der Summe der quadrierten Residuen $\sum \hat{u}_i^2 = 0{,}004633$. Es gilt

$$R^2 = 1 - \frac{\sum_{i=1}^{n} \hat{u}_i^2}{\sum_{i=1}^{n}(y_i - \bar{y})^2} = 1 - \frac{0{,}004633}{0{,}02076} = 0{,}777 \ .$$

Die Einflussgrößen Einspritztemperatur, Einspritzgeschwindigkeit und Haltedruck erklären also ca. 78 % der Streuung der Schrumpfung. Wiederum kann die bisherige Streuung um 78 % reduziert werden, vorausgesetzt, die Einflussgrößen lassen sich exakt einstellen.

Korrigiertes Bestimmtheitsmaß

In die Berechnung des Bestimmtheitsmaßes geht die Information der Freiheitsgrade nicht ein. Weder der Stichprobenumfang n noch die Anzahl der Einflussgrößen m werden berücksichtigt. Es ist unmittelbar einsichtig, dass ein größerer Stichprobenumfang ein verlässlicheres Ergebnis liefern würde. Die Anzahl der Einflussgrößen im Modell spielt ebenfalls eine wichtige Rolle. Durch die Aufnahme einer weiteren Einflussgröße in ein Regressionsmodell wird das Bestimmtheitsmaß immer höher.[12] Verdeutlicht werden kann dies mit der „Schuhgröße des Maschinenbedieners". Diese sicherlich unwesentliche Einflussgröße würde das Bestimmtheitsmaß erhöhen. Deshalb empfiehlt es sich, zur Beurteilung des Regressionsmodells das so genannte korrigierte oder adjustierte Bestimmtheitsmaß R^{2*} zu verwenden. Es berücksichtigt die Information der Freiheitsgrade und berechnet sich mit

$$R^{2*} = 1 - \frac{n-1}{n-m-1}(1-R^2) \ .$$

Mit abnehmendem Stichprobenumfang n und bei zunehmender Anzahl der Einflussgrößen m sinkt das korrigierte Bestimmtheitsmaß. Im Unterschied zum normalen Bestimmtheitsmaß kann es sich bei Aufnahme einer weiteren Einflussgröße verringern, sofern diese unwichtig ist.

Für die Mehrfachregression des Lego-Beispiels ergibt sich ein korrigiertes Bestimmtheitsmaß von

$$R^{2*} = 1 - \frac{n-1}{n-m-1}(1-R^2) = 1 - \frac{15-1}{15-3-1}(1-0{,}777) = 0{,}716 \ .$$

Durch die Korrektur ist dieses Maß etwas geringer als das normale Bestimmtheitsmaß von $R^2 = 0{,}777$.

---

[12] Theoretisch könnte durch die Aufnahme einer weiteren Einflussgröße das Bestimmtheitsmaß gleich bleiben, was aber äußerst unwahrscheinlich ist.

F-Test (Signifikanz des Regressionsmodells)

Die Schätzung der Prozessgleichung basiert auf den Daten einer Stichprobe. Ein statistischer Test prüft, ob die Aussagen des geschätzten Modells auf die Grundgesamtheit übertragen werden können. Für die Prozessoptimierung kann diese Aussage wie folgt umformuliert werden: Sind die Zusammenhänge, die aufgrund der Stichprobe berechnet wurden, als „Gesetzmäßigkeiten" des Prozesses zu verstehen, oder könnten sich diese nur zufällig aufgrund der Stichprobenentnahme ergeben haben?

Mit Hilfe des F-Tests wird geprüft, ob das gesamte Regressionsmodell signifikant ist bzw. statistische Beweiskraft besitzt. Haben alle Einflussgrößen gemeinsam keinen Einfluss auf die Zielgröße, würde das Bestimmtheitsmaß Null betragen. Ein Bestimmtheitsmaß von Null bedeutet wiederum, dass die Steigungen aller Regressionskoeffizienten ebenfalls Null sein müssten, da ja keine Einflussgröße eine Wirkung auf die Zielgröße hat. Aus diesen Gedanken definieren sich die Null- und Alternativhypothese des F-Tests mit

$$H_0 : R^2 = 0 \quad \text{bzw.} \quad \beta_1 = \beta_2 = \ldots = \beta_m = 0,$$

$$H_1 : R^2 > 0.$$

In der Nullhypothese wird also davon ausgegangen, dass kein Zusammenhang zwischen den Einflussgrößen und der Zielgröße besteht. Erst eine Widerlegung der Nullhypothese führt zu einem signifikanten Modell. Der Ausdruck

$$\frac{\frac{1}{m}\sum_{i=1}^{n}(y_i - \bar{y})^2}{\frac{1}{n-m-1}\sum_{i=1}^{n}\hat{u}_i^2} \sim F_{m; n-m-1}$$

ist F-verteilt mit m und (n-m-1) Freiheitsgraden. Auf dieser Basis oder über das Bestimmtheitsmaß berechnet sich die F-Teststatistik mit

$$F^* = \frac{\frac{1}{m}\sum_{i=1}^{n}(y_i - \bar{y})^2}{\frac{1}{n-m-1}\sum_{i=1}^{n}\hat{u}_i^2} = \frac{\frac{1}{m}R^2}{\frac{1}{n-m-1}(1-R^2)}.$$

Die Nullhypothese wird zum Niveau von 1-α für $F^* > F_{m; n-m-1; 1-\alpha}$ verworfen. Meist wird α = 0,05 (5 %) gewählt. Wird zu diesem Niveau die Nullhypothese verworfen, so kann davon ausgegangen werden, dass die Prozessgleichung sinnvoll ist. Die Irrtumswahrscheinlichkeit (Risiko, mit dieser Aussage falsch zu liegen) ist in diesem Falle ≤ 5 %.

Der F-Test soll für die Mehrfachregression des Lego-Beispiels angewendet werden. Die F-Teststatistik beträgt

$$F^* = \frac{\frac{1}{m}R^2}{\frac{1}{n-m-1}(1-R^2)} = \frac{\frac{1}{3}0{,}777}{\frac{1}{15-3-1}(1-0{,}777)} = 12{,}77\ .$$

Dieser Wert muss nun mit dem tabellierten Wert verglichen werden (vgl. Tabelle im Anhang). Es gilt $F_{3;15-3-1;1-0.05} = F_{3;11;0.95} = 3{,}59$. Da nun $F^* > F_{3;11;0.95}$ gilt, wird die Nullhypothese verworfen. Somit ist der Regressionsansatz zu einem Niveau von $\alpha = 5\ \%$ signifikant. Die gewählten Einflussgrößen haben gemeinsam eine statistisch gesicherte Wirkung auf die Zielgröße.

Modellbeurteilung mit Statistik-Software

Zusammenfassend für die Beurteilung des gesamten Regressionsansatzes wird auszugsweise die Modellbeurteilung einer Statistik-Software vorgestellt.

Korrelationskoeffizient	=	r	0,8814
Bestimmtheitsmaß	=	B	77,683%
korrigiertes Bestimmtheitsmaß	=	B*	71,597%
Restvarianz	=	s^2	0,000421
Reststandardabweichung	=	s	0,0205

$y = -6{,}565 + 0{,}0240 x_1 + 0{,}00498 x_2 - 0{,}0173 x_3$

Test der Unabhängigkeit von allen Einflussgrössen $x_1, ..., x_p$

H_0	$\beta_1 = \beta_2 = ... = \beta_p = 0$		
H_1	$\beta_i \neq 0$ für mindestens ein $i = 1,...,p$		

Testniveau	kritische Werte unten	kritische Werte oben	Prüfgröße
$\alpha = 5\ \%$	---	3,59	
$\alpha = 1\ \%$	---	6,22	12,7632***
$\alpha = 0{,}1\ \%$	---	11,56	
Testergebnis	Nullhypothese wird zum Niveau $\alpha \leq 0{,}1\%$ verworfen		

Tabelle 2-9: Modellbeurteilung mit Statistik-Software

In der oberen Hälfte der Tabelle sind die wichtigsten Gütemaße zur Beurteilung des Regressionsansatzes und die geschätzte Prozessgleichung aufgeführt. Die erste Kennzahl ist ein multipler Korrelationskoeffizient, dessen Quadrat zum Bestimmtheitsmaß – hier mit B abgekürzt – führt. Die Residualvarianz (Restvarianz) und der Standardfehler (Reststandardabweichung) werden ebenfalls ausgegeben.

Die untere Hälfte der Tabelle zeigt die Ergebnisse des F-Testes. Auf der rechten Seite ist die berechnete F-Teststatistik $F^* = 12{,}7632$. Diese entspricht – bis auf Rundungsfehler – dem vorher berechneten Wert. Der kritische Wert $F_{3;11;0.95} = 3{,}59$ für $\alpha = 5\ \%$ ist ebenfalls in der Tabelle erkennbar. Zudem enthält sie auch die Information, dass bei einem Testniveau von 0,1 % die Nullhypothese der Unabhängigkeit immer noch verworfen werden kann, was auch durch die drei Sterne an der Teststatistik verdeutlicht wird.

Andere Software gibt z. T. auch die Wahrscheinlichkeit an, mit der die Nullhypothese gerade noch verworfen werden kann. Im Lego-Beispiel wäre dies p = 0,00066459 (0,066459 %). Der geschätzte Regressionsansatz kann also als hoch signifikant bezeichnet werden.

2.2.3.2 Prüfung der Regressionskoeffizienten

Zur Beurteilung der Bedeutung einzelner Einflussgrößen in ihrer Wirkung auf die Zielgröße werden folgende Verfahren und Kenngrößen vorgestellt:
- Signifikanz der Regressionskoeffizienten (t-Test),
- Variance Inflation Factor (VIF),
- Prozentuale Streuungserklärung (Red%).

Signifikanz der Regressionskoeffizienten (t-Test)

Wird zuerst über den F-Test festgestellt, ob der gesamte Regressionsansatz signifikant ist, kann mit Hilfe des t-Tests die Bedeutung einzelner Einflussgrößen beurteilt werden. Die Nullhypothese wird über die Annahme formuliert, die betrachtete Einflussgröße habe keine Wirkung auf die Zielgröße, was einer Steigung von $\beta_j = 0$, j = 1, ..., m entspricht. Für das Absolutglied wird geprüft, ob $\beta_0 = 0$ gilt, was einem Schnitt der Regression mit dem Ursprung entspricht. Daraus ergeben sich die Null- und Alternativhypothesen mit

$$H_0 : \beta_j = 0 \quad (j = 0, ..., m),$$

$$H_1 : \beta_j \neq 0.$$

Über die geschätzten Regressionskoeffizienten berechnet sich die t-Teststatistik mit

$$t_j^* = \frac{|\hat{\beta}_j - \beta_j|}{s_{\hat{\beta}_j}}.$$

Die Betragsbetrachtung der Differenz zwischen der geschätzten Steigung ($\hat{\beta}_j$) und dem Wert der Nullhypothese (β_j) ist eine zulässige Vereinfachung, die aufgrund der Symmetrie der t-Verteilung möglich wird. Da bei fehlender Wirkung der betrachteten Einflussgröße $\beta_j = 0$ gilt, vereinfacht sich die Formel in

$$t_j^* = \frac{|\hat{\beta}_j|}{s_{\hat{\beta}_j}}.$$

Grundsätzlich kann auch gegen jedes beliebige $\beta_j = c$ getestet werden.

Die Nullhypothese wird zum Niveau von 1-α für $t^* > t_{n-m-1;1-\alpha/2}$ verworfen. $\alpha/2$ folgt aus dem beidseitigen Test, d.h. der Regressionskoeffizient kann sowohl größer als auch kleiner Null sein. Meist wird α = 0,05 (5 %) festgelegt. Wird zu diesem Niveau die Nullhypothese verworfen, so kann davon ausgegangen werden, dass die betrachtete Einflussgröße einen signifikanten Einfluss auf die Zielgröße hat. Das Irrtumswahrscheinlichkeit (Risiko mit der Aussage falsch zu liegen) liegt in diesem Falle bei ≤ 5 %.

Im Rahmen der Berechnung der Konfidenzintervalle für die Mehrfachregression (vgl. Kapitel 2.2.2.2) wurden die Standardabweichungen der Regressionskoeffizienten bereits berechnet. Für das Lego-Beispiel der Mehrfachregression ergeben sich folgende empirische t-Werte:

Bezeichnung	X_j	$\hat{\beta}_j$	$s_{\hat{\beta}_j}$	$|t_j^*|$
	Konstante	-6,5649	1,87208	3,50674
Einspritztemperatur	x_1	0,0240	0,00709	3,37632
Einspritzgeschwindigkeit	x_2	0,0050	0,01011	0,49269
Haltedruck	x_3	-0,0173	0,00659	2,62939

Tabelle 2-10:   *t-Test zur Prüfung der Regressionskoeffizienten*

Verglichen mit dem tabellierten Wert $t_{11;0,975} = 2,201$ zeigt sich, dass sowohl die Einspritztemperatur als auch der Haltedruck mit einer Irrtumswahrscheinlichkeit von 5 % signifikant sind, die Einspritzgeschwindigkeit dagegen nicht. Dieses Ergebnis scheint etwas verwunderlich, war doch die Korrelation zwischen der Schrumpfung Y und der Einspritzgeschwindigkeit x_2 mit $r_{y2} = 0,6801$ relativ hoch und größer als zwischen der Schrumpfung und dem Haltedruck mit $r_{y3} = -0,5612$ (vgl. Abbildung 2-9). Dennoch ist im Regressionsmodell der Haltedruck signifikant, die Einspritzgeschwindigkeit hingegen nicht. Wie ist das zu erklären?

Die Antwort liegt in der Abhängigkeitsstruktur zwischen den Einflussgrößen. Insbesondere die hohe Korrelation zwischen der Einspritztemperatur und der Einspritzgeschwindigkeit von $r_{12} = 0,6516$ dürfte für diesen Effekt verantwortlich sein. Durch die hohe Korrelation wird die Wirkung der Einspritzgeschwindigkeit der wichtigeren Einflussgröße Einspritztemperatur zugerechnet. Bei Modellen mit vielen Einflussgrößen ist eine solch naheliegende Erklärung nicht immer möglich. Dennoch enthält dieser Effekt eine grundlegende Erkenntnis: Wird ein Prozess durch mehrere Modelle beurteilt, kann dies zu Widersprüchen führen. deshalb sollte immer nach dem Grundsatz gehandelt werden: „Ein Prozess – ein Modell".

Variance Inflation Factor (VIF)

Das Lego-Beispiel zeigt deutlich, wie die Abhängigkeiten zwischen den Einflussgrößen die Schätzung der Regressionsgerade beeinflussen können. Dies tritt häufig bei Schätzungen mit Beobachtungswerten auf. Diese Daten bilden das tatsächliche Prozessverhalten ab, das sich in den Korrelationen zeigt. Im Rahmen der Versuchsplanung tritt dieses Problem nicht auf, wenn durch bewusste Einstellung der Einflussgrößen Korrelationen vermieden werden.

2.2 Vorgehensweise

Ab wann werden nun solche Korrelationen zwischen den Einflussgrößen relevant bzw. kritisch? Mit Hilfe des VIF kann dieser Effekt, der auch als Multikollinearität bezeichnet wird, beurteilt werden. (vgl. auch Kapitel 2.2.3.3). Er berechnet sich für die einzelnen Regressionskoeffizienten mit

$$VIF_j = \frac{1}{(1-R^2_{j/m-j})}.$$

Zu Interpretation dieser Kenngröße muss zuerst $R^2_{j/m-j}$ verstanden werden. Dieser multiple Korrelationskoeffizient gibt an, wie eine beliebige Einflussgröße j (x_j) durch alle anderen Einflussgrößen m-j (x_1, ..., x_{j-1}, x_{j+1}, ..., x_m) erklärt werden kann. Ein Wert von $R^2_{1/m-1} = 0{,}9$ bedeutet, dass 90 % der Streuung von x_1 durch die anderen Einflussgrößen erklärt wird. Dies hat zwei Konsequenzen. Zum einen enthält die Einflussgröße x_1 redundante Information, die ja bereits in den anderen Einflussgrößen enthalten ist. Zum anderen muss eine Steuerung des Prozesses sehr sensibel erfolgen, da die Einflussgrößen stark voneinander abhängen. Eine unabhängige Einstellung der Einflussgrößen kann durch deren gegenseitige Beeinflussung problematisch werden.

Die VIF_j ergeben sich aus den Hauptdiagonalelementen der inversen Korrelationsmatrix der Einflussgrößen. Für das Lego-Beispiel soll dies verdeutlicht werden. Die Korrelationsmatrix für die Einflussgrößen (x_1, x_2, x_3) ist

$$R_{xx} = \begin{pmatrix} 1 & 0{,}6516 & -0{,}2328 \\ 0{,}6516 & 1 & -0{,}2566 \\ -0{,}2328 & -0{,}2566 & 1 \end{pmatrix}$$

und die inverse Korrelationsmatrix

$$R_{xx}^{-1} = \begin{pmatrix} 1{,}7521 & -1{,}1102 & 0{,}1230 \\ -1{,}1102 & 1{,}7739 & 0{,}1968 \\ 0{,}1230 & 0{,}1968 & 1{,}0791 \end{pmatrix}.$$

Die Hauptdiagonalelemente der inversen Matrix entsprechen den VIFs die Einflussgrößen. Über die Formel

$$R^2_{j/m-j} = 1 - \frac{1}{VIF_j}$$

ergeben sich die multiplen Korrelationskoeffizienten. Beide Kenngrößen sind für das Lego-Beispiel in der folgenden Tabelle zusammengefasst.

Bezeichnung	x_j	VIF_j	$R^2_{j/m-j}$
Einspritztemperatur	x_1	1,7521	0,4293
Einspritzgeschwindigkeit	x_2	1,7739	0,4363
Haltedruck	x_3	1,0791	0,0703

Tabelle 2-11: Variance Inflation Factors für das Lego-Beispiel

Für die Einspritzgeschwindigkeit ergibt sich also beispielhaft VIF$_2$ = 1,7739 und der multiple Korrelationskoeffizient von $R^2_{2/m-2}$ = 0,4363. Dieser besagt nun, dass ca. 44 % des Verhaltens der Einspritzgeschwindigkeit durch die Einspritztemperatur und durch den Haltedruck erklärt werden können.

In der Literatur wird häufig ein VIF$_j$ > 10 als kritisch bezeichnet. Dies bedeutet aber nicht, dass das geschätzte Regressionsmodell nicht mehr zur Steuerung eines Prozesses verwendet werden kann. Vielmehr werden Redundanzen angezeigt und eine sensible Steuerung des Prozesses wird erforderlich. Was damit gemeint ist, lässt sich für das Lego-Beispiel als Frage wie folgt an die Prozessexperten stellen: Kann die Einspritztemperatur unabhängig von der Einspritzgeschwindigkeit gesteuert werden und in welchem Maße?

Prozentuale Streuungserklärung (Red%)

Eine wichtige Information für die Steuerung eines Prozesses ist die Wirkung einzelner Einflussgrößen auf das Streuungsverhalten der Zielgröße. Häufig wird hierzu die Signifikanz des Regressionskoeffizienten verwendet: Je signifikanter eine Einflussgröße ist (hohe t-Teststatistik), desto wichtiger ist sie. Diese Aussage ist nicht notwendigerweise richtig und muss konkretisiert werden. Dazu soll nochmals kurz das Ziel der Regressionsanalyse wiederholt werden: Wie gut erklären die einzelnen Einflussgrößen das Streuverhalten der Zielgröße? Der t-Test prüft nun aber nicht das Streuverhalten, sondern das Steigungsverhalten einer Einflussgröße. Somit wird durch den t-Test tatsächlich die Möglichkeit der Beeinflussung des Erwartungswertes der Zielgröße beschrieben, nicht aber die Streuungserklärung.

Soll festgestellt werden, wie wichtig einzelne Einflussgrößen für das Streuungsverhalten der Zielgröße sind, ist das Red% zu verwenden. Diese Kenngröße gibt an, um welchen Prozentsatz sich das Bestimmtheitsmaß verringert, wenn eine Einflussgröße aus dem Regressionsmodell entfernt wird, alle anderen aber im Modell belassen werden.[13] Das Red% berechnet sich für die j-te Einflussgröße mit

$$Red\%_j = \frac{Red_{m-j}}{s_y^2} \cdot 100 \;,$$

wobei s_y^2 die Varianz der Zielgröße ist. Red$_{m-j}$ gibt die nicht erklärte Streuung der Zielgröße an, wenn die Einflussgröße x$_j$ aus dem Ansatz entfernt wird. Es gilt

$$Red_{m-j} = \frac{\hat{\beta}_j^2}{s_{j/m-j}^2} \;.$$

$s_{j/m-j}^2$ ist die bedingte Varianz der j-ten Einflussgröße in Abhängigkeit aller anderen (m-j) Einflussgrößen. Diese Werte sind die Hauptdiagonalelemente der inversen Kovarianzmatrix der Einflussgrößen.

---

[13] Bei der Berechnung von Red% wird vom Regressionsmodell mit stochastischen Einflussgrößen ausgegangen.

Dies soll wiederum für das Lego-Beispiel der Mehrfachregression verdeutlicht werden. Die Kovarianzmatrix der Einflussgrößen ist

$$S_{xx} = \begin{pmatrix} 1{,}04743 & 0{,}48171 & -0{,}20587 \\ 0{,}48171 & 0{,}52171 & 0{,}16016 \\ -0{,}20587 & 0{,}16016 & 0{,}74662 \end{pmatrix}$$

und die inverse Kovarianzmatrix

$$S_{xx}^{-1} = \begin{pmatrix} 1{,}67273 & -1{,}50178 & 0{,}13909 \\ -1{,}50178 & 3{,}40018 & 0{,}31527 \\ 0{,}13909 & 0{,}31527 & 1{,}44535 \end{pmatrix}.$$

Mit den Werten der Hauptdiagonale der inversen Kovarianzmatrix, den quadrierten Regressionskoeffizienten und der Varianz von Y ($s_y^2 = 0{,}0014828$) berechnen sich die Red%$_j$, zusammengefasst in folgender Tabelle.

Bezeichnung	X_j	$\hat{\beta}_j$	$s^2_{j/m-j}$	Red$_{m-j}$	Red%$_j$
Einspritztemperatur	x_1	0,023951	1,67273	0,00034294	23,128
Einspritzgeschwindigkeit	x_2	0,004683	3,40018	0,00000645	0,435
Haltedruck	x_3	-0,017339	1,44535	0,00020801	14,028

Tabelle 2-12: *Berechnung der Streuungserklärung mittels Red%*

Aus der Tabelle folgt, dass die Einspritztemperatur am besten die Streuung der Schrumpfung erklärt, gefolgt vom Haltedruck. Die Einspritzgeschwindigkeit hat nur einen unwesentlichen Einfluss.

Die Interpretation des Red% wird beispielhaft für die Einspritztemperatur erklärt. Das Bestimmtheitsmaß für das vollständige Modell ist $R^2 = 77{,}683\%$. Laut Red%$_1$ verringert sich das Bestimmtheitsmaß um 23,128 % auf $R^2 = 54{,}555\%$, wenn die Einspritztemperatur aus dem Modell entfernt wird. Die nachfolgende Berechnung mit den zwei verbleibenden Einflussgrößen zeigt genau dieses Ergebnis.

Korrelationskoeffizient	=	r	0,7386
Bestimmtheitsmaß	=	B	54,555%
korrigiertes Bestimmtheitsmaß	=	B*	46,981%
Restvarianz	=	s^2	0,000786
Reststandardabweichung	=	s	0,0280
	y = -3,835 +0,0265x_2 -0,0193x_3		

Tabelle 2-13: *Modellbeurteilung nach Entfernung einer Einflussgröße*

Beurteilung der Regressionskoeffizienten mit Statistik-Software

Die Beurteilung der Regressionskoeffizienten wird zusammenfassend anhand der Ausgabe einer Statistik-Software für das Lego-Beispiel mit drei Einflussgrößen vorgestellt.

Merk	Merkm.Bez.	x_i	b_i	b_i [...]	s_{ci}	$|t_i|$	$|t_i|$	P	VIF	Red%
			B = 77,683%				B* = 71,597%			
Schrumpfung		$f(x_1...x_3)$								
	Konst.		-6,565	-10,685...-2,444	1,872	3,507**		0,00491	---	---
	Einspritztemp	x_1	0,0240	0,0083...0,0396	0,00709	3,376**		0,00618	1,752	23,13
	Einspritzgeschw	x_2	0,0050	-0,0173...0,0272	0,0101	0,493		0,632	1,774	0,492
	Haltedruck	x_3	-0,0173	-0,0319...-0,0028	0,00659	2,629*		0,0234	1,079	14,03

Tabelle 2-14: Beurteilung der Regressionskoeffizienten mit Statistik-Software

In der ersten Zeile der Ausgabe werden das Bestimmtheitsmaß (B = R^2) und das korrigierte Bestimmtheitsmaß (B* = R^{2*}) ausgegeben. Nach den Bezeichnungen der Einflussgrößen werden die geschätzten Regressionskoeffizienten ($b_i = \hat{\beta}_j$), deren Konfidenzintervalle (b_i [...]) und die Standardabweichung der Regressionskoeffizienten (s_{ci}) dargestellt. Wird nun der Regressionskoeffizient jeweils durch seine Standardabweichung dividiert, ergibt sich die Spalte der t-Teststatistiken ($|t_i|$).

Sowohl die Markierung der Werte mit Sternchen als auch die rechts daneben aufgeführte Balkendarstellung und der P-Wert (P) enthalten Informationen über die Signifikanz der Regressionskoeffizienten. Am Beispiel der Einspritztemperatur wird dies verdeutlicht. Die Markierung des berechneten t-Wertes mit zwei Sternchen bedeutet, dass diese Einflussgröße mit einer Irrtumswahrscheinlichkeit $\alpha \leq 1\%$ signifikant ist. In der Balkengrafik rechts daneben werden deshalb auch die ersten beiden roten Grenzmarkierungen überschritten. Wie hoch das Restrisiko ist, mit der Behauptung einer Signifikanz falsch zu liegen, wird durch den P-Wert ausgedrückt. Dieser beträgt 0,00618, was 0,618 % entspricht. Der Haltedruck ist dagegen mit einem $\alpha \leq 5\%$ signifikant, genau berechnet mit 2,34 %.

Die Einspritzgeschwindigkeit ist dagegen nicht signifikant, da die Wahrscheinlichkeit, mit der Behauptung eines signifikanten Einflusses falsch zu liegen, 63,2 % beträgt. Interessant ist in diesem Zusammenhang auch der Vergleich zwischen der Signifikanzbetrachtung und dem Konfidenzintervall. Findet zwischen der oberen und unteren Grenze des Konfidenzintervalls ein Vorzeichenwechsel statt, so ist die mögliche Steigung von $\beta = 0$ im Intervall enthalten. Somit ist die Einflussgröße nicht signifikant. Genau dieser Fall tritt bei der Einspritzgeschwindigkeit auf.

Die VIFs (Variance Inflation Factors) für die Einflussgrößen enthalten keine kritisch hohen Werte. Das Red% zeigt deutlich die große Bedeutung der Einflussgröße Einspritztemperatur für die Streuungserklärung der Zielgröße Schrumpfung. Ebenfalls bedeutend ist der Haltedruck, wogegen die Einspritzgeschwindigkeit vernachlässigbar ist. Ob und wie diese Einflussgröße aus dem Modell entfernt werden kann, wird in Kapitel 2.4.1 behandelt.

2.2.3.3 Prüfung der Modellannahmen

Eine wesentliche Voraussetzung für die Optimierung eines Prozesses mit Hilfe der Regressionsanalyse ist, die bestmögliche Prozessgleichung aus den erhobenen Daten zu schätzen. Und zwar in dem Sinne, dass die Gesetzmäßigkeiten im Prozess möglichst wirklichkeitsgetreu wiedergegeben werden. Als bestmögliche Schätzung ist die vorgestellte Kleinst-Quadrat-Schätzung zu sehen, wenn folgende Modellannahmen erfüllt werden[14].

A1 – Das Modell ist linear und richtig spezifiziert
A2 – Die Residuen sind zufällig mit einem Erwartungswert von Null
A3 – Die Einflussgrößen sind nicht mit den Residuen korreliert
A4 – Die Residuen sind untereinander nicht korreliert
A5 – Die Residuen haben eine konstante Streuung
A6 – Zwischen den Einflussgrößen besteht keine perfekte lineare Abhängigkeit
A7 – Die Residuen sind normalverteilt

Die Modellannahmen zeigen, wie wichtig die Residuen für die Schätzung der Regression sind. Wie können diese überprüft werden? Und welche Folgen haben deren Verletzung? Diese Fragen werden in diesem Abschnitt behandelt.

A1 – Das Modell ist linear und richtig spezifiziert

Die Annahme eines linearen Zusammenhangs $y_i = \beta_0 + \beta_1 \cdot x_{1i} + \beta_2 \cdot x_{2i} + \ldots + \beta_m \cdot x_{mi} + u_i$ wurde bisher vorausgesetzt. Dessen Vorhandensein ist zuallererst eine Frage an die Prozessexperten. Wird von einem – im Beobachtungsbereich – nicht-linearen Zusammenhang ausgegangen, besteht die Möglichkeit der Linearisierung. Ebenso, falls ein gewählter linearer Zusammenhang durch die Daten widerlegt wird. In beiden Fällen besteht die Möglichkeit der Linearisierung, die im Rahmen der Modellvarianten besprochen wird (vgl. Kapitel 2.4.2).

Für die richtige Modellspezifikation ist es auch erforderlich, dass die Anzahl der Einflussgrößen geringer ist als die Anzahl der Freiheitsgrade, d.h. m < (n-m-1): Es müssen mehr Datensätze vorliegen, als Regressionskoeffizienten geschätzt werden sollen.

Schließlich sollten alle wichtigen Einflussgrößen im Modell enthalten sein, was wiederum im Sinne der Modellierung eine Aufgabe der Prozessexperten ist. Welchen Einfluss hat die Anzahl der Einflussgrößen? Werden zu viele Einflussgrößen in das Modell aufgenommen, sinkt die Zahl der Freiheitsgrade (n-m-1) und es können Probleme mit der Signifikanz des Modells oder der Koeffizienten auftreten. Außerdem wird das Modell zur Steuerung eventuell zu unhandlich. Hier sollten durch geeignete Verfahren die wesentlichen Einflussgrößen ermittelt werden (vgl. Kapitel 2.4.1).

Gravierender sind fehlende Einflussgrößen. Werden wichtige Einflussgrößen nicht in das Modell aufgenommen, wirken aber systematisch im Hintergrund, wird die Schät-

---

[14] Die bestmögliche Regression wird unter den Modellannahmen A1 bis A6 als BLUE bezeichnet: Best Linear Unbaised Estimator (bester linearer unverzerrter Schätzer).

zung verfälscht. Erneut sind die Prozessexperten gefragt, die bei der Datenerhebung darauf achten müssen, dass nicht erhobene Einflussgrößen gar nicht oder zumindest nur zufällig wirken.

Über das Bestimmtheitsmaß lässt sich zumindest grob abschätzen, ab wann in einem Modell alle wichtigen Einflussgrößen enthalten sind, damit eine zuverlässige Prozesssteuerung möglich wird. Modelle mit $R^2 < 50\,\%$ enthalten nicht alle wesentlichen Einflussgrößen, Modelle mit $R^2 > 80\,\%$ dagegen die wichtigsten. Im Rahmen der statistischen Versuchsplanung sollte die obere Grenze eher bei 90 % liegen, da durch die gezielte Einstellung der Einflussgrößen meist eine erhöhte Streuung der Zielgröße erzeugt wird. Liegt das Bestimmtheitsmaß zwischen den beiden genannten Werten, ist das Modell kritisch zu beurteilen.

A2 – Die Residuen sind zufällig mit einem Erwartungswert von Null

Sind in der Prozessgleichung alle wichtigen Einflussgrößen enthalten, wirken die Residuen nur noch zufällig. Die Beurteilung, ob alle wichtigen Einflussgrößen in einem Modell enthalten sind, wurde in der vorangegangenen Annahme diskutiert. Die Annahme eines Erwartungswertes der Residuen von Null kann nicht überprüft werden, da der Kleinst-Quadrat-Schätzer genau diese Eigenschaft hat, d.h. die geschätzten Residuen haben immer einen Mittelwert von Null. Dennoch kann es durch die Modellierung oder die Datenerhebung zu einer Abweichung kommen, einer so genannten Verzerrung. Ein klassisches Beispiel ist ein systematischer Messfehler bei der Datenerhebung. Dieser wirkt sich als systematischer Fehler im geschätzten Regressionsmodell aus. Die Daten müssen also möglichst genau erhoben werden.

Die beiden Modellannahmen A1 und A2 beziehen sich vorwiegend auf eine gewissenhafte Modellierung der Problemstellung durch die Prozessexperten. Die Vermutungen über Zusammenhänge werden anhand des geschätzten Regressionsmodells geprüft. Ergeben sich aufgrund der erhobenen Daten andere Abhängigkeiten als erwartet, müssen die Prozessexperten versuchen, diese Ergebnisse zu erklären. Als mögliche Konsequenz ergeben sich eine genauere Überprüfung der Zusammenhänge, eine Modelländerung oder die Einsicht über die tatsächlichen Zusammenhänge im Prozess.

A3 – Die Einflussgrößen sind nicht mit den Residuen korreliert

Im Rahmen der Prämisse A1 wurde das Problem der fehlenden wichtigen Einflussgrößen behandelt. In diesem Fall kann es zu Verzerrungen der Schätzung kommen, sofern eine Einflussgröße mit den Residuen korreliert. Geprüft wird eine solche Korrelation meist grafisch anhand von Streuungsdiagrammen, dargestellt am Lego-Beispiel in Abbildung 2-12.

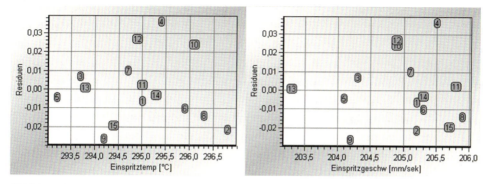

Abbildung 2-12: Streuungsdiagramme Einflussgrößen und Residuen

Beispielhaft für die Einflussgrößen Einspritztemperatur und Einspritzgeschwindigkeit zeigen die beiden Streuungsdiagramme, dass zwischen diesen Einflussgrößen und den Residuen keine bedeutende Korrelation besteht.

Wie würde sich eine Korrelation zwischen einer Einflussgröße und den Residuen auswirken? Bei einer positiven Korrelation zwischen der im Modell enthaltenen und einer in den Residuen „versteckten" Einflussgröße würde die Schätzung der modellierten Einflussgröße überhöhen, d.h. der tatsächliche Effekt würde überschätzt. Bei einer negativen Korrelation würde der Effekt unterschätzt. In beiden Fällen würde das Modell nicht der Wirklichkeit entsprechen. Die Prüfung dieser Modellannahme ist somit notwendig, bevor die Ergebnisse der Schätzung auf den Prozess übertragen werden dürfen.

A4 – Die Residuen sind untereinander nicht korreliert

Im einfachsten Fall einer Korrelation der Residuen mit sich selbst (Autokorrelation) ist ein Residuum zum Zeitpunkt t (u_t) von seinem unmittelbaren Vorgänger (u_{t-1}) abhängig. Anzeichen der Autokorrelation lassen sich aber auch grafisch am Verlauf der Residuen erkennen[15]. Dabei wird geprüft, ob die Residuen über die Zeit (Entnahmereihenfolge) ein bestimmtes Muster aufweisen. Die Muster der positiven und negativen Autokorrelation unterscheiden sich, wie die folgende Abbildung zeigt.

Im oberen Teil der Abbildung 2-13 liegt eine positive, im unteren Teil eine negative Autokorrelation vor. Auf der x-Achse (Wert Nr.) wird der Zeitpunkt der Datenerhebung betrachtet, auf der Y-Achse die Residuen. Die in der Grafik dargestellte Linie ($\bar{x}$) entspricht der geschätzten Prozessgleichung.

---

[15] Überprüft werden kann diese Autokorrelation erster Ordnung mit Hilfe des Durbin-Watson-Tests.

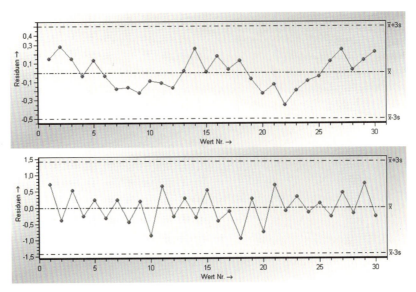

Abbildung 2-13: Positive und negative Autokorrelation

Im oberen Teil der Abbildung sind die Residuen über einen längeren Zeitraum oberhalb der Regressionsgeraden und danach wieder unterhalb usw. Liegt ein positives Residuum zum Zeitpunkt t vor, folgt nun mit hoher Wahrscheinlichkeit zum Zeitpunkt (t+1) wieder ein positives Residuum. Negative Residuen folgen tendenziell auf negative. Diese „Gleichgerichtetheit" drückt sich in einer positiven Autokorrelation aus. Im unteren Teil der Abbildung ist der Effekt anders. Auf ein positives Residuum folgt höchstwahrscheinlich ein negatives und umgekehrt. Die Residuen springen fast immer von einer zur anderen Seite der Regressionsgeraden.

Wie können solche Effekte nun in technischen Prozessen auftreten? Dafür gibt es eine Vielzahl von Möglichkeiten, wobei zwei Fälle durch eine Regelung von Einflussgrößen entstehen können. Im ersten Fall erfolgt eine Gegensteuerung auf der Basis von Einzelwerten: Ist ein Wert etwas zu hoch, wird sofort zurückgeregelt, ist ein Wert dagegen zu gering, wird sofort hoch geregelt. Diese Überregelung kann zu negativer Autokorrelation führen. Positive Autokorrelation kann dagegen durch eine Regelung auftreten, die eine zeitlich verzögerte Wirkung hat. Beispielhaft soll hier eine Aufwärm- und eine Abkühlphase im Prozess genannt werden.

Liegt Autokorrelation vor, sind Regressionskoeffizienten zwar noch erwartungstreu („im Durchschnitt richtig"), aber nicht mehr die Schätzung der Residualvarianz. Damit werden die Berechnungen der Konfidenzintervalle und die Modellprognose sowie die statistischen Tests negativ beeinflusst. Eine Steuerung des Prozesses ist nur noch eingeschränkt zulässig.

A5 – Die Residuen haben eine konstante Streuung

Diese so genannte Annahme der Homoskedastizität fordert eine konstante Streubreite der Residuen um die Regressionsgerade. Diese Annahme ist wichtig für die Steuerung, insbesondere für die Modellprognose. Wird diese Annahme verletzt, spricht man von Heteroskedastizität. Die folgende Abbildung zeigt die klassische Trompetenform der Residuen um die Regression (gefitteter Wert). Im linken Teil der Abbildung streuen die Residuen bei kleinen Prognosewerten sehr stark, bei großen dagegen nur gering. Der rechte Teil der Abbildung hat den umgekehrten Effekt.

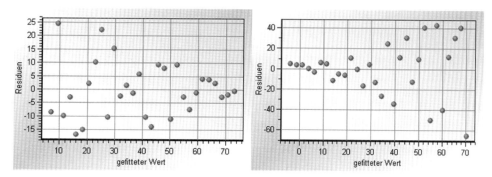

Abbildung 2-14: Heteroskedastizität der Residuen

Treten solche Probleme in technischen Prozessen auf? Ein mögliches Beispiel sind Messsysteme, die in verschiedenen Messbereichen unterschiedlich genau messen. Letztlich ist es Aufgabe der Prozessexperten ein solches Verhalten der Residuen zu beurteilen.

Liegt Heteroskedastizität vor, ist die Schätzung der Regressionskoeffizienten weiterhin erwartungstreu, aber – wie im Falle der Autokorrelation – nicht mehr die Schätzung der Residualvarianz. Wiederum werden die Berechnungen der Konfidenzintervalle und die Modellprognose sowie die statistischen Tests negativ beeinflusst. Eine Steuerung des Prozesses ist nur noch eingeschränkt zulässig.

A6 – Zwischen den Einflussgrößen besteht keine perfekte lineare Abhängigkeit

Besteht zwischen einzelnen Einflussgrößen eine perfekte lineare Abhängigkeit, lassen sich die Regressionskoeffizienten nicht mehr schätzen: Es liegt absolute Multikollinearität vor. Dies kann sich in der Praxis z.B. durch abgeleitete bzw. zusammengesetzte Messkriterien für einzelne Einflussgrößen ergeben. Das Problem der absoluten Multikollinearität muss also durch eine fehlerfreie Modellbildung vermieden werden. Liegt absolute Multikollinearität vor, kommt im Rahmen der Schätzung eine entsprechende Fehlermeldung durch die Statistik-Software oder das Bestimmtheitsmaß beträgt 100 %. In diesem Fall darf das Modell nicht zur Steuerung des Prozesses verwendet werden. Die Prozessexperten müssen den Modellfehler finden und beheben. Im einfachsten Fall können dafür die Korrelationskoeffizienten aller Einflussgrößen zur Überprüfung einer linearen Abhängigkeit verwendet werden. Wird dagegen eine Einflussgröße durch mehr als eine andere Einflussgröße linear erklärt, reichen die normalen Korrelationskoeffizienten nicht aus.

Sehr viel häufiger tritt eine annähernde Linearität zwischen den Einflussgrößen auf. Bereits in Kapitel 2.2.3.2 wurde als Maßzahl für den Grad der Multikollinearität der VIF (Variance Inflation Factor) vorgestellt. Liegt dieser Wert unter 10, kann davon ausgegangen werden, dass die Abhängigkeiten zwischen den Einflussgrößen die Modellschätzung und die anschließende Steuerung des Prozesses nicht negativ beeinflussen. Bei einem höheren Wert reagiert der Prozess sehr sensibel auf eine Steuerung. Teilweise ist eine unabhängige Steuerung einzelner Einflussgrößen nicht mehr möglich. Beispielhaft sei der Zusammenhang zwischen Druck und Temperatur genannt: Eine Erhöhung des Drucks kann gleichzeitig zu einer Erhöhung der Temperatur führen und eine unabhängige Steuerung ist nicht oder nur sehr schwierig möglich. Auch hier ist wiederum das Wissen der Prozessexperten gefragt.

Zum besseren Verständnis der Problematik der Multikollinearität lassen sich mehrere Ursachen unterschieden:

- Bedingt durch die Grundgesamtheit
  Die Variablen der Grundgesamtheit sind stark miteinander korreliert. In diesem Fall muss der Prozess sensibel gesteuert werden. Das geschätzte Regressionsmodell wird nicht negativ beeinflusst.

- Bedingt durch die Modellbildung
  In das Regressionsmodell werden Einflussgrößen aufgenommen, die sich inhaltlich sehr ähnlich sind. Dies tritt auf, wenn ein möglicher Einfluss nicht direkt, sondern durch mehrere „Hilfseinflussgrößen" gemessen wird. Hier müssen die Prozessexperten einen Teil dieser Einflussgrößen entfernen. Ebenfalls kann es zu Problemen kommen, wenn qualitative Einflussgrößen nicht korrekt in das Modell aufgenommen werden.[16] Liegt in diesen Fällen eine absolute Multikollinearität vor, muss das Modell geändert werden.
  Im Rahmen der statistischen Versuchsplanung werden teilweise nicht-lineare Effekte in einem Modell berücksichtigt. In diesen Fällen sind normalerweise lineare (x_1) und quadratische Effekte (x_1^2) sowie Wechselwirkungen (z.B. $x_1 x_2$) stark multikollinear. Dies ist nachvollziehbar, da im realen Prozess die linearen Effekte nicht unabhängig von den quadratischen Effekten und den Wechselwirkungen gesteuert werden können.

- Künstliche Multikollinearität
  Diese Art der Multikollinearität kann durch zwei Effekte hervorgerufen werden. Erstens durch einen zu geringen Stichprobenumfang. Ist dieser kleiner als die Anzahl der Einflussgrößen, liegt absolute Multikollinearität vor und das Regressionsmodell kann nicht geschätzt werden. Entsprechend ist entweder der Stichprobenumfang zu erhöhen oder es müssen Einflussgrößen aus dem Modell entfernt werden. Zweitens können bei geringen Stichprobenumfängen auch Ausreißer Multikollinearität erzeu-

---

[16] Vgl. hierzu Kapitel 2.4.3.

gen. Die Ausreißer sollten dann vor der Modellschätzung aus dem Datensatz entfernt werden.

Neben hohen VIFs ist Multikollinearität auch oft an einer hohen Modellsignifikanz (F-Test) bei geringer Signifikanz der Einflussgrößen (t-Test) zu erkennen.

A7 – Die Residuen sind normalverteilt

Die Annahme normalverteilter Residuen ist für die Eigenschaft des besten Schätzers nicht notwendig. Dennoch wird sie hier mit aufgeführt, da diese Annahme für die Durchführung der Tests zur Modellbeurteilung (vgl. Kapitel 2.2.3.1 und 2.2.3.2) vorausgesetzt wird. Sowohl der F-Test als auch der t-Test basieren auf der Annahme normalverteilter Residuen. Die Überprüfung erfolgt meist grafisch mittels eines Wahrscheinlichkeitsnetzes im Rahmen der Residuenanalyse. Folgende Abbildung zeigt diese grafische Prüfung für das Lego-Beispiel.

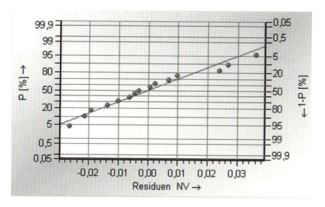

Abbildung 2-15: Prüfung der Residuen auf Normalverteilung

Im Beispiel kann näherungsweise von einer Normalverteilung der Residuen ausgegangen werden, da die Residuen (Punkte) sich sehr gut an eine Normalverteilung (Line) anpassen.

Wie ist auf nicht normalverteilte Residuen zu reagieren? Hier können mehrere Fälle unterschieden werden. Bei kleinen Stichprobenumfängen sind sowohl der F- als auch der t-Test nicht mehr trennscharf. Dies bedeutet dass die Signifikanz des Modells oder einzelner Einflussgrößen teilweise nicht mehr nachgewiesen werden kann. Bei größeren Stichprobenumfängen (n – m + 1 > 30) werden die Tests trotzdem trennscharf. Dies ist dem Zentralen Grenzwertsatz der Statistik zu verdanken, welcher besagt, dass Summen und Mittelwerte nicht normalverteilter Zufallsgrößen unter sehr allgemeinen Bedingungen normalverteilt sind. Diese Aussagen treffen auch auf die Schätzung des Regressionsmodells zu, so dass die Tests durchgeführt werden können.

Nicht normalverteilte Residuen können aber auch ein Hinweis auf einen nicht-linearen Zusammenhang im Prozess hinweisen (vgl. Kapitel 2.4.2).

2.2.4 Interpretation und Umsetzung

Nachdem das geschätzte Regressionsmodell auf seine Korrektheit überprüft wurde, kann das Modell für die Steuerung des Prozesses eingesetzt werden. Dafür ist es natürlich wichtig, die einzelnen Koeffizienten und Kenngrößen der Schätzung richtig zu interpretieren und die Erkenntnisse der Analyse auf den untersuchten Prozess übertragen zu können. In den vorangegangenen Kapiteln wurden die Koeffizienten und Kenngrößen bereits erläutert. Da das Verständnis dieser Größen für die Prozesssteuerung wesentlich ist, sollen diese hier eingehender und im Gesamtzusammenhang besprochen werden. Danach wird das Prinzip der Prognose mit der Prozessgleichung vorgestellt, bevor die Umsetzung der Erkenntnisse in den realen Prozess aufgezeigt wird.

2.2.4.1 Praktische Beurteilung der Schätzung

Die statistischen Tests, die im Rahmen der Modellbeurteilung durchgeführt werden, zeigen, ob das Gesamtmodell (F-Test) bzw. die einzelnen Regressionskoeffizienten (t-Test) signifikant sind. Für die Prozesssteuerung bedeutet Signifikanz, dass ein nachweisbarer Zusammenhang im Prozess gegeben ist. Ist dagegen ein Regressionskoeffizient nicht signifikant, kann nicht davon ausgegangen werden, dass die zugehörige Einflussgröße eine Wirkung auf die Zielgröße hat. In diesem Fall wäre es Verschwendung oder evtl. sogar gefährlich, diese Einflussgröße zu steuern. Signifikanz bedeutet Sicherheit.

Wie gut kann der Prozess nun anhand der Einflussgrößen gesteuert werden bzw. wie gut kann die Zielgröße durch die Einflussgrößen beeinflusst werden? Diese Frage wird durch das Bestimmtheitsmaß beantwortet. Es zeigt, wie die Streuung der Zielgröße reduziert werden kann, vorausgesetzt, die Einflussgrößen können gezielt beeinflusst werden. Eine bewusste Verschiebung der Lage (Mittelwert der Zielgröße) innerhalb des beobachteten Bereichs der Zielgröße wird dadurch ebenfalls möglich. Das Bestimmtheitsmaß kann als ein Maß für die „Möglichkeiten der Prozessbeeinflussung" gesehen werden.

Nach der Beurteilung der Möglichkeiten der Prozessbeeinflussung folgt die Frage: Wie kann bzw. soll der Prozess gesteuert werden? Der Prozess wird über seine Einflussgrößen gesteuert. Hier kommt drei statistischen Kenngrößen eine wichtige Bedeutung zu.

- Regressionskoeffizient
  Das Vorzeichen gibt an, in welche Richtung sich die Zielgröße verändert, der Betrag gibt an, um wie viel.

- Signifikanz der Regressionskoeffizienten (t-Test)
  Je höher die Signifikanz eines Regressionskoeffizienten ist, desto besser eignet sich die zugehörige Einflussgröße, um die Lage der Zielgröße zu beeinflussen.

- Red%
  Die Einflussgröße mit dem höchsten Red%-Wert ist am bedeutendsten für die Streuungserklärung der Zielgröße.

Diese zunächst etwas theoretischen Aussagen sollen mit dem Lego-Beispiel konkretisiert werden und zwar anhand zweier möglicher Zielsetzungen der Prozessoptimierung. Dazu vorab noch einmal die Ausgangssituation des Prozesses. Die aktuellen Kenngrößen der Ziel- und Einflussgrößen sind in folgender Tabelle zusammengefasst.

	Schrumpfung	Einspritztemp.	Einspritzgeschw.	Haltedruck
Mittelwert	0,886	294,98	204,98	36,663
Varianz	0,00148	1,0474	0,522	0,747
Standardabw.	0,0385	1,0234	0,722	0,864

Tabelle 2-15: Aktuelle Kenngrößen des Lego-Beispiels

Folgende Prozessgleichung wurde geschätzt (vgl. Tabelle 2-14).

Merk	Merkm.Bez.	x_i	b_i	b_i [...]	s_{ci}	$|t_i|$	$|t_i|$	P	VIF	Red%
	Schrumpfung	$f(x_1..x_3)$								
		Konst.	-6,565	-10,685...-2,444	1,872	3,507**		0,00491	---	---
	Einspritztemp	X_1	0,0240	0,0083...0,0396	0,00709	3,376**		0,00618	1,752	23,13
	Einspritzgeschw	X_2	0,0050	-0,0173...0,0272	0,0101	0,493		0,632	1,774	0,492
	Haltedruck	X_3	-0,0173	-0,0319...-0,0028	0,00659	2,629*		0,0234	1,079	14,03

Tabelle 2-16: Beurteilung der Regressionskoeffizienten mit Statistik-Software

Fall 1: Lage der Schrumpfung soll geändert werden

In diesem Fall sei die Streuung der Schrumpfung zufriedenstellend, nicht aber die Lage. Für das Beispiel könnte eine reduzierte durchschnittliche Schrumpfung von 0,85 % angestrebt werden. Im Folgenden werden nur die beiden wesentlichen Einflussgrößen Einspritztemperatur und Haltedruck betrachtet. Aufgrund der t-Teststatistiken ist die Einspritztemperatur ($|t_1|$ = 3,507**) bedeutender zu beurteilen als der Haltedruck ($|t_1|$ = 2,629*). Dies wird auch durch die höhere Signifikanz (zwei Sterne anstatt einem) ausgedrückt.

Wird die Einspritztemperatur um 1 °C erwärmt, ist eine Erhöhung der Schrumpfung von 0,0240 % zu erwarten, nämlich genau um den Wert des Regressionskoeffizienten. Um die Schrumpfung zu verringern, muss die Einspritztemperatur reduziert werden. Wird dagegen der Haltedrucks um 1 MPa erhöht, ist eine Reduzierung der Schrumpfung um 0,0173 % zu erwarten.

In welchem Ausmaß die Einflussgrößen geändert werden, bleibt den Prozessexperten überlassen. Wichtig ist die Information, dass durch eine Beeinflussung der Einspritztemperatur mehr erreichbar ist als durch den Haltedruck. Darüber hinaus sollte der beobachtete Streuungsbereich der Einflussgrößen für die Steuerung möglichst nicht verlassen werden.

Fall 2: Streuung der Schrumpfung soll reduziert werden

In diesem Falle ist nicht eine Veränderung der Lage der Zielgröße relevant, sondern eine Reduzierung deren Streuung. Nach dem Bestimmtheitsmaß ist eine Reduzierung der Streuung (Varianz) um ca. 78 % (B = 77,683 %) möglich. Die aktuelle Streuung der Schrumpfung (s^2 = 0,00148 [$\%^2$] bzw. s = 0,0385 [%]) könnte durch eine absolute Beherrschung aller Einflussgrößen auf eine Residualvarianz von s^2 = 0,000326 [$\%^2$] bzw. auf einen Standardfehler von s = 0,0181 [%] verringert werden.

Entsprechend dem Red% ist die Einspritztemperatur (Red% = 23,13) wichtiger als der Haltedruck (Red% = 14,03). Wie ist nun das Red% für das Lego-Beispiel zu interpretieren? An der Einspritztemperatur soll dies verdeutlicht werden. Würde diese bei der Steuerung nicht berücksichtigt, wäre eine Reduzierung der Streuung nur um maximal 77,68 - 23,13 = 54,55 % möglich. Analoges gilt für die übrigen Einflussgrößen, jeweils unter der Bedingung, dass die anderen im Modell verbleiben. Dass alle Red% aufsummiert nicht das Bestimmtheitsmaß ergeben, liegt an den Abhängigkeiten der Einflussgrößen. Je stärker diese sind ist, desto geringer ist der Effekt einer einzelnen Einflussgröße.

Selbstverständlich ist auch eine Steuerung im Sinne einer Veränderung der Lage und einer Reduzierung der Streuung möglich. Wichtig ist aber, die beiden unterschiedlichen Steuerungsmechanismen zu verstehen und zu unterscheiden.

2.2.4.2 Punkt- und Intervallprognose

Im letzten Abschnitt wurde die Bedeutung der Regressionskoeffizienten diskutiert. Nun soll die Punkt- und Intervallprognose des Regressionsmodells vorgestellt werden. Dabei geht es um die Frage, wie exakt ein Prozess über die Einflussgrößen gesteuert werden kann und welche Ergebnisse dadurch für die Zielgröße zu erwarten sind. Bei der Modellprognose handelt es sich um eine so genannte bedingte Prognose, d.h. um eine Vorhersage für die Zielgröße bei eingestellten Einflussgrößen. Die Bedingung berücksichtigt die Ausprägungen der Einflussgrößen: je weiter diese von ihrem bisherigen Durchschnitt entfernt sind, desto ungenauer wird die Vorhersage mit der Prozessgleichung.

Zunächst zur Punktschätzung. Darin wird der durchschnittlich zu erwartende Wert der Zielgröße verstanden, der sich aufgrund einer bestimmten Einstellung der Einflussgrößen ergibt. Zur Veranschaulichung soll das Lego-Beispiel dienen. Dazu wird die Prozessgleichung benötigt, die wie folgt geschätzt wurde:

$$\hat{y}_p = -6{,}5649 + 0{,}02395 x_1 + 0{,}004983 x_2 - 0{,}01734 x_3.$$

Schlagen die Prozessexperten die unten genannten Werte für die Einflussgrößen vor, ergibt sich über die Prozessgleichung folgender Vorhersagewert $\hat{y}_p$:

$$\hat{y}_p = -6{,}5649 + 0{,}02395 \cdot 294 + 0{,}004983 \cdot 204 - 0{,}01734 \cdot 37$$
$$= 0{,}851.$$

Die zu erwartende Schrumpfung beträgt 0,851 %. Mit welcher Ungenauigkeit ist diese Punktprognose behaftet? Dies wird durch das so genannte bedingte Vorhersageintervall ausgedrückt. Im Falle der Einfachregression gilt für die Intervallprognose bei einer meist angenommenen Irrtumswahrscheinlichkeit von $\alpha = 5\%$

$$\hat{y}_p - t_{FG;0{,}975} \cdot s_{\hat{y}_p} \leq y_p \leq \hat{y}_p + t_{FG;0{,}975} \cdot s_{\hat{y}_p}.$$

Die Standardabweichung der Punktprognose $\hat{y}_p$ als Maß für die Ungenauigkeit der Prognose berechnet sich für die Einfachregression mit

$$s_{\hat{y}_p} = s_u \cdot \sqrt{\left[1 + \frac{1}{n} + \frac{(x_p - \bar{x})^2}{\sum_{i=1}^{n}(x_i - \bar{x})^2}\right]}.$$

Die Formel zeigt, je weiter der eingestellte Wert der Einflussgröße x_p vom Mittelwert $\bar{x}$ entfernt ist, desto größer wird der Zähler des Bruchs. Und damit nimmt auch die Standardabweichung der Punktprognose zu, was ein Mehr an Ungenauigkeit bedeutet. Für den allgemeinen Fall der multiplen Regression berechnet sich die Standardabweichung der Punktprognose mit

$$s_{\hat{y}_p} = s_u \cdot \sqrt{1 + \mathbf{x}_p^T (\mathbf{X}^T \mathbf{X})^{-1} \mathbf{x}_p}.$$

Dabei ist $\mathbf{x}_p^T = (1 \ x_{1p} \ x_{2p} \ x_{3p})$ der Vektor der festgelegten Einflussgrößen inklusive dem Absolutglied und $\mathbf{X}^T$ die Matrix der beobachteten Werte der Einflussgrößen mit dem Einservektor für das Absolutglied in der ersten Spalte (vgl. Kapitel 2.2.2.2).

Für das Lego-Beispiel der Punktschätzung gilt also $\mathbf{x}_p^T = (1 \ 294 \ 204 \ 37)$. Daraus berechnet sich die Standardabweichung der Punktprognose mit $s_{\hat{y}_p} = 0{,}02247$. Über $t_{11;0{,}975} = 2{,}201$ folgt für das Vorhersageintervall für den prognostizierten Punkt

$$0{,}851 - 0{,}0495 \leq y_p \leq 0{,}851 + 0{,}0495$$
$$0{,}8015 \leq y_p \leq 0{,}9005.$$

Im Beispiel sind somit 95 % der gesteuerten Werte in diesem Intervall zu erwarten, mit einem Erwartungswert von 0,851 % Schrumpfung.

2.2.4.3 Steuerung des Prozesses

Die Berechnung der Punkt- und Intervallprognose für verschiedene Kombinationen der Einflussgrößen wäre sehr aufwändig. Hier hilft moderne Statistik-Software. Dort werden für frei wählbare Kombinationen von Einflussgrößen sehr schnell eine Punkt- und Intervallprognose durchgeführt. Folgende Abbildung zeigt die Ergebnisse der Prognose für die vorher verwendete Einstellung von $\mathbf{x}_p^T = (1\ \ 294\ \ 204\ \ 37)$.

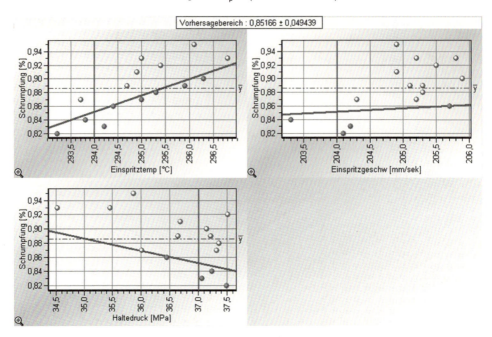

Abbildung 2-16: Prozesssteuerung in der Einflussgrößenübersicht

Aus der Abbildung lässt sich die Punktprognose $\hat{y}_p = 0{,}85166$ sowie das 95 % Vorhersageintervall als symmetrische Abweichung (± 0,049439) entnehmen.

Wurde durch die Prozessexperten eine optimale Steuerung ermittelt, dürfen die gewählten Einstellungen der Einflussgrößen nicht sorglos auf den Prozess übertragen werden. Es empfiehlt sich, die Ergebnisse des Regressionsmodells am tatsächlichen Prozess zu testen. Dazu wird ein Testlauf mit den gewählten Einstellungen durchgeführt und die resultierenden Daten für die Zielgröße erfasst. Diese Daten werden dann mit der Punkt- und Intervallprognose verglichen. Liegen die Werte nicht nahezu vollständig im Vorhersageintervall, dürfte ein Fehler in der Schätzung oder der Steuerung aufgetreten sein. Werden die Ergebnisse durch den Testlauf dagegen bestätigt, kann die gewählte Einstellung für den Prozess übernommen werden. Der Prozess wurde verbessert.

2.3 Fallbeispiel

Aus einer Zementmischung werden Bauplatten hergestellt. Deren Bruchfestigkeit ist nicht immer optimal. Sie wird anhand der Bruchspannung [kp/cm^2] gemessen. Die Bruchspannung variiert über den Herstellungsprozess zu stark und ist im Durchschnitt etwas zu gering. Ziel der Analyse ist es, die Ursachen für die starken Schwankungen zu ermitteln und den Prozess durch eine gezielte Steuerung zu optimieren. Folgende Größen werden in die Untersuchung aufgenommen:

Zielgröße:
    Y: Bruchspannung quer [kp/cm^2]

Einflussgrößen
    x_1: Wasseranteil in der Plattenanlage [%]
    x_2: Sedimentanteil [ml]
    x_3: Entschäumer [l/min]
    x_4: Stillstände [%]
    x_5: RM-Verbrauch [kg/m^{2}v]
    x_6: Eisensulfate [l/min]
    x_7: Zement [kg]
    x_8: Vakuum [bar]

Für die Analyse des Prozesses wurden 145 Datensätze aus dem laufenden Prozess erhoben. Die Daten der Auswertung sind aus Gründen der Geheimhaltung nicht die Originaldaten, sondern wurden auf der Basis der Abhängigkeiten des Prozesses für das Beispiel generiert.

2.3.1 Beschreibung des Ist-Zustandes

Zunächst sollen die wichtigsten statistischen Kenngrößen der erhobenen Daten betrachtet werden. Dies erfolgt in destra® mit Hilfe frei definierbarer Tabellen z.B. über das Menü ÜBERSICHT / KENNWERTE MERKMALE / DARSTELLUNG 8.

In der Abbildung werden für die Ziel- und Einflussgrößen jeweils der Mittelwert und die Standardabweichungen ausgegeben. Darüber hinaus der Werteverlauf und das Histogramm. Aus den Grafiken sind zunächst keine Besonderheiten zu erkennen.

Der Mittelwert der Bruchspannung $\bar{y} = 231{,}8$ [kp/cm^2] ist zu gering. Zukünftig soll eine durchschnittliche Bruchspannung von $y_p = 250$ [kp/cm^2] erreicht werden. Die starke Streuung von $s_y = 24{,}4$ [kp/cm^2] soll ebenfalls reduziert werden.

Merkm.Nr	Merkm.Bez.	x̄	s	Werteverlauf Einzelwert	
	Bruchspannung	231,77694	24,4000		
1	Wasseranteil	27,97974	1,23373		
2	Sedimentanteil	73,42011	8,46882		
3	Entschäumer	0,78202	0,065386		
4	Stillstände	15,86369	7,54550		
5	RM-Verbrauch	5,46781	0,38670		
6	Eisensulfate	1,70535	0,31203		
7	Zement	753,57837	3,79246		
8	Vakuum	0,35322	0,087979		

Abbildung 2-17: Wichtige Kenngrößen und Grafiken

2.3.2 Abhängigkeiten im Prozess

Für die Prozessexperten ist die Beurteilung der Abhängigkeiten im Prozess von besonderem Interesse. Anhand der Korrelationen zwischen der Ziel- und den Einflussgrößen, aber auch zwischen den Einflussgrößen, können Zusammenhänge sehr gut beobachtet werden.

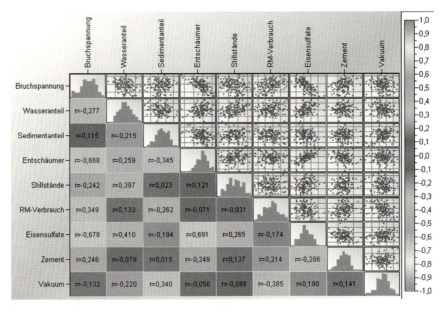

Abbildung 2-18: Korrelationen im Prozess „Bauplatten"

In der Abbildung 2-18 sind alle Streuungsdiagramme zwischen den Ziel- und Einflussgrößen sowie die zugehörigen Korrelationskoeffizienten enthalten, auf der Hauptdiagonale zusätzlich die Histogramme. Der Grad der Abhängigkeit wird auch durch eine Farbskala verdeutlicht. Die erste Spalte zeigt alle Korrelationen zwischen der Zielgröße Bruchspannung und den acht betrachteten Einflussgrößen. Zwischen der Bruchspannung und dem Entschäumer (r_{y3} = -0,668) sowie dem Anteil der Eisensulfate (r_{y6} = -0,678) bestehen starke Korrelationen. Dies deutet darauf hin, dass im optimierten Prozess der Anteil an Entschäumer und Eisensulfaten verringert werden muss. Genauere Ergebnisse soll die geschätzte Prozessgleichung zeigen.

Zwischen den Einflussgrößen bestehen ebenfalls Abhängigkeiten. Speziell die Korrelation zwischen den Eisensulfaten und dem Entschäumer (r_{36} = 0,691) deutet auf einen positiven Zusammenhang hin. Erklärt werden könnte dies durch Eisensulfate, die im Entschäumer enthalten sind oder durch die Bildung von Eisensulfaten im Prozess durch den Entschäumer. Diese Interpretation ist Aufgabe der Prozessexperten. Zwischen den Einflussgrößen sind auch noch weitere, wenn auch nicht so starke Abhängigkeiten zu erkennen. Die Abbildung 2-18 bietet auch über die Farbskala eine gute Möglichkeit, die Abhängigkeiten im Prozess zu überblicken.

2.3.3 Schätzung und Beurteilung des Regressionsmodells

Im vorliegenden Beispiel soll eine lineare Mehrfachregression berechnet werden (vgl. Abbildung 2-19). Der Auswahlbaum erscheint in destra® sobald über das Menü die Regressionsanalyse ausgewählt wird. In das Modell werden zunächst alle Einflussgrößen aufgenommen (vgl. Abbildung 2-20).

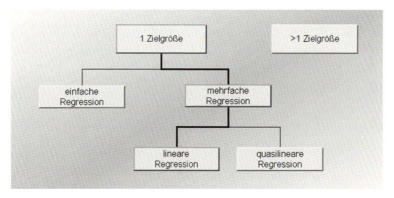

Abbildung 2-19: Auswahlbaum für mehrfache lineare Regression

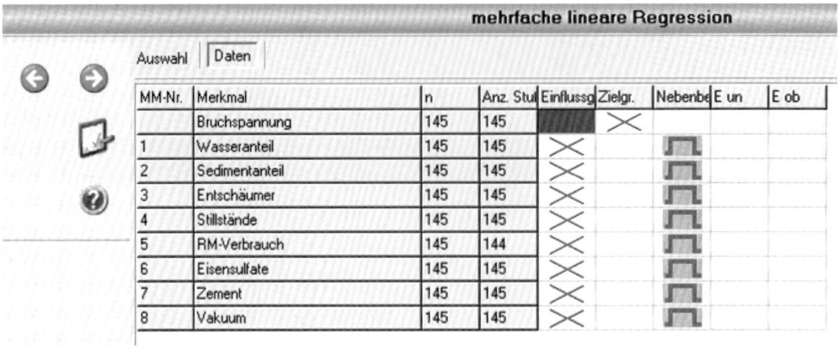

mehrfache lineare Regression

Auswahl | Daten

MM-Nr.	Merkmal	n	Anz. Stu	Einflussg	Zielgr.	Nebenb	E un	E ob
	Bruchspannung	145	145		X			
1	Wasseranteil	145	145	X				
2	Sedimentanteil	145	145	X				
3	Entschäumer	145	145	X				
4	Stillstände	145	145	X				
5	RM-Verbrauch	145	144	X				
6	Eisensulfate	145	145	X				
7	Zement	145	145	X				
8	Vakuum	145	145	X				

Abbildung 2-20: Auswahl der Ziel- und Einflussgrößen

Die Tabelle 2-17 zeigt das Bestimmtheitsmaß und die Schätzung der Regressionskoeffizienten für den vollständigen Ansatz. Das Bestimmtheitsmaß ist mit 61,27 % nicht allzu hoch (korrigiertes Bestimmtheitsmaß B* = 58,99 %). Dennoch sind wohl einige wichtige Einflussgrößen im Modell enthalten. Eine genauere Betrachtung zeigt, dass nur bestimmte Einflussgrößen für den Prozess wichtig sind. Dazu zählen der Entschäumer, der RM-Verbrauch und die Eisensulfate. Die übrigen Einflussgrößen sind nicht signifikant.

B = 61,268% B* = 58,990%

Merk	Merkm.Bez.	x_i	b_i	b_i [...]	s_{ci}	| t_i |	| t_i |	P	VIF	Red%
	Bruchspannung	f(x_1..x_8)								
		Konst.	305,7	-294,7...906,2	303,6	1,007		0,316	---	---
1	Wasseranteil	X_1	-1,087	-3,675...1,500	1,309	0,831		0,407	1,537	0,197
2	Sedimentanteil	X_2	-0,0825	-0,4419...0,2768	0,182	0,454		0,650	1,397	0,0588
3	Entschäumer	X_3	-162,4	-221,1...-103,7	29,69	5,471***		< 0,000	2,222	8,524
4	Stillstände	X_4	-0,274	-0,673...0,125	0,202	1,357		0,177	1,368	0,525
5	RM-Verbrauch	X_5	16,32	8,57...24,07	3,921	4,162***		< 0,000	1,356	4,934
6	Eisensulfate	X_6	-22,50	-36,66...-8,33	7,164	3,141**		0,00207	2,947	2,809
7	Zement	X_7	0,0588	-0,7366...0,8543	0,402	0,146		0,884	1,372	0,00609
8	Vakuum	X_8	-3,631	-42,139...34,876	19,47	0,186		0,852	1,731	0,00990

Tabelle 2-17: Vollständiger Regressionsansatz „Bauplatten"

Um die nicht wesentlichen Einflussgrößen aus dem Modell zu entfernen, wurde das Red-Auswahlverfahren von Jahn verwendet (vgl. Kapitel 2.4.1). In Tabelle 2-18 sind nur die wesentlichen Einflussgrößen im Regressionsmodell belassen. Das Bestimmtheitsmaß fällt leicht von 61,27 % auf 61,01 %. Dagegen steigt das korrigierte Bestimmtheitsmaß von 58,99 % auf 59,90 %. Dadurch wurde auch die Reststandardabweichung reduziert und somit die Vorhersagegenauigkeit erhöht. Die gewählte Prozessgleichung ist auf der Basis der erhobenen Daten für die Steuerung des Prozesses am besten geeignet, sofern der gesamte Ansatz signifikant und die Modellannahmen erfüllt sind.

Merk	Merkm.Bez.	x_i	b_i	b_i [...]	s_{ci}	$|t_i|$	$|t_i|$	P	VIF	Red%
	B = 61,013%					B* = 59,900%				
	Bruchspannung	$f(x_1..x_8)$								
		Konst.	311,2	262,0...360,4	24,88	12,507*		< 0,000	---	---
3	Entschäumer	x_3	-156,5	-210,6...-102,3	27,40	5,711***		< 0,000	1,936	9,082
4	Stillstände	x_4	-0,320	-0,671...0,031	0,178	1,802		0,0737	1,084	0,904
5	RM-Verbrauch	x_5	16,50	9,80...23,20	3,390	4,868***		< 0,000	1,036	6,598
6	Eisensulfate	x_6	-24,75	-36,58...-12,92	5,985	4,136***		< 0,000	2,103	4,764

Tabelle 2-18: Reduzierter Regressionsansatz „Bauplatten"

Korrelationskoeffizient	=	r	0,7811
Bestimmtheitsmaß	=	B	61,013%
korrigiertes Bestimmtheitsmaß	=	B*	59,900%
Restvarianz	=	s^2	238,7
Reststandardabweichung	=	s	15,45

$$y = 311{,}2 - 1{,}087x_1 - 0{,}0825x_2 - 156{,}5x_3 - 0{,}320x_4 + 16{,}50x_5 - 24{,}75x_6 + 0{,}0588x_7$$

Test der Unabhängigkeit von allen Einflussgrössen $x_1,...,x_p$

H_0: $\beta_1 = \beta_2 = ... = \beta_p = 0$
H_1: $\beta_i \neq 0$ für mindestens ein i = 1,...,p

Testniveau	kritische Werte		Prüfgröße
	unten	oben	
$\alpha = 5$ %	---	2,44	
$\alpha = 1$ %	---	3,46	54,7746***
$\alpha = 0{,}1$ %	---	4,90	
Testergebnis	Nullhypothese wird zum Niveau $\alpha \leq 0{,}1$% verworfen		

Tabelle 2-19: Beurteilung des Regressionsmodells „Bauplatten"

86   2 Regressionsanalyse

Die Tabelle 2-19 dient der Beurteilung des gesamten Regressionsmodells. Die Reststandardabweichung beträgt $s_u = 15{,}45$, beim vollständigen Modell $s_u = 15{,}63$. Wie der Test auf Unabhängigkeit von allen Einflussgrößen (F-Test) zeigt, ist das Modell hochsignifikant und kann sinnvoll zur Steuerung des Prozesses verwendet werden.

Zuvor aber sollen die Modellannahmen beurteilt werden, was vorwiegend grafisch anhand der Residuen in den folgenden Abbildungen erfolgt.

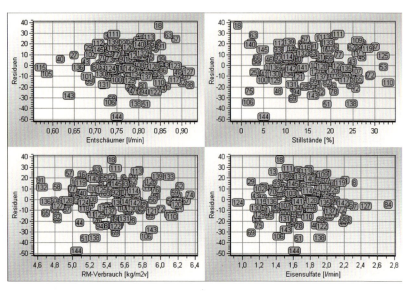

Abbildung 2-21:   Residuen und Einflussgrößen „Bauplatten"

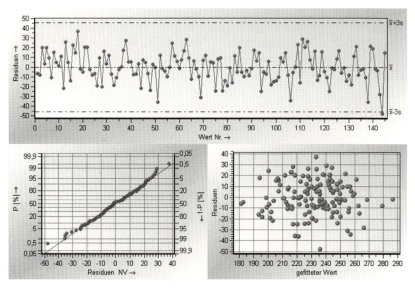

Abbildung 2-22:   Residuen des Regressionsmodells „Bauplatten"

- A1 - Das Modell ist linear und richtig spezifiziert
  Die Linearität wurde von den Prozessexperten im Rahmen der Modellbildung bereits angenommen. Grafisch lässt sich dies auch anhand der Einflussgrößen-Übersicht in Abbildung 2-23 überprüfen. Aus der grafischen Beurteilung folgt, dass von einem linearen Zusammenhang zwischen den Einflussgrößen und der Zielgröße ausgegangen werden kann.

- A2 - Die Residuen sind zufällig mit einem Erwartungswert von Null
  Das geringe Bestimmtheitsmaß birgt das Risiko, dass einige wichtige Einflussgrößen nicht im Modell enthalten sind. Sofern diese nicht systematisch wirken, ist dies unproblematisch. Die Annahme eines Erwartungswertes von Null kann nicht geprüft werden. Wichtig für diese Annahme ist aber eine gewissenhafte Datenerhebung.

- A3 - Die Einflussgrößen sind nicht mit den Residuen korreliert
  Anhand der Residuenplots in Abbildung 2-21 wird diese Annahme überprüft. Im Beispiel weisen die Residuen keinen Zusammenhang mit den Einflussgrößen auf. Die Annahme ist erfüllt.

- A4 - Die Residuen sind untereinander nicht korreliert
  Die obere Grafik in Abbildung 2-22 zeigt ein zufälliges Verhalten der Residuen über die Zeit. Weder springen die Residuen ständig von positiv nach negativ, noch zeigt sich eine langfristige Wellenbewegung. Annahme A4 scheint ebenfalls erfüllt.

- A5 - Die Residuen haben eine konstante Streuung
  Diese Annahme wird durch die Grafik unten rechts in der Abbildung 2-22 überprüft. Dazu müssen die Residuen entlang der Regression (gefitteter Wert) ungefähr gleich breit streuen. So sollte z.B. keine Trompetenform der Residuen auftreten. In der Abbildung ist eine leichte, aber nicht kritische Häufung der Residuen im mittleren Bereich zu erkennen (Bauchform). Die Annahme A5 kann also ebenfalls als erfüllt angesehen werden.

- A6 - Zwischen den Einflussgrößen besteht keine perfekte lineare Abhängigkeit
  Eine perfekte lineare Abhängigkeit zwischen den Einflussgrößen liegt nicht vor, da sonst eine Schätzung des Regressionsmodells nicht möglich gewesen wäre. Ob eine kritische Multikollinearität zwischen den Einflussgrößen vorliegt, kann anhand der VIFs aus Tabelle 2-18 überprüft werden. Der maximale VIF beträgt im geschätzten Modell 2,1. Dieser Wert liegt weit unter der kritischen Grenze von 10 und kann als unbedenklich eingestuft werden.

- A7 - Die Residuen sind normalverteilt
  Aufgrund des großen Stichprobenumfangs müsste diese Annahme nicht mehr geprüft werden, da durch den Zentralen Grenzwertsatz eine Trennschärfe der Tests sowieso gegeben ist. Dennoch soll diese Annahme mit Hilfe der linken unteren Grafik in Abbildung 2-22 geprüft werden. Diese zeigt, dass die beobachteten Werte (Punkte) sehr gut zum Modell (Linie) passen. Somit ist auch die Annahme normalverteilter Residuen näherungsweise erfüllt.

Aufgrund der durchgeführten Tests und der Überprüfung der Modellannahmen ist die Prozessgleichung zur Steuerung des Prozesses zur Herstellung von Bauplatten geeignet.

2.3.4 Steuerung des Prozesses

Für die Steuerung des Prozesses zur Herstellung der Bauplatten sollen die Einflussgrößen Entschäumer, RM-Verbrauch und Eisensulfat bewusst eingestellt werden. Dagegen soll die Einflussgröße Stillstände der Anlage weiterhin mit dem bisherigen Mittelwert in die Steuerung eingehen, da eine Reduzierung der Stillstände nicht „eingestellt" werden kann. Dies ist eine eigenständige Problemstellung. Zwar soll das Problem ebenfalls in einem Projekt verbessert werden, aber nicht im Rahmen der Optimierung der Bruchspannung der Bauplatten.

Die Prozessexperten einigten sich auf folgende Einstellungen der Einflussgrößen:

x_3: Entschäumer: $\quad x_{3p} = 0{,}7$ [l/min]
x_4: Stillstände: $\quad$ Mittelwert (keine Einstellung)
x_5: RM-Verbrauch: $\quad x_{5p} = 5{,}8$ [kg/m^{2}v]
x_6: Eisensulfate: $\quad x_{6p} = 1{,}5$ [l/min]

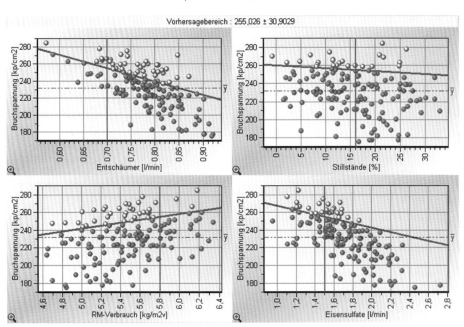

Abbildung 2-23: Steuerung des Bauplatten-Prozesses

Die gewählten Einstellungen und die dazugehörige Punktprognose mit dem Vorhersageintervall sind der Abbildung 2-23 zu entnehmen. Es ist eine durchschnittliche

Bruchspannung von ca. 255 [kp/cm²] zu erwarten; 95 % der Werte werden voraussichtlich im Bereich 255 ± 30,9 [kp/cm²] liegen.

Bevor diese Einstellung dauerhaft im Prozess umgesetzt wird, soll anhand eines Testlaufs mit einer Stichprobe von n = 10 Prozessdurchläufen geprüft werden, ob die vom Modell vorhergesagte Verbesserung auch im Prozess erreicht wird. Als Ergebnis des Testlaufs ergibt sich ein Mittelwert von $\bar{y}_{neu} = 254{,}18$ mit einer Standardabweichung von $s_{y/neu} = 16{,}27$ [kp/cm²]. Der neue Mittelwert und die neue Standardabweichung stimmen gut mit der Vorhersage überein. Dennoch soll mit Hilfe eines t-Tests geprüft werden, ob sich durch die Steuerung eine signifikante Änderung des Prozessergebnisses erzielt wurde. Die Hypothesen lauten:

H_0: $\mu_y = 231{,}78$ (Mittelwert vor der Steuerung)

H_1: $\mu_y \neq 231{,}78$

Als Prozessstreuung wird die Standardabweichung vor der Prozesssteuerung verwendet, also $s_y = 24{,}4$. Daraus ergibt sich die Teststatistik

$$t^* = \frac{|231{,}78 - 254{,}18|}{24{,}4} \sqrt{10} = 2{,}981.$$

Ein Vergleich mit dem tabellierten Wert (Nullhypothese ist richtig) bei einer Irrtumswahrscheinlichkeit von 5 % mit $t_{9;\,0{,}975} = 2{,}262$ zeigt, dass sich der Prozess signifikant verbessert hat.

Aufgrund des Testergebnisses kann davon ausgegangen werden, dass die neue Steuerung den Prozess statistisch gesichert verbessern wird. Die Einstellungen werden für den Prozess übernommen.

2.4 Modellvarianten

Bei dem bisher vorgestellten Regressionsmodell handelt es sich um den klassischen linearen Ansatz. Für viele praktische Fragestellungen, die darüber hinausgehen, gibt es Modellvarianten und -erweiterungen. Einige wichtige Varianten für die Prozessoptimierung werden in diesem Abschnitt vorgestellt. Dabei geht es um folgende Fragestellungen:

- Auswahl der wesentlichen Einflussgrößen
  In einem Regressionsmodell sind wichtige und unwichtige Einflussgrößen enthalten. Wie können die für die Steuerung eines Prozesses entscheidenden Einflussgrößen ausgewählt werden?

- Nicht-lineare Regression
  Viele Zusammenhänge in der Praxis sind im Beobachtungsbereich zumindest näherungsweise linear. Trotzdem gibt es natürlich auch nicht-lineare Zusammenhänge. Wie können diese im Rahmen der Regressionsanalyse berücksichtigt werden?

- Dummy-Variablen
  In der klassischen linearen Regression wird davon ausgegangen, dass die Einflussgrößen metrisch skaliert sind. Neben metrischen Einflussgrößen treten auch nominalskalierte auf. Wie können solche qualitativen Einflussgrößen in die Regressionsanalyse aufgenommen werden?

2.4.1 Auswahl der wesentlichen Einflussgrößen

Die Regressionsanalyse wird häufig als strukturprüfendes Verfahren verwendet. Strukturen bzw. Zusammenhänge, die von Experten unterstellt werden, sollen damit bestätigt oder widerlegt werden. Der Prozessexperte benötigt also ein hohes Maß an Wissen über die Zusammenhänge im Prozess. Diese wissenschaftlich-konservative Vorgehensweise ist sinnvoll und schützt den Anwender vor falschen, nicht anwendbaren Prozessgleichungen.

Dennoch hat die Regression im Rahmen der Prozessoptimierung auch einen strukturentdeckenden Charakter. So kann es vorkommen, dass mutmaßlich wichtige Einflussgrößen keinen oder nicht den erwarteten Effekt haben. Außerdem können sich vermeintlich unwichtige Einflussgrößen als wichtig herausstellen, vorausgesetzt, sie wurden in die Analyse aufgenommen. Insbesondere bei der Schätzung auf der Basis von Beobachtungsdaten ist es oftmals sinnvoll, eine größere Anzahl von Einflussgrößen in das Modell aufzunehmen, um die wichtigsten Ursachen entdecken zu können. Im Rahmen der Versuchsplanung ist dies allerdings nicht möglich, da die Anzahl der notwendigen Versuche zu groß würde.

Welche Betrachtungsweise auch vorgezogen wird, sehr häufig enthält eine geschätzte Prozessgleichung wichtige und unwichtige Einflussgrößen. Eine Entfernung unwichtiger Einflussgrößen aus dem vollständigen Modell bietet mehrere Vorteile. Eine Konzentration auf die wesentlichen Einflussgrößen reduziert den Aufwand für die Datenerhebung und -archivierung. Des Weiteren wird mit den wesentlichen Einflussgrößen eine einfachere und sensiblere Steuerung des Prozesses möglich. Die wenigen wichtigen Einflussgrößen werden gezielt gesteuert und die unwichtigen müssen nicht zusätzlich berücksichtigt werden. Auch im Rahmen einer späteren Prozessüberwachung kann man sich auf die wesentlichen Einflussgrößen konzentrieren.

Schließlich sollte berücksichtigt werden, dass eine große Anzahl von Einflussgrößen auch die Gefahr der Multikollinearität erhöht. Bei einer Reduktion werden nicht nur unwichtige Einflussgrößen entfernt (keine Wirkung auf die Zielgröße), sondern auch redundante. Letztere haben zwar eine Wirkung auf die Zielgröße, sind aber mit anderen Einflussgrößen so stark korreliert, dass sie keine zusätzliche Information bieten. Eine Entfernung aus dem Modell verringert also den Grad der Multikollinearität, reduziert das Bestimmtheitsmaß aber nur unerheblich.

Zusammenfassend könnte für die Prozessexperten bei der Modellierung folgender Grundsatz gelten: Eine Prozessgleichung sollte nur wesentliche Einflussgrößen enthalten und unwichtige sollten rechnerisch aus dem Modell entfernt werden.

Es existieren mehrere Verfahren zur Reduzierung der Anzahl der Einflussgrößen; zwei davon sollen im Folgenden vorgestellt werden: zum einen ein weit verbreitetes Verfahren auf der Basis des t-Tests[17] der Regressionskoeffizienten und zum anderen das Red-Auswahlverfahren von Jahn.

Reduzierung der Einflussgrößen mittels t-Test

Die t-Test basierten Verfahren lassen sich untergliedern in Vorwärts- und Rückwärtsselektion. Bei der Vorwärtsselektion werden schrittweise Einflussgrößen in das Modell aufgenommen, bis sich das Modell nicht mehr nennenswert verbessert. Bei der Rückwärtsselektion werden schrittweise die unwichtigen Einflussgrößen aus dem Modell entfernt. Kombinationen aus diesen beiden Vorgehensweisen sind ebenfalls möglich. Im Folgenden wird die Rückwärtsselektion vorgestellt.

Bei der Rückwärtsselektion wird zunächst das vollständige Regressionsmodell geschätzt. Anschließend wird anhand der t-Teststatistiken der Regressionskoeffizienten geprüft, ob eine nichtsignifikante Einflussgröße aus dem Modell entfernt werden kann. Ist dies der Fall, wird das entsprechend reduzierte Modell erneut geschätzt. Wiederum werden die im Modell verbliebenen Einflussgrößen auf ihre Signifikanz untersucht. Das Verfahren wird so lange fortgesetzt, bis nur noch signifikante Einflussgrößen im Modell enthalten sind. Das Niveau für den Ausschluss von Einflussgrößen kann frei festgelegt werden. Häufig wird $\alpha = 5\,\%$ gewählt. Bei größerem α verbleiben tendenziell mehr Einflussgrößen im Modell, bei kleinerem tendenziell weniger.

Die t-Test basierten Verfahren sind sehr einfach, haben aber einige Schwächen. Sobald eine Einflussgröße aus dem Modell entfernt wurde, ist die darin enthaltene Information verloren. Diese kann nicht mehr in die folgenden Auswahlentscheidungen eingehen. Bei nicht korrelierten Einflussgrößen ist dies unproblematisch. Dagegen kann es bei stärkeren Abhängigkeiten zu unbrauchbaren Prozessgleichungen kommen. Ein Hinweis darauf ist ein stark verkleinertes Bestimmtheitsmaß im reduzierten Modell.

Red-Auswahlverfahren

Während bei t-Test basierten Verfahren lediglich schrittweise nicht-signifikante Einflussgrößen aus dem Modell entfernt werden, verfolgt das Red-Auswahlverfahren von Jahn ein anderes Ziel. Der Vorhersagefehler[18] soll minimiert und damit zugleich das korrigierte Bestimmtheitsmaß maximiert werden. Das reduzierte Modell ist also für die Steuerung eines Prozesses am besten geeignet, in dem Sinne, dass keine andere Prozessgleichung existiert, die eine genauere Vorhersage auf der Basis der erhobenen Daten erlaubt. Das Red-Auswahlverfahren ist ebenfalls sequentiell, berücksichtigt aber in jedem Reduktionsschritt die Information der bereits entfernten Einflussgrößen und gewährleistet dadurch das Auffinden der optimalen Prozessgleichung.

Ausgangspunkt für das Verfahren ist das Ziel der Regressionsanalyse, die Streuung der Zielgröße möglichst gut zu erklären. In einem ersten Schritt wird für alle Einflussgrößen

---

[17] Dieses Verfahren kann analog mittels partiellen F-Tests durchgeführt werden.
[18] Genau genommen wird der unbedingte Vorhersagefehler betrachtet, der sich als Erwartungswert des bedingten Vorhersagefehlers ergibt.

der Streuungsanteil berechnet, um den sich die Reststreuung erhöht, wenn jeweils eine Einflussgröße aus dem Modell entfernt wird. Ist diese sehr gering, kann sich durch die Erhöhung der Freiheitsgrade (durch die Entfernung der Einflussgröße) der Vorhersagefehler reduzieren. In den nächsten Schritten wird dieses Prinzip auf die Entfernung von zwei und mehreren Einflussgrößen angewendet, bis der minimale Vorhersagefehler gefunden wurde.

Aufgrund der besten Eignung eines mit dem Red-Verfahren ermittelten Modells für die Prozesssteuerung wird dieses Verfahren empfohlen, auch zur Beurteilung der einzelnen Einflussgrößen in ihrer Streuungserklärung für die Zielgröße.

2.4.2 Nicht-lineare Regression

Nicht-lineare Zusammenhänge können in der Regressionsanalyse unterschiedlich gehandhabt werden. Die direkte Schätzung von nicht-linearen Modellgleichungen ist grundsätzlich möglich, aber aufwändig und teilweise problematisch. Deshalb wird häufig die so genannte quasilineare Regression zur Beschreibung nicht-linearer Zusammenhänge verwendet. Die erste Möglichkeit ist die Transformation von nicht-linearen Zusammenhängen in ein lineares Modell, damit wiederum mit der Methode der kleinsten Quadrate das Modell geschätzt werden kann. Die Schätzung einer Polynomregression ist die zweite Möglichkeit. In Polynommodellen wird neben dem linearen Effekt einer Einflussgröße (x) z.B. zusätzlich dessen quadratischer Einfluss (x^2) in das Regressionsmodell aufgenommen. Der quadratische Effekt wird dabei wie eine lineare Einflussgröße behandelt.

Quasilineare Regressionsmodelle können sowohl für die einfache als auch für die mehrfache Regression geschätzt werden. In dieser Einführung wird die quasilineare Regression durch Linearisierung für eine Einflussgröße vorgestellt. Zur Verdeutlichung soll die Zugfestigkeit von Beton (Y) in Abhängigkeit der Trockenzeit (x) untersucht werden. Das folgende Streuungsdiagramm zeigt anhand der Beobachtungswerte und einer Prozessgleichung, dass eine lineare Funktion die Gesetzmäßigkeit des Prozesses nicht widerspiegelt.

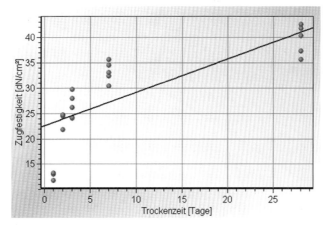

Abbildung 2-24: Lineare Regression bei nicht-linearem Zusammenhang

Eine Steuerung mit der linearen Prozessgleichung würde zu fehlerhaften Einstellungen führen; z.B. läge die Zugfestigkeit bei einer Trockenzeit von 0 Tagen über 20 dN/cm². Dies ist natürlich nicht sinnvoll. Ein anderes Modell muss verwendet werden. Ausgehend von Null wird zunächst eine starke, später eine schwächere Zunahme der Zugfestigkeit angenommen. Das Modell lautet:

$$\text{Zugfestigkeit} = \alpha \cdot e^{\left(\frac{\beta}{\text{Trockenzeit}}\right)}$$

Die Linearisierung dieses Zusammenhangs erfolgt durch Logarithmieren beider Seiten der Gleichung. Viele solcher Transformationsmöglichkeiten sind in Statistik-Software vorgegeben. Die folgende Abbildung zeigt eine Auswahl.

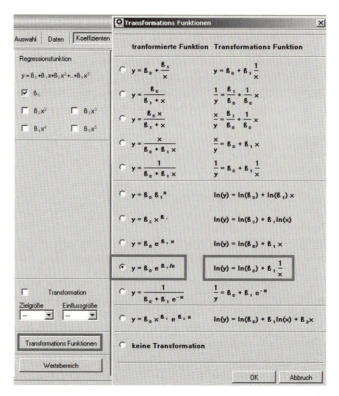

Abbildung 2-25: Transformationsfunktionen der Regressionsanalyse

Die markierte Transformation wurde auf das Beispiel angewendet. Der linearisierte Regressionsansatz wird mittels Kleinst-Quadrat-Methode geschätzt. Für die Steuerung des Prozesses wird der Originalzusammenhang verwendet, der sich durch Rücktransformation der Schätzung ergibt. Die Darstellung des nicht-linearen Modells zeigt deutlich, dass das transformierte Modell die Beobachtungswerte und damit den tatsächlichen Zusammenhang im Prozess gut abbildet.

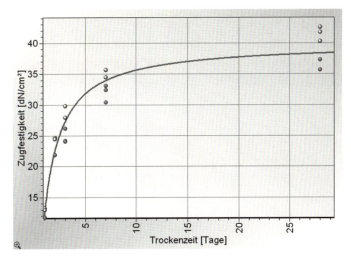

Abbildung 2-26: Transformierte Regressionsfunktion

Moderne Statistik-Software bietet mittlerweile eine große Anzahl von Linearisierungsmöglichkeiten, häufig auch sehr einfach zu verwenden. Deshalb ist eine Mahnung angebracht. Eine „naive Suche" nach „besseren" nicht-linearen Zusammenhängen im Sinne einer Maximierung des Bestimmtheitsmaßes kann sehr negative Folgen für die Prozesssteuerung haben. Dies gilt insbesondere für die Verwendung von Polynommodellen. Im Vordergrund sollten theoretische Überlegungen der Prozessexperten stehen und nicht das „Spielen" mit statistischen Verfahren.

Anhand zweier Argumente soll die Problematik verdeutlicht werden. Durch die Aufnahme von nicht-linearen Effekten in ein Polynommodell (z.B. x^2 oder x^3) wird das Bestimmtheitsmaß größer werden. Außerdem findet sich speziell bei Schätzungen mit einem geringen Stichprobenumfang häufig ein besseres als das lineare Modell, da zufällige Abweichungen nicht-linear besser angepasst werden. Deshalb ist es wichtig, das geschätzte Modell nicht nur nach dem Bestimmtheitsmaß, sondern auch nach theoretischen Überlegungen und nach der Anwendbarkeit für die Prozesssteuerung zu beurteilen. Der Grundsatz lautet: Zunächst eher einen linearen Ansatz wählen und erst wenn dieser unpassend ist, einen begründeten nicht-linearen Ansatz zu wählen.

2.4.3 Dummy-Variablen

In der klassischen Regressionsanalyse sind sowohl die Zielgröße als auch die Einflussgrößen quantitativ bzw. metrisch skaliert. Ist die Zielgröße nominal skaliert, wird ein Logistisches Regressionsmodell verwendet. Sind alle Einflussgrößen nominal, ist die Varianzanalyse die Methode der Wahl. In der Praxis treten aber auch häufig quantitative und qualitative Einflussgrößen gemeinsam auf. Welches Modell soll dann verwendet werden? Beispiele hierfür sind unterschiedliche Lieferanten oder Chargen, unterschiedliche Maschinen oder Messmittel usw. Solche oder ähnliche nominal skalierte Einflussgrößen können als Dummy-Variablen in ein Regressionsmodell aufgenommen werden. Nominal skalierte Einflussgrößen bedürfen einer besonderen Codierung, welche anhand eines kleinen Beispiels erläutert wird. In einen Prozess geht ein bestimmtes Material ein, das von drei verschiedenen Lieferanten stammt. Eventuelle Unterschiede zwischen den Materialien werden als mögliche Ursache für ein Problem gesehen. Die qualitative Einflussgröße „Lieferant" mit den Ausprägungen A, B und C soll in die Prozessgleichung aufgenommen werden. Dazu wird diese Einflussgröße als Dummy-Variable wie folgt codiert:

$$D_1 = \begin{cases} 1 & \text{Lieferant A} \\ 0 & \text{Sonstige} \end{cases}$$

$$D_2 = \begin{cases} 1 & \text{Lieferant B} \\ 0 & \text{Sonstige.} \end{cases}$$

Durch diese Codierung entstehen für die Lieferanten zwei „Hilfseinflussgrößen", so genannte Dummys, die je nach Materialherkunft die Werte Null und Eins annehmen können. Die Prozessgleichung für eine beliebige metrische Einflussgröße x und die Dummys lautet damit

$$Y = \beta_0 + \beta_x x + \beta_1 D_1 + \beta_2 D_2 + u.$$

In der Codierung wird der Lieferant C nicht ausdrücklich definiert. Dennoch ist er im Modell enthalten und zwar dann, wenn sowohl D_1 als auch D_2 den Wert Null annehmen. Dadurch fallen β_1 und β_2 aus dem Modell heraus und nur das Absolutglied β_0 bleibt übrig. Der Einfluss des Lieferanten C steckt also im Absolutglied. Diese Art der Codierung ist notwendig. Würde der Lieferant C über einen dritten Dummy codiert werden, wären die Dummys D_1, D_2 und D_3 linear mit β_0 verbunden: Es läge absolute Multikollinearität vor, und das Modell könnte nicht mehr geschätzt werden. Die Auswirkungen der Codierung lassen sich grafisch anhand der folgenden Abbildung interpretieren.

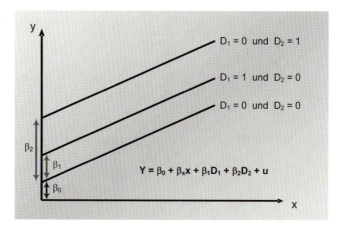

Abbildung 2-27: Prinzip der Dummy-Codierung

D_1 und D_2 dürfen niemals zusammen den Wert Eins annehmen, da das Material ja auch nicht gleichzeitig von Lieferant A und B stammen kann. Nehmen dagegen beide Dummys den Wert Null an, ergibt sich die Einfachregression $y = \beta_0 + \beta_x x + u$. Der Effekt der Parallelverschiebung der Regressionsgeraden soll für den Fall $D_1 = 0$ und $D_2 = 1$ (Lieferant B) erklärt werden. In diesem Falle entfällt der Koeffizient β_1 und der Koeffizient β_2 wird dem Absolutglied β_0 zugeschlagen, d.h. es gilt $\beta_{0(neu)} = \beta_0 + \beta_2$. Das Beispiel verdeutlicht auch, dass Dummy-Variablen nur auf den beiden Ausprägungen Null und Eins interpretiert werden dürfen.

Neben der Verschiebung des Absolutglieds kann auch eine weitere Fragestellung mit Hilfe von Dummys modelliert werden und zwar die Änderung der Steigung einer metrischen Einflussgröße. Eine kleine Änderung des vorherigen Beispiels soll dies veranschaulichen. Zunächst gibt es nur noch zwei Lieferanten A und B, deren unterschiedliche Materialien untersucht werden sollen. Zu einem bestimmten Zeitpunkt ist das Material A aufgebraucht und das Material B wird eingesetzt. Dies kann natürlich auch eine Parallelverschiebung der Regressionsgeraden zur Folge haben. Der Einfluss (Steigung) der metrischen Einflussgrößen x (z.B. Temperatur) kann sich ebenfalls ändern. Folgende Grafiken zeigen die beiden Möglichkeiten.

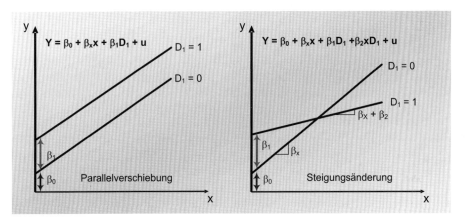

Abbildung 2-28: Parallelverschiebung und Steigungsänderung durch Dummys

Im linken Modell der Abbildung 2-28 wird eine Parallelverschiebung durch die Dummy-Variable D_1 modelliert. Die Vorgehensweise entspricht dem vorhergehenden Beispiel, nur eben mit zwei Lieferanten. Gilt $D_1 = 1$, wird das Material von Lieferant A berücksichtigt, bei $D_1 = 0$ das Material von Lieferant B. Im rechten Modell der Abbildung ergibt sich durch den Materialwechsel eine Steigungsänderung. Gilt $D_1 = 0$, entfällt sowohl die Dummy-Variable als auch der Interaktionsausdruck xD_1. Es ergibt sich eine klassische Einfachregression. Gilt dagegen $D_1 = 1$, ändern sich das Absolutglied ($\beta_0 + \beta_1$) und die Steigung ($\beta_x + \beta_2$).

2.5 Anwendungsempfehlungen

Jede Fragestellung hat ihre Besonderheiten. Dennoch sollen in diesem Kapitel einige Empfehlungen für die Anwendung der Regressionsanalyse zusammengestellt werden. Dabei scheint es sinnvoll zu sein, die Empfehlungen schrittweise entlang einer praktischen Anwendung der Analyse zu geben.

- Anhand der Problemstellung – oft mit Hilfe des Ursache-Wirkungs-Diagramms – die Ziel- und Einflussgrößen messbar definieren. Je nach Skalenniveau der Ziel- und Einflussgrößen ist das geeignete statistische Verfahren auswählen. Bei der klassischen Regression sind sowohl die Ziel- als auch die Einflussgrößen metrisch skaliert.

- Die Experten müssen entscheiden, welche Einflussgrößen in das Modell aufgenommen werden sollen. Dies sollte mit großer Sorgfalt erfolgen. In diesem Zusammenhang muss auch sichergestellt werden, dass die Daten für die Einfluss- und Zielgrößen wie gewünscht gemessen bzw. erhoben werden können.

- Die Daten müssen möglichst genau erfasst werden. Für die Schätzung des Regressionsmodells müssen genügend Datensätze der Ziel- und Einflussgrößen erhoben werden. Als Faustregel sollten wenigstens doppelt so viele Datensätze wie Einflussgrößen erhoben werden. Noch besser ist ein Stichprobenumfang von mehr als 30 zuzüglich der Anzahl der Einflussgrößen. Für die Versuchsplanung gelten spezielle Regeln. Des Weiteren ist es wichtig, die Daten für die Ziel- und Einflussgrößen zuordenbar im Sinne der „Geschichte der Produkte" zu erheben. Ansonsten können Abhängigkeiten nicht untersucht werden.

- Die erhobenen Daten sollten vor der Schätzung des Regressionsmodells aufbereitet und untersucht werden. Dazu gehört die Darstellung des zeitlichen Verlaufs der einzelnen Merkmale, die Suche nach Ausreißern (z.B. anhand von Histogrammen) oder die Berechnung und Interpretation der Korrelationskoeffizienten. Diese vor allem grafischen Analysen sollen einen ersten Einblick in die Qualität der erhobenen Daten geben.

- Zusätzlich sollten sich die Prozessexperten vor der Schätzung Gedanken über die Wirkung einzelner Einflussgrößen auf die Zielgröße, aber auch zwischen den Einflussgrößen machen (Stärke und Richtung). Diese Hypothesen bzw. Meinungen sollten zunächst anhand der Korrelationen überprüft werden

- Danach folgen die Schätzung des Regressionsmodells mit Hilfe von Statistik-Software, die Überprüfung der Modellannahmen sowie die Beurteilung der gesamten Prozessgleichung und der einzelnen Regressionskoeffizienten. Nach der Prüfung und der Beurteilung des geschätzten Modells folgt die Interpretation, wieder als Abgleich mit den Expertenmeinungen. In diesem Zusammenhang können evtl. auch die Anzahl der Einflussgrößen reduziert werden oder ein anderer Modellansatz (z.B. nicht-linear) gewählt werden.

- Wird das Modell als sinnvoll und zutreffend angesehen, erfolgt die Simulation der Prozessgleichung als Grundlage für die anschließende Steuerung des Prozesses.

Die Prozessexperten wählen verwendbare und zielgerichtete Einstellungen der Einflussgrößen aus, um die Zielgrößen im gewünschten Sinne zu beeinflussen.

- Bevor eine gewählte Einstellung als neue optimierte Steuerung auf den realen Prozess übertragen wird, sollte die Einstellung über einen Pilottest am realen Prozess überprüft werden. Werden die vorhergesagten Werte für die Zielgröße im Testlauf annähernd erreicht, ist das Modell sinnvoll und die entsprechende Steuerung kann auf den Prozess übertragen werden.

2.6 Weiterführende Literatur

[1] **Backhaus, K. u.a.**
Multivariate Analysemethoden – Eine anwendungsorientierte Einführung.
11. Aufl., Springer Berlin, 2006.

[2] **Fahrmeir, L, Th. Kneib u. St. Lang**
Regression – Modelle, Methoden und Anwendungen.
2. Aufl., Springer Berlin, 2009.

[3] **Handl, A.**
Multivariate Analysemethoden – Theorie und Praxis multivariater Verfahren unter besonderer Berücksichtigung von S-Plus.
Springer Berlin, 2002.

[4] **Jahn, W. und L. Braun**
Praxisleitfaden Qualität – Prozessoptimierung mit multivariater Statistik in 150 Beispielen.
Hanser München, 2006.

[5] **Sen, A. u. M. Srivastava**
Regression Analysis – Theory, Methods and Applications.
4. Aufl., Springer Berlin, 1997.

[6] **Urban, D. u. J. Mayerl**
Regressionsanalyse – Theorie, Technik und Anwendung.
2. Aufl., VS Verlag Wiesbaden, 2006.

3 Varianzanalyse

3.1 Fragestellung

Die Varianzanalyse wurde zu Beginn des 20. Jahrhunderts von dem Wissenschaftler *Sir Ronald Aylmer Fisher* für die Auswertung von Labordaten an der landwirtschaftlichen Versuchsanstalt *Rothamsted* in England entwickelt. Im Kern geht es bei der Varianzanalyse um die **Fragestellung: Wie wirkt sich das Verändern von einer oder mehrerer Einflussgrößen auf die Werte einer Zielgröße aus?** Diese Fragestellung ist analog zu derjenigen der Regressionsanalyse. Worin besteht nun der Unterschied zwischen der Regressions- und Varianzanalyse? Ein wesentliches Unterscheidungsmerkmal ist die Tatsache, dass bei der Varianzanalyse die Wirkung von Einflussgrößen untersucht werden kann, deren Merkmalswerte nur dem Namen nach unterscheidbar sind. Beispielsweise, wie sich das Verändern der Einflussgröße *Methode des Montierens* auf die Zielgröße *Dauer der Montage* auswirkt. Vereinfacht ausgedrückt: Mit der Varianzanalyse lässt sich die Wirkung von nicht messbaren Einflussgrößen auf eine Zielgröße untersuchen. Allerdings muss die Zielgröße stets eine metrisch skalierte Variable sein.

Im Zusammenhang mit der Prozessoptimierung stehen folgende Fragen im Brennpunkt:

- Welche Einflussgrößen wirken besonders stark auf die Zielgröße?
- Gibt es Einflussgrößen, die nur eine geringe und damit vernachlässigbare Wirkung haben?
- Welche Einstellung der Einflussgrößen führt zu einem besseren Ergebnis der Zielgröße?

In dem folgenden Steckbrief sind die Besonderheiten der Varianzanalyse für den Vergleich mit anderen Verfahren aufgelistet:

Kriterium	Eigenschaften
Untersuchte Fragestellung	Ermitteln, ob Einflussgrößen eine Wirkung auf eine Zielgröße haben.
	Stärke und Richtung der Wirkung eines Faktors auf die Zielgröße feststellen.
Skalenniveau der Zielgröße	Stetig (metrisch skaliert)
Skalenniveau der Einflussgrößen	Nominalskala
Datenerhebung	Geplante Versuche
Modellvarianten	Modell mit festen Effekten
	Modell mit zufälligen Effekten
	Modell mit gemischten Effekten
	Kovarianzanalyse
Wichtige Begriffe	Bestimmtheitsmaß, F-Test, Haupteffekt, Wechselwirkung

Tabelle 3-1: *Methodensteckbrief zur Varianzanalyse*

Bezüglich der Datenerhebung ist anzumerken, dass zufällig entstandene Beobachtungsdaten selten für die Auswertung mit der Varianzanalyse geeignet sind. Muss man mit Beobachtungsdaten auskommen, so verwende man anstelle der Varianzanalyse die Regressionsanalyse. Nominal skalierte Merkmalswerte können durch die Transformation in Dummyvariablen bei der Regressionsanalyse berücksichtigt werden.

3.1.1 Beispiele für die Anwendung

Die Varianzanalyse zählt zu den statistischen Standardmethoden in den Bereichen Landwirtschaft und Medizin. In der Automobilindustrie ist ein bekanntes Standardverfahren mit Anwendung der Varianzanalyse das sogenannte Verfahren 2 der Messsystemanalyse, auch Gage R&R genannt. Das Potenzial an Anwendungsmöglichkeiten ist in den Produktionsbetrieben jedoch weit größer, wie man anhand der Beispiele in der folgenden Liste erahnen kann:

Fragestellung	Zielgröße	Einflussgröße
Wirken sich Materialchargen und Produktionsschichten auf die Schlagzähigkeit der hergestellten Kunststoffteile aus?	Schlagzähigkeit	Materialchargen Mitarbeiterschichten
Trocknen von Holz (Kunststoffen, Textilien,…); bei welcher Lagermethode ergibt sich welcher Feuchtegehalt?	Feuchtegehalt	Methoden der Lagerung
Unterscheidet sich die Zugfestigkeit der nominal gleichen Stähle, die man von verschiedenen Herstellern beschafft hat?	Zugfestigkeit	Hersteller
Hat die Methode der Werbung einen Einfluss auf die Absatzmenge?	Absatz	Werbemethode
Hat die Gestaltung eines Formulars einen Einfluss darauf, wie viel Zeit für das Ausfüllen benötigt wird?	Zeit	Formularvarianten

Tabelle 3-2:   Ausgewählte Fragestellungen der Varianzanalyse

3.1.2 Grundlagen der Varianzanalyse

Das Ergebnis einer Varianzanalyse ist ein Modell, das beschreibt, wie eine oder auch mehrere Einflussgrößen auf eine Zielgröße wirken. Anhand der Eigenschaften der Einflussgrößen unterscheidet man oft zwei Modellansätze:

1) Das Modell mit festen Effekten
2) Das Modell mit zufälligen Effekten

Das Modell mit festen Effekten (Modell I)

Bei diesem Modellansatz gelten für die Einflussgrößen folgende Eigenschaften: Erstens, es gibt nur eine eng begrenzte Anzahl verschiedener Werte. Zweitens, jeder Wert der Einflussgröße hat eine bestimmte Stärke und Richtung der Wirkung auf die Zielgröße. Es ist bei diesem Modellansatz üblich, die Wirkung der Einflussgröße als Verschiebung des Zielgrößenmittelwertes µ aufzufassen. Diese Verschiebung des Zielgrößenmittelwertes wird Effekt genannt. Als Ergebnis einer Varianzanalyse gemäß dem Modell I erhält man also Effekte der untersuchten Einflussgrößen.

Das Modell mit zufälligen Effekten (Modell II)

Die Einflussgrößen weisen bei diesem Modell folgende Eigenschaften auf: Die Anzahl der möglichen Werte oder Zustände der Einflussgrößen ist unbegrenzt. Zusätzlich gilt, dass man die Einflussgrößen nicht auf einen bestimmten Wert oder Zustand einstellen kann, sondern dass der Wert oder Zustand in der Regel das Ergebnis eines Zufallsprozesses ist. Zum Beispiel schwankt die Oberflächenhärte von geschmiedeten Achsen von Materialcharge zu Materialcharge. Die zufälligen Chargenunterschiede bewirken „zufällige" Veränderungen der Oberflächenhärte. Die Wirkung einer Einflussgröße mit zufälligen Effekten drückt sich als Vergrößerung der Varianz der Zielgröße aus. Daher erhält man als Ergebnis einer Varianzanalyse nach dem Modell II den Anteil der Varianz der Zielgröße, der von der jeweiligen Einflussgröße verursacht wurde. Allgemein spricht man von Varianzkomponenten.

Varianzanalyse – ein beschreibendes Modell

Eine beobachtete Beziehung zwischen einer oder mehrerer Einflussgrößen und einer Zielgröße wird als mathematisches Modell abgebildet. In diesem Sinne ist das varianzanalytische Modell ein mathematisches Spiegelbild der beobachteten Beziehung. Diese Eigenschaft des varianzanalytischen Modells ist ein wesentlicher Unterschied zu einem Systemmodell, wie beispielsweise dem physikalischen Systemmodell Kraft = Masse · Beschleunigung. Das Ergebnis eines beschreibenden Modells ist etwa: „Nach dem Erhöhen des Kesseldrucks hat sich die chemische Reaktion beschleunigt." *Warum* das geschieht, kann mit dem beschreibenden Modell nicht geklärt werden. Auch bleibt die Frage offen, ob noch höhere Drücke zu noch schnelleren Reaktionen führen. Anders ist das bei dem Systemmodell. Da der Systemzusammenhang $F = m \cdot a$ zwischen der Kraft F, der Beschleunigung a und der Masse m bekannt ist, weiß man, dass eine höhere Beschleunigung bei konstanter Masse zu einer größeren Kraft F führen wird. Wird die Varianzanalyse zur Bestimmung von Einflussgrößen genutzt, so muss man sich über die eingeschränkte Gültigkeit der Modellergebnisse im Klaren sein. Das betrifft insbesondere die Abhängigkeit der Beobachtungsergebnisse von dem Wertebereich der Einflussgrößen und von dem momentanen Zustand des untersuchten Systems.

Einführung des Beispieldatensatzes Schrumpf von Lego-Bausteinen

Um den Vergleich der Varianzanalyse mit anderen Methoden zu erleichtern, wird auch in diesem Kapitel das Beispiel der Herstellung von Lego-Bausteinen aufgegriffen. Die Bausteine werden mit dem Herstellverfahren des Kunststoffspritzgießens hergestellt. Ein Problem bei diesem Herstellungsverfahren ist das Schrumpfverhalten. Damit ist gemeint, dass die Lego-Bausteine nach dem Abkühlen geringfügig an Volumen verlieren. In dem nachfolgend betrachteten Zahlenbeispiel werden drei baugleiche Spritzgussmaschinen für die Herstellung der Lego-Bausteine verwendet. Anhand der Schrumpfwerte von jeweils fünf Bausteinen soll analysiert werden, ob das Schrumpfverhalten der Bausteine an allen drei Maschinen gleich groß ist.

Schrumpfung = f(Maschine)

In der Tabelle 3-3 sind die Einzelwerte der Bausteinschrumpfung in % angegeben.

Wert-Nr.	Maschine A	Maschine B	Maschine C
	Schrumpf in %	Schrumpf in %	Schrumpf in %
1	0,81	0,86	0,89
2	0,85	0,92	0,92
3	0,80	0,91	0,91
4	0,85	0,89	0,97
5	0,83	0,93	0,96

Tabelle 3-3:   Schrumpf in % von Legosteinen an drei baugleichen Spritzgussmaschinen

Es ist stets eine gute Idee, eine statistische Auswertung mit der grafischen Analyse zu beginnen. Durch die visuelle Aufbereitung sind die Daten der menschlichen Mustererkennung besonders leicht zugänglich.

Die grafische Analyse der Schrumpfwerte mit dem Einzelwert-Diagramm

Die Schrumpfwert-Stichproben stammen von drei Maschinen. Jede Maschine wird als eine Grundgesamtheit aufgefasst, die hier bezüglich des Merkmals Schrumpfung miteinander verglichen werden. Um leichter Unterschiede zwischen den Grundgesamtheiten zu erkennen, wurde für jede Maschine ein eigenes Wertesymbol verwendet. In der Abbildung 3-1 ist das Einzelwert-Diagramm für die Bausteinschrumpfung dargestellt.

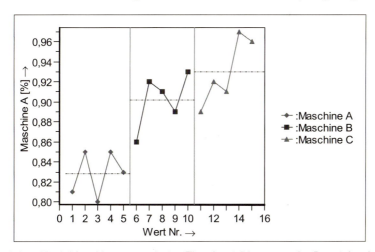

Abbildung 3-1:   Nach Maschinen gruppiertes Einzelwert-Diagramm der Bausteinschrumpfung

Aus der Grafik ist ersichtlich, dass sich die Schrumpfwerte der Bausteine von der Maschine A in einem Bereich um den Wert 0,83 % herum bewegen. Weiter ist zu erkennen, dass die Schrumpfwerte an den Maschinen B und C oberhalb dieses Bereiches liegen. Die Beobachtung legt den Schluss nahe, dass die Schrumpfung der Bausteine an den drei Maschinen unterschiedlich groß ist.

Die grafische Analyse des Schrumpfwerte mit dem Box-Plot

Für den schnellen Vergleich mehrerer Stichproben bezüglich der Lage- und Streuungskenngrößen hat sich die Grafik des Box-Plot bewährt. Das in Abbildung 3-2 dargestellte Box-Plot wurde mit dem Statistikprogramm destra® erzeugt. Die Grafik stellt drei Streuungskenngrößen und zwei Lagekenngrößen einer Stichprobe dar. Da die beiden Lagekenngrößen Median und Mittelwert in der Abbildung 3-2 direkt eingezeichnet sind, folgt hier nur die Beschreibung der drei dargestellten Streuungkenngrößen.

1. Interquartilsabstand oder Interquartilsrange

Die farblich ausgefüllte Box ist unten durch das erste und oben durch das dritte Quartil begrenzt. Damit entspricht die Höhe der Box dem Interquartilsabstand, der dem 50%-Streubereich der Werte entspricht.

2. Spannweite oder Range

Etwas oberhalb und unterhalb der farblich ausgefüllten Box befinden sich Kreuze. Das untere Kreuz stellt den kleinsten Wert und das obere Kreuz den größten Wert der Stichprobe dar. Somit entspricht der Abstand von beiden Kreuzen der Spannweite der Stichprobe.

3. Innere Zäune (Inner Fences)

An der Unter- und Oberkante der Box befinden sich die Whisker. Diese weisen eine Länge auf, die dem 1,5-fachen der Höhe der Box entspricht. Der Erfinder des Box-Plots, John Tukey, hat die äußeren Enden der Whisker als innere Zäune bezeichnet. Die Spanne zwischen den beiden inneren Zäunen kann als plausibler Gesamtstreubereich der Werte angesehen werden. Liegen einzelne Werte außerhalb dieser Zäune, gelten die betreffenden Werte als ausreißerverdächtig.

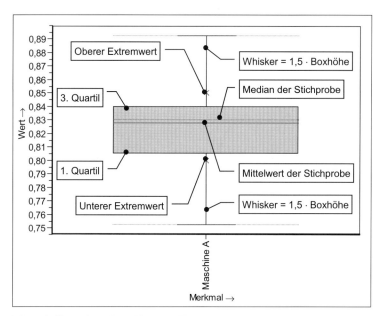

Abbildung 3-2: Aufbau eines Box-Plots mit Erläuterungen

Erstellt man das Box-Plot für die Werte in der Tabelle 3-3, so erhält man als Ergebnis die Darstellung in Abbildung 3-3. Auch die Interpretation dieser Grafik führt zu der Erkenntnis, dass die Bausteine von der Maschine A im Vergleich zu denjenigen von den Maschinen B und C ein im Mittel geringeres Schrumpfverhalten aufweisen.

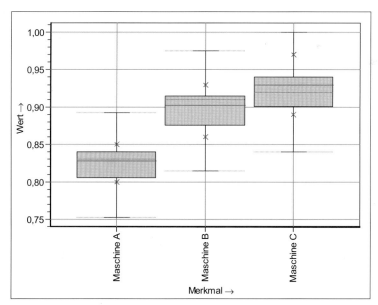

Abbildung 3-3: Grafik mit den Box-Plots für den Bausteinschrumpf in % von den Maschinen A bis C

Man kann also festhalten: Das Erkennungsmerkmal für den Einfluss der Maschinen auf die Bausteinschrumpfung ist die unterschiedliche Lage der Stichprobenmittelwerte. Allerdings gibt es bei der Interpretation eines Unterschiedes von Stichprobenmittewerten ein rein praktisches Problem: Man kennt die Erwartungswerte μ_i der Schrumpfwertverteilungen der einzelnen Maschinen nicht. Das heißt, man benötigt Stichprobenkenngrößen für die Schätzung der unbekannten Parameter. Das rein praktische Problem ist jedoch, dass die Stichprobenmittelwerte selbst Ergebnisse des Zufalls sind, wie das in dem Schema anhand des Vergleiches von zwei Stichprobenmittelwerten grafisch angedeutet ist.

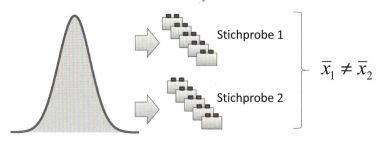

Abbildung 3-4:   Schema der Stichprobenziehung aus einer Grundgesamtheit

In der Abbildung 3-4 ist die Ziehung von zwei Stichproben aus einer einzigen Grundgesamtheit schematisch dargestellt. Aufgrund der zufälligen Auswahl der Bausteine befinden sich in jeder Stichprobe andere Zufallswerte der Grundgesamtheit. Genau deshalb erhält man in der Regel auch zufällig voneinander abweichende Stichprobenmittelwerte. Damit steht man vor der interessanten Grundsatzfrage: Wie kann man eine zufallsbedingte Abweichung der Stichprobenmittelwerte von einer systematischen Abweichung unterscheiden? Die Antwort ist aus der Sicht des Praktikers verblüffend einfach: Zunächst wird das Verhalten der zufälligen Abweichungen mit einem Verteilungsmodell beschrieben. Anhand des Verteilungsmodells lässt sich ermitteln, welche maximale Abweichung zwischen zwei Stichprobenmittelwerten noch durch den Zufall erklärbar ist. Abweichungen, die darüber hinaus gehen, werden als systematische Abweichungen interpretiert.

3.2 Vorgehensweise

Zunächst wird an dem Beispiel Schrumpfung von Lego-Bausteinen die Durchführung der Varianzanalyse für eine einzige Einflussgröße dargestellt. Da nur eine Einflussgröße untersucht wird, spricht man von der einfaktoriellen Varianzanalyse. Anschließend wird das Beispiel durch die gleichzeitige Betrachtung von zwei Faktoren erweitert. Werden die Wirkungen von zwei oder mehr Faktoren gleichzeitig untersucht, spricht man von der mehrfaktoriellen Varianzanalyse.

3.2.1 Die einfaktorielle Varianzanalyse

Es wird das in Abschnitt 3.1.2 eingeführte Beispiel Schrumpfung von Lego-Bausteinen wieder aufgegriffen. Zur Erleichterung des Leseflusses sind die Daten hier noch einmal abgebildet:

Nr.	Maschine A	Maschine B	Maschine C
--	Schrumpf in %	Schrumpf in %	Schrumpf in %
1	0,81	0,86	0,89
2	0,85	0,92	0,92
3	0,80	0,91	0,91
4	0,85	0,89	0,97
5	0,83	0,93	0,96

Tabelle 3-4: Einzelwerte für den Bausteinschrumpf von verschiedenen Spritzgussmaschinen

Für die Untersuchung wird das Modell mit festen Effekten gewählt, da es nur drei Spritzgussmaschinen gibt. Das heißt, die Anzahl der möglichen Werte des Faktors Maschine ist auf drei Werte begrenzt. Das Modell lautet in Worten:

Schrumpfeinzelwert = Gesamtmittelwert + Effekt der Maschine + Zufallsstreuung

Die Mathematik ermöglicht eine deutlich kompaktere Darstellung dieses Modellansatzes. Wie das Indizierungsschema in der Formel zu deuten ist, kann der Tabelle 3-5 entnommen werden. Dabei steht der Index j als Zähler für die Einzelwerte von j=1 bis j=n und der Index i als Zähler für die Faktorstufenwerte von i=1 bis i=p.

Faktorstufe	Beobachtungswerte			
1	$y_{i=1;j=1}$	$y_{i=1;j=2}$	...	$y_{i=1;j=n}$
2	$y_{i=2;j=1}$	$y_{i=2;j=2}$	...	$y_{i=2;j=n}$
⋮	⋮	⋮	⋮	⋮
p	$y_{i=p;j=1}$	$y_{i=p;j=2}$	...	$y_{i=p;j=n}$

Tabelle 3-5: Schema der Indizierung von Einzelwerten

Die mathematische Formel für das varianzanalytische Modell I lautet:

$$y_{ij} = \mu + \alpha_i + u_{ij}$$

y_{ij} = Ein Einzelwert der Zielgröße

μ = Gesamtmittelwert

α_i = Abweichung des Faktorstufenmittelwertes vom Gesamtmittelwert (Effekt)

u_{ij} = Zufällige Abweichung des Einzelwertes vom Faktorstufenmittelwert

Die Effekte α_i sind Abweichungen des Faktorstufenmittelwertes von dem Gesamtmittelwert μ. Für diese Effekte gilt die weitere Bedingung:

$$\sum_{i=1}^{p}\alpha_i = 0$$

Da jede einzelne Maschine eine eigene Grundgesamtheit repräsentiert, kann man den Erwartungswert μ_i für jede einzelne Maschine bestimmen. Addiert man zum Gesamtmittelwert μ den jeweiligen Effekt α_i, so erhält man den Erwartungswert μ_i:

$$E(y_{ij}) \equiv \mu_i = \mu + \alpha_i, i = 1, 2, \ldots, p$$

Für den statistischen Test, ob ein Faktor eine Wirkung auf die Zielgröße hat, werden formal zwei sich gegenseitig ausschließende Hypothesen aufgestellt. Die Nullhypothese H_0 besagt, dass die Erwartungswerte aller Maschinen gleich sind bzw. dass kein Effekt auftritt. Demgegenüber steht die Aussage der Alternativhypothese H_1, dass mindestens eine Faktorstufe existiert, die einen abweichenden Erwartungswert aufweist.

H_0: $\mu_1 = \mu_2 = \ldots = \mu_p$

H_1: $\mu_i \neq \mu_j$ für mindestens ein Paar

Implizit steckt in der Formulierung der Nullhypothese die Aussage, dass die Effekte α_i alle den Wert Null aufweisen und damit keine Wirkungen der Faktoren bestehen.

3.2.1.1 Das Prinzip der Streuungszerlegung

In diesem Abschnitt ist beschrieben, wie die Gesamtvarianz der Zielgröße in Varianzkomponenten zerlegt wird. Für ein besseres Verständnis der nachfolgend aufgeführten Zusammenhänge ist das Vorgehen der Streuungszerlegung in Schritte unterteilt.

Schritt 1: Mittelwerte bilden

Für jede Faktorstufe (hier: jede Maschine) wird der Schrumpf-Mittelwert berechnet

$$\bar{y}_i = \frac{\sum_{j=1}^{n} y_{ij}}{n}.$$

Für die in der Tabelle 3-4 enthaltenen Beispieldaten erhält man die folgenden Faktorstufen-Mittelwerte:

Maschine A: $\bar{y}_1 = \dfrac{0{,}81\% + 0{,}85\% + 0{,}80\% + 0{,}85\% + 0{,}83\%}{5} = 0{,}828\%$

Maschine B: $\bar{y}_2 = \dfrac{0{,}86\% + 0{,}92\% + 0{,}91\% + 0{,}89\% + 0{,}93\%}{5} = 0{,}902\%$

Maschine C: $\bar{y}_3 = \dfrac{0{,}89\% + 0{,}92\% + 0{,}91\% + 0{,}97\% + 0{,}96\%}{5} = 0{,}930\%$

Mit dem Symbol $\bar{\bar{y}}$ ist der arithmetische Mittelwert von allen Faktorstufen-Mittelwerten gemeint. Ist der Stichprobenumfang n für jede Faktorstufe gleich groß, erhält man den Mittelwert der Mittelwerte wie folgt:

$$\bar{\bar{y}} = \frac{\sum_{i=1}^{p} \bar{y}_i}{p}$$

Für die Beispieldaten aus der Tabelle 3-4 erhält man

$$\bar{\bar{y}} = \frac{\bar{y}_1 + \bar{y}_2 + \bar{y}_3}{p} = \frac{0{,}828\% + 0{,}902\% + 0{,}930\%}{3} = 0{,}8\overline{866}\%.$$

Schritt 2: Bestimmen von quadrierten Abweichungen

Mit dem Symbol SS_T wird die Summe der quadrierten Abweichungen der Zielgrößeneinzelwerte vom Gesamtmittelwert bezeichnet. Sie ist ein Maß für die gesamte Streuung der Zielgröße.

$$SS_T = \sum_{i=1}^{p}\sum_{j=1}^{n}(y_{ij} - \bar{\bar{y}})^2$$

Die Summe der quadrierten Abweichungen lässt sich in zwei Komponenten zerlegen. In der folgenden Formel ist die Zerlegung sichtbar.

In der ersten Klammer befindet sich der Abstand des Faktorstufenmittelwertes vom Gesamtmittelwert und in der zweiten Klammer der Abstand eines Einzelwertes vom Faktorstufenmittelwert.

$$SS_T = \sum_{i=1}^{p}\sum_{j=1}^{n}[(\bar{y}_i - \bar{\bar{y}}) + (y_{ij} - \bar{y}_i)]^2$$

oder ausmultipliziert

$$SS_T = n \cdot \sum_{i=1}^{p}(\bar{y}_i - \bar{\bar{y}})^2 + \sum_{i=1}^{p}\sum_{j=1}^{n}(y_{ij} - \bar{y}_i)^2 + 2 \cdot \sum_{i=1}^{p}\sum_{j=1}^{n}(\bar{y}_i - \bar{\bar{y}})\cdot(y_{ij} - \bar{y}_i)$$

Das Produkt im letzten Term der vorstehenden Gleichung hat den Wert Null, was durch das alleinige Betrachten der letzten Klammer $(y_{ij} - \bar{y}_i)$ verdeutlicht werden soll. Diese Separierung ist zulässig, da bei der Bildung der inneren Summe von j=1 bis n der Index i konstant bleibt und damit auch der Wert von des Terms $(\bar{y}_i - \bar{\bar{y}})$:

$$\sum_{j=1}^{n}(y_{ij} - \bar{y}_i) = \sum_{j=1}^{n}y_{ij} - n \cdot \bar{y}_i = \sum_{j=1}^{n}y_{ij} - n \cdot \frac{\sum_{j=1}^{n}y_{ij}}{n} = 0$$

Somit vereinfacht sich die Bestimmung der Summe der quadrierten Abweichungen:

$$\sum_{i=1}^{p}\sum_{j=1}^{n}(y_{ij}-\bar{\bar{y}})^2 = n \cdot \sum_{i=1}^{p}(\bar{y}_i - \bar{\bar{y}})^2 + \sum_{i=1}^{p}\sum_{j=1}^{n}(y_{ij}-\bar{y}_i)^2$$

Die Summe der quadrierten Abweichungen wurde in zwei Komponenten zerlegt.

$$SS_{Faktor} = n \cdot \sum_{i=1}^{p}(\bar{y}_i - \bar{\bar{y}})^2$$

$$SS_{Rest} = \sum_{i=1}^{p}\sum_{j=1}^{n}(y_{ij}-\bar{y}_i)^2$$

$$SS_T = SS_{Faktor} + SS_{Rest}$$

Für die Beispieldaten aus Tabelle 3-4 erhält man die folgenden Quadratsummen:

$$SS_{Faktor} = n \cdot \sum_{i=1}^{p}(\bar{y}_i - \bar{\bar{y}})^2$$

$$SS_{Faktor} = 5 \cdot \left[(0{,}828 - 0{,}8866)^2 + (0{,}902 - 0{,}8866)^2 + (0{,}930 - 0{,}8866)^2\right] = 0{,}02697$$

$$SS_{Rest} = \sum_{i=1}^{p}\sum_{j=1}^{n}(y_{ij}-\bar{y}_i)^2 = 0{,}0112$$

$$SS_T = SS_{Faktor} + SS_{Rest} = 0{,}0382$$

Schritt 3: Varianzen bilden

Aus den Summen der quadrierten Abweichungen werden Varianzen berechnet. Für eine einzelne Faktorstufe i lautet die Beziehung für die Stichprobenvarianz

$$s_i^2 = \frac{\sum_{j=1}^{n}(y_{ij}-\bar{y}_i)^2}{n-1}.$$

Fasst man die Varianzen s_i^2 von allen p Faktorstufen zu einer Gesamtvarianz zusammen, erhält man

$$MS_{Rest} = \frac{(n-1) \cdot s_1^2 + (n-1) \cdot s_2^2 + \ldots + (n-1) \cdot s_a^2}{p \cdot (n-1)} = \frac{\sum_{i=1}^{p}\left[\sum_{j=1}^{n}(y_{ij}-\bar{y}_i)^2\right]}{p \cdot (n-1)} = \frac{SS_{Rest}}{p \cdot (n-1)}.$$

Die Abkürzung MS wurde aus dem Englischen für *Mean Squares* übernommen. Mit MS$_{Rest}$ hat man den besten verfügbaren Schätzwert für die Reststreuung. Der Wert im Nenner ist die Anzahl der **Freiheitsgrade f$_{Rest}$ = p·(n-1)**.

Für die Beispieldaten aus Tabelle 3-4 wurde das Ergebnis der Restvarianz mit p=3 Faktorstufen und n=5 Werten je Faktorstufe bestimmt:

$$MS_{Rest} = \frac{SS_{Rest}}{p \cdot (n-1)} = \frac{0{,}00976}{3 \cdot (5-1)} \approx 0{,}0008133$$

Unterstellt man, dass die Nullhypothese gültig ist, so lässt sich von der Varianz der Faktorstufenmittelwerte auf die Varianz der Einzelwerte schließen. Dies ist möglich, da unter der genannten Annahme die Stichprobenmittelwerte der einzelnen Faktorstufen lediglich zufällig um den Gesamtmittelwert streuen. Unterstellt man weiter, das die Zielgröße eine unabhängig identisch normalverteilt streuende Zufallsvariable ist, so gilt die nachfolgend dargestellte Beziehung zwischen der Varianz der Stichprobenmittelwerte $\bar{y}$ und der Varianz der Einzelwerte y der Zielgröße.

$$\sigma_{\bar{y}}^2 = \frac{\sigma_y^2}{n}$$

Diese Beziehung wird nun genutzt, die Varianz der Einzelwerte aus der Varianz der Stichprobenmittelwerte zu bestimmen:

$$\sigma_y^2 = n \cdot \sigma_{\bar{y}}^2.$$

Einen Schätzwert für die Varianz der Stichprobenmittelwerte bestimmt man praktisch aus den p quadrierten Abweichungen der Faktorstufenmittelwerte vom Gesamtmittelwert:

$$\hat{\sigma}_{\bar{y}}^2 = \frac{\sum_{i=1}^{p} (\bar{y}_i - \bar{\bar{y}})^2}{p-1}$$

Jetzt wird der Schätzwert für die Varianz der Stichprobenmittelwerte noch mit dem Stichprobenumfang n multipliziert und man erhält einen weiteren Schätzwert für die Varianz der Einzelwerte $\hat{\sigma}_y^2 = MS_{Faktor}$.

$$MS_{Faktor} = n \cdot \hat{\sigma}_{\bar{y}}^2 = \frac{n \cdot \sum_{i=1}^{p} (\bar{y}_i - \bar{\bar{y}})^2}{p-1} = \frac{SS_{Faktor}}{p-1}$$

Der Wert im Nenner ist die Anzahl der **Freiheitsgrade f_{Faktor} = p-1**.

Für die Beispieldaten aus Tabelle 3-4 erhält man für die Varianz MS_{Faktor} das folgende Ergebnis:

$$MS_{Faktor} = \frac{SS_{Faktor}}{p-1} = \frac{0{,}027773}{3-1} \approx 0{,}0139$$

Zusammenfassend kann man festhalten, dass sowohl MS_{Rest} als auch MS_{Faktor} beide Schätzwerte für ein und dieselbe Varianz sind, nämlich für die Varianz der Zielgrößeneinzelwerte. Der Vergleich dieser beiden Varianzschätzer ist der Ansatzpunkt für den nachfolgend beschriebenen statistischen Test der Nullhypothese.

3.2.1.2 Die statistische Analyse

Der statistische Test beruht also auf dem Vergleich der Varianzen MS_{Faktor} und MS_{Rest} mit dem F-Test. Die Prüfgröße für den F-Test ist:

$$F_{Prüf} = \frac{MS_{Faktor}}{MS_{Rest}}$$

Für die Beispieldaten aus Tabelle 3-4 erhält man die Prüfgröße

$$F_{Prüf} = \frac{0{,}0139}{0{,}000813} \approx 17$$

Es ist üblich, die Ergebnisse der Varianzanalyse übersichtlich in einer Tabelle anzuordnen. Das Schema der Ergebnistabelle für die einfaktorielle Varianzanalyse enthält Tabelle 3-6.

Quelle der Streuung	Summe quad. Abweichungen SS	Anzahl der Freiheitsgrade f	Varianzkomponente MS	Prüfgröße $F_{Prüf}$
Faktor	SS_{Faktor}	$f_{Faktor} = p - 1$	$MS_{Faktor} = \frac{SS_{Faktor}}{f_{Faktor}}$	$F_{Prüf} = \frac{MS_{Faktor}}{MS_{Rest}}$
Rest	SS_{Rest}	$f_{Rest} = p \cdot (n - 1)$	$MS_{Rest} = \frac{SS_{Rest}}{f_{Rest}}$	
Gesamt	SS_T	$f_T = f_{Faktor} + f_{Rest}$		

Tabelle 3-6: Aufbauschema der Ergebnistabelle einer Varianzanalyse

Der F-Test

Wenn beide Varianzen MS_{Faktor} und MS_{Rest} exakt den gleichen Wert hätten, ergäbe sich für die Prüfgröße $F_{prüf}$=1. Aufgrund von zufälligen Unterschieden wird das praktisch nicht geschehen, so dass man $F_{prüf}$= 1 als einen theoretischen Idealwert betrachten muss. Das Modell der F-Verteilung beschreibt, wie weit der Wert der Prüfgröße $F_{Prüf}$ durch Zufallseinflüsse von dem Idealwert F=1 abweichen kann. In der Abbildung 3-5 ist die Wahrscheinlichkeitsdichtefunktion g(F) der F-Verteilung dargestellt. In dieser Grafik sind die beiden Wahrscheinlichkeiten (1) Vertrauensniveau P=1-α und (2) Signifikanzniveau α zeichnerisch als Flächen dargestellt. Die Deutung der Grafik: Ist die Aussage der Nullhypothese richtig, so wird die Prüfgröße $F_{Prüf}$ einen Wert innerhalb des vom Vertrauensniveau P=1-α überdeckten Bereiches haben. Aus der Betrachtung der F-Verteilung ist erkennbar, dass die Fläche unterhalb des Funktionsgrafen immer kleiner wird, je weiter man das Auge auf der Abszisse nach rechts wandern lässt. Also ist das Auftreten eines sehr großen F-Wertes wegen der immer kleiner werdenden Fläche schlicht unwahrscheinlich. Diese Tatsache nutzt man als Entscheidungskriterium.

Testentscheid durch Vergleich der Prüfgröße $F_{Prüf}$ mit Quantilen der F-Verteilung

Ist die Prüfgröße größer als das Quantil $F_{1-\alpha}$, so verwirft man die Nullhypothese. Aus diesem Grund bezeichnet man das Quantil $F_{1-\alpha}$ als Signifikanzschwelle. Anders ausgedrückt: Die Wahrscheinlichkeit, dass die Prüfgröße einen Wert annimmt, der noch größer ist als der Wert des Quantils $F_{1-\alpha}$, ist kleiner als 5%.

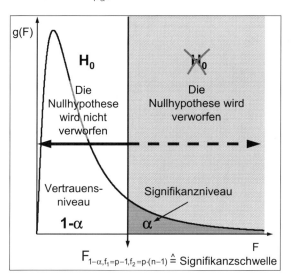

Abbildung 3-5: Prinzip der Testentscheidung für den F-Test nach der Methode des Vergleiches der Prüfgröße mit der Signifikanzschwelle

Die dem Vertrauensniveau P=1-α komplementäre Wahrscheinlichkeit α bezeichnet man als Signifikanzniveau, da das Überschreiten der Signifikanzschwelle zum Verwerfen der Nullhypothese führt. Historisch begründet ist die Vorgehensweise, die Nullhypothese ab α = 5% zu verwerfen. Zu Beginn des 20. Jahrhunderts waren Rechner kaum verfügbar. In der praktischen Anwendung nutzte man daher Tabellen der F-Verteilung, aus denen man die Quantile der F-Verteilung für die Vertrauensniveaus 1-α = 95%, 1-α = 99% und 1-α = 99,9% entnehmen konnte.

Für das Beispiel Bausteinschrumpf ergibt sich die Signifikanzschwelle

$$F_{95\%, f_1=2, f_2=12} = 3{,}885.$$

Da der Wert der Prüfgröße $F_{Prüf}$=17 größer ist als diese Signifikanzschwelle, wird die Nullhypothese verworfen.

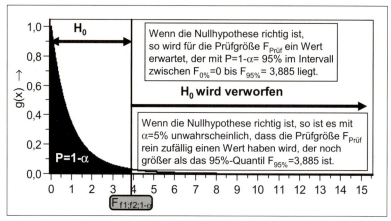

Abbildung 3-6: Darstellung der Signifikanzschwelle für das Beispiel Bausteinschrumpf (95%-Quantil der F-Verteilung für $f_1=2$ und $f_2=12$ Freiheitsgrade)

Wie „sicher" man im konkreten Fall vor einem irrtümlichen Verwerfen der Nullhypothese geschützt ist, wird durch den <u>zusätzlichen</u> Vergleich der Prüfgröße mit dem 99%-Quantil und 99,9%-Quantil der F-Verteilung ermittelt. Das tatsächliche Risiko für das irrtümliche Verwerfen der Nullhypothese ist die verbleibende Irrtumswahrscheinlichkeit α. Die folgende Tabelle enthält die vier möglichen Ergebnisse eines Testentscheides nach der Methode des Vergleiches der Prüfgröße mit den Quantilen der Prüfgrößenverteilung.

Testentscheid anhand der Prüfgröße	Ergebnis des Tests mit verbleibender Irrtumswahrscheinlichkeit	Sternsymbol
$F_{Prüf} < F_{95\%}$	H0 wird nicht verworfen.	Kein Stern
$F_{95\%} < F_{Prüf} < F_{99\%}$	H0 wird mit $\alpha < 5\%$ verworfen.	1 Stern (*)
$F_{99\%} < F_{Prüf} < F_{99,9\%}$	H0 wird mit $\alpha < 1\%$ verworfen.	2 Sterne (**)
$F_{99,9\%} < F_{Prüf}$	H0 wird mit $\alpha < 0,1\%$ verworfen.	3 Sterne (***)

Tabelle 3-7: Übersicht der möglichen Testergebnisse bei einer Varianzanalyse nach der Methode des Vergleiches der Prüfgröße mit den Quantilen der F-Verteilung

Für das Beispiel Bausteinschrumpf erhält man das Ergebnis, dass die Nullhypothese auf dem Niveau $\alpha < 0,1\,\%$ verworfen wird, da $F_{99,9\%}=12,974$ kleiner ist als $F_{Prüf}=17$. Praktisch heißt das: Mindestens eine Maschine verursacht einen deutlich anderen Schrumpf der Bausteine im Vergleich zu den übrigen Maschinen.

Testentscheid durch den Vergleich des P-Wertes mit dem Signifikanzniveau

Bei dieser Methode bestimmt man den Wert der Verteilungsfunktion der F-Verteilung an der Stelle der Prüfgröße $G(F_{Prüf})$. Der P-Wert ist die Komplementärwahrscheinlichkeit:

$$P = 1-G(F_{Prüf})$$

Man deutet den P-Wert als die Wahrscheinlichkeit dafür, dass die Prüfgröße $F_{Prüf}$ rein zufällige von dem Wert F=1 abweicht. Ist der P-Wert groß, kann man die Abweichung als zufällige Abweichung auffassen und man wird die Nullhypothese nicht verwerfen. **Ist der P-Wert kleiner als das Signifikanzniveau α, so wird die Nullhypothese verworfen**. Das Prinzip für die Ermittlung eines P-Wertes ist in der Abbildung 3-7 dargestellt. Die Fläche rechts oberhalb von dem Wert $F_{Prüf}$ entspricht der gesuchten Wahrscheinlichkeit, dem P-Wert.

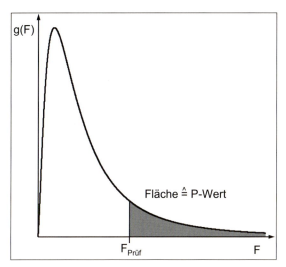

Abbildung 3-7:   Ermittlungsprinzip des P-Wertes für das Ergebnis der Varianzanalyse anhand der Prüfgröße $F_{Prüf}$

Die Bedingung für das Verwerfen der Nullhypothese H_0:

$P < \alpha$

Wie „sicher" man vor einem irrtümlichen Verwerfen der Nullhypothese geschützt ist, erkennt man direkt an dem P-Wert.

Die P-Wert-Methode hat gegenüber der Methode des Vergleiches der Prüfgröße mit den Quantilen der F-Verteilung zwei wesentliche Vorteile.
1. Der Anwender kann den Wert für das Signifikanzniveau α frei wählen.
2. Das Risiko für das irrtümliche Verwerfen der Nullhypothese ist direkt am P-Wert erkennbar.

Bezogen auf das Beispiel Bausteinschrumpf erhält man den P-Wert

$P = 1 - G(F_{f_1=2; f_2=12} = 17) = 1 - 0{,}999685 = 0{,}000315$

oder P=0,0315%. Somit wird die Nullhypothese verworfen, da P=0,0315% kleiner ist als das Signifikanzniveau α=5%.

3.2.1.3 Die Bestimmung der Modellparameter

In diesem Abschnitt ist die quantitative Bestimmung der Erwartungswerte für die einzelnen Faktorstufen und die Ermittlung der Faktoreffekte beschrieben.

Der Modellansatz für die einfaktorielle Varianzanalyse lautet

$$y_{ij} = \mu + \alpha_i + u_{ij}$$

Aus den Stichprobendaten ermittelt man Schätzwerte für diese Parameter:

Schätzer für den Gesamterwartungswert: $\hat{\mu} = \bar{\bar{y}}$
Schätzer für die Erwartungswerte je Faktorstufe: $\hat{\mu}_i = \bar{y}_i$, mit i = 1, 2,..., p
Schätzer für die Faktoreffekte: $\hat{\alpha}_i = \bar{y}_i - \bar{\bar{y}}$, mit i=1, 2, ..., p

Für das Beispiel Bausteinschrumpf erhält man die folgenden Schätzwerte:

Gesamterwartungswert: $\hat{\mu} = \bar{\bar{y}} = 0{,}8867$

Schätzwert für	Maschine A	Maschine B	Maschine C
Erwartungswert Faktorstufe	$\hat{\mu}_1 = \bar{y}_1 = 0{,}828$	$\hat{\mu}_2 = \bar{y}_2 = 0{,}902$	$\hat{\mu}_3 = \bar{y}_3 = 0{,}930$
Effekt	$\hat{\alpha}_1 = \bar{y}_1 - \bar{\bar{y}}$ $\hat{\alpha}_1 = 0{,}8280 - 0{,}8867$ $\hat{\alpha}_1 = -0{,}05867$	$\hat{\alpha}_2 = \bar{y}_2 - \bar{\bar{y}}$ $\hat{\alpha}_2 = 0{,}9020 - 0{,}8867$ $\hat{\alpha}_2 = 0{,}01533$	$\hat{\alpha}_3 = \bar{y}_3 - \bar{\bar{y}}$ $\hat{\alpha}_3 = 0{,}930 - 0{,}8867$ $\hat{\alpha}_3 = 0{,}0433$

Tabelle 3-8: Bestimmung der Schätzwerte für die Modellparameter der einfachen Varianzanalyse für das Beispiel Bausteinschrumpf

Bestimmung der 95%-Vertrauensbereiche für die Faktorstufenmittelwerte

Den zweiseitigen Vertrauensbereich für μ_i ermittelt man zum Vertrauensniveau P=1-α nach folgender Beziehung:

$$\bar{y}_i \pm t_{1-\alpha/2;f} \cdot s_{\bar{y}}, \text{ mit } f = p \cdot (n-1)$$

Man benötigt also das Quantil $t_{1-\alpha/2;f}$ der t-Verteilung und die Standardabweichung der Faktorstufenmittelwerte. Aus den Ergebnissen der Varianzanalyse kann man verhältnismäßig einfach die Standardabweichung der Faktorstufenmittelwerte bestimmen:

$$s_{\bar{y}} = \sqrt{\frac{MS_{Rest}}{n}}, \text{ mit } n = \text{Anzahl der Einzelwerte je Faktorstufe}$$

Für das Beispiel Bausteinschrumpf sind die Berechnungsschritte zur Bestimmung des zweiseitigen 95%-Vertrauensbereiches nachfolgend aufgeführt.

Standardabweichung: $\quad s_{\bar{y}} = \sqrt{\dfrac{MS_{Rest}}{n}} = \sqrt{\dfrac{0{,}0008133}{5}} = 0{,}0057$

Freiheitsgrade: $f = p \cdot (n-1) = 3 \cdot (5-1) = 12$

97,5%-Quantil der t-Verteilung: $t_{97,5\%,12} = 2{,}1788$

Mit $t_{97,5\%,12} \cdot s_{\bar{y}} = 2{,}1788 \cdot 0{,}0057 \approx 0{,}0124$ erhält man die Ergebnisse für den zweiseitigen 95%-Vertrauensbereiche für die Mittelwerte der Maschinen A bis C:

Faktorstufe:	Maschine A	Maschine B	Maschine C
Zweiseitiger 95%-Vertrauensbereich	(0,828±0,0124)%	(0,902±0,0124)%	(0,930±0,0124)%

Tabelle 3-9:   Zweiseitige 95%-Vertrauensbereiche für die Erwartungswerte des Bausteinschrumpfes an den Maschinen A bis C

3.2.2 Prüfung des Modells

Das Verfahren der Varianzanalyse beruht auf der Annahme, dass die Zielgrößenwerte unabhängig normalverteilt mit konstanter Varianz streuen. Das sind gleich drei Eigenschaften die in guter Annäherung erfüllt sein müssen, damit die berechneten Ergebnisse Gültigkeit haben. In den folgenden Abschnitten sind die Methoden für die Prüfung der Zielgrößeneigenschaften beschrieben.

Die Grundlage für die Prüfung ist die Analyse der Residuen. Darunter sind die individuellen Abweichungen der Einzelwerte vom jeweiligen Faktorstufen-Mittelwert zu verstehen. In der Abbildung 3-8 ist ein Beispiel für ein Residuum grafisch dargestellt.

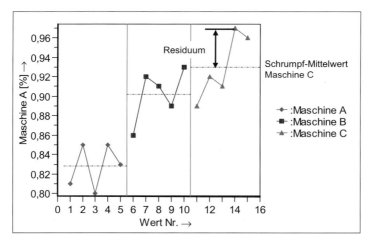

Abbildung 3-8:   Darstellung eines Residuums am Beispiel des vierten Schrumpfeinzelwertes an der Maschine C

3.2.2.1 Prüfung auf Normalverteilung

Der Test auf Normalverteilung erfolgt grafisch anhand des Verlaufes der Residuen im Wahrscheinlichkeitsnetz der Normalverteilung. Sind die Residuen näherungsweise normalverteilt, so bilden die Residuenwerte im Wahrscheinlichkeitsnetz den Verlauf einer Geraden. In Abbildung 3-9 ist das Wahrscheinlichkeitsnetz für das Beispiel Bausteinschrumpf dargestellt. Die Residuen folgen gut angeschmiegt dem Verlauf der Verteilungsfunktion. Somit darf man schlussfolgern, dass die Residuen normalverteilt sind.

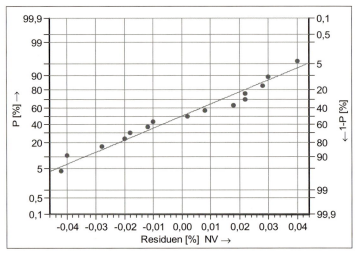

Abbildung 3-9:   Grafischer Test auf Normalverteilung anhand der Darstellung der Residuen im Wahrscheinlichkeitsnetz für das Beispiel Bausteinschrumpf.

Alternativ kann man einen numerischen Test auf Normalverteilung durchführen. Speziell für diese Fragestellung gibt es eine große Fülle an Verfahren. Aufgrund der Vielzahl an Verfahren für einen Test auf Normalverteilung und der Tatsache, dass nahezu jedes Statistikprogramm ein anderes Verfahren bevorzugt, wird an dieser Stelle auf die Erläuterung der Berechnung eines bestimmten Tests verzichtet.

Mit dem Statistikprogramm destra® wurde für das Beispiel Bausteinschrumpf der Epps-Pulley-Test mit den Residuen durchgeführt. Die Nullhypothese – die Residuen sind normalverteilt - wurde nicht widerlegt. Das Ergebnis stimmt mit der grafischen Analyse im Wahrscheinlichkeitsnetz überein.

Epps-Pulley			
H₀	Die Residuen stammen aus einer Normalverteilung		
H₁	Die Residuen stammen NICHT aus einer Normalverteilung		
Testniveau	kritische Werte		Prüfgröße
	unten	oben	
α = 5 %	---	0,366	
α = 1 %	---	0,560	0,13481
α = 0,1 %	---	---	
Testergebnis	Nullhypothese wird nicht widerlegt		

Abbildung 3-10: Ergebnis des Epps-Pulley-Tests auf Normalverteilung für das Beispiel Bausteinschrumpf.

3.2.2.2 Prüfung auf konstante Varianz

Auch dieser Test wird grafisch durchgeführt. Die Streuung der Residuen sollte für jede Faktorstufe gleich groß sein. Auf der Abszisse sind die Faktorstufenmittelwerte dargestellt:

$$\hat{\mu}_i = \hat{\mu} + \hat{\alpha}_i$$

Die berechneten Faktorstufenmittelwerte $\hat{\mu}_i$ sind in Abbildung 3-12 auf der Abszisse als „gefittete Werte" bezeichnet. Auf der Ordinate sind die Residuen dargestellt.

$$u_{ij} = y_{ij} - \bar{y}_i$$

Von Interesse ist die Verteilung der Residuenwerte in die Höhe. Je Faktorstufe sollten die Residuen in etwa gleicher Höhe streuen. In der Abbildung 3-11 sind Muster von Rediuen dargestellt, die Auffälligkeiten zeigen. In beiden Fällen ist die Streuung der Zielgröße abhängig von der eingestellten Faktorstufe. In einem solchen Falle ist davon auszugehen, dass die Streuung eine Funktion der Einflussgröße ist und die numerische Auswertung mit der Varianzanalyse - streng genommen – nicht mehr angewendet werden darf. In manchen Fällen kann eine Transformation der Zielgröße dazu führen, dass die transformierten Werte näherungsweise normalverteilt sind. Eine in diesem Zusammenhang oft empfohlene Transformation ist die Box-Cox-Transformation, die hier nicht weiter betrachtet wird.

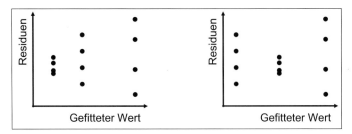

Abbildung 3-11: Auffällige Muster in der Residuengrafik

Das Residuendiagramm in der Abbildung 3-12 wurde für das Beispiel Bausteinschrumpf erstellt. Es ist darin kein Verstoß gegen die Annahme der konstant bleibenden Streuung erkennbar.

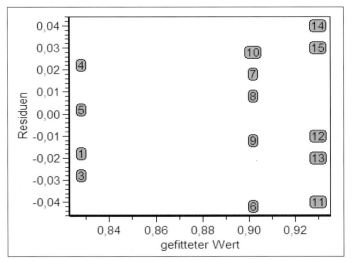

Abbildung 3-12: Grafischer Test auf konstante Streuung anhand der Darstellung der Residuen über den gefitteten Werten für das Beispiel Bausteinschrumpf.

Numerisch kann man die Prüfung auf konstant bleibende Streuung der Residuen mit Hilfe des Levene-Tests durchführen. Die Null- und Alternativhypothese bezieht sich bei diesem Anwendungsfall des Levene-Tests auf die Varianzen der Residuen für die einzelnen Faktorstufen.

Nullhypothese H_0: Die Varianzen sind gleich ($\sigma_1^2 = \sigma_2^2 = \ldots = \sigma_a^2$)

Alternativhypothese H_1: Mindestens zwei Varianzen sind ungleich ($\sigma_i^2 \neq \sigma_j^2$)

Die Durchführung des Levene-Tests verläuft in zwei Schritten.

1. Schritt:
   Die Schrumpfwerte y_{ij} werden wie folgt transformiert: Von jedem Schrumpfeinzelwert wird der Median der jeweiligen Faktorstufe abgezogen. Anschließend wird der Betrag dieser Abweichung gebildet. Das Ergebnis dieser Transformation ist die *Absolute Abweichungen vom Median* z_{ij}.

2. Schritt:
   Das Verfahren der einfaktoriellen Varianzanalyse wird mit den Absoluten Abweichungen vom Median z_{ij} aus Schritt 1 durchgeführt.

In der Tabelle 3-10 ist die Durchführung der Transformation der Schrumpfwerte zu Absoluten Abweichungen vom Median dargestellt.

Faktorstufe (Maschine)	Werteindex	Schrumpfeinzelwert	Median je Faktorstufe	Absolute Abweichung vom Median
I	J	y_{IJ}	$\tilde{y}_j$	$z_{ij} = \|y_{ij} - \tilde{y}_j\|$
--	--	%	%	%
1	1	0,81		0,02
	2	0,85		0,02
	3	0,80	0,83	0,03
	4	0,85		0,02
	5	0,83		0,00
2	1	0,86		0,05
	2	0,92		0,01
	3	0,91	0,91	0,00
	4	0,89		0,02
	5	0,93		0,02
3	1	0,89		0,03
	2	0,92		0,00
	3	0,91	0,92	0,01
	4	0,97		0,05
	5	0,96		0,04

Tabelle 3-10: Bestimmung der Absoluten Abweichungen vom Median für das Beispiel Bausteinschrumpf

Mit den Absoluten Abweichungen vom Median z_{ij} als Zielgröße und den Faktorstufen i als Einflussgröße aus der Tabelle 3-10 wird das Verfahren der einfachen Varianzanalyse durchgeführt, was zu den Ergebnissen in der Tabelle 3-11 führt.

Quelle	Summe Abweichungsquadrate	Anzahl der Freiheitsgrade	Varianzen	Prüfgröße
	SS	F	MS	$F_{PRÜF}$
Faktor	0,000173	2	0,0000865	
Rest	0,003600	12	0,0003000	0,289
Gesamt	0,003773	14	--	

Tabelle 3-11: Bestimmung der Prüfgröße des Levene-Tests für das Beispiel Bausteinschrumpf

Den Testentscheid leitet man aus dem Vergleich der Prüfgröße mit den Quantilen der F-Verteilung ab.

Vertrauensniveau	Freiheitsgrade	Quantile der F-Verteilung
1-α	F_1; F_2	$F_{1-\alpha;f_1;f_2}$
95,0 %	2; 12	3,885
99,0 %	2; 12	6,927
99,9 %	2; 12	12,974

Tabelle 3-12: Quantile der F-Verteilung für den Levene-Test

Da die Prüfgröße $F_{Prüf}$ = 0,289 einen kleineren Wert hat als die Signifikanzschwelle $F_{95\%;2;12}$ = 3,885 wird die Nullhypothese nicht verworfen. Das heißt, es wurde **kein** signifikanter Unterschied der Streuungsparameter an den drei Maschinen erkannt.

Die Testentscheidung nach der P-Wert Methode führt zum gleichen Ergebnis.

$P = 1-G(F_{Prüf}) = 1 - 0,246 = 0,754$

Da P = 75,4 % deutlich größer ist als das gewählte Signifikanzniveau α = 5%, wird die Nullhypothese nicht verworfen.

3.2.2.3 Prüfung auf Unabhängigkeit

Das dritte und letzte zu prüfende Kriterium betrifft die Unabhängigkeit der Zielgrößenwerte voneinander. Für die grafische Prüfung werden die Residuen in der zeitlichen Reihenfolge dargestellt. In der Abbildung 3-13 entspricht die zeitliche Reihenfolge dem Werteindex. Das Kriterium für die Unabhängigkeit ist hier erfüllt, da sich keine systematischen Anteile im Werteverlauf der Residuen zeigen. Unerwünscht wäre z.B. ein Aufwärts- oder Abwärtstrend.

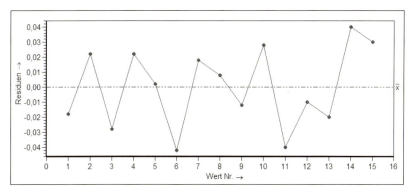

Abbildung 3-13: Grafischer Test auf Unabhängigkeit anhand des Werteverlaufes der Residuen in der zeitlichen Reihenfolge für das Beispiel Bausteinschrumpf.

Sind die Zielgrößenwerte von den zeitlich direkt davorliegenden Zielgrößenwerten abhängig, spricht man von einer Autokorrelation. Ein in vielen Statistikprogrammen verfügbarer Test auf Autokorrelation ist der Test nach Durbin und Watson.

Die Hypothesen für den Durbin-Watson-Test sind:
- Nullhypothese H_0: Es besteht keine Autokorrelation ($\rho=0$)
- Alternativhypothese H_1: Es besteht eine Autokorrelation ($\rho \neq 0$)

Für die Prüfgrößenbestimmung benötigt man die Residuen. In der Tabelle 3-13 sind die Residuen für das Beispiel Bausteinschrumpf dargestellt.

3 Varianzanalyse

Nr.	Faktorstufe	Einzelwert	Mittelwert	Residuum	Quadrierte Residuen	Versetzte Residuen	Quadrierte Abweichung
i	j	y_{ij}	$\bar{y}_j$	$u_{ij} = y_{ij} - \bar{y}_j$	u_{ij}^2	u_{i-1j}	$(u_{ij} - u_{i-1j})^2$
1	1	0,81	0,826	-0,016	0,000256	--	--
2		0,85		0,024	0,000576	-0,016	0,001600
3		0,80		-0,026	0,000676	0,024	0,002500
4		0,85		0,024	0,000576	-0,026	0,002500
5		0,82		-0,006	0,000036	0,024	0,000900
6	2	0,86	0,902	-0,042	0,001764	-0,006	0,001296
7		0,92		0,018	0,000324	-0,042	0,003600
8		0,91		0,008	0,000064	0,018	0,000100
9		0,89		-0,012	0,000144	0,008	0,000400
10		0,93		0,028	0,000784	-0,012	0,001600
11	3	0,89	0,930	-0,040	0,001600	0,028	0,004624
12		0,92		-0,010	0,000100	-0,040	0,000900
13		0,91		-0,020	0,000400	-0,010	0,000100
14		0,97		0,040	0,001600	-0,020	0,003600
15		0,96		0,030	0,000900	0,040	0,000100
				SUMME:	0,009800	SUMME:	0,023820

Tabelle 3-13:   Residuen für das Beispiel Bausteinschrumpf

Die Prüfgröße $D_{Prüf}$ ist mit den Grenzwerten d_{un} und d_{ob} zu vergleichen. Diese Grenzwerte sind von Durbin und Watson vertafelt worden. Für das Beispiel Bausteinschrumpf mit n = 15 Residuen und einem Modell mit einer Einflussgröße entnimmt man z.B. der Tabelle B.7 aus [1] für das Signifikanzniveau α=5% den unteren Grenzwert d_{un} = 1,08 und den oberen Grenzwert d_{ob} = 1,36.

$$D_{Prüf} = \frac{\sum_{i=2}^{n}(u_{ij} - u_{i-1j})^2}{\sum_{i=1}^{n} u_{ij}^2} = \frac{0,02382}{0,0098} \approx 2,431$$

Letztendlich gibt es für den Durbin-Watson-Test drei mögliche Ergebnisse:
1. Wenn $D_{Prüf} > d_{ob}$, so wird H_0 nicht verworfen
2. Wenn $D_{Prüf} < d_{un}$, so wird H_0 verworfen (H_1 wird genommen)
3. Wenn $d_{un} < D_{Prüf} < d_{ob}$, so ist das Testergebnis indifferent.

Für das Beispiel Bausteinschrumpf ergibt sich der erste Fall, die Prüfgröße $D_{Prüf}$ = 2,431 ist größer als der obere Grenzwert d_{ob} = 1,36. Daher wird die Nullhypothese, es besteht keine Autokorrelation, beibehalten.

Zusammenfassend lässt sich für das Beispiel Bausteinschrumpf festhalten, dass die Ergebnisse der Varianzanalyse als gültig angesehen werden dürfen, da die Voraussetzungen für die Interpretation gegeben sind: Die Residuen sind (1) normalverteilt, streuen mit (2) konstanter Varianz und sind (3) zeitlich unabhängig.

3.2.3 Ergänzende Deutungen

Lautet das Ergebnis einer varianzanalytischen Betrachtung, dass es signifikante Wirkungen der Faktoren auf die Zielgröße gibt, so steht man vor der Frage, ob die Signifikanz nur für eine Faktorstufe oder für mehrere Faktorstufen gilt. Für die Klärung dieser Frage nutzt man (1) das Haupteffekt-Diagramm und (2) das Testverfahren des Paarweisen Vergleiches.

Für das Beispiel Bausteinschrumpf ist in der Abbildung 3-14 das Haupteffekt-Diagramm dargestellt. Darin sind die Zielgrößenmittelwerte für jede Faktorstufe als Quadrate und die Einzelwerte als Kreise eingezeichnet. Die Mittelwerte sind durch einen Linienzug miteinander verbunden, damit die Wirkrichtung der einzelnen Faktorstufen leichter erfasst werden kann.

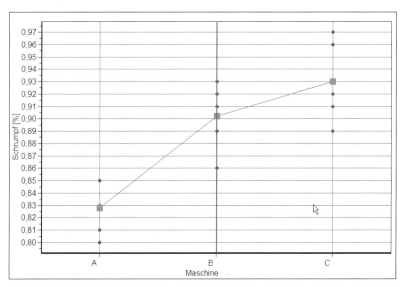

Abbildung 3-14: Haupteffekt-Diagramm für das Beispiel Bausteinschrumpf

Anhand des Haupteffekt-Diagrammes ist leicht erkennbar, dass die Bausteine von der Maschine A den kleinsten Schrumpf aufweisen. Mit der Varianzanalyse wurde schon gezeigt, dass die beobachteten Unterschiede signifikant sind. Nun muss die Frage geklärt werden, ob diesbezüglich nur die Maschine A auffällig ist oder ob auch zwischen den Maschinen B und C signifikante Unterschiede im Schrumpfverhalten bestehen. Diese Fragestellung wird nun mit dem Verfahren des Paarweisen Vergleiches untersucht.

3.2.3.1 Paarweiser Vergleich nach Bonferroni

Welche der Faktorstufen weisen signifikante Unterschiede auf? Zur Beantwortung dieser Frage wurden mehrere Varianten des Paarweisen Vergleiches entwickelt. Hier wird allein das Verfahren nach Bonferroni betrachtet. Bei diesem Verfahren sind im Extremfall alle k=p·(p-1)/2 Faktorstufenmittelwerte miteinander zu vergleichen. Die Besonderheit besteht darin, dass man das Gesmtsignifikanzniveau α für das Verfahren auf die k individuellen Mittelwertvergleiche aufteilt. Bei k individuellen Mittelwertvergleichen wird das Gesamtsignifikanzniveau α nach Bonferroni durch die Anzahl der Vergleiche k geteilt:

$$\alpha_i = \frac{\alpha}{k}; \text{ mit } i = 1, 2, ..k$$

Das weitere Vorgehen ähnelt dem klassischen t-Test für den Vergleich der Erwartungsweite von zwei Grundgesamtheiten. Im Prinzip werden bis zu k einzelne t-Tests auf gleiche Erwartungswerte durchgeführt. Das Signifikanzniveau für die einzelnen Tests ist jedoch individuell anzupassen. Der zweite wichtige Unterschied zum „normalen" t-Test besteht in der Anpassung der Freiheitsgrade.

Die Hypothesen für den einzelnen Paarvergleich der Erwartungswerte lauten:
Nullhypothese H_0: $\mu_i = \mu_j$
Alternativhypothese H_1: $\mu_i \neq \mu_j$
bei p Faktorstufenmittelwerten mit den Indizes i = 1, 2, ..., p und j = i+1, i+2, ... p

Zunächst wird die Varianz s_p^2 ermittelt, die dadurch entsteht, dass man die Varianzen der Zielgröße für die einzelnen Faktorstufen zu einer gemeinsamen Varianz zusammen fasst.

$$s_p^2 = \frac{\sum_{i=1}^{p}(n_i - 1) \cdot s_i^2}{\sum_{i=1}^{p}(n_i - 1)}$$

Mit dieser Varianz ermittelt man die Prüfgröße für den individuellen Paarvergleich:

$$t_{prüf} = \frac{|\bar{y}_i - \bar{y}_j|}{\sqrt{s_p^2 \cdot \left(\frac{1}{n_i} + \frac{1}{n_j}\right)}}$$

Den Prüfentscheid erhält man, wenn man die Prüfgröße mit den Quantilen der t-Verteilung vergleicht. Nun ist noch die (1) Korrektur des Signifikanzniveaus $\alpha_i = \alpha / k$ und die (2) Verwendung der Anzahl aller Freiheitsgrade $f = p \cdot (n-1)$ zu beachten. Die Nullhypothese ist zu verwerfen, wenn die Prüfgröße größer ist als die Signifikanzschwelle $t_{1-\alpha_i/2; f=p \cdot (n-1)}$.

Für das Beispiel Bausteinschrumpf müssen k=3 drei individuelle Paarvergleiche durchgeführt werden. Die für die Bestimmung der Prüfgrößen notwendigen Werte sind in der Tabelle 3-14 zusammengestellt.

Werteindex	Einzelwerte für den Bausteinschrumpf in Prozent		
J	Maschine A	Maschine B	Maschine C
1	0,81	0,86	0,89
2	0,85	0,92	0,92
3	0,80	0,91	0,91
4	0,85	0,89	0,97
5	0,83	0,93	0,96
Mittelwert:	$\bar{y}_A = 0{,}83$	$\bar{y}_B = 0{,}90$	$\bar{y}_C = 0{,}93$
Varianz:	$s_A^2 = 0{,}00052$	$s_B^2 = 0{,}00077$	$s_C^2 = 0{,}0015$
Schätzer für die Varianz: $s_p^2 = 0{,}00081333$			

Tabelle 3-14: Stichprobenkenngrößen für den Paarweisen Vergleich nach Bonferroni für das Beispiel Bausteinschrumpf

Mit den nun bekannten Mittelwerten und Varianzen aus der Tabelle 3-14 bestimmt man die Prüfgrößen:

$$t_{Prüf_{AB}} = \frac{|0{,}83 - 0{,}90|}{0{,}018} \approx 4{,}1 \quad t_{Prüf_{AC}} = \frac{|0{,}83 - 0{,}93|}{0{,}018} \approx 5{,}7 \quad t_{Prüf_{BC}} = \frac{|0{,}90 - 0{,}93|}{0{,}018} \approx 1{,}6$$

Dabei wurde zur Vereinfachung der Wert 0,018 in den Nenner der Formeln eingesetzt, der wie folgt berechnet wurde:

$$\sqrt{0{,}00081333 \cdot \left(\frac{1}{5} + \frac{1}{5}\right)} \approx 0{,}018 \ .$$

Testentscheid durch den Vergleich der Prüfgröße mit den Quantilen

Die Signifikanzschwellen für den Test erhält man aus der t-Verteilung mit f=p·(n-1)=12 Freiheitsgraden. Da k=3 Vergleiche durchgeführt werden, erhält man das individuelle Signifikanzniveau $\alpha_i = \alpha/3$.

Gesamt-Signifikanz-niveau α	Individuelles Signifikanz-niveau α_I	Wahrschein-lichkeit $P = 1 - \alpha_i/2$	Quantil t-Verteilung $t_{1-\alpha_i/2, f=12}$
5%	1,667 %	99,1667%	2,779
1%	0,333 %	99,8333%	3,648
0,1%	0,033 %	99,9833%	4,944

Tabelle 3-15: Ermittlung der Quantile der t-Verteilung für den Paarweisen Vergleich nach Bonferroni

Der Vergleich der Prüfgrößen mit den Quantilen der t-Verteilung ergibt damit folgende Testentscheidungen.

Vergleich der Maschine	Prüfgröße $t_{Prüf}$	Symbol	Die Nullhypothese wird...
A mit B	4,1	**	verworfen mit $\alpha_I < 0,333\%$
A mit C	5,7	***	verworfen mit $\alpha_I < 0,033\%$
B mit C	1,6	ohne	NICHT verworfen

Tabelle 3-16: Testergebnis für den Paarweisen Vergleich nach Bonferroni

Testentscheid durch den Vergleich des P-Wertes mit dem Signifikanzniveau

Auch bei der Testentscheidung ist die Unterscheidung zwischen dem Gesamt-Signifikanzniveau α und dem individuellen Signfikanzniveaus α_i zu berücksichtigen. Die Nullhypothese ist zu verwerfen, wenn der P-Wert kleiner ist als das individuelle Signifikanzniveau $\alpha_i = \alpha/k$. Wählt man als Gesamt-Signifikanzniveau $\alpha=5\%$, so sind die ermittelten P-Werte mit dem individuellen Signifikanzniveau $\alpha_i = 0,05/3 = 0,0167$ zu vergleichen. Den P-Wert erhält man wie folgt: Für $t=t_{Prüf}$ bestimmt man den Wert der Verteilungsfunktion G(t) der t-Verteilung mit $f=p\cdot(n-1)$ Freiheitsgraden. Die Komplementärwahrscheinlichkeit P=1-G(t) ist der gesuchte P-Wert.

Für die Beispieldaten des Bausteinschrumpfes erhält man die folgenden P-Werte und Testentscheidungen (Es ist dem Index der Prüfgröße zu entnehmen, welche Faktorstufenmittelwerte miteinander verglichen werden):

Prüfgröße	Freiheitsgrade f	P-Wert	Vergleich mit $\alpha_i = 0,0167$	Testentscheid
$t_{Prüf_{AB}} = 4,1$	12	0,00732	P<α_I	H$_0$ wird verworfen
$t_{Prüf_{AC}} = 5,7$	12	0,00005	P<α_I	H$_0$ wird verworfen
$t_{Prüf_{BC}} = 1,6$	12	0,07330	P>α_I	H$_0$ wird NICHT verworfen

Tabelle 3-17: Testergebnis auf der Basis der P-Wert-Methode für den paarweisen Vergleich nach Bonferroni

3.3 Zweifaktorielle Varianzanalyse

In diesem Abschnitt wird die gleichzeitige Veränderung von zwei Faktoren betrachtet. Das dabei angewandte Prinzip kann man leicht für mehr als zwei Faktoren verallgemeinern.

Bei der gleichzeitigen Untersuchung von mehreren Faktoren ist das Risiko groß, dass Daten unbedacht gesammelt werden. Die Enttäuschung ereilt den Anwender bei der Analyse seiner Daten: Bestimmte Faktoreffekte lassen sich nicht berechnen, da Stichprobenergebnisse für einige Faktorstufenkombinationen fehlen. Im Prinzip kann man derartige Enttäuschungen durch den Einsatz der statistischen Versuchsplanung vermeiden. Durch die Planung ist sichergestellt, dass ein gewählter Modellansatz anschließend auch ermittelt werden kann.

Werden bei der Untersuchung gleichzeitig zwei Faktoren berücksichtigt, so ist vor der Datenaufnahme zu überlegen, ob die Wirkung des einen Faktors auf die Zielgröße davon abhängig ist, auf welchen Wert der andere Faktor eingestellt ist. Sollte eine derartige Wechselwirkung vorhanden sein, so lässt sich diese nur ermitteln, wenn Zielgrößenwerte für alle Faktorstufenkombinationen vorhanden sind.

Der Modellansatz lautet: $y_{ijk} = \mu + \alpha_i + \beta_j + (\alpha\beta)_{ij} + u_{ijk}$ mit den Laufvariablen

$i = 1, 2, ..., p$ $\quad j = 1, 2, ..., q \quad$ $k = 1, 2, ..., n$

Darin bedeuten:
- Y_{IJK} = Einzelwert der Zielgröße
- μ = Gesamtmittelwert
- α_i = Effekt von Faktor A, Stufe i
- β_j = Effekt von Faktor B, Stufe j
- $(\alpha\beta)_{IJ}$ = Effekt der Wechselwirkung
- U_{IJK} = Zufällige Abweichung (Residuum)
- P = Anzahl der Faktorstufen von Faktor A
- Q = Anzahl der Faktorstufen von Faktor B
- N = Anzahl der Einzelwerte je Faktorstufenkombination

3.3.1 Das Prinzip der Streuungszerlegung

Für die Erläuterung wird wieder das Beispiel der Lego-Bausteine aufgegriffen. Das Basismaterial der Bausteine ist der Kunststoff Acrylnitrilbutadienstyrol, kurz ABS. In einem Versuch wurde die Veränderung der Massetemperatur von ABS beim Spritzgießen durch die Schneckendrehzahl und den Schneckentyp untersucht. Für den Zweck der anschaulichen Demonstration des Rechenganges wurden von den Originaldaten nur je zwei Werte je Faktorstufenkombination ausgewählt und die Temperaturwerte auf ganze Zahlen gerundet.

Faktor B	Faktor A		
Schnecke	Schneckendrehzahl in Umdrehungen pro Minute		
	200	300	400
Standard	236 °C	240 °C	244 °C
	235 °C	239 °C	243 °C
Barriere	243 °C	241 °C	240 °C
	244 °C	242 °C	239 °C

Tabelle 3-18: *Massetemperatur von ABS in Grad Celsius für verschiedene Schneckendrehzahlen und Schneckentypen*

Dem Leser sei anempfohlen, vor dem Weiterlesen die Daten mit der einfaktoriellen Varianzanalyse einzeln nacheinander für die Faktoren Schneckendrehzahl und Schnecke auszuwerten.

Die Indizierung von Werten und Faktorstufen in den Formeln dieses Abschnittes erfolgt gemäß dem nachfolgend abgebildeten Schema.

Faktor B (Index j)	Faktor A (Index i)			
	1	2	...	P
1	Y_{111} $\vdots$ Y_{11N}	Y_{211} $\vdots$ Y_{21N}	...	Y_{P11} $\vdots$ Y_{P1N}
2	Y_{121} $\vdots$ Y_{12N}	Y_{221} $\vdots$ Y_{22N}	...	Y_{P21} $\vdots$ Y_{P2N}
$\vdots$	$\vdots$	$\vdots$	$\vdots$	$\vdots$
Q	Y_{1Q1} $\vdots$ Y_{1QN}	Y_{2Q1} $\vdots$ Y_{2QN}	...	Y_{PQ1} $\vdots$ Y_{PQN}

Tabelle 3-19: Schema der Indizierung von Einzelwerten bei einer zweifaktoriellen Varianzanalyse

Schritt 1: Bestimmung der Gesamtsumme der quadrierten Abweichungen SS_T

Von jedem Einzelwert ist der Gesamtmittelwert abzuziehen und das Ergebnis anschließend zu quadrieren. Addiert man nun die einzelnen Quadrate, so ergibt sich die Gesamtsumme der quadrierten Abweichungen SS_T.

$$SS_T = \sum_{i=1}^{p} \sum_{j=1}^{q} \sum_{k=1}^{n} \left(y_{ijk} - \bar{\bar{y}}\right)^2$$

$$\bar{\bar{y}} = \frac{\sum_{i=1}^{p} \sum_{j=1}^{q} \sum_{k=1}^{n} y_{ijk}}{p \cdot q \cdot n}$$

Für die Beispieldaten erhält man den Gesamtmittelwert $\bar{\bar{y}} = 240{,}5$ sowie die quadrierten Abweichungen gemäß der nachfolgenden Tabelle.

Faktor B (Schnecke)	Quadrierte Abweichungen zum Gesamtmittelwert		
	Faktor A (Schneckendrehzahl)		
	Stufe 1	Stufe 2	Stufe 3
Stufe 1	$(236{,}0-240{,}5)^2 = 20{,}25$	$(240{,}0-240{,}5)^2 = 0{,}25$	$(244{,}0-240{,}5)^2 = 12{,}25$
	$(235{,}0-240{,}5)^2 = 30{,}25$	$(239{,}0-240{,}5)^2 = 2{,}25$	$(243{,}0-240{,}5)^2 = 6{,}25$
Stufe 2	$(243{,}0-240{,}5)^2 = 6{,}25$	$(241{,}0-240{,}5)^2 = 0{,}25$	$(240{,}0-240{,}5)^2 = 0{,}25$
	$(244{,}0-240{,}5)^2 = 12{,}25$	$(242{,}0-240{,}5)^2 = 2{,}25$	$(239{,}0-240{,}5)^2 = 2{,}25$

Tabelle 3-20: Ergebnistabelle der quadrierten Abweichungen zum Gesamtmittelwert für das Beispiel Massetemperatur

Summiert man die quadrierten Abweichungen auf, so erhält man die Gesamtsumme der quadrierten Abweichungen:

$SS_T = 95$

Schritt 2: Bestimmung der Quadratsummen je Faktor

Für die weiteren Berechnungsschritte werden die Mittelwerte je Faktorstufenkombination und die Mittelwerte je Faktorstufe benötigt. Um das Verständnis des Rechenganges zu erleichtern, werden für die Mittelwerte besondere Symbole eingeführt.

Stufenwerte Faktor B	Stufenwerte Faktor A				Mittelwert der Faktorstufen B
	1	2	...	p	
1	$\overline{ab}_{11}$	$\overline{ab}_{21}$	...	$\overline{ab}_{p1}$	$\overline{B}_1$
2	$\overline{ab}_{12}$	$\overline{ab}_{22}$	...	$\overline{ab}_{p2}$	$\overline{B}_2$
⋮	⋮	⋮	⋮	⋮	⋮
q	$\overline{ab}_{1q}$	$\overline{ab}_{2q}$	...	$\overline{ab}_{pq}$	$\overline{B}_q$
Mittelwert der Faktorstufen A	$\overline{A}_1$	$\overline{A}_2$	...	$\overline{A}_p$	

Tabelle 3-21: Symbole für die Zellen- und Faktorstufenmittelwerte bei einer zweifaktoriellen Varianzanalyse

Für die Beispieldaten der Massetemperatur in Abhängigkeit der Faktoren Schneckendrehzahl und Schnecke sind die entsprechenden Mittelwerte in der Tabelle 3-22 enthalten.

Faktor B (Schnecke)	Faktor A (Schneckendrehzahl)			Mittelwert der Faktorstufen B
	Stufe 1	Stufe 2	Stufe 3	
Stufe 1	$\overline{ab}_{11} = 235,5$	$\overline{ab}_{21} = 239,5$	$\overline{ab}_{31} = 243,5$	$\overline{B}_1 = 239,5$
Stufe 2	$\overline{ab}_{12} = 243,5$	$\overline{ab}_{22} = 241,5$	$\overline{ab}_{32} = 239,5$	$\overline{B}_2 = 241,5$
Mittelwert der Faktorstufen A	$\overline{A}_1 = 239,5$	$\overline{A}_2 = 240,5$	$\overline{A}_3 = 241,5$	

Tabelle 3-22: Zellenmittelwerte für die Massetemperatur in Abhängigkeit von der Schneckendrehzahl und dem Schneckentyp

$$SS_A = n \cdot q \cdot \sum_{i=1}^{p} (\overline{A}_i - \overline{\overline{y}})^2$$

$$SS_B = n \cdot p \cdot \sum_{j=1}^{q} (\overline{B}_j - \overline{\overline{y}})^2$$

Konkret erhält man für die Beispieldaten aus der Tabelle 3-18 die Ergebnisse:

$$SS_A = 2 \cdot 2 \cdot \left[(239{,}5 - 240{,}5)^2 + (240{,}5 - 240{,}5)^2 + (241{,}5 - 240{,}5)^2\right] = 8 \text{ und}$$

$$SS_B = 2 \cdot 3 \cdot \left[(239{,}5 - 240{,}5)^2 + (241{,}5 - 240{,}5)^2\right] = 12.$$

Schritt 3: Bestimmung der quadrierten Abeichungen für die Wechselwirkung AB

Wären die Zellenmittelwerte $\overline{ab}_{ij}$ in Tabelle 3-22 ausschließlich von den beiden Faktoren Schneckendrehzahl und Schneckentyp abhängig, so könnte man die Mittelwerte in Tabelle 3-22 einfach nach der Beziehung $\overline{ab}_{ij}^{*} = \overline{A}_i + \overline{B}_j - \overline{\overline{y}}$ berechnen.

Dazu betrachte man z.B. den Mittelwert $\overline{ab}_{11} = 235{,}5$ in der Tabelle 3-22. Der erwartete Mittelwert $\overline{ab}_{11}^{*} = \overline{A}_1 + \overline{B}_1 - \overline{\overline{y}} = 239{,}5 + 239{,}5 - 240{,}5 = 238{,}5$. Wie erklärt man den Unterschied? Der Grund ist die Wechselwirkung der beiden Faktoren. Die Wechselwirkung ist eine über die Hauptwirkung hinaus gehende Wirkung, die nur dadurch zu erklären ist, dass die Kombination einzelner Faktorstufen eine eigenständige Wirkung hat. Anders ausgedrückt: Verändert man nur von einem Faktor den Stufenwert, so verändert sich nicht nur die Wirkung des verstellten Faktors auf die Zielgröße, sondern auch die Wirkung des anderen Faktors.

Die Bestimmung der Quadratsummen für die Wechselwirkung beruht nun auf dem Unterschied zwischen den erwarteten und den tatsächlichen Zellenmittelwerten.

$$SS_{AB} = n \cdot \sum_{i=1}^{p} \sum_{j=1}^{q} \left(\overline{ab}_{ij}^{*} - \overline{ab}_{ij}\right)^2$$

$$\overline{ab}_{ij}^{*} = \overline{A}_i + \overline{B}_j - \overline{\overline{y}} \text{ für } i = 1, 2, \ldots, p; j = 1, 2, \ldots, q$$

Die erwarteten Zellenmittelwerte für die Beispieldaten aus Tabelle 3-22 sind in der nachfolgenden Tabelle dargestellt:

Faktor B (Schnecke)	Faktor A (Schneckendrehzahl)		
	Stufe 1	Stufe 2	Stufe 3
Stufe 1	$\overline{ab}_{11}^{*} = 238{,}5$	$\overline{ab}_{21}^{*} = 239{,}5$	$\overline{ab}_{31}^{*} = 240{,}5$
Stufe 2	$\overline{ab}_{12}^{*} = 240{,}5$	$\overline{ab}_{22}^{*} = 241{,}5$	$\overline{ab}_{32}^{*} = 242{,}5$

Tabelle 3-23: Erwartete Zellenmittelwerte für die Massetemperatur in Abhängigkeit von der Schneckendrehzahl und dem Schneckentyp

Die Quadratsumme für die Wechselwirkung $SS_{AB} = 2 \cdot 36 = 72$.

Schritt 4: Bestimmung der Varianzkomponenten

Für die Ermittlung der Varianzkomponenten werden die Freiheitsgrade benötigt. Diese werden anhand der Anzahl Faktorstufen p = 3 und q = 2 sowie anhand der Anzahl Einzelwerte n = 2 je Faktorstufenkombination wie folgt bestimmt:

$f_A = p - 1 = 3 - 1 = 2$
$f_B = q - 1 = 2 - 1 = 1$
$f_{AB} = (p - 1) \cdot (q - 1) = (3 - 1) \cdot (2 - 1) = 2$
$f_{Rest} = p \cdot q \cdot (n - 1) = 3 \cdot 2 \cdot (2 - 1) = 6$

Nun werden die Ergebnisse der Analyse übersichtlich im klassischen Schema zusammengefasst. Wie schon bei der einfachen Varianzanalyse werden die Werte in der Spalte Varianz bestimmt, indem man die Werte in der Spalte SS durch die Anzahl der Freiheitsgrade f teilt. Den jeweiligen Wert für die Prüfgröße F erhält man, indem man die Varianz (MS-Wert) des betrachteten Faktors durch die Varianz MS_{Rest} teilt. So erhält man z.B. für die Wechselwirkung die Prüfgröße F = 36/0,5 = 72.

Quelle	Summe Abweichungsquadrate	Anzahl der Freiheitsgrade	Varianz	Prüfgröße	P-Wert
--	SS	f	MS	F	P
Schneckendrehzahl	8	2	4,0	8	2,03 %
Schnecke	12	1	12,0	24	0,27 %
Wechselwirkung	72	2	36,0	72	0,00 %
Rest	3	6	0,5		
Gesamt	95	11			

Tabelle 3-24:   Tabelle der zweifachen Varianzanalyse für das Beispiel Massetemperatur von ABS

Ergebnis der zweifachen Varianzanalyse

Für das Beispiel Massetemperatur von ABS wurde das Signifikanzniveau α = 5 % gewählt. Das Ergebnis der Varianzanalyse ist in Tabelle 3-24 dargestellt, wobei insbesondere die Spalte der P-Werte zu beachten ist. Da sämtliche P-Werte kleiner sind als das gewählte Signifikanzniveau α, wird die Nullhypothese sowohl für die beiden Haupteffekte als auch für die Zweifaktorwechselwirkung verworfen. Somit ist eine Wirkung der Schneckendrehzahl und auch des Schneckentyps auf die Massetemperatur nachgewiesen. Die Deutung der Wechselwirkung erfolgt anschaulich anhand der Grafik Wechselwirkungsdiagramm im Abschnitt 3.3.2.

3.3.2 Diagramme der Haupt- und Wechselwirkungseffekte

Wie die einzelnen Faktoren auf die Zielgröße gewirkt haben, lässt sich besonders einfach aus den grafischen Darstellungen der Haupt- und Wechselwirkungseffekte erkennen. Haupteffekt-Diagramme dürfen nur allein interpretiert werden, wenn Wechselwirkungen nicht signifikant sind. Bei signifikanten Wechselwirkungen ist den Wechselwirkungsdiagrammen besondere Aufmerksamkeit zu widmen. Das Vernachlässigen von signifikanten Wechselwirkungen kann zu Fehldeutungen und damit Fehlentscheidungen führen.

Haupteffekt-Diagramm

In der folgenden Abbildung sieht man die Haupteffekt-Grafiken für die Faktoren Schneckendrehzahl und Schnecke. In der Abbildung repräsentieren die kleinen Kugeln die Beobachtungswerte der Massetemperatur. Die großen Kugeln entsprechen den Mittelwerten für die Massetemperatur bei der jeweiligen Faktorstufe. Ist der Stichprobenumfang bei jeder Faktorstufe gleich, so sind auch die Kugeln gleich groß.

Aus der Haupteffekt-Grafik für die Schneckendrehzahl ist ersichtlich, dass sich bei höherer Schneckendrehzahl im Mittel eine höhere Massetemperatur ergibt. Aus der unteren Effekt-Grafik für den Faktor Schnecke erkennt man, dass sich bei der Barriereschnecke im Mittel eine höhere Temperatur ergeben hat als bei der Standard-Schnecke.

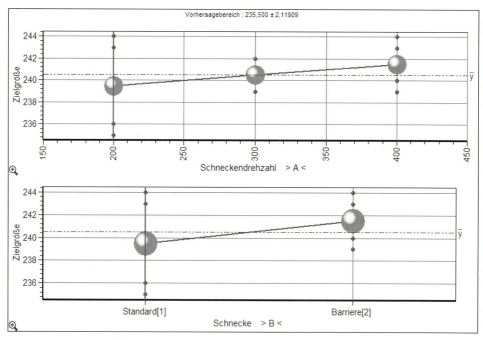

Abbildung 3-15: Diagramm der Haupteffekte für die Wirkung der Faktoren Schneckendrehzahl und Schneckentyp auf die Zielgröße Massetemperatur von ABS

Das Wechselwirkungsdiagramm

In dem Diagramm der Zweifaktorwechselwirkung sind drei Linien zu erkennen. Jede Linie repräsentiert eine Schneckendrehzahl. Jede der drei Linien beginnt auf der linken Seite bei dem Mittelwert der Massetemperatur, der sich bei der Verwendung der Standardschnecke für die betrachtete Drehzahl eingestellt hatte. Der Endpunkt von jeder der drei Linien auf der rechten Seite ist der Massetemperatur-Mittelwert, der sich bei der Verwendung der Barriere-Schnecke eingestellt hat. Bei genauer Betrachtung ist folgendes zu erkennen: Setzt man die Standardschnecke ein, steigt bei höherer Drehzahl die Massetemperatur an. Wird hingegen die Barriereschnecke eingesetzt, verhält es sich genau umgekehrt. Bei einer höheren Schneckendrehzahl sinkt die Massetemperatur. Somit stehen die Faktoren Schneckendrehzahl und Schneckentyp in einer Wechselwirkungsbeziehung. Die Wirkung der Schneckendrehzahl auf die Massetemperatur ist also maßgeblich von dem gewählten Schneckentyp abhängig! Diese Erkenntnis ist aus der alleinigen Betrachtung der beiden Haupteffekt-Diagramme nicht zu erhalten.

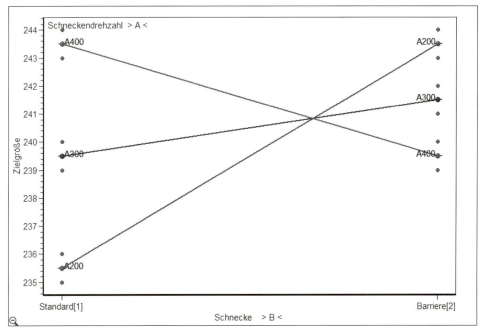

Abbildung 3-16: Diagramm der Zweifaktorwechselwirkung für die Wirkung der Faktoren Schnecke und Schneckendrehzal auf die Zielgröße Massetemperatur von ABS

Die Vorgehensweise bei einer mehrfaktoriellen Varianzanalyse mit drei oder mehr Faktoren ist prinzipiell gleich dem Vorgehen bei der zweifachen Varianzanalyse. Der entscheidende Unterschied ist, dass weit mehr Wechselwirkungseffekte auftreten können.

3.4 Fallbeispiel Schweißversuch

Im Rahmen einer Produktentwicklung wurden Versuche zur Steigerung der Schweißfestigkeit durchgeführt. Mit einem vollfaktoriellen 2^3-Versuchsplan wurde die durch Widerstandsschweißen erzeugte Verbindung einer Mutter mit einem Blech in Abhängigkeit von den drei Faktoren Anpresskraft, Stromstärke und Stromzeit untersucht. Als Zielgröße wurde der Spitzenwert für das Drehmoment gewählt, der beim Ausdrehen der Mutter aus dem Blech auftrat. Die Anpresskraft, mit der die Elektrode die Mutter auf das Blech drückt, wurde auf die Werte 360 daN und 440 daN eingestellt. Die Energiezufuhr wurde über die Faktoren Stromstärke und Schweißzeit gesteuert. Für die Stromstärke hatte man die Werte 10,4 kA und 12,6 kA gewählt und für die Schweißzeit 5 und 6 Perioden. Die einzelnen Versuche wurden in zufälliger Anordnung mit 5 Wiederholungen jeder Faktorstufenkombination durchgeführt, da auch die Streuung der Schweißfestigkeit als weitere Zielgröße betrachtet werden sollte (hier nicht weiter betrachtet).

Im Programm destra® muss das Modul *Regression- /Varianzanalyse* ausgewählt werden (Menübefehl: *Modul – destra Regressions-/Varianzanalyse*). Anschließend wählt man den Menübefehl *Analyse/Verfahren – Versuchsplan auswerten*. Da es sich um einen geplanten Versuch handelt, ist die Information über den vollfaktoriellen Modellansatz in der Datei enthalten und das Programm schlägt automatisch die Auswertung mit der mehrfachen Varianzanalyse vor.

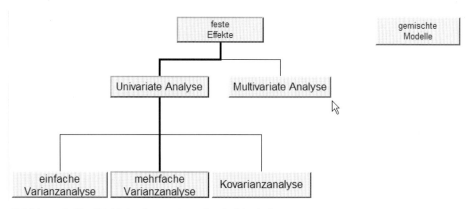

Abbildung 3-17: Wahl der Auswertemethode (destra)

Sobald man den Schaltknopf mit der Beschriftung *mehrfache Varianzanalyse* betätigt, erscheint das Fenster für die Modellwahl.

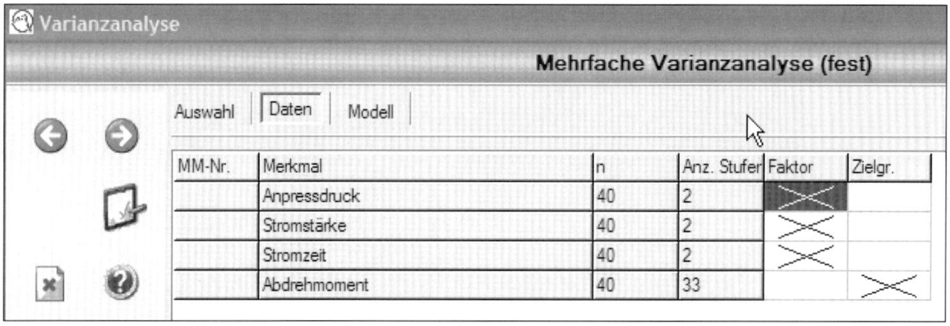

3.4 Fallbeispiel Schweißversuch   137

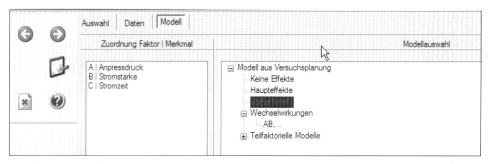

Abbildung 3-18: Dialogfenster für die Faktoren- und Zielgrößendefinition (destra)

Abbildung 3-19: Modellwahl für die Varianzanalyse (destra)

Das Programm schlägt den vollfaktoriellen Modellansatz vor, der unverändert übernommen wird. Anschließend wird wieder der runde Schaltknopf mit dem nach rechts weisenden Pfeil betätigt. Es erscheint das numerische Ergebnis der Varianzanalyse.

Merkm.I	Merkm.Bez.	x_I	SS	MS	DF	F_0	F_0	P
			B = 93,009%				B* = 91,480%	
			Typ III Sum of Squares					
	Anpressdruck	A	10,00	10,00	1,000	0,534		0,470
	Stromstärke	B	4285	4285	1,000	229,0***		< 0,0001
	Stromzeit	C	2624	2624	1,000	140,2***		< 0,0001
		AB	19,60	19,60	1,000	1,047		0,314
		AC	122,5	122,5	1,000	6,546*		0,0154
		BC	40,00	40,00	1,000	2,138		0,153
		ABC	864,9	864,9	1,000	46,22***		< 0,0001
		Modell	7966	1138	7,000	60,82***		< 0,0001
		Rest	598,8	18,71	32,00	---		---
		Gesamt	8565	219,6	39,00	---		---

Abbildung 3-20: Ergebnis der mehrfachen Varianzanalyse für das Fallbeispiel Schweißversuch (destra)

Anhand der Abbildung 3-20 ist zu erkennen, dass die Faktoren Stromstärke und Stromzeit beide signifikant sind. Darüber hinaus sind die Wechselwirkungen AC (Anpressdruck und Stromzeit) sowie ABC (Anpressdruck, Stromstärke und Stromzeit) signifikant. In der Abbildung 3-21 sind die Ergebnisse vom Levene-Test auf konstante Streuung und vom Epps-Pulley-Test auf Normalverteilung dargestellt. Es wurde bei beiden Tests keine signifikante Abweichung erkannt.

3.4 Fallbeispiel Schweißversuch

Korrelationskoeffizient	=	r	0,9644
Bestimmtheitsmaß	=	B	93,009%
korrigiertes Bestimmtheitsmaß	=	B*	91,480%
Restvarianz	=	s^2	18,7125
Reststandardabweichung	=	s	4,32579

Modifizierter Levene Test

H_0	Die Varianzen aller Zellen sind gleich		
H_1	Die Varianzen aller Zellen sind NICHT gleich		

Testniveau	kritische Werte		Prüfgröße
	unten	oben	
α = 5 %	---	2,31	
α = 1 %	---	3,26	1,06475
α = 0,1 %	---	4,72	

Testergebnis	Nullhypothese wird nicht widerlegt

Epps-Pulley

H_0	Die Residuen stammen aus einer Normalverteilung		
H_1	Die Residuen stammen NICHT aus einer Normalverteilung		

Testniveau	kritische Werte		Prüfgröße
	unten	oben	
α = 5 %	---	0,372	
α = 1 %	---	0,572	0,016701
α = 0,1 %	---	---	

Testergebnis	Nullhypothese wird nicht widerlegt

Abbildung 3-21: Ergebnisse des Tests auf homogene Streuung und des Tests auf Normalverteilung zum Schweißversuch (destra)

Um die Darstellung der Wechselwirkungsdiagramme zu erhalten, wählt man in der Registerleiste die Registerlasche mit der Beschriftung *Wechselwirkungen*. In der Grafik der Wechselwirkungen sieht man kleine Lupensymbole; klickt man darauf, so wird die zugehörige Wechselwirkungsgrafik vergrößert dargestellt.

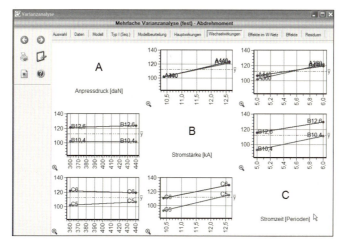

Abbildung 3-22: Wechselwirkungsdiagramme zum Schweißversuch (destra)

Die Wechselwirkung zwischen dem Anpressdruck und der Stromzeit ist besonders interessant: Bei einer Stromzeit=5 Perioden führt der Anpressdruck=440 daN zu einem höheren Abdrehmoment. Wählt man jedoch die Stromzeit=6 Perioden, so erhält man das höhere Abdrehmoment jedoch bei einem Anpressdurck=360 daN.

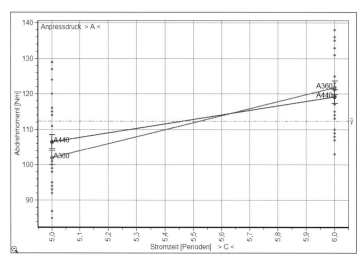

Abbildung 3-23: Wechselwirkung Anpressdruck*Stromzeit (destra)

Im Programm destra® kann man den Prognosewert der Zielgröße für eine bestimmte Faktorstufenkombination in dem Fenster Hauptwirkungen ermitteln. Um dieses Fenster aufzurufen, wähle man in der Registerleiste die Registerlasche Hauptwirkungen.

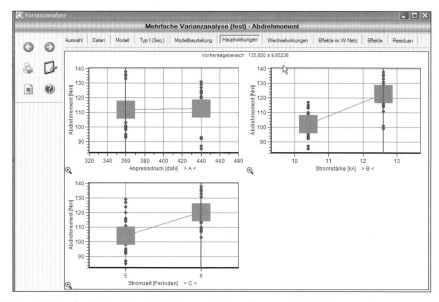

Abbildung 3-24: Grafik der Haupteffekte zum Schweißversuch (destra).

Auch die grafische Analyse der Residuen zeigt keine Auffälligkeiten. Die Prüfung der Eigenschaften (1) normalverteilte Resisduen, (2) konstante Varianz und (3) zeitlich Unabhängigkeit der Residuen ist gegeben, wie man anhand des Ergebnisfensters der Residuenanalyse aus dem Programm destra in der Abbildung 3-25 erkennen kann.

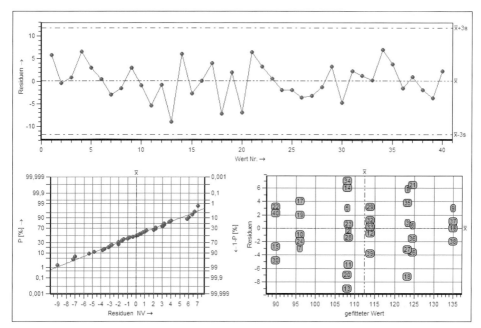

Abbildung 3-25: Grafische Analyse der Residuen (destra)

3.5 Modellvarianten

3.5.1 Ungleicher Stichprobenumfang

Misslingt ein Versuch oder besteht nicht die Möglichkeit, die Daten aus einem geplanten Versuch zu erhalten, steht man vor dem Problem, dass der Stichprobenumfang von Faktorstufenkombination zu Faktorstufenkombination nicht gleich ist. Man spricht in diesem Falle von einer nicht balancierten Varianzanalyse. In vielen Programmen gibt es Auswerteroutinen für das „Allgemeines lineares Modell", bei dem die notwendigen Anpassungen bei der Streuungszerlegung für nicht balancierte Daten vorgenommen werden.

3.5.2 Multivariate Varianzanalyse

Eine multivariate Varianzanalyse liegt vor, wenn gleichzeitig mehrerer Faktoren und mehrerer Zielgrößen gemeinsam untersucht werden. Erläuterungen mit Beispielen zur

Analyse des allgemeinen multivariaten Modells findet man z.B. in dem Buch von den Autoren Joachim Hartung und Bärbel Elpelt [3].

3.5.3 Kovarianzanalyse

Bei der Kovarianzanalyse werden metrisch skalierte Merkmalswerte gemeinsam mit den nominalskalierten Merkmalswerten untersucht. Oft werden Störgrößen als Kovariablen behandelt, wenn deren Istwerte nicht kontrolliert eingestellt, sondern nur beobachtet werden können. Stark vereinfacht ausgedrückt: Es wird eine Regressionsbeziehung zwischen der Störgröße und der Zielgröße in die Varianzanalyse integriert. Durch dieses Vorgehen lässt sich die Wirkung der Störgröße rechnerisch kompensieren, was eine genauere Ermittlung der Faktor- und Wechselwirkungseffekte ermöglicht. Einzelheiten der Berechnung findet man z.B. in [4].

3.5.4 Nicht normalverteilte Merkmalswerte

Sind die Einzelwerte nicht normalverteilt, so sind die Ergebnisse einer Varianzanalyse nicht mehr gültig. Das Verfahren des Streuungsvergleiches setzt voraus, dass die Werte zumindest in guter Näherung normalverteilt sind. Steht man vor dem Problem, dass die Einzelwerte nicht normalverteilt sind, so kann man im Prinzip zwei Lösungsansätze verfolgen:

1. Mathematische Transformation der Zielgrößenwerte derart, dass die transformierten Werte näherungsweise normalverteilt sind.
2. Verwenden von Verfahren, die nicht voraussetzen, dass die Zielgrößenwerte normalverteilt sind.

3.5.4.1 Box-Cox-Transformation

Um zumindest näherungsweise normalverteilte Werte zu erhalten, werden mathematische Transformationen der Zielgrößenwerte angewendet. Recht weit verbreitet ist das Verfahren der Box-Cox-Transformation $y_{trans} = y^\lambda$. Der Exponent λ muss zunächst mit einem Iterationsverfahren ermittelt werden. Speziell für die iterative Bestimmung des Exponenten λ wird die folgende Transformation verwendet.

$$y^{(\lambda)} = \begin{cases} \dfrac{y^\lambda - 1}{\lambda \cdot \dot{y}^{\lambda-1}} & (\lambda \neq 0) \\ \dot{y} \cdot \ln(y) & (\lambda = 0) \end{cases}, \text{ mit } \dot{y} = \text{geometrischer Mittelwert der originalen y-Werte}$$

Der optimale Wert für den Exponenten λ ist dann erreicht, wenn die quadrierten Restabweichungen SS_{Rest} einen minimalen Wert aufweisen.

$$SS_{Rest} = \sum \left(y^{(\lambda)} - \hat{y}^{(\lambda)} \right)^2 = \min!$$

In diesem Ausdruck sind die $\hat{y}^{(\lambda)}$-Werte die geschätzten Zielgrößenwerte. Die Schätzung erhält man, wenn man das Modell mit den transformierten Zielgrößenwerten durchführt. Somit ist bei jedem Iterationsschritt das varianzanalytische Modell mit den transformierten Zielgrößenwerten $y^{(\lambda)}$ zu berechnen, um die $\hat{y}^{(\lambda)}$ zu erhalten!

Sind alle oder ein Teil der Zielgrößenwerte negativ, so sollte man vor der Box-Cox-Transformation einen konstanten Wert zu jedem Einzelwert addieren, der etwas größer als der Betrag des Minimalwertes gewählt werden sollte. Dadurch erhält man ausschließlich positive Zielgrößenwerte, eine wesentliche Voraussetzung, damit die Box-Cox-Transformation funktioniert. In der praktischen Anwendung wird nicht einfach der iterativ ermittelte Lambda-Wert für die endgültige Transformation gewählt, sondern eine der empfohlenen Zuordnungen.

Lambda	Transformation
$1{,}5 < \lambda < 2{,}5$	$y_{trans} = y^2$
$0{,}75 < \lambda < 1{,}5$	Keine Transformation
$0{,}25 < \lambda < 0{,}75$	$y_{trans} = \sqrt{y}$
$-0{,}25 < \lambda < 0{,}25$	$y_{trans} = \ln(y)$
$-0{,}75 < \lambda < -0{,}25$	$y_{trans} = \dfrac{1}{\sqrt{y}}$
$-1{,}5 < \lambda < -0{,}75$	$y_{trans} = \dfrac{1}{y}$
$-2{,}5 < \lambda < -1{,}5$	$y_{trans} = \dfrac{1}{y^2}$

Tabelle 3-25: *Empfohlene Transformation der Zielgröße in Abhängigkeit von dem iterativ bestimmten Lambda-Wert*

3.5.4.2 Verfahren nach Kruskal und Wallis (H-Test)

Das Berechnungsverfahren nach Kruskal und Wallis kann alternativ zur einfachen Varianzanalyse eingesetzt werden, wenn die Merkmalswerte nicht normalverteilt sind. Jeder Beobachtungswert wird auf einer Ordinalskala abgebildet. Da das Verfahren auf ordinal skalierten Merkmalswerten aufbaut, beziehen sich die Aussagen der Null- und Alternativhypothese auf die Medianwerte der Grundgesamtheiten und nicht auf deren Mittelwerte.

3.5.4.3 Verfahren nach Friedmann

Eine Alternative zur zweifaktoriellen Varianzanalyse stellt das Verfahren von Friedmann dar. Auch bei diesem Verfahren wird die metrisch skalierte Zielgröße zuvor als ordinalskalierte Variable abgebildet. Zu beachten ist, dass sich die Null- und Alternativhypothesen auf die Median-Werte der Grundgesamtheiten beziehen. Leider können Zweifaktorwechselwirkungen bei diesem Verfahren nicht berücksichtigt werden.

3.6 Weiterführende Literatur

[1] **Kutner, Nachtsheim, Neter, Li**
Applied Linear Statistical Models.
Fünfte Auflage, McGraw-Hill, 2007.

[2] **Graf, Henning, Stange, Wilrich**
Formeln und Tabellen der angewandten mathematischen Statistik.
2. Nachdruck der 3. Auflage, Springer Verlag, 1998.

[3] **Hartung, Elpelt**
Multivariate Statistik.
6. Auflage, Oldenbourg Verlag, 2007.

[4] **Hartung, Elpelt, Klösener**
Statistik: Lehr- und Handbuch der angewandten Statistik.
14. Auflage, Oldenbourg Verlag, 2009.

[5] **Bortz**
Statistik für Human und Sozialwissenschaftler.
6. Auflage, Springer Verlag, 2005.

[6] **Bortz, Lienert, Boehnke**
Verteilungsfreie Methoden in der Biostatistik.
3. Auflage, Springer Verlag, 2008.

4 Statistische Versuchsplanung

4.1 Problemstellung

Im Zusammenhang mit der Entwicklung von Produkten und Prozessen und auch bei der Verbesserung vorhandener Produkte und Prozesse ist es in der Regel erforderlich, Versuche durchzuführen. Durch Versuche soll ermittelt werden, welchen Einfluss z. B. konstruktive oder technologische Einflussgrößen auf bestimmte Zielgrößen des Produktes oder Prozesses haben. Die dabei angewendeten Versuchsstrategien sind in der Praxis oft elementar. Sie sind in der Regel dadurch charakterisiert, dass immer nur eine Einflussgröße in einem bestimmten Bereich auf unterschiedliche Stufen eingestellt wird und die übrigen Einflussgrößen auf bestimmten Einstellniveaus konstant gehalten werden. Auf jedem Einstellniveau der Einflussgröße wird die jeweilige Zielgröße gemessen. Die einzelnen Messpunkte der Zielgröße werden dann miteinander verbunden, sodass ein Kurvendiagramm entsteht, aus dem bestimmte Schlussfolgerungen über den Einfluss der Einflussgröße auf die Zielgröße gezogen werden können. In Abbildung 4-1 ist ein Beispiel für die Abhängigkeit einer Zielgröße Y von den beiden Einflussgrößen x1 und x2 dargestellt.

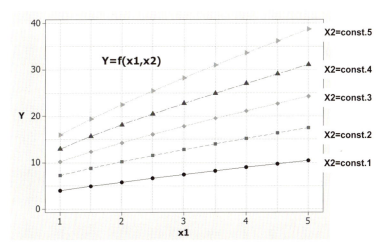

Abbildung 4-1: Zielgröße Y als Funktion der Einflussgrößen x1 und x2

Die Einflussgröße x1 wird dabei auf 9 unterschiedliche Niveaus eingestellt, während die Einflussgröße x2 immer auf einem bestimmten Niveau konstant gehalten wird (const.1 bis const.5). Es wurden 5 Versuchsreihen mit jeweils 9 Versuchen durchgeführt. Damit beträgt die Gesamtzahl der durchgeführten Versuche 45. Jeder Versuch kostet Geld und Zeit. Die Frage lautet: Ist diese in der Praxis nicht unübliche Versuchsdurchführung kosten- und zeitoptimal? Nein, das ist sie nicht! Denn wie in diesem Kapitel gezeigt wird, kann man mit den Methoden der statistischen Versuchsplanung eine erhebliche Zahl der Versuche einsparen. Wir werden sehen, dass bei zwei Einflussgrößen oftmals nur 5 anstelle von 45 Versuchen erforderlich sind. Damit kann der Versuchsaufwand für dieses einfache Beispiel um 89 % reduziert werden!

Folgende Problemstellungen sollen mit Hilfe von Versuchen auf der Basis der statistischen Versuchsplanung (kurz: Versuchsplanung) gelöst werden:

- Ermittlung wesentlicher Einflussgrößen aus einer Vielzahl von Einflussgrößen (Einflussgrößenscreening),
- Ermittlung der Wirkungen wichtiger Einflussgrößen auf bestimmte Zielgrößen,
- Ermittlung mathematisch-statistischer Modelle zur quantitativen Beschreibung des Zusammenhanges zwischen Ziel- und Einflussgrößen,
- Beurteilung der gefundenen mathematisch-statistischen Modelle,
- Prognosen für die Zielgrößen auf der Basis der gefundenen mathematisch-statistischen Modelle,
- Zielgrößenoptimierung anhand der ermittelten Modelle für eine oder mehrere Zielgrößen (Polyoptimierung).

Die folgende Tabelle enthält Ziele der Untersuchungen und entsprechende, für die praktische Anwendung geeignete Methoden sowie die Skalenniveaus der Ziel- und Einflussgrößen.

Ziele der Untersuchungen	Methoden	Skalenniveau der Zielgröße	Skalenniveau der Einflussgrößen
Einflussgrößenscreening	Screening-Pläne	quantitativ (stetig)	quantitativ (stetig), nominal
Ermittlung der Wirkungen von Einflussgrößen auf Zielgrößen (Berechnung von Effekten)	Versuchspläne 1. Ordnung	quantitativ (stetig)	quantitativ (stetig), nominal
Ermittlung spezieller Modelle n-ten Grades (ohne Glieder 2. Grades)	Versuchspläne 1. Ordnung	quantitativ (stetig)	quantitativ (stetig)
Vermeidung unerwünschter systematischer Einflüsse in der Versuchsdurchführung	Blockbildung, Randomisierung		
Ermittlung vollständiger Modelle 2. Grades	Versuchspläne 2. Ordnung *	quantitativ (stetig)	quantitativ (stetig)
Untersuchung von Mehrkomponentensystemen	Mixturpläne *	quantitativ (stetig)	quantitativ (stetig)

Tabelle 4-1: Methodensteckbrief zur Versuchsplanung

Für die mit * gekennzeichneten Versuchspläne wird auf die weiterführende Literatur verwiesen.

Die ermittelten Modelle können für die Lösung unterschiedlicher Aufgabenstellungen genutzt werden. Beispiele dafür sind in Tabelle 4-2 aufgeführt.

Aufgabenstellungen	Methoden
Zielgrößenoptimierung	Simplex-Suchverfahren
Streuungsprognosen	Streuungsfortpflanzungsgesetze
	Monte-Carlo-Simulation

Tabelle 4-2:   Aufgabenstellungen und Methoden zur Auswertung anhand von Modellen

4.1.1 Anwendungsbeispiele

Die Methoden der Versuchsplanung stellen insgesamt die Gruppe der mächtigsten Werkzeuge für die Produkt- und Prozessentwicklung und die Verbesserung vorhandener Produkte und Prozesse dar. Sie sind damit wichtiger Bestandteil von Design for Six Sigma, Six Sigma und Lean Six Sigma. Es gibt bereits seit mehreren Jahrzehnten sehr erfolgreiche Anwendungen der Versuchsplanung und somit inzwischen auch unzählige Praxisanwendungen. Die nachfolgende Tabelle 4-3 enthält einige ausgewählte Anwendungsgebiete der Versuchsplanung.

Branche	Zielgröße	Einflussgrößen
Landwirtschaft	Ertragssteigerung	unterschiedliche Düngemittel
Chemie	Ausbeutesteigerung	Prozessparameter, Katalysatorart
Lackindustrie	Eigenschaftsoptimierung von Lacken	Einsatzstoffe
Nahrungsgüterindustrie	Optimierung des Geschmacks eines neuen Joghurtproduktes	Mischungsverhältnisse von Komponenten
Kunststofftechnik	Beseitigung von Oberflächenfehlern	Parameter beim Kunststoffspritzen
Metallurgie	Optimierung von Materialeigenschaften	Materialzusammensetzung
Pharmazie	Erhöhung der Wirksamkeit von Arzneimitteln	Wirkstoffe, Wirkstoffzusammensetzung
Lichttechnik	Maximierung von Lichtstrom und Lebensdauer von Leuchtstofflampen	konstruktive Parameter, Prozessparameter
Fahrzeugbau	Energieverbrauch bei Retardern	konstruktive Parameter
Schweißtechnik	Erhöhung der Festigkeit	Schweißparameter
Mikroelektronik	Ausbeutesteigerung bei Schaltkreisen	Prozessparameter
Elektronik	Zuverlässigkeit	konstruktive und Umgebungsparameter
Elektronik	Ausbeutesteigerung bei der Produktion von Leiterplatten	Prozessparameter
Elektronik	Reduzierung der Lötfehler auf elektronischen Baugruppen	Lötparameter

Tabelle 4-3:   Anwendungsgebiete der Versuchsplanung

Der Ansatzpunkt der Anwendung von Methoden der Versuchsplanung ist immer dann gegeben, wenn Zusammenhänge zwischen Ziel- und Einflussgrößen ermittelt werden sollen, jedoch keine verwertbaren Messungen vorliegen und es auch nicht wirtschaftlich oder entsprechend dem gegenwärtigen Erkenntnisstand nicht möglich ist, diese Zusammenhänge theoretisch abzuleiten.

4.1.2 Grundlagen der Versuchsplanung

4.1.2.1 Voraussetzungen und erste Schritte

Die Methoden der Versuchsplanung sollten für die Produkt- und Prozessentwicklung eingesetzt werden. Dabei müssen jedoch folgende Voraussetzungen erfüllt sein:

- Es muss möglich sein, im Labor oder unter Fertigungsbedingungen Versuche durchzuführen.

- Für die Planung, Durchführung und Auswertung der Versuche sollte ein Projekt vorgesehen werden. Im Rahmen des Projektes arbeiten mehrere Spezialisten im Team interdisziplinär zusammen. Der Projektleiter und jeder Mitarbeiter im Team sollten über Grundkenntnisse zur Versuchsplanung verfügen.

- Es sollte ein Budget für das Projekt vorgesehen werden. Die Versuchsobjekte, die bei der Durchführung der einzelnen Versuche entstehen, sind in der Regel auszubuchen und müssen verschrottet werden.

- Die Versuche müssen sorgfältig vorbereitet und geplant werden

- Ein Versuchsverantwortlicher ist zu benennen, der die Anlagenfahrer und Laborarbeitskräfte anleitet und die Versuchsdurchführung und die festgelegten Versuchsbedingungen überwacht. Er hat sicherzustellen, dass die Versuchsobjekte geeignet gekennzeichnet werden, damit eine Zuordnung zu den einzelnen Versuchen möglich ist. Er organisiert die Messungen der Zielgrößen und die Aufzeichnung der Messwerte.

- Die einzusetzenden Messsysteme müssen fähig sein. Der Nachweis der Kalibrierung bedeutet noch nicht, dass die Messsysteme auch fähig sind. Erforderlichenfalls sind Messsystemfähigkeitsanalysen im Vorfeld durchzuführen.

- Es muss im Bereich einen Spezialisten für die Versuchsplanung geben, der den Projektverantwortlichen bei der Aufstellung der Versuchspläne und bei der Auswertung und Interpretation der Ergebnisse unterstützt.

- Geeignete Software für die Planung und Auswertung der Versuche sollte vorhanden sein. Es werden zahlreiche Softwareprodukte angeboten, aus denen man eine geeignete Software auswählen kann. Beispiele solcher Produkte sind destra®, JMP®, Minitab®, STATGRAPHICS®, STATISTIKA™. In diesem Kapitel wird zur Auswertung vollständiger und teilweise faktorieller Versuchspläne die Software destra® angewendet.

4.1 Problemstellung

Bei der Lösung von Aufgabenstellungen zur Optimierung von Produkten und Prozessen ist es zweckmäßig, nacheinander folgende Arbeitsetappen zu absolvieren und dafür geeignete Methoden anzuwenden.

Arbeitsetappen	Methoden
Ermittlung von Ziel- und Einflussgrößen	Brainstorming Definition des zu untersuchenden Objektes Formulierung der Ziel- und Einflussgrößen durch Auswertung betrieblicher Erfahrungen (a-priori-Informationen) sowie auf der Grundlage theoretischer und orientierender experimenteller Untersuchungen
Auswahl der wesentlichsten Einflussgrößen (Einflussgrößenscreening)	Brainstorming, Varianzanalyse, Plackett-Burman-Pläne (Siebpläne)
Modellbildung	vollständige und teilweise faktorielle Versuchspläne 1.Ordnung (spezielle Polynome n-ten Grades). Bei nachgewiesener Nichtlinearität Versuchspläne 2.Ordnung (vorwiegend zentral zusammengesetzte, drehbare und orthogonale Versuchspläne) (Polynome 2.Grades)
Optimierung	Box-Wilson-Methode; (mit Modell, Anwendung in Labor- und Pilotanlagen) Evolutionary Operation (EVOP-Methode), Anwendung unter Produktionsbedingungen Simplexverfahren Suchverfahren (mit und ohne Modell, Anwendung in Labor- und Pilotanlagen sowie unter Produktionsbedingungen, wenn Vermutungen über die Lage des Optimums vorliegen)
Umsetzung der Ergebnisse	Aktionspläne, Prüfpläne, Arbeits- und Prüfanweisungen, Prozess- und Verfahrensbeschreibungen, Integration der Dokumente in die vorhandene QM-Dokumentation Nachweis der Verbesserung und Nachweis der Prozessfähigkeit

Tabelle 4-4: Arbeitsetappen und Methoden für die Produkt- und Prozessoptimierung

In der Arbeitsetappe „Ermittlung von Ziel- und Einflussgrößen" spielt die Methode Brainstorming eine wichtige Rolle. Es geht zunächst darum, das Untersuchungsziel sowie das zu untersuchende Objekt klar zu beschreiben. Anschließend besteht die Aufgabe, durch eine Analyse des Prozesses/Prozessschrittes und des Produktes die Ziel- und Einflussgrößen zu definieren. Die Ziel- und Einflussgrößen müssen messbar bzw. eindeutig charakterisierbar sein. Oft bereitet dieser Schritt bereits einige Schwierigkeiten. Für diese Etappe können die Systembetrachtungsweise von Produkt und Prozess und auch der Zusammenhang zwischen Produkt- und Prozessparametern methodisch hilfreich sein (Abbildung 4-2).

150   4 Statistische Versuchsplanung

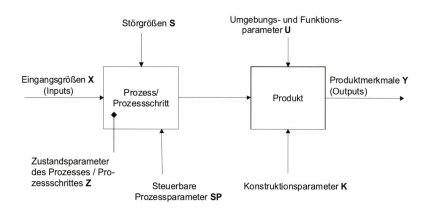

Abbildung 4-2:   Systembetrachtungsweise von Prozess und Produkt

Bei einem Prozess bzw. Prozessschritt können unterschieden werden:

- Eingangsgrößen **X**:
  Mensch, Material, Energie, Information

- Steuerbare Prozessparameter **SP**:
  Vorschub, Drehzahl, Geschwindigkeit

- Zustandsparameter des Prozesses/Prozessschrittes **Z**:
  Die Zustandsparameter sind unmittelbar Funktionen der steuerbaren Prozessparameter. Das Temperatur-Zeit-Profil beim Infrarot-Reflowlöten zur Herstellung elektronischer Baugruppen ist eine Funktion der steuerbaren Prozessparameter elektrische Heizleistung und Durchlaufgeschwindigkeit durch den Lötofen.

- Störgrößen **S**:
  Schwankungen der Umgebungstemperatur, der Luftfeuchte, der Staubbelastung, Schwingungen, Schwankungen der Konzentrationsfähigkeit und Aufmerksamkeit der Anlagenfahrer usw.

Das Ergebnis eines Prozesses oder eines Prozessschrittes ist ein materielles oder immaterielles Produkt. Bei einem Produkt werden unterschieden:

- Produktmerkmale **Y**: (Outputs im Hinblick auf den Prozess/Prozessschritt):
  Es handelt sich um die Qualitätsmerkmale des Produktes, z. B. Frequenzgang, Verstärkungsfaktor eines elektronischen Gerätes.

- Konstruktionsparameter **K**:
  Die Produktmerkmale Y sind unmittelbar Funktionen der Konstruktionsparameter. Frequenzgang und Verstärkungsfaktor eines elektronischen Gerätes sind Funktionen von Merkmalen elektronischer Bauelemente.

- Umgebungs- und Funktionsparameter **U**:
  Umgebungsparameter sind bspw. der Temperaturbereich, in dem eine Baugrup-

pe funktionieren muss, mechanische Beanspruchungen, denen eine Baugruppe standhalten muss. Beispiele für Funktionsparameter sind Netzspannung, Netzfrequenz.

Im Brainstorming sollte eine Tabelle erarbeitet werden, in die die jeweiligen Parameter eingetragen werden. Diese Tabelle kann wie folgt aufgebaut sein:

Produkt	Zielgrößen Y	Einheit	Skalenniveau	Messmittel
	Einflussgrößen Produkt			
	Konstruktionsparameter K			
	Umgebungs- und Funktionsparameter U			
Prozess	Einflussgrößen Prozess			
	Eingangsgrößen X			
	Steuerbare Prozessparameter SP			
	Zustandsparameter des Prozesses / Prozessschrittes Z			
	Störgrößen S			

Tabelle 4-5:   Ziel- und Einflussgrößenliste

Die Arbeitsetappe "Auswahl der wesentlichsten Einflussgrößen" ist erforderlich, um den Versuchsaufwand in wirtschaftlichen Grenzen zu halten. Dabei sind sowohl a-priori-Informationen zu berücksichtigen als auch spezielle Versuche in Erwägung zu ziehen.

Aufbauend auf Tabelle 4-5 ist es auch durchaus zweckmäßig, die gefundenen Parameter einem Ursache-Wirkungs-Diagramm zuzuordnen. Die Zusammenhänge werden visualisiert und es können z. B. durch Punktevergabe wichtige von unwichtigen Einflussgrößen unterschieden werden.

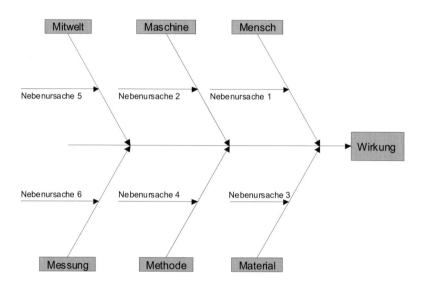

Abbildung 4-3:   Ursache-Wirkungs-Diagramm

Insbesondere sollten dann Versuche durchgeführt werden, wenn keine verlässlichen Erkenntnisse darüber vorliegen, welche Einflussgrößen aus den weiteren Untersuchungen ausgeklammert werden können. Das bekannte "Paretoprinzip" berechtigt zu dieser Vorgehensweise. Ohne dass eine wissenschaftliche Begründung dafür existiert, ist phänomenologisch in unterschiedlichen Bereichen festgestellt worden, dass bestimmte Zielgrößen nicht von allen in Erwägung gezogenen Einflussgrößen beeinflusst werden, sondern dass sie zu 80 % nur von ca. 20 % dieser Einflussgrößen bestimmt werden ("80-20-Regel"). Die für das Screening von Einflussgrößen anwendbaren Methoden sind in Tabelle 4-4 aufgeführt.

Sind die wichtigen Einflussgrößen bestimmt, werden durch Anwendung von Methoden der Versuchsplanung Modelle ermittelt (Arbeitsetappe "Modellbildung"). Dabei geht es um die Schätzung unbekannter Funktionen, die den Zusammenhang zwischen Ziel- und Einflussgrößen darstellen. Für die Produkt- und Prozessoptimierung sind, ausgehend von Abbildung 4-2, folgende Funktionen zu bestimmen:

4.1 Problemstellung

Produktfunktion:

$$Y = f(K, U)$$

Prozessfunktion:

$$Y = f(X, Z, S)$$

Prozesszustandsfunktion:

$$Z = f(SP)$$

Die Parameter Y und Z werden als Zielgrößen und die Parameter K, U, X, Z, S, SP als Einflussgrößen bezeichnet.

Prinzipiell könnte versucht werden, die Funktionen aus physikalischen oder chemischen Gesetzmäßigkeiten abzuleiten. Das wird wahrscheinlich nur in wenigen Fällen gelingen. Aus systemtheoretischer Sicht ist das aber auch nicht nötig, denn es ist bekannt, dass man ein System auch steuern bzw. optimieren kann, wenn die Zusammenhänge zwischen den Eingangs- und Ausgangsgrößen mit Hilfe von Regressionsgleichungen geschätzt werden. Dabei werden lediglich die Änderungen der Ausgangsgrößen als Folge der Änderungen der Eingangsgrößen statistisch ausgewertet. Diese Vorgehensweise ist sehr effektiv. Es ist jedoch zu beachten, dass dabei sowohl der Prozess als auch das Produkt als "Blackbox" betrachtet werden. Das bedeutet, dass der Wirkmechanismus des Systems nicht bestimmt wird. Man sollte deshalb versuchen, die über Regressionsgleichungen gefundenen Zusammenhänge inhaltlich zu erklären. Ein neues Wirkprinzip bezüglich einer durchgreifenden Innovation des Produktes und des Prozesses lässt sich nur durch Aufdecken der physiko-chemischen Wirkprinzipien erreichen.

Die nächste Arbeitsetappe beinhaltet die Optimierung der Zielgrößen. Die dafür geeigneten Methoden sind in Tabelle 4-4 aufgeführt. Dabei werden diejenigen Einstellungen der Einflussgrößen ermittelt, bei denen für die Zielgrößen bestimmte Optimalitätskriterien erfüllt sind.

Die letzte Arbeitsetappe besteht in der Umsetzung der Ergebnisse, dem Nachweis der Verbesserung der Produkt- und Prozessparameter sowie dem Nachweis der Prozessfähigkeit. Veränderungen, die im Prozess durchgeführt werden, müssen dokumentiert und in die vorhandene Dokumentation des QM-Systems integriert werden.

Die Grundidee der Versuchsplanung besteht darin, den Einfluss mehrerer Einflussgrößen auf eine oder mehrere Zielgrößen gleichzeitig zu ermitteln. Die Zielgrößen müssen messbar und stetig sein; die Einflussgrößen können stetig und auch nominal sein. In diesem Kapitel werden ausschließlich einfache Versuchspläne behandelt, bei denen die Einflussgrößen nur auf zwei Niveaus eingestellt werden (Versuchspläne 1. Ordnung).

Diese Versuchspläne dienen:

1. Zur Auswahl wichtiger Einflussgrößen aus einer Vielzahl von Einflussgrößen (Screening-Pläne),
2. Zur Ermittlung der Wirkungen mehrerer Einflussgrößen auf Zielgrößen,
3. Zur Ermittlung mathematisch-statistischer Modelle zur Beschreibung des Zusammenhanges zwischen Ziel- und Einflussgrößen.

Bei den Versuchsplänen zu 1. handelt es sich um Plackett-Burman-Pläne und teilweise faktorielle Versuchspläne 1. Ordnung (TFV 2^{n-p}). Zur Lösung der Aufgabenstellungen unter 2. und 3. werden vollständige faktorielle Versuchspläne 1. Ordnung (VFV 2^n) oder für $n \geq 5$ teilweise faktorielle Versuchspläne 1. Ordnung angewendet (n - Anzahl der Einflussgrößen).

4.1.2.2 Grundprinzip vollständiger faktorieller Versuchspläne

Im Zusammenhang mit der Modellbildung besteht das Untersuchungsziel darin, einen quantitativen Zusammenhang zwischen einer Zielgröße y und einer Reihe von Einflussgrößen $x_1, x_2,...,x_n$ zu ermitteln. In der Praxis hat es sich als günstig erwiesen, folgenden Modellansatz zu verwenden:

Modellansatz eines speziellen Polynoms n-ten Grades:

$$y(\mathbf{x},\boldsymbol{\beta}) = \beta_0 + \sum_{i=1}^{n} \beta_i x_i + \sum_{\substack{i,p=1 \\ i<p}}^{n} \beta_{ip} x_i x_p + ... + \beta_{12...n} x_1 x_2 ... x_n$$

$$= \beta_0 + \beta_1 x_1 + \beta_2 x_2 + ... + \beta_n x_n +$$
$$+ \beta_{12} x_1 x_2 + ... + \beta_{1n} x_1 x_n + \beta_{23} x_2 x_3 + ... + \beta_{n-1n} x_{n-1} x_n +$$
$$+ \beta_{123} x_1 x_2 x_3 + ...$$
$$+ \beta_{12...n} x_1 x_2 ... x_n$$

Der Grad eines Polynoms ergibt sich aus dem Term, bei dem die Summe der Exponenten der Einflussgrößen X maximal ist. Speziell ist das Polynom, weil keine quadratischen Terme oder Terme höherer Ordnung für die einzelnen X vorhanden sind.

Es bedeuten:

β_0 - Regressionskonstante

β_i - Hauptwirkungen i=1,2,...n

β_{ip} - zweifaktorielle Wechselwirkungen (Regressionskoeffizienten)
        i,p = 1,2,...n, i<p

$\beta_{12...n}$ - n-faktorielle Wechselwirkung

Zur Schätzung des Modellansatzes ist ein vollständiger faktorieller Versuchsplan 1. Ordnung (VFV 2^n) erforderlich. Die Schätzwerte der wahren Parameter β werden mit b bezeichnet, beispielsweise $\hat{\beta}_i = b_i$. Sie werden auf der Grundlage der Versuchsergebnisse berechnet. Mit einem Versuchsplan 1. Ordnung können demzufolge Regressionsansätze bestimmt werden, die in jeder Variablen vom Grad 1 sind. Diese Versuchspläne erfordern für jede Einflussgröße nur zwei Einstellniveaus, ein unteres und ein oberes.

Hinweis:
Ein Versuchsplan 2. Ordnung ermöglicht die Ermittlung eines vollständigen Modellansatzes 2. Grades. Damit kann im Allgemeinen eine vorhandene Nichtlinearität gut angepasst werden. Für die Realisierung eines Versuchsplanes 2. Ordnung sind mindestens drei Einstellniveaus für jede Einflussgröße erforderlich.

Ein vollständiger faktorieller Versuchsplan 1. Ordnung enthält alle möglichen Variationen der unteren und oberen Einstellniveaus der n Einflussgrößen. Das ist die Anzahl der erforderlichen Versuche m. Die Formel zur Berechnung der Versuchsanzahl eines vollständigen faktoriellen Versuchsplanes 1. Ordnung lautet demzufolge:

$$m = 2^n \tag{4.1}$$

Oft wird jeder Versuch mehrfach (c-fach) durchgeführt, um die Versuchsstreuung zu schätzen (siehe Abschnitt 4.2.1). In diesem Fall spricht man von c Wiederholungen des Versuchsplanes. Die Gesamtzahl der Versuche ergibt sich dann zu:

$$N_{ges} = c \cdot 2^n \tag{4.2}$$

Der Versuchsplan eines teilweise faktoriellen Planes enthält dagegen nur bestimmte Variationen der unteren und oberen Niveaus der n Einflussgrößen. Damit können Versuche eingespart werden, jedoch auf Kosten von Informationsverlusten, die Auswirkungen auf die Schätzungen der Modellparameter haben. Auf diesen Versuchsplantyp wird im Abschnitt 4.2.3 eingegangen. Erfahrungen haben gezeigt, dass die Anwendung von Versuchsplänen 1. Ordnung in den meisten Fällen ausreicht, um die jeweilige Aufgabenstellung in der Praxis erfolgreich zu lösen.

Fallbeispiel Leuchtstofflampenelektroden:
Ein wichtiges Qualitätsmerkmal von Elektroden in Leuchtstofflampen ist der thermische Emissionsstrom I_E. Je größer der thermische Emissionsstrom ist, desto geringer sind die Energieverluste und um so mehr Energie steht für die Lichterzeugung zur Verfügung. Bei der Herstellung von Elektroden wird auf eine Wolframdrahtwendel eine aus (Ba, Ca, Sr) -Mischkarbonat bestehende Paste aufgebracht. Diese mit Paste umhüllte Wolframdrahtwendel wird in einem Prozessschritt Formieren durch einen Formierstrom auf ca. 1200 K erhitzt. Bei dieser Temperatur zerfällt das Mischkarbonat in ein Mischoxid. Dabei wird Kohlendioxid freigesetzt, das abgepumpt wird. In der Fertigung ist es bei diesem Elektrodentyp möglich, Pastenmassen von 2 bis 8 mg und Formierströme von 450 bis 700 mA einzustellen.

Durch Versuche soll ermittelt werden, welchen Einfluss die Masse des Mischkarbonats P(M) und die Größe des Formierstromes I(F) auf den thermischen Emissionsstrom I_E haben. Es sind diejenigen Prozessparameter zu bestimmen, bei denen der thermische Emissionsstrom maximal ist.

In Anlehnung an Tabelle 4-4 sind als Erstes die Ziel- und Einflussgrößen zu ermitteln. Aus der Aufgabenbeschreibung geht unmittelbar hervor:

Zielgröße: thermischer Emissionsstrom I_E

Einflussgrößen: Pastenmasse P(M) und Formierstrom I(F)

Bei den Einflussgrößen handelt es sich um steuerbare Prozessparameter SP.

Eine wichtige Voraussetzung für die Anwendung der Versuchsplanung muss erfüllt sein: Die Einflussgrößen müssen unabhängig voneinander auf bestimmte Niveaus einstellbar sein!

Der nächste Schritt - Auswahl der wesentlichsten Einflussgrößen - erübrigt sich für das Fallbeispiel, da keine Informationen über weitere Einflussgrößen vorhanden sind.

Damit kommen wir zur Modellbildung. Bei zwei Einflussgrößen kann mit einem vollständigen faktoriellen Versuchsplan folgendes Modell bestimmt werden.

$$I_E = b_0 + b_1 x_1 + b_2 x_2 + b_{12} x_1 x_2$$

Es bezeichnen:
- b_0 — Schätzung der Regressionskonstanten
- b_1, b_2 — Schätzungen der Hauptwirkungen der Einflussgrößen x_1, x_2
- b_{12} — Schätzungen der zweifaktoriellen Wechselwirkung

Die Einflussgrößen x_1 und x_2, in der Versuchsplanung auch Faktoren genannt, sind Einflussgrößen in einem transformierten Bereich. Sie sind im Intervall [-1, +1] definiert und besitzen keine Einheit. Das bedeutet, dass sämtliche Modellparameter die Einheit der Zielgröße (Emissionsstrom I_E) haben. Der Vorteil dieser Transformation besteht darin, dass die Berechnung der Modellparameter sich sehr vereinfacht und auch mit einem Taschenrechner ohne Weiteres durchgeführt werden kann. Pastenmasse P(M) und Formierstrom I(F) sind die Einflussgrößen im Originalbereich mit den Einheiten mg und mA. Die Festlegung der Einstellniveaus der Einflussgrößen im Originalbereich sollte so erfolgen, dass bei der Versuchsdurchführung in jedem Fall ein messbares Ergebnis für die Zielgröße entsteht. Bei stetigen Einflussgrößen werden folgende Empfehlungen für die Festlegung der Versuchsniveaus gegeben:

- wenig Vorkenntnisse, großer Stufenabstand,
- gute Vorkenntnisse, kleiner Stufenabstand,
- kleinster zulässiger Stufenabstand, sechsfache Standardabweichung der Einflussgröße. Diese Standardabweichung ist ein Maß für die Genauigkeit der Messung der Einflussgröße. Wenn die Standardabweichung zur Messung der Pastenmasse 0,3 mg beträgt, dann ist der Mindestabstand zwischen dem unteren und dem oberen Niveau dieser Einflussgröße 1,8 mg.
- Bei bekannten technischen Einstellgrenzen sollte immer ein bestimmter Abstand von den Extremwerten der Einflussgrößen eingehalten werden, um zu vermeiden, dass bei kleinen Abweichungen von den festgelegten Niveaus die Zielgröße aus tech-

nisch-physikalischen Gründen eventuell nicht mehr realisierbar ist. Ist beispielsweise der Formierstrom I_F etwas kleiner als 450 mA, dann wird die erforderliche Zersetzungstemperatur des Mischkarbonats nicht erreicht und die Elektrode funktioniert nicht. Das heißt, die Leuchtstofflampe zündet bei den üblichen Spannungen nicht. Wird der Formierstrom höher als 700 mA eingestellt, treten durch Verdampfen der Paste starke Schwärzungen an den Leuchtstofflampenenden auf. Die Leuchtstofflampe ist Ausschuss.

Die Pastenmasse P(M) wird nun beispielsweise in die Einflussgröße x_1 transformiert und der Formierstrom I(F) wird zu x_2. Die Transformation vom Original- in den transformierten Bereich erfolgt so, dass aus den unteren und oberen Niveaus der Einflussgrößen im Originalbereich -1 und +1 im transformierten Bereich werden. Am Beispiel der Pastenmasse P(M) wird das verdeutlicht (Abbildung 4-4).

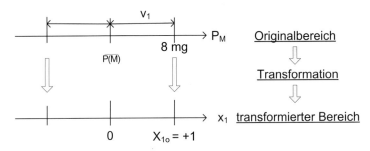

Abbildung 4-4: Beispiel für eine Transformation vom Originalbereich in den transformierten Bereich

Allgemein ergeben sich die Niveaus im transformierten Bereich aus den Einstellniveaus der Einflussgrößen im Originalbereich durch folgende Transformationsbeziehung:

$$x_i = \frac{x_i^* - \overline{x_i}^*}{v_i} \qquad (4.3)$$

Dabei bedeuten:

x_i - Einflussgröße im transformierten Bereich; $x_i \in [-1, +1]$ (ohne Einheit)

x_i^* - Einflussgröße im Originalbereich (mit Einheit)

$\overline{x_i}^*$ - Mittelwert der Einflussgröße x_i^* im Originalbereich

$$\overline{x_i}^* = \frac{x_{io}^* + x_{iu}^*}{2}$$

v_i - Variationsintervall der Einflussgröße x_i^* im Originalbereich

$$v_i = \frac{x_{io}^* - x_{iu}^*}{2}$$

x_{iu}^*, x_{io}^* - unteres bzw. oberes Niveau der Einflussgröße x_i^* im Originalbereich

Jetzt sind für die Einflussgrößen die zwei Versuchsniveaus festzulegen, die bei der Durchführung der Versuche entsprechend Versuchsplan einzustellen sind. Unter Beachtung eines bestimmten "Sicherheitsabstandes" von den technisch-physikalischen Grenzen der Einstellbereiche wurden die Niveaus wie folgt festgelegt.

Einfluss-größe	Einheit	Codierung	Niveau			v_i
			-1	0	+1	
P(M)	mg	x_1	3	5	7	2
I(F)	mA	x_2	500	575	650	75

Tabelle 4-6:   Codierung, Einstellniveaus und Variationsintervalle der Einflussgrößen

Da die Einflussgrößen während der Versuche nur jeweils auf ein unteres und ein oberes Niveau eingestellt werden, ist der Versuchsraum im Originalbereich bei zwei Einflussgrößen ein Rechteck. Die Versuche 1 bis 4 liegen in den Eckpunkten des Rechtecks (Abbildung 4-5).

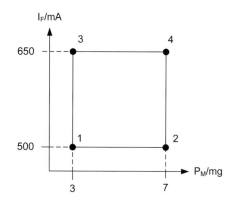

Abbildung 4-5:   Versuchsraum bei zwei Einflussgrößen im Originalbereich

Die Versuchsplanmatrizen für Versuchspläne des Typs VFV 2^n für bis zu 5 Einflussgrößen enthält die Tabelle 4-7. In diesen Matrizen sind die Einflussgrößen im transformierten Bereich [-1, +1] dargestellt. Anstelle von -1 wird kurz "-" und anstelle von +1 kurz "+" geschrieben.

	2^5-Plan				
	2^4-Plan				
	2^3-Plan				
	2^2-Plan				
Versuchs-Nr.	x_1	x_2	x_3	x_4	x_5
1	−	−	−	−	−
2	+	−	−	−	−
3	−	+	−	−	−
4	+	+	−	−	−
5	−	−	+	−	−
6	+	−	+	−	−
7	−	+	+	−	−
8	+	+	+	−	−
9	−	−	−	+	−
10	+	−	−	+	−
11	−	+	−	+	−
12	+	+	−	+	−
13	−	−	+	+	−
14	+	−	+	+	−
15	−	+	+	+	−
16	+	+	+	+	−
17	−	−	−	−	+
18	+	−	−	−	+
19	−	+	−	−	+
20	+	+	−	−	+
21	−	−	+	−	+
22	+	−	+	−	+
23	−	+	+	−	+
24	+	+	+	−	+
25	−	−	−	+	+
26	+	−	−	+	+
27	−	+	−	+	+
28	+	+	−	+	+
29	−	−	+	+	+
30	+	−	+	+	+
31	−	+	+	+	+
32	+	+	+	+	+

Tabelle 4-7:   *Planmatrix für bis zu 5 Einflussgrößen im transformierten Bereich, Standardreihenfolge der Versuche*

Die Planmatrizen enthalten die Versuche in der sogenannten Standardreihenfolge. Es ist erkennbar, dass das Konstruktionsprinzip sehr einfach ist. In der linken Spalte für die Einflussgröße x_1 wechseln von Versuch zu Versuch die Versuchsniveaus, beginnend mit "−", dann "+" usw. In der Spalte für x_2 werden die Versuchsniveaus der Spalte x_1 jeweils verdoppelt; in der Spalte für x_3 werden die Versuchsniveaus von Spalte x_2 verdoppelt usw.

Aus dieser Matrix wird die Versuchsvorschrift abgeleitet. Da im Fallbeispiel die Messungen der Zielgröße mit einem relativ hohen Messfehler behaftet sind, ist es sinnvoll, den Versuchsplan mit Wiederholungen durchzuführen. In die Auswertungen gehen dann die Mittelwerte aus den Wiederholungsmessungen je Versuch ein. Wiederholungen der einzelnen Versuche werden, wenn es kostenmäßig zu vertreten ist, in der Regel vorgesehen. Damit besteht auch die Möglichkeit, die Versuchsstreuung zu schätzen, die benötigt wird, um den Signifikanz- und Adäquatheitstest durchzuführen. Darauf wird in Abschnitt 4.2.2.6 eingegangen.

Für das Beispiel wird festgelegt, dass sämtliche Versuche mit zwei Wiederholungen durchgeführt werden. Damit ist die Gesamtzahl der Versuche 8. Unter Beachtung der in Tabelle 4-6 enthaltenen Niveaus der Einflussgrößen im Originalbereich ergibt sich folgende Versuchsvorschrift.

Versuchs-Nr.	P(M) /mg	I(F) /mA	I_E/mA
1	3	500	
2	7	500	
3	3	650	
4	7	650	
5	3	500	
6	7	500	
7	3	650	
8	7	650	

Tabelle 4-8: *Versuchsprotokoll mit Versuchsvorschrift für den VFV 2^2 in Standardreihenfolge und c = 2 Wiederholungen*

Die Reihenfolge der Versuche sollte zufällig gewählt werden, damit sich systematische Fehler bei der Einstellung der Versuchsniveaus weitgehend kompensieren. Man spricht dann von einem randomisierten Versuchsplan. Das Randomisieren kann bei Anwendung üblicher Versuchsplanungssoftware bei der Aufstellung des Versuchsplanes ein- oder ausgeschaltet werden.

Folgende Gesichtspunkte sind vor der Versuchsdurchführung zu beachten:
- Der Versuchsverantwortliche ist angemessen einzuweisen und anzuleiten.
- Die konstant zu haltenden Parameter sind genau zu benennen. Wechsel der Anlagenfahrer und Chargenwechsel sind möglichst zu vermeiden. Ist das nicht möglich, sind die Versuche in Blöcken zu planen, um Verfälschungen der Auswertungsergebnisse durch systematische Einflüsse anderer Faktoren zu vermeiden (vgl. dazu Abschnitt 4.2.5).
- Jedes Versuchsobjekt ist so zu kennzeichnen, dass die Zuordnung zu dem entsprechenden Versuch eindeutig möglich ist.
- Jeder Versuch muss durchgeführt werden. Versuch Nr. 1 bedeutet beispielsweise, dass die Pastenmasse der Elektroden auf 3 mg und der Formierstrom auf 500 mA einzustellen sind. Versuch Nr. 2 bedeutet, dass die Pastenmasse der Elektroden auf 7 mg und der Formierstrom auf 500 mA einzustellen sind usw. Von jedem Versuchsobjekt ist die Zielgröße – hier der Emissionsstrom – zu messen und in die Tabelle 4-8 einzutragen.

Die Tabelle 4-9 enthält die Werte des Emissionsstromes, die an den in jedem Versuch gefertigten Elektroden gemessen wurden.

Versuchs-Nr.	P(M) /mg	I(F) /mA	I_E/mA
1	3	500	65
2	7	500	80
3	3	650	81
4	7	650	104
5	3	500	69
6	7	500	82
7	3	650	85
8	7	650	106

Tabelle 4-9: Versuchsprotokoll mit eingetragenen Versuchsergebnissen

Jetzt können die Versuchsergebnisse ausgewertet werden. Dazu werden in dem Beispiel zunächst die Effekte der Einflussgrößen von Pastenmasse P(M) und Formierstrom I(F) berechnet.

Unter einem Effekt E_i der Einflussgröße x_i versteht man allgemein die Zu- oder Abnahme der Zielgröße y, wenn die entsprechende Einflussgröße vom unteren auf das obere Niveau verändert wird.

Die Schätzung des Effektes E_i anhand der Versuchsergebnisse ist demnach die Differenz aus dem Mittelwert aller Zielgrößenwerte, bei denen die Einflussgröße x_i sich auf dem oberen Niveau befindet und dem Mittelwert aus allen Zielgrößenwerten, bei denen die Einflussgröße x_i sich auf dem unteren Niveau befindet.

Damit erhält man folgende Effekte:

$$E_{PM} = \frac{80 + 104 + 82 + 106}{4} - \frac{65 + 81 + 69 + 85}{4} = 18 \text{ mA}$$

$$E_{IF} = \frac{81 + 104 + 85 + 106}{4} - \frac{65 + 80 + 69 + 82}{4} = 20 \text{ mA}$$

In Abbildung 4-6. sind die Effekte grafisch dargestellt.

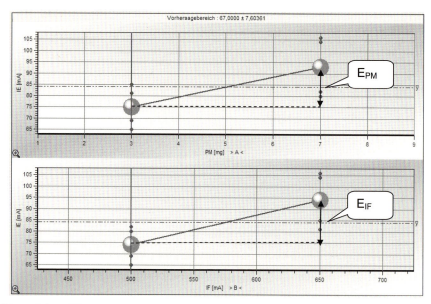

Abbildung 4-6: Effekte der Einflussgrößen Pastenmasse P(M) und Formierstrom I(F)

Die Effekte werden folgendermaßen interpretiert:

- E_{PM}: Wenn die Pastenmasse der Elektroden von 3 auf 7 mg erhöht wird, vergrößert sich der Emissionsstrom I_E um 18 mA.

- E_{IF}: Wenn der Formierstrom der Elektroden von 500 auf 650 mA erhöht wird, vergrößert sich der Emissionsstrom I_E um 20 mA.

Der Versuchsplan ermöglicht auch die Berechnung eines zweifaktoriellen Wechselwirkungseffektes ($ZWWE_{12}$).

Ein $ZWWE_{12}$ beschreibt den Unterschied in der Änderung der Zielgröße y bei Veränderung der Einflussgröße x_1 vom unteren auf das obere Niveau, wenn die Einflussgröße x_2 einmal auf das untere Niveau und dann auf das obere Niveau eingestellt wird. Betrachtet man x_2 als Variable, dann beschreibt der $ZWWE_{12}$ den Unterschied in der Änderung der Zielgröße y bei Veränderung der Einflussgröße x_2, wenn die Einflussgröße x_1 einmal auf das untere Niveau und dann auf das obere Niveau eingestellt wird. Das bedeutet, dass bei einem vorhandenen zweifaktoriellen Wechselwirkungseffekt der Einfluss einer Einflussgröße auf die Zielgröße y auch noch von dem eingestellten Niveau der zweiten Einflussgröße abhängt. Der Einfluss der ersten Einflussgröße kann in Abhängigkeit vom Vorzeichen des ZWWE und von dem eingestellten Niveau der zweiten Einflussgröße verstärkt oder abgeschwächt werden. Die Abbildung 4-7 zeigt die inhaltliche Bedeutung eines $ZWWE_{12}$ für einen angenommenen Fall bestimmter Vorzeichen der Parameter im Modell im transformierten Bereich.

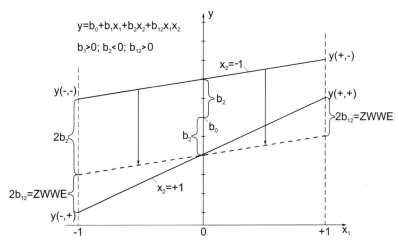

Abbildung 4-7: Grafische Interpretation eines $ZWWE_{12}$ im transformierten Bereich

Aus der inhaltlichen Beschreibung einer zweifaktoriellen Wechselwirkung lässt sich für das Praxisbeispiel die konkrete Formel zu ihrer Berechnung aufschreiben.

$$ZWWE_{PM,IF} = \frac{104+106-80-82}{4} - \frac{81+85-65-69}{4} = 4 \text{ mA}$$

In Abbildung 4-8 ist der $ZWWE_{PM,IF}$ für die beiden Interpretationsmöglichkeiten im Originalbereich dargestellt.

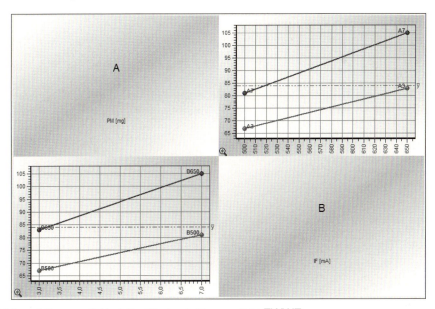

Abbildung 4-8: zweifaktorieller Wechselwirkungseffekt $ZWWE_{PM,IF}$

Die Interpretation des $ZWWE_{PM,IF}$ wird wie folgt durchgeführt. Aufgrund des positiven Vorzeichens ist folgende Aussage zu treffen: Die Zunahme des Emissionsstromes I_E durch Erhöhung der Pastenmasse P(M) (der Effekt E_{PM} ist positiv) vom unteren auf das obere Niveau, ist auf dem oberen Niveau des Formierstromes I(F) größer als auf dem unteren Niveau des Formierstromes. Bezieht man sich dagegen auf den Formierstrom, lautet die Interpretation analog: Die Zunahme des Emissionsstromes I_E durch Erhöhung des Formierstromes I_F (der Effekt E_{IF} ist ebenfalls positiv) vom unteren auf das obere Niveau, ist auf dem oberen Niveau der Pastenmasse P(M) größer als auf dem unteren Niveau der Pastenmasse. In der Regel erfolgt die Interpretation zweifaktorieller Wechselwirkungen in der Praxis, wie eben beschrieben, qualitativ. Die quantitative Interpretation ist auch möglich: Die Zunahme des Emissionsstromes I_E durch Erhöhung der Pastenmasse von 3 auf 7 mg ist bei der Einstellung des Formierstromes auf 650 mA um 8 mA größer (2·$ZWWE_{PM,IF}$, siehe Abbildung 4-8) als bei 500 mA. Bei Vertauschen der Einflussgrößen ist die Interpretation analog.

Nachdem die Berechnung und Interpretation der Effekte behandelt wurde, kehren wir zum Modell zurück und betrachten die Berechnung der Modellparameter b_0, b_1, b_2, und b_{12}. Dafür wird die Matrix der unabhängigen Variablen mit eingetragenen Versuchsergebnissen benötigt (Tabelle 4-10).

Vers.-Nr.	x_0	x_1	x_2	$x_1 x_2$	y_{1j}/mA	y_{2j}/mA	$\bar{y}_j$/mA
1	+	-	-	+	65	69	67
2	+	+	-	-	80	82	81
3	+	-	+	-	81	85	83
4	+	+	+	+	104	106	105
	b_0	b_1	b_2	b_{12}			

Tabelle 4-10:   Matrix der unabhängigen Variablen mit eingetragenen Versuchsergebnissen

In Tabelle 4-10 stehen die Einflussgrößen mit den Niveaus im transformierten Bereich -1 bzw. +1. Dadurch ist die Berechnung der Modellparameter sehr einfach. Für jeden Modellparameter wird eine Spalte in der Matrix der unabhängigen Variablen benötigt. Die Niveaus in der Spalte für die Berechnung der zweifaktoriellen Wechselwirkung b_{12} ergeben sich aus der zeilenweisen Multiplikation der Niveaus der Spalte von x_1 mit den Niveaus der Spalte von x_2. Diese Versuchspläne sind orthogonal. Das bedeutet, dass die Produktsummen von zwei beliebigen Spalten der Matrix der unabhängigen Variablen immer Null ergeben. Aus dieser Eigenschaft resultieren einfache Berechnungsbeziehungen für die Effekte der Einflussfaktoren und auch unabhängige Schätzungen der Effekte bzw. der Haupt- und Wechselwirkungen.

Zwischen den Hauptwirkungen und -effekten bzw. zwischen den Wechselwirkungen und Wechselwirkungseffekten besteht folgender Zusammenhang:

Hauptwirkung b_i = Effekt/2

Wechselwirkung b_{ij} = Wechselwirkungseffekt/2

4.1 Problemstellung

Zur Berechnung der Hauptwirkungen b_i einschließlich b_0 sowie der zweifaktoriellen Wechselwirkungen b_{ip} werden folgende Formeln verwendet:

$$b_i = \frac{1}{m}\sum_{j=1}^{m} x_{ij}\bar{y}_j \qquad i = 0,1,2,...,n \qquad (4.4)$$

$$b_{ip} = \frac{1}{m}\sum_{j=1}^{m}(x_i \cdot x_p)_j \cdot \bar{y}_j \qquad i, p = 1,2,...,n; \; i<p \qquad (4.5)$$

mit

$\bar{y}_j$ - Mittelwert im j-ten Versuchspunkt aus c Wiederholungen

$$\bar{y}_j = \frac{1}{c}\sum_{z=1}^{c} y_{jz}$$

$j = 1,2,...,m$ (j = Versuchspunkt = Nr. des Versuches)

Wie werden die Hauptwirkungen interpretiert? Eine Hauptwirkung wird durch den Zahlenwert und das Vorzeichen charakterisiert. Ein negatives Vorzeichen bedeutet, dass sich die Zielgröße verringert, wenn die Einflussgröße vergrößert wird. Bei einem positiven Vorzeichen vergrößert sich die Zielgröße, wenn die Einflussgröße vergrößert wird. Der Zahlenwert bringt die Änderung der Zielgröße zum Ausdruck, wenn die Einflussgröße vom unteren auf das mittlere oder vom mittleren auf das obere Einstellniveau geändert wird (Abbildung 4-9).

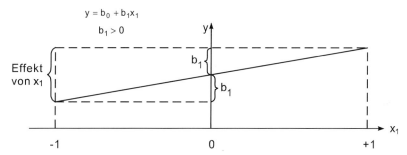

Abbildung 4-9: Effekt und Hauptwirkung der Einflussgröße x_1 im transformierten Bereich

Für die Interpretation einer zweifaktoriellen Wechselwirkung b_{ip} wird auf die Ausführungen zum zweifaktoriellen Wechselwirkungseffekt $ZWWE_{ij}$ verwiesen. Die quantitative Interpretation unterscheidet sich dadurch, dass bei den Änderungen der Einflussgrößen nur die Änderungen vom unteren Niveau auf das mittlere Niveau bzw. die Änderungen vom mittleren Niveau auf das obere Niveau diskutiert werden. Es wird darauf hingewiesen, dass im Versuchsplan bisher natürlich kein mittleres Niveau zur Schätzung des Modells benötigt wurde, denn es wird bei diesem Modellansatz zunächst von der Annahme linearer Abhängigkeiten der Zielgröße von den Einflussgrößen ausgegangen.

Unter Anwendung der aufgeführten Formeln und unter Beachtung der in den Spalten der Tabelle 4-10 angegebenen Niveaus im transformierten Bereich und den gemessenen Werten in der Matrix der y-Werte, können die Modellparameter einfach berechnet werden.

$$b_0 = \frac{67 + 81 + 83 + 105}{4} = 84 \text{ mA}$$

$$b_1 = \frac{-67 + 81 - 83 + 105}{4} = 9 \text{ mA}$$

$$b_2 = \frac{-67 - 81 + 83 + 105}{4} = 10 \text{ mA}$$

$$b_{12} = \frac{67 - 81 - 83 + 105}{4} = 2 \text{ mA}$$

Damit lautet das Modell:

$$I_E = (84 + 9x_1 + 10x_2 + 2x_1x_2) \text{ mA}$$

Dieses Modell kann zur Prognose von Zielgrößenwerten bei beliebigen Kombinationen der Einflussgrößen verwendet werden. Allerdings gilt dieses Modell nur innerhalb des Versuchsraumes, der durch die unteren und oberen Niveaus der Einflussgrößen begrenzt wird (siehe Abbildung 4-5). Auch zur Optimierung kann dieses Modell verwendet werden. Offensichtlich ist der Emissionsstrom der Elektroden maximal, wenn beide Einflussgrößen jeweils auf das obere Niveau eingestellt werden, also bei P_M = 7 mg und bei I_F = 650 mA. Das entspricht den Niveaus x_1 = x_2 = +1 im transformierten Bereich. Als Prognosewert erhält man:

$$I_{Fmax} = (84 + 9 + 10 + 2) \text{ mA} = 105 \text{ mA}$$

Dieses Ergebnis hätte man natürlich auch sofort aus Tabelle 4-10 ablesen können, denn dieser Wert ist der Mittelwert von I_E im 4. Versuchspunkt. Bei mehreren Einflussgrößen und auch höher faktoriellen Wechselwirkungen ist die Optimierung jedoch nicht so trivial. Darauf wird im Abschnitt 4.2.6 eingegangen.

Bei den bisherigen Betrachtungen wurde davon ausgegangen, dass die berechneten Modellparameter die Wirklichkeit richtig widerspiegeln. In der Praxis hat man es jedoch mit einer Reihe von Einflüssen zu tun, die sich auf die Versuchsdurchführung und auch auf die Versuchsergebnisse auswirken. Derartige Einflüsse sind Abweichungen von den vorgeschriebenen Niveaus der Einflussgrößen durch Einstellfehler, Messfehler, das Wirken weiterer nicht erkannter Einflussgrößen und das Wirken von Störgrößen. Deshalb sind die berechneten Modellparameter Realisierungen von Zufallsgrößen. Die Modellparameter haben eine Streuung. Wenn der Versuchsplan unter vermeintlich gleichen Bedingungen mehrfach wiederholt würde, erhielte man jedes Mal etwas andere Schätzwerte für die Modellparameter.

Deshalb ist es zur Absicherung der Auswertungen notwendig, noch folgende weitere Untersuchungen durchzuführen:

1. Prüfung, ob die Modellparameter signifikant (wesentlich) sind, wobei nicht signifikante Terme aus dem Modell gestrichen werden.

2. Prüfung, ob das Modell ohne die nicht signifikanten Terme die Wirklichkeit hinreichend genau beschreibt (Adäqatheitstest).

3. Prüfung, ob im untersuchten Bereich Nichtlinearität existiert (Nichtlinearitätstest).

Die praktischen Vorgehensweisen zur Bearbeitung der Punkte 1. bis 3. werden in den nächsten Abschnitten beschrieben.

4.2 Vorgehensweise

In den folgenden Abschnitten soll nun an Praxisbeispielen auf die Vorgehensweisen bei der Anwendung wichtiger Versuchsplanungsmethoden eingegangen werden, die in Tabelle 4-4 aufgeführt sind. Speziell befassen werden wir uns im Weiteren mit dem Einflussgrößen-Screening, der Modellbildung durch Anwendung vollständiger und teilweise faktorieller Versuchspläne, mit der Blockbildung und der Optimierung anhand des Modells.

4.2.1 Einflussgrößenscreening

Nach der Arbeitsetappe "Ermittlung der Ziel- und Einflussgrößen" hat man in der Regel viele Einflussgrößen ermittelt, deren Anzahl durch Brainstorming allein nicht weiter reduziert werden kann. Der Nachteil von Brainstorming besteht darin, dass aufgrund der subjektiven Beurteilungen auch Fehleinschätzungen auftreten können. Das Ergebnis kann nicht besser sein als das Wissen der Experten, die die Einschätzungen vorgenommen haben. In dieser Situation ist es sinnvoll, durch geeignete Versuche zu ermitteln, welche Einflussgrößen die wichtigsten sind. Aus der Sicht der Versuchsplanung eignen sich dafür besonders Plackett-Burman-Pläne, teilweise faktorielle Versuchspläne und auch die Varianzanalyse. Die Varianzanalyse ist in Kapitel 3 beschrieben; die teilweise faktoriellen Versuchspläne sind Gegenstand von Abschnitt 4.2.3.

In diesem Abschnitt werden die Plackett-Burman-Pläne am Praxisbeispiel vorgestellt. Diese Versuchspläne ermöglichen es, mit extrem wenig Versuchen eine große Zahl von Einflussgrößen gleichzeitig zu untersuchen. Es können stetige und/oder nominale Einflussgrößen untersucht werden.

Das Konstruktionsprinzip der vollständigen Planmatrix geht aus Tabelle 4-11 hervor.

Einflussgrößen Versuchsnummer	x_1	x_2	x_3	x_4	x_5	x_6	x_7	x_8	x_9	x_{10}	x_{11}
1	+	-	+	-	-	-	+	+	+	-	+
2	+	+	-	+	-	-	-	+	+	+	-
3	-	+	+	-	+	-	-	-	+	+	+
4	+	-	+	+	-	+	-	-	-	+	+
5	+	+	-	+	+	-	+	-	-	-	+
6	+	+	+	-	+	+	-	+	-	-	-
7	-	+	+	+	-	+	+	-	+	-	-
8	-	-	+	+	+	-	+	+	-	+	-
9	-	-	-	+	+	+	-	+	+	-	+
10	+	-	-	-	+	+	+	-	+	+	-
11	-	+	-	-	-	+	+	+	-	+	+
12	-	-	-	-	-	-	-	-	-	-	-

Tabelle 4-11:   Planmatrix des Plackett-Burman-Versuchsplanes für n = 11, 10, 9 oder 8 Einflussgrößen

Die einzelnen Zeilen der Planmatrix werden wie folgt gebildet: Ausgehend von der vorgegebenen ersten Spalte der Planmatrix entsprechend Tabelle 4-12 wird die zweite Spalte durch Verschieben der Elemente nach unten (oder oben) und Einsetzen des untersten (obersten) Elementes an die oberste (unterste) Stelle aufgestellt. Dieses Verfahren wird (m-2)-mal durchgeführt. Die letzte (unterste) Zeile der Planmatrix bleibt bei dieser Vorgehensweise zunächst leer und wird erst zum Schluss mit Minuszeichen ausgefüllt.

Anzahl der Einflussgrößen	Anzahl der Versuche	Erste **Spalte** der Planmatrix eines Plackett-Burman-Planes
$n \leq 7$	$m = 8$	+ + + - + - -
$n \leq 11$	$m = 12$	+ + - + + + - - - + -
$n \leq 15$	$m = 16$	+ + + + - + - + + - - + - - -
$n \leq 19$	$m = 20$	+ + - - + + + + - + - + - - - - + + -
$n \leq 23$	$m = 24$	+ + + + + - + - + + - - + + - - + - + - - - -

Tabelle 4-12:   Siebpläne nach Plackett-Burman (PB-Pläne)

Die Anzahl der erforderlichen Versuche m beträgt:

$$m = 4k \qquad \text{mit} \quad k = 2,...,25 \qquad (4.6)$$

Damit können die Wirkungen von n = 4k-1 Einflussgrößen auf die Zielgrößen untersucht werden. In dem theoretisch maximal möglichen Versuchsplan könnte man demnach mit 100 Versuchen gleichzeitig 99 Einflussgrößen untersuchen. Ein derartiger Versuchsplan ist natürlich in der Praxis undurchführbar.

Die Effekte E_i für die Einflussgrößen x_i werden auf der Grundlage der Versuchsergebnisse berechnet.

$$E_i = \frac{2}{m}\sum_{j=1}^{m} x_{ij}\bar{y}_j \quad i=1,2,...,n \quad (4.7)$$

j=1,2,...,m   (j = Versuchspunkt = Nr. des Versuches)

wobei

$\bar{y}_j$ - Mittelwert im j-ten Versuchspunkt aus c Wiederholungen

Nach der Berechnung der Effekte wird geprüft, ob sie signifikant von Null abweichen.

Bevor auf den Signifikanztest der Effekte eingegangen wird, betrachten wir zunächst die Bestimmung einer sehr wichtigen Größe, die Versuchsstreuung s^2, auch Experimentalfehler genannt. Die Versuchsstreuung ist ein Maß für die Reproduzierbarkeit der einzelnen Versuche. Wenn keine Versuchsfehler auftreten würden, keine Messfehler vorhanden wären und auch keine anderen Einflussgrößen die Versuchsergebnisse beeinflussen würden, dann müssten alle Zielgrößenwerte, die aus Wiederholungen ein und desselben Versuches resultieren, gleich sein. Natürlich ist dies, wie man aus der Praxis weiß, nicht der Fall. Es tritt also eine Streuung der Zielgrößenwerte auch unter vermeintlich konstanten Versuchsbedingungen auf, wenn mehrere Versuchswiederholungen realisiert werden. Für den Signifikanztest der Effekte wird die Versuchsstreuung benötigt. Zur Berechnung der Versuchsstreuung ist es zweckmäßig, jeden Versuch des Versuchsplanes mehrfach (c-fach) durchzuführen. Man spricht dann von c Wiederholungen des Versuchsplanes. Wenn jeder Versuch nur einmal realisiert wird (c = 1) handelt es sich um eine Wiederholung, bei zweifacher Realisierung eines jeden Versuches (c = 2) liegen zwei Wiederholungen des Versuchsplanes vor usw. Die Anzahl der Wiederholungen sollte in jedem Versuch gleich sein. Bei c Wiederholungen ist die Gesamtzahl der Versuche $m \cdot c$. Die Versuchsstreuung (Experimentalfehler $\widehat{MQ}(Exp.f.)$) wird wie folgt berechnet ($\widehat{MS}$ bedeutet Schätzung):

$$\widehat{MQ}(Exp.f.) = s^2 = \frac{1}{m}\sum_{j=1}^{m} s_j^2$$

$$\text{mit} \quad s_j^2 = \frac{1}{c-1}\sum_{z=1}^{c}(y_{jz}-\bar{y}_j)^2 = \frac{1}{c-1}\left[\sum_{z=1}^{c} y_{jz}^2 - \frac{1}{c}\left(\sum_{z=1}^{c} y_{jz}\right)^2\right] \quad (4.8)$$

s_j^2 - Streuung im j-ten Versuch

Die Freiheitsgrade des Experimentalfehlers FG(Exp.f.) ergeben sich zu:

FG(Exp.f.) = m(c - 1).

Der Freiheitsgrad FG ergibt sich allgemein aus der Gesamtzahl der vorhandenen Messwerte minus der Zahl der zu schätzenden Parameter. Insgesamt sind m·c Messwerte vorhanden. Davon wird die Zahl der zu schätzenden Parameter - das sind m Mittelwerte - abgezogen. Die Anzahl der Freiheitsgrade ist damit m·c-m = m(c-1).

Zunächst wird die Streuung innerhalb eines jeden Versuches anhand der Wiederholungen der Zielgrößen berechnet und anschließend wird der arithmetische Mittelwert aus den Streuungen der einzelnen Versuche gebildet.

Es wird darauf verwiesen, dass bei den Versuchswiederholungen in der Praxis zwischen Repetition und Replikation unterschieden wird. Während bei Repetition c Zielgrößen bei konstanten Versuchseinstellungen ermittelt werden, werden bei Replikation in jedem Versuch die Einflussgrößen c-fach immer wieder neu eingestellt. Bei Repetition wird die Versuchsstreuung zu klein geschätzt. Diese Vorgehensweise sollte vermieden werden. Sie ist aber dann angebracht, wenn die Einstellungen der Versuchsniveaus für bestimmte Einflussgrößen z. B. sehr zeitaufwendig oder schwierig sind. In diesem Fall nimmt man die zu kleine Schätzung der Versuchsstreuung in Kauf.

Wir kehren zum Signifikanztest zurück. Dafür wird der t-Test angewendet.

Ausgehend von der Null- und Alternativhypothese:

$H_0: E = 0$

$H_1: E \neq 0$

kommt die Testgröße t zur Anwendung.

$$t = \frac{|E|}{s(E)} \qquad (4.9)$$

mit

$s(E)$ - empirische Standardabweichung der Effekte der Einflussgrößen

Die Standardabweichung der Effekte wird mit folgender Beziehung berechnet:

$$s(E) = 2 \frac{s}{\sqrt{c \cdot m}} \qquad (4.10)$$

s ist die Standardabweichung der empirischen Versuchstreuung.

Entscheidungsregel: Ein Effekt ist signifikant (statistisch gesichert), wenn folgende Ungleichung zutrifft:

$$t > t_{1-\alpha/2; FG(Exp.f)} \qquad (4.11)$$

mit

$t_{1-\alpha/2;FG(Exp.f.)}$ Quantil der t-Verteilung mit den Freiheitsgraden des Experimentalfehlers und der statistischen Sicherheit $1-\alpha$.

Für die Irrtumswahrscheinlichkeit α werden in der Praxis meist 1 %, 5 % oder 10 % verwendet. Die Irrtumswahrscheinlichkeit α ist die Wahrscheinlichkeit dafür, eine Einflussgröße auf der Grundlage des statistischen Tests als wesentlich zu erkennen, obwohl sie gar keinen Einfluss auf die Zielgröße ausübt (Wahrscheinlichkeit für einen **Fehler 1. Art**). Bei der Wahl von α muss beachtet werden, dass eine kleine Irrtumswahrscheinlichkeit dazu führt, dass nur größere Effekte als wesentlich erkannt werden. Bei einer Vergrößerung von α werden kleinere Effekte bereits signifikant. Damit verringert sich die Wahrscheinlichkeit dafür, Effekte, die in Wirklichkeit von Null abweichen, nicht als signifikant zu erkennen (Wahrscheinlichkeit für einen **Fehler 2. Art**). Oft wird in der Praxis der Wert 5 % für die Irrtumswahrscheinlichkeit gewählt. Damit ergibt sich die statistische Sicherheit zu 95 %.

Ablesebeispiel für das Quantil der t-Verteilung aus der Tafel der t-Verteilung (vgl. Tabellenanhang):

$\alpha = 10\ \%$, FG (Exp.f.) = 8   abgelesener Wert: $t_{0,95;8} = 1{,}86$

Die Entscheidungsregel entsprechend Formel (6.11) kann unter Beachtung von (6.9) für die praktische Anwendung auch so umgestellt werden, dass der zu prüfende Effekt auf der linken Seite der Ungleichung steht. Signifikanz des Effektes liegt dann vor, wenn der Betrag des Effektes größer ist als das Produkt des t-Quantils mit der Standardabweichung der Effekte:

$$|E| > t_{1-\alpha/2; FG(Exp.f)} \cdot s(E)$$

Es wird noch erwähnt, dass bei den Versuchsplänen 1. Ordnung und auch bei den PB-Plänen sämtliche Effekte E_i die gleiche Streuung besitzen.

Eine zweite Möglichkeit für den Signifikanztest besteht darin, die Schätzung des Experimentalfehlers mithilfe fiktiver Einflussgrößen vorzunehmen, die dann in den Versuchsplan eingeführt werden können, wenn die Anzahl der zu untersuchenden Einflussgrößen kleiner als die Anzahl der Spalten des PB-Planes ist. Die mögliche Anzahl fiktiver Einflussgrößen ist m-1-n. Obwohl diesen Spalten gar keine realen Einflussgrößen zugeordnet sind, können für die fiktiven Einflussgrößen die "Effekte" berechnet werden. Diese Effekte sind dann ein Maß für die Versuchsstreuung.

Für sogenannte Faktorenpläne gilt:

$$s_i^2 = \frac{\left(\sum_{j=1}^{m} x_{ij} y_j\right)^2}{m} = \frac{E_i^2}{4} \cdot m \qquad (c=1!);\ i = n+1, ..., m-1 \qquad (4.13)$$

Mit den Formeln (6.10) und (6.13) erhält man:

$$s^2(E) = \overline{E^2}$$

Für $\overline{E^2}$ wird der arithmetische Mittelwert aus allen quadrierten Effekten der fiktiven Einflussgrößen verwendet.

$$\overline{E^2} = \frac{1}{m-1-n}(E_{n+1}^2 + ... + E_{m-1}^2) = \frac{1}{m-1-n}\sum_{i=n+1}^{m-1} E_i^2$$

Unter Verwendung dieser Beziehung ist der Effekt einer Einflussgröße signifikant, wenn folgende Ungleichung zutrifft:

$$|E| > t_{1-\alpha/2;FG(Exp.f.)} \cdot \sqrt{\overline{E^2}} \qquad (4.14)$$

Die Freiheitsgrade für den Signifikanztest betragen in diesem Fall m-1-n. Im Zusammenhang mit der Anwendung von PB-Plänen muss beachtet werden, dass PB-Pläne streng genommen nur anzuwenden sind, wenn keine zweifaktoriellen Wechselwirkungseffekte existieren. Das Problem in der Praxis besteht natürlich oft darin, dass man nicht genau weiß, ob zweifaktorielle Wechselwirkungen vorhanden sind.

Fallbeispiel Leuchtstofflampe:

Ein Leuchtstofflampenhersteller führte eine Prozessanalyse zur Ermittlung wesentlicher Einflussgrößen durch, die sich auf den Lichtstrom auswirken. Aus Vorinformationen ist bekannt, dass folgende Prozessparameter eine Rolle spielen können:

- *Ausheiztemperatur des Leuchtstoffes T(Ah)*
- *Abpumpzeit der Leuchtstofflampenkolben t(P)*
- *Leuchtstoffbelagsmasse m(B)*
- *Ausbrenntemperatur des Leuchtstoffes T(Ab)*
- *Pastenmasse der Elektroden P(M)*
- *Formierstrom der Elektroden I(F)*
- *Argon-Fülldruck p(Ar)*

Die Prozessparameter lassen sich in folgenden Bereichen einstellen:

Prozessparameter	Einstellbereich
T(Ah)	600 bis 800 K
t(P)	70 bis 150 %
m(B)	3 bis 6 g/m
T(Ab)	800 bis 900 K
P(M)	3 bis 8 mg
I(F)	500 bis 610 mA
p(Ar)	240 bis 550 Pa

Durch Screening-Experimente sollen die wesentlichsten Prozessparameter ermittelt werden.

Nach Tabelle 4-12 sind zur Untersuchung der 7 Einflussgrößen 8 Versuche erforderlich. Zur Ermittlung der Versuchsstreuung, die für den Signifikanztest der Effekte benötigt wird, werden für jeden Versuch c = 2 Wiederholungen geplant. Damit sind insgesamt 16 Versuche durchzuführen. Die Planmatrix des PB-Planes im transformierten Bereich und die Versuchsvorschrift für die Grundversuche sind in Tabelle 4-13 dargestellt.

4.2 Vorgehensweise

		$x_{i\,un}^*$	$x_{i\,ob}^*$	$x_{i\,un}$	$x_{i\,ob}$
Einfluss-	x_1 Ausheiztemperatur des Leuchtstoffes T(Ah) →	600 K	800 K	-1	1
größen:	x_2 Abpumpzeit der Leuchtstofflampenkolben t(P) →	70%	150%	-1	1
	x_3 Leuchtstoffbelagsmasse m(B) →	3 g/m	6 g/m	-1	1
	x_4 Ausbrenntemperatur des Leuchtstoffes T(Ab) →	800 K	900 K	-1	1
	x_5 Pastenmasse der Elektroden P(M) →	3 mg	8 mg	-1	1
	x_6 Formierstrom der Elektroden I(F) →	500 mA	610 mA	-1	1
	x_7 Argon-Fülldruck p(Ar) →	240 Pa	550 Pa	-1	1

Zielgröße: Lichtstrom nach 100 h Brenndauer (in lm)

Planmatrix:

Versuchsvorschrift:

Vers.-Nr. j	x_1	x_2	x_3	x_4	x_5	x_6	x_7		j	T(Ah)	t(p)	m(B)	T(Ab)	P(M)	I(F)	p(Ar)
1	1	-1	-1	1	-1	1	1	→	1	800 K	70%	3 g/m	900 K	3 mg	610 mA	550 Pa
2	1	1	-1	-1	1	-1	1	→	2	800 K	150%	3 g/m	800 K	8 mg	500 mA	550 Pa
3	1	1	1	-1	-1	1	-1	→	3	800 K	150%	6 g/m	800 K	3 mg	610 mA	240 Pa
4	-1	1	1	1	-1	-1	1	→	4	600 K	150%	6 g/m	900 K	3 mg	500 mA	550 Pa
5	1	-1	1	1	1	-1	-1	→	5	800 K	70%	6 g/m	900 K	8 mg	500 mA	240 Pa
6	-1	1	-1	1	1	1	-1	→	6	600 K	150%	3 g/m	900 K	8 mg	610 mA	240 Pa
7	-1	-1	1	-1	1	1	1	→	7	600 K	70%	6 g/m	800 K	8 mg	610 mA	550 Pa
8	-1	-1	-1	-1	-1	-1	-1	→	8	600 K	70%	3 g/m	800 K	3 mg	500 mA	240 Pa

i	Nr. der Einflussgröße (i = 1, 2, ..., 7)	x_{un}^* unteres Niveau im Originalbereich
j	Versuchs-Nr. (j = 1, 2, ..., 8)	x_{ob}^* oberes Niveau im Originalbereich
m	Anzahl der Versuche (m = 8)	x_{un} unteres Niveau im Bildbereich

Tabelle 4-13: Planmatrix des PB-Planes im transformierten Bereich und die entsprechende Versuchsvorschrift

Die Versuchsvorschrift des PB-Planes mit zwei Wiederholungen und den eingetragenen Messwerten für den Lichtstrom zeigt Tabelle 4-14.

Vers.-Nr.	T(Ah) [K]	t(P) [%]	m(B)/ [gm^{-1}]	T(Ab) [K]	P(M) [mg]	I(F) [mA]	p(Ar) [Pa]	Lichtstrom [Lm]
1	800	70	3	900	3	610	550	2592
2	800	150	3	800	8	500	550	2594
3	800	150	6	800	3	610	240	2644
4	600	150	6	900	3	500	550	2581
5	800	70	6	900	8	500	240	2532
6	600	150	3	900	8	610	240	2569
7	600	70	6	800	8	610	550	2634
8	600	70	3	800	3	500	240	2647
9	800	70	3	900	3	610	550	2558
10	800	150	3	800	8	500	550	2554
11	800	150	6	800	3	610	240	2688
12	600	150	6	900	3	500	550	2617
13	800	70	6	900	8	500	240	2588
14	600	150	3	900	8	610	240	2607
15	600	70	6	800	8	610	550	2588
16	600	70	3	800	3	500	240	2605

Tabelle 4-14: Versuchsvorschrift des PB-Planes mit c=2 Wiederholungen und eingetragenen Versuchsergebnissen

4 Statistische Versuchsplanung

Jetzt kann die Versuchsdurchführung beginnen. Versuch Nr. 1 bedeutet beispielsweise, dass die Ausheiztemperatur des Leuchtstoffes T(Ah) auf 800 K, die Pumpzeit der Glaskolben t(P) auf 70 %, die Belagsmasse des Leuchtstoffes m(B) auf 3 g/m, die Ausbrenntemperatur des Leuchtstoffes T(Ab) auf 900 K, die Pastenmasse der Elektroden P(M) auf 3 mg, der Formierstrom der Elektroden auf 610 mA und der Argonfülldruck p(Ar) auf 550 Pa eingestellt werden. Sämtliche Versuche wurden durchgeführt, anschließend wurden die Lichtströme der gefertigten Leuchtstofflampen gemessen und in die Tabelle 4-14 eingetragen.

Damit sind alle Voraussetzungen für die Auswertung der Versuchsergebnisse vorhanden.

Die Auswertung der Versuchsergebnisse beinhaltet:

- Berechnung der Effekte und
- Signifikanztest der Effekte.

Planung und Auswertung der Versuche können mit geeigneter Software durchgeführt werden. Im vorliegenden Fall wurde ein Excel-Tool angewendet. Die Tabelle 4-15 enthält die einzelnen Schritte der Auswertungen und die Ergebnisse.

Vers.-Nr.	x_1	x_2	x_3	x_4	x_5	x_6	x_7	y_{1j} /lm	y_{2j} /lm	$\overline{y}_j$ /lm	s_j /lm	s_j^2 /lm²
1	1	-1	-1	1	-1	1	1	2592	2558	2575	24,04	578,0
2	1	1	-1	-1	1	-1	1	2594	2554	2574	28,28	800,0
3	1	1	1	-1	-1	1	-1	2644	2688	2666	31,11	968,0
4	-1	1	1	1	-1	-1	1	2581	2617	2599	25,46	648,0
5	1	-1	1	1	1	-1	-1	2532	2588	2560	39,60	1568,0
6	-1	1	-1	1	1	1	-1	2569	2607	2588	26,87	722,0
7	-1	-1	1	-1	1	1	1	2634	2588	2611	32,53	1058,0
8	-1	-1	-1	-1	-1	-1	-1	2647	2605	2626	29,70	882,0
$\sum_{j=1}^{m} x_{ij} \cdot \overline{y}_j$	-49	55	73	-155	-133	81	-81					
Effekte E_i	-12,3	13,75	18,25	-38,8	-33,3	20,25	-20,3	lm				

$$s^2 = \frac{1}{m} \sum_{j=1}^{m} s_j^2 = 903 \text{ lm}^2$$

$$s = 30,05 \text{ lm}$$

s^2 empirische Versuchsstreuung (Experimentalfehler) bei c Wiederholungen in allen Versuchen

Sämtliche Effekte E_i besitzen die gleiche Streuung: $s^2(E_i) = s^2(E) = 4 \cdot \dfrac{s^2}{c \cdot m} = 225,75 \text{ lm}^2$ $s(E) = 15,025 \text{ lm}$

Ein Effekt ist signifikant, wenn gilt: $|E_i| > t_{1-\alpha/2;FG(Exp.f.)} \cdot s(E)$ mit FG(Exp.f) = m(c-1) = 8

für 1-α = 90% ist $t_{0,95;8}$ = 1,86 und damit t_{krit} = 1,86 · 15,025 lm = 27,95 lm ⟶ nur die Effekte E_4 [T(Ab)] und E_5 [P(M)] sind signifikant

für 1-α = 95% ist $t_{0,975;8}$ = 2,31 und damit t_{krit} = 2,31 · 15,025 lm = 34,71 lm ⟶ nur der Effekt E_4 (T_{Ab}) ist signifikant

Tabelle 4-15:   Auswertung des PB-Planes

Zur Vertiefung und Wiederholung wird am Beispiel von Effekt E_1 (Effekt der Einflussgröße T(Ah)) die Berechnung gezeigt. Es kommt die Beziehung (6.7) zur Anwendung.

$$E_1 = \frac{(2575 + 2574 + 2666 - 2599 + 2560 - 2588 - 2611 - 2626)Lm}{4} = -12 Lm \text{ (gerundet)}.$$

Zur Beantwortung der Frage, welche der berechneten Effekte wesentlich sind, werden alle Effekte auf Signifikanz geprüft. Dafür wird Formel (6.12) angewendet. Die einzelnen Schritte der Berechnungen sind in Tabelle 4-15 dargestellt. Man erkennt, dass bei einer statistischen Sicherheit von 95 % nur der Effekt der Ausbrenntemperatur E_4 signifikant ist. Bei der statistischen Sicherheit von 90 % sind nur die Effekte der Ausbrenntemperatur E_4 und der Pastenmasse der Elektroden E_5 signifikant. Bei der Beurteilung der Effekte ist zu beachten, dass die Ergebnisse der Signifikanztests nur eine Orientierung darstellen können. Die endgültige Entscheidung darf nur auf der Grundlage des Fachwissens über das Produkt und den Prozess gefällt werden. Dafür trägt der Projektverantwortliche die Verantwortung. Das bedeutet, dass die Ergebnisse im Expertenkreis diskutiert werden müssen. Bei diesem Beispiel wurde entschieden, dass die signifikanten Effekte E_4 und E_5 weiter zu betrachten sind, aber auch der Effekt des Argonfülldruckes E_7 bei den weiteren Untersuchungen berücksichtigt werden muss. Die Begründung dafür resultiert aus den physikalischen Gesetzmäßigkeiten des Gasentladungsprozesses. Wie sich später herausstellte, war der Abstand zwischen dem unteren und oberen Niveau des Argonfülldruckes zu gering gewählt worden. Eine wichtige Erkenntnis bei der Anwendung der unterschiedlichen Methoden der Versuchsplanung und auch der Statistik besteht darin, dass im Zweifelsfall immer das gesicherte Fachwissen eine höhere Priorität gegenüber den Aussagen der Statistik haben muss.

Die berechneten signifikanten Effekte und der Effekt des Argonfülldruckes sind in Abbildung 4-10 unter Nutzung von Statistiksoftware dargestellt.

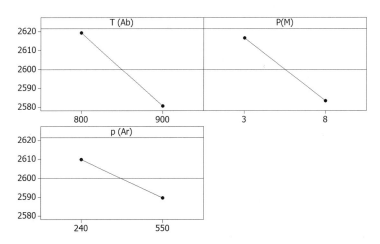

Abbildung 4-10: Grafische Darstellung der Effekte

Die Effekte werden folgendermaßen interpretiert:

- E_4: Eine Erhöhung der Ausbrenntemperatur des Leuchtstoffes von 800 auf 900 K führt zu einer Abnahme des Lichtstromes um 39 Lm.
- E_5: Eine Erhöhung der Pastenmasse der Elektroden von 3 auf 8 mg führt zu einer Abnahme des Lichtstromes um 33 Lm.

- E_7: Eine Erhöhung des Argonfülldruckes von 240 auf 550 Pa führt zu einer Abnahme des Lichtstromes um 20 Lm.

4.2.2 Modellbildung durch Anwendung vollständiger faktorieller Versuchspläne

Die Vorgehensweisen bei der Planung, Durchführung und Auswertung von Versuchen für die Modellbildung werden anhand eines Fallbeispiels erläutert.

Fallbeispiel Reibschweißen:

Bei der Fertigung von Gelenkwellen wird häufig die Reibschweißtechnologie zum Verbinden der sogenannten Tulpe mit der Welle angewendet. Eine solche Fügeverbindung muss die erforderlichen Festigkeitsbedingungen einhalten, die Nachfolgetechnologien wie Abdrehen, Schleifen und Härten optimal vorbereiten und mit hoher Produktivität hergestellt werden.

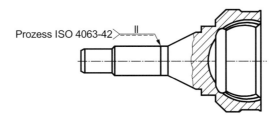

Die Fertigung verläuft in 4 Etappen:

1. Etappe Ansetzen:

Mit der sogenannten Ansetzdrehzahl werden beide Teile unter dem sogenannten Ansetzdruck aneinander gerieben, sodass Unebenheiten und Verschmutzungen durch Hitze und hohen Druck beseitigt werden. Dabei wird der sogenannte Ansetzweg zurückgelegt.

2. Etappe Heizen:

Mit der sogenannten Heizdrehzahl wird nun mit größerem Druck (Heizdruck) die für das Schweißen erforderliche Temperatur erzeugt. Dabei wird der sogenannte Heizweg zurückgelegt.

3. Etappe Bremsen:

Die Drehzahl wird auf Null abgebremst. Der Druck wird als sogenannter Bremsdruck auf dem Wert des Heizdruckes belassen. Es wird ein Bremsweg zurückgelegt.

4. Etappe Stauchen:

Im Stillstand wird unter hohem Druck (Stauchdruck) der Stauchweg zurückgelegt.
Die Summe der zurückgelegten Wege ergibt die Verkürzung. Gemessen und ausgewertet wurde allerdings die Gesamtlänge des Werkstückes nach dem Reibschweißprozess.

Das Ziel der Untersuchungen besteht in der Optimierung des Reibschweißprozesses hinsichtlich der Merkmale Prozesszeit (Zeit genannt) und Gesamtlänge des Werkstückes nach dem Reibschweißen (Länge genannt). Die gemessene Länge gibt Aufschluss über die zu erwartende Verkürzung der Summe der ursprünglichen Länge von Tulpe und Welle durch den Reibschweißprozess.

Die Optimierung soll unter folgenden Randbedingungen erfolgen:

Merkmal	Ziel	Untergrenze	Soll	Obergrenze
Länge in mm	44 ± 1	43	44	45
Zeit in s	Minimieren		11	15

Tabelle 4-16: Spezifikationen für die Zielgrößen Länge und Zeit

Die Aufgabe wird in folgenden Arbeitsschritten gelöst:

1. *Definition der Ziel- und Einflussgrößen und Formulierung des Modellansatzes (Abschn. 4.2.2.1)*
2. *Festlegung der Versuchsniveaus für die Einflussgrößen (Abschn. 4.2.2.2)*
3. *Aufstellen des Versuchsplanes (Abschn. 4.2.2.3)*
4. *Durchführung der Versuche, Ermittlung der Messwerte (Abschn. 4.2.2.4)*
5. *Berechnung der Modellparameter (Abschn. 4.2.2.5)*
6. *Statistische Prüfung der Modelle (Abschn. 4.2.2.6)*

4.2.2.1 Definition der Ziel- und Einflussgrößen und Formulierung des Modellansatzes

Entsprechend der Aufgabenstellung sind Länge und Zeit die Zielgrößen. Die steuerbaren Prozessparameter Ansetz-, Heiz-, und Stauchdruck sind die Einflussgrößen.

Es wird folgende **Codierung der Einflussgrößen** vorgenommen:

- Ansetzdruck $\Rightarrow x_1$
- Heizdruck $\Rightarrow x_2$
- Stauchdruck $\Rightarrow x_3$

Bei der Formulierung der Modellhypothese sind folgende Gesichtspunkte zu beachten. Es ist zu analysieren, ob Hinweise über die Existenz von Nichtlinearität existieren. Sollte das der Fall sein, ist ein Modellansatz zweiten Grades zu formulieren, dessen Ermittlung allerdings die Anwendung eines Versuchsplanes zweiter Ordnung erfordert. Andernfalls, wenn keine Information zu Nichtlinearität im untersuchten Bereich vorhanden ist, wird ein Modell formuliert, dessen Variablen vom Grad 1 sind.

Da für das Fallbeispiel keine Informationen zur Nichtlinearität existieren, wird zur Beschreibung des Zusammenhanges zwischen den Zielgrößen und den drei Einflussgrößen folgender Modellansatz gewählt:

$$y = b_0 + b_1 x_1 + b_2 x_2 + b_3 x_3 + b_{12} x_1 x_2 + b_{13} x_1 x_3 + b_{23} x_2 x_3 + b_{123} x_1 x_2 x_3 \qquad (4.15)$$

mit y - Zielgröße (Länge, Zeit)
 b_1, b_2, b_3 - Schätzungen der Hauptwirkungen der Einflussgrößen x_1, x_2, x_3
 b_{12}, b_{13}, b_{23} - Schätzungen der zweifaktoriellen Wechselwirkungen
 b_{123} - Schätzung der dreifaktoriellen Wechselwirkung

Zur Ermittlung des Modellansatzes (6.15) ist ein Versuchsplan erster Ordnung erforderlich. Das bedeutet, für jede Einflussgröße sind ein unteres und ein oberes Einstellniveau festzulegen.

4.2.2.2 Festlegung der Versuchsniveaus für die Einflussgrößen

Bei der Festlegung der Versuchsniveaus sind die Hinweise von Abschnitt 4.1.2.2 zu beachten. Unter Berücksichtigung technologischer Randbedingungen und physikalischer Überlegungen wurden hinsichtlich der Sicherung der Funktionsfähigkeit des Produktes im Rahmen von Gruppenarbeit folgende Einstellniveaus festgelegt (Tabelle 4-17):

Einflussgröße	Einheit	Codierung	Niveau			v_i
			-1	0	+1	
Ansetzdruck	bar	x_1	10	15	20	5
Heizdruck	bar	x_2	25	32,5	40	7,5
Stauchdruck	bar	x_3	70	77,5	85	7,5

Tabelle 4-17: *Festgelegte Einstellniveaus der Einflussgrößen*

Im Originalbereich ist der Versuchsraum bei drei Einflussgrößen ein Quader; die Versuche liegen in den Eckpunkten (Abbildung 4-11).

4.2 Vorgehensweise

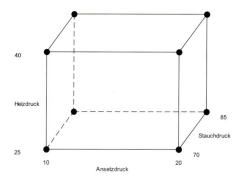

Abbildung 4-11: Versuchsraum des VFV 2^3 im Originalbereich

4.2.2.3 Aufstellen des Versuchsplanes

Da drei Einflussgrößen für das Fallbeispiel existieren, werden $2^3 = 8$ Versuche benötigt. Es wird festgelegt, jeden Versuch mit zwei Wiederholungen durchzuführen (c = 2). Die in Tabelle 4-18 dargestellte Planmatrix enthält die Versuche des Versuchsplanes in der Standardreihenfolge.

Versuchs-Nr.	X_1	X_2	X_3
1	-	-	-
2	+	-	-
3	-	+	-
4	+	+	-
5	-	-	+
6	+	-	+
7	-	+	+
8	+	+	+

Tabelle 4-18: Planmatrix des VFV 2^3

Die Versuchsvorschrift, nach der der Versuchsverantwortliche die Versuche durchzuführen hat, wird aus der Planmatrix entwickelt. Die Minus- und Plusniveaus in der Planmatrix des VFV 2^3 werden dabei durch die unteren und oberen Niveaus der Einflussgrößen in ihrem Originalbereich ersetzt. Unter Berücksichtigung von zwei Wiederholungen erhält man die Versuchsvorschrift gemäß Tabelle 4-19.

Versuch-Nr.	x_1 Ansetz-druck	x_2 Heiz-druck	x_3 Stauch-druck	Zeit	Länge
	[bar]	[bar]	[bar]	[s]	[mm]
1	10	25	70		
2	20	25	70		
3	10	40	70		
4	20	40	70		
5	10	25	85		
6	20	25	85		
7	10	40	85		
8	20	40	85		
9	10	25	70		
10	20	25	70		
11	10	40	70		
12	20	40	70		
13	10	25	85		
14	20	25	85		
15	10	40	85		
16	20	40	85		

Tabelle 4-19:   Versuchsvorschrift für den Versuchsverantwortlichen

4.2.2.4   Durchführung der Versuche, Ermittlung der Messwerte

Eine geeignete Kennzeichnung der Versuchsobjekte ist festzulegen, um Verwechslungen zu vermeiden und sicherzustellen, dass jedes Versuchsobjekt dem entsprechenden Versuch zugeordnet werden kann. Wichtig ist auch, dass der Versuchsverantwortliche zu den Besonderheiten der Versuchsdurchführung eingewiesen ist. Dazu gehören auch Festlegungen und Informationen zu Versuchsbedingungen, wie zum Beispiel:

- kein Wechsel von Mitarbeitern während der Versuchsdurchführung,
- Verwendung von Bauteilen aus der gleichen Charge und vom gleichen Lieferanten,
- kein Wechsel der Versuchsapparatur während der Versuche,
- Realisierung der Versuche ohne Unterbrechungen, wenn angenommen werden muss, dass sich Unterbrechungen auf die Versuchsergebnisse auswirken werden.

Ist es nicht möglich, während der Durchführung der Versuche konstante Bedingungen in der vorgenannten Art zu schaffen, sind die Versuche in Blöcken durchzuführen. Zur Blockbildung wird auf den Abschnitt 4.2.5 verwiesen.

Die Reihenfolge der Versuchsdurchführung ist beliebig. Sämtliche Versuche müssen durchgeführt werden. Der Versuchsverantwortliche muss sicherstellen, dass die Messsysteme zur Messung der Zielgrößen fähig sind. Für diese Nachweise sind ggf. die Verfahren nach VDA-Schrift Nr. 5 "Prüfprozesseignung" anzuwenden. Die gemessenen Zielgrößenwerte werden in die Versuchsvorschrift der Tabelle 4-19 eingetragen. Man erhält die Ergebnisse entsprechend Tabelle 4-20.

Versuch Nr.	x_1 Ansetzdruck [bar]	x_2 Heizdruck [bar]	x_3 Stauchdruck [bar]	y_1 Zeit [s]	y_2 Länge [mm]
1	10	25	70	16,2	48,6
2	20	25	70	15,9	46,2
3	10	40	70	14,6	46,5
4	20	40	70	13,0	45,1
5	10	25	85	11,5	45,4
6	20	25	85	11,3	44,1
7	10	40	85	10,3	42,8
8	20	40	85	10,3	42,8
9	10	25	70	17,3	48,2
10	20	25	70	14,8	47,6
11	10	40	70	14,9	47,2
12	20	40	70	13,2	45,1
13	10	25	85	12,0	45,1
14	20	25	85	11,7	44,6
15	10	40	85	11,0	42,8
16	20	40	85	10,2	43,0

Tabelle 4-20: *Versuchsvorschrift des VFV 2^3 mit eingetragenen Messwerten für die Zielgrößen*

4.2.2.5 Berechnung der Modellparameter

Durch Anwendung der Formeln (6.4) und (6.5) werden die Hauptwirkungen und die zweifaktoriellen Wechselwirkungen berechnet. Am Beispiel der Zielgröße Zeit wird die Berechnung der Modellparameter nochmals im Detail dargestellt. Dafür wird die Matrix der unabhängigen Variablen mit eingetragenen Messwerten verwendet (Tabelle 4-21). In dieser Matrix sind die 8 Grundversuche aufgeführt. Die zwei Werte der Zielgröße aus den Wiederholungen sind zeilenweise eingetragen. Für jeden Modellparameter wird eine Spalte in der Matrix der unabhängigen Variablen benötigt. Der jeweilige Modellparameter ergibt sich dann aus der Summe der Produkte von Vorzeichen in der entsprechenden Spalte der Matrix mit dem dazugehörigen Wert der Zielgröße, geteilt durch die Anzahl der Versuche (m = 8).

Vers.-Nr.	X_0	X_1	X_2	X_3	X_1X_2	X_1X_3	X_2X_3	$X_1X_2X_3$	Zeit 1. Wert [s]	Zeit 2. Wert [s]	$\bar{y}_j$ Zeit [s]
1	+	−	−	−	+	+	+	−	16,2	17,3	16,75
2	+	+	−	−	−	−	+	+	15,9	14,8	15,35
3	+	−	+	−	−	+	−	+	14,6	14,9	14,76
4	+	+	+	−	+	−	−	−	13,0	13,2	13,11
5	+	−	−	+	+	−	−	+	11,5	12,0	11,72
6	+	+	−	+	−	+	−	−	11,3	11,7	11,52
7	+	−	+	+	−	−	+	−	10,3	11,0	10,67
8	+	+	+	+	+	+	+	+	10,3	10,2	10,25
	b_0	b_1	b_2	b_3	b_{12}	b_{13}	b_{23}	b_{123}			

Tabelle 4-21: Matrix der unabhängigen Variablen mit eingetragenen Messwerten für die Zielgröße Zeit

Es ergeben sich folgende Hauptwirkungen:

$$b_0 = \frac{16{,}75 + 15{,}35 + 14{,}76 + 13{,}11 + 11{,}72 + 11{,}52 + 10{,}67 + 10{,}25}{8} = 13{,}02 \text{ s}$$

$$b_1 = \frac{-16{,}75 + 15{,}35 - 14{,}76 + 13{,}11 - 11{,}72 + 11{,}52 - 10{,}67 + 10{,}25}{8} = -0{,}46 \text{ s}$$

$$b_2 = \frac{-16{,}75 - 15{,}35 + 14{,}76 + 13{,}11 - 11{,}72 - 11{,}52 + 10{,}67 + 10{,}25}{8} = -0{,}82 \text{ s}$$

$$b_3 = \frac{-16{,}75 - 15{,}35 - 14{,}76 - 13{,}11 + 11{,}72 + 11{,}52 + 10{,}67 + 10{,}25}{8} = -1{,}98 \text{ s}$$

Für die zweifaktoriellen Wechselwirkungen erhält man:

$$b_{12} = \frac{16{,}75 - 15{,}35 - 14{,}76 + 13{,}11 + 11{,}72 - 11{,}52 - 10{,}67 + 10{,}25}{8} = -0{,}06 \text{ s}$$

$$b_{13} = \frac{16{,}75 - 15{,}35 + 14{,}76 - 13{,}11 - 11{,}72 + 11{,}52 - 10{,}67 + 10{,}25}{8} = 0{,}3 \text{ s}$$

$$b_{23} = \frac{16{,}75 + 15{,}35 - 14{,}76 - 13{,}11 - 11{,}72 - 11{,}52 + 10{,}67 + 10{,}25}{8} = 0{,}24 \text{ s}$$

In Analogie zur Berechnung der zweifaktoriellen Wechselwirkungen werden die dreifaktoriellen Wechselwirkungen mit folgender Beziehung berechnet:

$$b_{ips} = \frac{1}{m} \sum_{j=1}^{m} (x_i \cdot x_p \cdot x_s)_j \cdot \bar{y}_j, \quad i, p, s = 1,2,\ldots,n; \; i<p<s \qquad (4.16)$$

Damit ergibt sich für die dreifaktorielle Wechselwirkung b_{123}:

$$b_{123} = \frac{-16{,}75 + 15{,}35 + 14{,}76 - 13{,}11 + 11{,}72 - 11{,}52 - 10{,}67 + 10{,}25}{8} = 0\,s$$

Für die Länge wird das Modell in gleicher Weise berechnet. Die Tabelle 4-22 enthält die Auswertungen durch Anwendung der Statistiksoftware.

Merkr	Merkm.Bez.	x_i	b_i
	Länge	$f(x_1..x_7)$	
		Konst.	45,32
	Ansetzdruck	A	-0,506
	Heizdruck	B	-0,906
	Stauchdruck	C	-1,494
		AB	0,0938
		AC	0,306
		BC	-0,0688
		ABC	0,156

Tabelle 4-22: Modellparameter für die Zielgröße Länge

4.2.2.6 Statistische Prüfung der Modelle

Nachdem die Parameter des Regressionsmodells bestimmt wurden, ist es erforderlich, mit Hilfe von statistischen Tests eine Überprüfung des Regressionspolynoms durchzuführen. Diese Überprüfung beinhaltet drei Fragestellungen:

Erste Fragestellung:

Sind die errechneten Modellparameter signifikant, oder handelt es sich um zufällige Abweichungen von Null?

Eine zufällige Abweichung von Null bedeutet, dass Modellparameter größer oder kleiner als Null berechnet werden, obwohl in Wirklichkeit (in der Grundgesamtheit) gar kein Einfluss der Einflussgröße auf die Zielgröße vorhanden ist (β=0 trifft in Wahrheit zu). Zufällige Abweichungen der Modellparameter von Null können durch Versuchs- und Messfehler hervorgerufen werden. Zur Überprüfung, ob die ermittelten Modellparameter signifikant sind, dient der **Signifikanztest.** Nichtsignifikante, also unwesentliche Modellparameter werden einfach aus dem Modell gestrichen, wenn nicht wissenschaftlich-technische Fakten dagegen sprechen. Damit erhält man ein **reduziertes Modell**. Die

Berechtigung für das Weglassen nichtsignifikanter Terme ist auf den Modellbegriff selbst begründet. Ein Modell beschreibt immer nur die wesentlichen Aspekte der Realität.

Zweite Fragestellung:

Ist das (reduzierte) Modell adäquat, d. h., lassen sich mithilfe des Modells die Messwerte des Versuchsplanes (Versuchsergebnisse) ausreichend genau beschreiben?

Diese Problemstellung wird mithilfe des **Adäquatheitstests** gelöst. Wird diese Fragestellung positiv beantwortet, kann das Modell zur Prognose von Zielgrößenwerten verwendet werden, ohne dafür die entsprechenden Versuche durchführen zu müssen.

Dritte Fragestellung:

Ist der Verlauf der Zielgröße y zwischen den Niveaus der Einflussgrößen x_i linear oder nichtlinear? Eine Antwort auf diese Frage gibt der Nichtlinearitätstest.

Zunächst wird der Signifikanztest der Modellparameter erläutert.

Die Überprüfung, ob ein Regressionskoeffizient signifikant ist, erfolgt auf der Grundlage eines t-Tests. Die Null- und Alternativhypothese lauten:

H_0: $= 0$

H_1: $\neq 0$

Es handelt sich um eine zweiseitige Fragestellung des Tests. H_0 wird abgelehnt, das heißt, der Modellparameter b ist signifikant, wenn folgende Ungleichung zutrifft.

$$|b| > t_{1-\alpha/2; FG(Exp.f.)} \cdot s(b) \qquad (4.17)$$

b steht für b_i, b_{ip}, b_{ips}....

In Formel (6.17) drückt der Term

$$s(b) = \frac{s}{\sqrt{m \cdot c}} \qquad (4.18)$$

die Standardabweichung der Modellparameter b aus. Alle Schätzungen der Modellparameter des Modells besitzen bei den orthogonalen Versuchsplänen 1. Ordnung die gleiche Streuung $s^2(b)$ (Präzision). Das ist ein für die Praxis durchaus wichtiger Vorteil dieser Versuchspläne.

Für das Praxisbeispiel wird anhand der Zielgröße Zeit die Durchführung des Signifikanztests erläutert. Zunächst geht es darum, die Versuchsstreuung s^2 bzw. die Standardabweichung s zu bestimmen. Dafür stehen entsprechend Tabelle 4-20 beziehungsweise Tabelle 4-21 zwei Wiederholungen in jedem Versuch zur Verfügung (c = 2). Zur Berechnung der Versuchsstreuung s^2 (Experimentalfehler MQ(Exp.f.)) wird Formel (6.8) verwendet:

$$\widehat{MQ}(\text{Exp.f.}) = s^2 = \frac{1}{m}\sum_{j=1}^{m} s_j^2$$

mit $\qquad s_j^2 = \frac{1}{c-1}\sum_{z=1}^{c}(y_{jz} - \overline{y}_j)^2$

s_j^2 ist die Streuung im j-ten Versuch. Zunächst werden in jedem der 8 Versuche die Streuungen aus den zwei Wiederholungen der Zielgröße berechnet. Anschließend wird der arithmetische Mittelwert aus den 8 Streuungen berechnet (Tabelle 4-23).

Vers. Nr.	Zeit 1. Wert [s]	Zeit 2. Wert [s]	s_j^2 [s^2]
1	16,2	17,3	0,6050
2	15,9	14,8	0,6050
3	14,6	14,9	0,0309
4	13,0	13,2	0,0208
5	11,5	12,0	0,1503
6	11,3	11,7	0,0647
7	10,3	11,0	0,2568
8	10,3	10,2	0,0016
		$\sum s_j^2$	1,7351
		$s^2 = \frac{1}{8}\sum s_j^2$	0,2169
		$s = \sqrt{s^2}$	0,4657

Tabelle 4-23: Berechnung der Versuchsstreuung für die Zielgröße Zeit aus 2 Wiederholungen je Versuch

Damit kann die Standardabweichung s(b) der Modellparameter mit Formel (6.18) berechnet werden.

$$s(b) = \frac{s}{\sqrt{m \cdot c}} = \frac{0,4657}{\sqrt{16}} = 0,1164\,s$$

Für das Quantil der t-Verteilung $t_{1-\alpha/2;FG(\text{Exp.f.})}$ ergibt sich bei einer Irrtumswahrscheinlichkeit von $\alpha = 0,05$ und den Freiheitsgraden des Experimentalfehlers
FG (Exp.f.) = m·(c-1) = 8 der Wert $t_{1-\alpha/2;FG(\text{Exp.f.})} = t_{0,975;8} = 2,31$ (vgl. Tabellenanhang)

Für das Produkt

$$t_{1-\alpha/2;FG(\text{Exp.f.})} \cdot s(b)$$

ergibt sich der Wert 0,27 s. Dieser Wert wird auch **Signifikanzschwelle** genannt. Jetzt werden die Beträge der Modellparameter mit der Signifikanzschwelle verglichen. Signifikant ist ein Modellparameter dann, wenn die Ungleichung (6.17) zutrifft, das heißt, wenn der Betrag des Modellparameters größer ist als 0,27 s. Signifikant sind damit die Regressionskonstante b_0, die Hauptwirkungen b_1, b_2, b_3 und die zweifaktorielle Wechselwirkung b_{13}. Damit lautet das reduzierte Modell im transformierten Bereich:

$$\text{Zeit} = (13{,}02 - 0{,}46x_1 - 0{,}82x_2 - 1{,}98x_3 + 0{,}30x_1x_3)s \qquad (4.19)$$

Die Hauptwirkung b_3 = -1,98 s beispielsweise bedeutet, dass die Prozesszeit um 1,98 Sekunden abnimmt, wenn der Stauchdruck von 70 auf 77,5 bar oder von 77,5 auf 85 bar erhöht wird. Oder es werden die Effekte interpretiert: Wenn der Stauchdruck von 70 auf 85 bar erhöht wird, nimmt die Prozesszeit um 3,96 s (Effekt = 2b) ab.

Mithilfe der Statistiksoftware lassen sich die Haupteffekte auch grafisch darstellen (Abbildung 4-12).

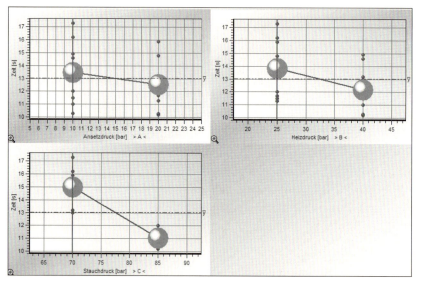

Abbildung 4-12: Darstellung der Haupteffekte für die Zielgröße Zeit

Die Interpretation der zweifaktoriellen Wechselwirkung b_{13} = 0,3s wird folgendermaßen durchgeführt. Die Abnahme der Prozesszeit bei Erhöhung des Ansetzdruckes von 10 auf 20 bar (b_1 ist negativ), ist auf dem oberen Niveau des Stauchdruckes um 1,2 s geringer (4·b_{13}) als auf dem unteren Niveau des Stauchdruckes. Auf dem unteren Niveau des Stauchdruckes (70 bar) beträgt die Abnahme der Prozesszeit durch Erhöhung des Ansetzdruckes vom unteren auf das obere Niveau nämlich 1,52s. Dagegen beträgt die Abnahme der Prozesszeit bei Erhöhung des Ansetzdruckes nur 0,32 s, wenn der Stauchdruck auf 85 bar eingestellt ist. Bezieht man sich bei der Diskussion auf den Stauchdruck erfolgt die Interpretation in entsprechender Weise. Es wird darauf hingewiesen, dass drei- oder höherfaktorielle Wechselwirkungen nicht mehr einzeln interpretiert werden.

Die folgende Abbildung zeigt die zweifaktorielle Wechselwirkung b_{13}.

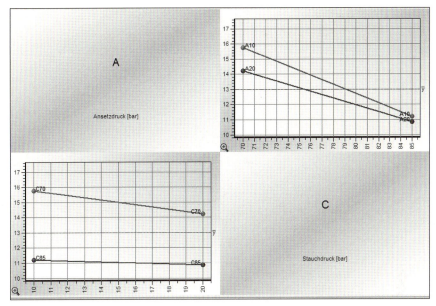

Abbildung 4-13: Grafische Darstellung der zweifaktoriellen Wechselwirkung b_{13} für die Zielgröße Zeit

Setzt man die Transformationsbeziehung (6.3) in (6.19) ein, erhält man durch Ausmultiplizieren das reduzierte Modell im Originalbereich:

$$\text{Zeit} = 47{,}68\text{s} - 0{,}712\frac{\text{s}}{\text{bar}} \cdot \text{Ansetzdruck} - 0{,}11\frac{\text{s}}{\text{bar}} \cdot \text{Heizdruck} +$$

$$- 0{,}38\frac{\text{s}}{\text{bar}} \cdot \text{Stauchdruck} + 0{,}008\frac{\text{s}}{\text{bar}^2} \cdot \text{Ansetzdruck} \cdot \text{Stauchdruck}$$

Für die Zielgröße Länge sind die Modellparameter in Tabelle 4-24 dargestellt.

Merkr	Merkm.Bez.	x_i	b_i	b_i [...]	s_{ci}	$|t_i|$	$|t_i|$	P
	Länge	$f(x_1..x_7)$						
		Konst.	45,32	45,07...45,57	0,108	419,336*		< 0,0001
	Ansetzdruck	A	-0,506	-0,755...-0,257	0,108	4,684**		0,00157
	Heizdruck	B	-0,906	-1,155...-0,657	0,108	8,386***		< 0,0001
	Stauchdruck	C	-1,494	-1,743...-1,245	0,108	13,822***		< 0,0001
		AB	0,0938	-0,1555...0,3430	0,108	0,867		0,411
		AC	0,306	0,057...0,555	0,108	2,834*		0,0220
		BC	-0,0688	-0,3180...0,1805	0,108	0,636		0,542
		ABC	0,156	-0,093...0,405	0,108	1,446		0,186

B = 97,356%   B* = 95,043%

Tabelle 4-24: Modellparameter für die Zielgröße Länge

Die Tabelle enthält neben der Bezeichnung der Einflussgrößen (Merkm.Bez., x_i) folgende Informationen: die Modellparameter b_i, den Vertrauensbereich der Modellparameter b_i [...], die Standardabweichung der Modellparameter s_{ci}, das Bestimmtheitsmaß B und das korrigierte Bestimmtheitsmaß B^* sowie zwei Informationen zur Signifikanz der Modellparameter, die jeweils die gleiche Aussage beinhalten. Für jeden Modellparameter wird die Testgröße |t| berechnet und angezeigt. Dieser Wert müsste mit dem entsprechenden Quantil der t-Verteilung verglichen werden. Das ist aber nicht erforderlich, da mit Hilfe von einem, zwei oder drei Sternen zusätzlich zur Testgröße angezeigt wird, ob der Modellparameter signifikant ist mit der statistischen Sicherheit von 95 %(*), 99 %(**) oder 99,9 %(***). Der farbige Balken daneben visualisiert diese Aussage. Weiterhin wurde ein P-Wert für jeden Parameter berechnet. Dieser P-Wert, anhand der t-Verteilung berechnet, drückt die Wahrscheinlichkeit dafür aus, dass Werte der Testgröße t auftreten, deren Betrag größer ist als der berechnete Wert der Testgröße |t|. Wenn der P-Wert kleiner ist als die festgelegte Irrtumswahrscheinlichkeit α, dann ist der Modellparameter signifikant.

Beispiel:

Der berechnete Wert der Testgröße |t| der dreifaktoriellen Wechselwirkung ABC (= b_{123}) ist 1,446. Mit Hilfe der Dichtefunktion der t-Verteilung kann der dazugehörige Wert P berechnet werden (Abbildung 4-14).

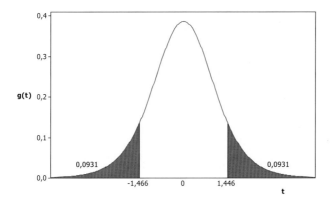

Abbildung 4-14: Dichtefunktion der t-Verteilung mit 8 Freiheitsgraden und der Testgröße $|t| = 1{,}446$

Der angezeigte Wahrscheinlichkeitswert 0,0931 (dunkle Fläche in Abbildung 4-14) entspricht P/2 und ist mit der Irrtumswahrscheinlichkeit $\alpha/2 = 0{,}025$ zu vergleichen. Üblicherweise wird jedoch P mit α verglichen. Daraus folgt: Weil $P = 0{,}186 > 0{,}05 = \alpha$ zutrifft, ist die dreifaktorielle Wechselwirkung ABC nicht signifikant.

Signifikant mit $\alpha = 0{,}05$ sind die Modellparameter b_1, b_2, b_3 und b_{13}. Das reduzierte Modell für die Zielgröße Länge lautet demnach:

$$\text{Länge} = (45{,}32 - 0{,}51 x_1 - 0{,}91 x_2 - 1{,}49 x_3 + 0{,}31 x_1 x_3)\,\text{mm}$$

Die Abbildung 4-15 enthält die Haupteffekte für die Zielgröße Länge.

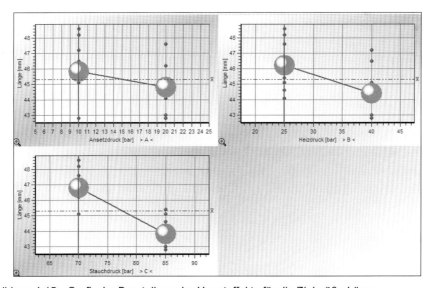

Abbildung 4-15: Grafische Darstellung der Haupteffekte für die Zielgröße Länge

In Abbildung 4-16 ist die zweifaktorielle Wechselwirkung b_{13} grafisch dargestellt.

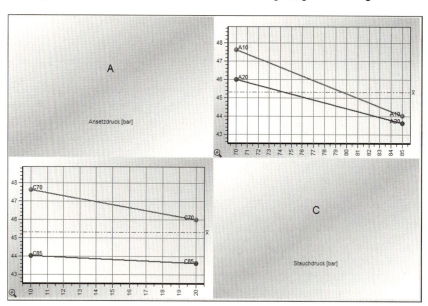

Abbildung 4-16: Grafische Darstellung der signifikanten zweifaktoriellen Wechselwirkung b_{13} für die Zielgröße Länge

Nach Rücktransformation erhält man das reduzierte Modell im Originalbereich:

$$\text{Länge} = 75{,}69\,\text{mm} - 0{,}734\,\frac{\text{mm}}{\text{bar}} \cdot \text{Ansetzdruck} - 0{,}121\,\frac{\text{mm}}{\text{bar}} \cdot \text{Heizdruck} +$$

$$- 0{,}322\,\frac{\text{mm}}{\text{bar}} \cdot \text{Stauchdruck} + 0{,}008\,\frac{\text{mm}}{\text{bar}^2} \cdot \text{Ansetzdruck} \cdot \text{Stauchdruck}$$

Der nächste Schritt besteht darin, zu prüfen, ob die gefundenen Modelle für die Prognose der Zielgrößen innerhalb des Versuchsraumes geeignet sind (Adäquatheitstest). Die Grundidee für den Adäquatheitstest des Modells besteht darin, zu prüfen, ob die mit dem reduzierten Modell berechneten Werte (Modellwerte) hinreichend genau mit den Messwerten der Zielgröße in den einzelnen Versuchspunkten übereinstimmen. Eine geeignete Kenngröße zur Beurteilung der Übereinstimmung zwischen den Modell- und den Messwerten ist die Summe der Abweichungsquadrate zwischen den Mittelwerten $\bar{y}_j$ der Zielgröße in jedem Versuch und dem entsprechenden Modellwert $\hat{y}_j$.

Diese Kenngröße wird Summe der Abweichungsquadrate des Anpassungsdefektes SS(Anp.def.) genannt.

$$\text{SQ(Anp.def.)} = c \sum_{j=1}^{m} (\bar{y}_j - \hat{y}_j)^2$$

Der Modellwert $\hat{y}_j$ wird berechnet, indem die Plus- bzw. Minusniveaus der Einflussgrößen des j-ten Versuches der Planmatrix in das reduzierte Modell eingesetzt werden. Die mittleren Abweichungsquadrate des Anpassungsdefektes MQ(Anp.def.) erhält man, indem SQ(Anp.def.) durch die Freiheitsgrade des Anpassungsdefektes FG(Anp.def.) geteilt wird ($\hat{\text{MQ}}$ bedeutet Schätzung).

$$\hat{\text{MQ}}(\text{Anp.def.}) = \frac{\text{SQ(Anp.def.)}}{\text{FG(Anp.def)}}$$

Die Freiheitsgrade des Anpassungsdefektes ergeben sich aus der Anzahl der Versuche m abzüglich der Anzahl der im reduzierten Modell enthaltenen signifikanten Modellparameter k.

FG(Anp.def.) = m - k

Damit erhält man für die mittleren Quadrate des Anpassungsdefektes:

$$\hat{\text{MQ}}(\text{Anp.def.}) = \frac{c}{m-k} \sum_{j=1}^{m} (\bar{y}_j - \hat{y}_j)^2 \qquad (4.20)$$

Die Information zur Modellgüte ist in der Größe $\hat{\text{MQ}}$(Anp.def.) enthalten. Je größer MQ(Anp.def.) ist, um so schlechter ist die Anpassung der Modellwerte an die Messwerte der Zielgröße und umgekehrt. Allerdings ist es praktisch nicht möglich, eine scharfe Grenze zu ziehen, ab welchem Wert MQ(Anp.def.) das Modell als unbrauchbar für Prognoserechnungen zu betrachten ist. Deshalb ist es sinnvoll, $\hat{\text{MQ}}$(Anp.def.) mit einer anderen geeigneten Größe zu vergleichen. Diese Größe ist die Versuchsstreuung $\hat{\text{MQ}}$(Exp.f.) = s^2. Es werden also zwei Streuungen miteinander verglichen. Dafür wird der F-Test verwendet.

Die Null- und Alternativhypothesen lauten:

H_0: MQ(Anp.def.) = MQ(Exp.f.)
H_1: MQ(Anp.def.) > MQ(Exp.f.)

Es handelt sich um eine einseitige Fragestellung des Tests. Das Modell ist nicht adäquat und kann nicht mit ausreichender Genauigkeit zur Berechnung von Prognosewerten verwendet werden, falls gilt:

$F > F_{1-\alpha; \text{FG(Anp.def.)}; \text{FG(Exp.f.)}}$

Die Testgröße F wird wie folgt berechnet:

$$F = \frac{\hat{\text{MQ}}(\text{Anp.def.})}{\hat{\text{MQ}}(\text{Exp.f.})} \qquad (4.21)$$

$F_{1-\alpha; \text{FG(Anp.def.)}; \text{FG(Exp.f.)}}$ Quantil der F-Verteilung bei der Wahrscheinlichkeit 1-α sowie den Freiheitsgraden des Anpassungsdefektes und des Experimentalfehlers (vgl. Tabellenanhang).

Das Quantil der F-Verteilung $F_{1-\alpha;FG(Anp.def.);FG(Exp.f.)}$ ist der kritische Wert, der die Grenze des Ablehnbereiches der Nullhypothese darstellt. Im Zusammenhang mit dem Adäquatheitstest verwendet man für die Irrtumswahrscheinlichkeit α die Werte 0,05 oder 0,1. Wenn das Modell nicht adäquat ist, sind die mittleren Abweichungsquadrate zwischen Modell- und Messwerten ($\widehat{MQ}$(Anp.def.)) signifikant größer als die Versuchsstreuung $\widehat{MQ}$(Exp.f.).

Am Beispiel der Zielgröße Zeit wird die Vorgehensweise erläutert. Die Versuchsstreuung $\widehat{MQ}$(Exp.f.) ist bereits bekannt und beträgt 0,2169 s² (Tabelle 4-23). Zur Berechnung von MQ(Anp.def.) ist es erforderlich, für jeden Versuch den Modellwert $\hat{y}_j$ zu berechnen. Das geschieht mithilfe des reduzierten Modells (6.19), indem die entsprechenden Kombinationen der Plus- und Minusniveaus der Einflussgrößen der Versuche 1 bis 8 eingesetzt werden.

Ausgehend von dem reduzierten Modell:

$$\text{Zeit} = (13{,}02 - 0{,}46x_1 - 0{,}82x_2 - 1{,}98x_3 + 0{,}30x_1x_3)\,s$$

Erhält man folgende Modellwerte für die Versuche 1 bis 8:

$$\hat{y}_1(\text{Zeit}) = (13{,}02 - 0{,}46 \cdot (-1) - 0{,}82 \cdot (-1) - 1{,}98 \cdot (-1) + 0{,}30 \cdot (-1) \cdot (-1))\,s = 16{,}57\,s$$

$$\hat{y}_2(\text{Zeit}) = (13{,}02 - 0{,}46 \cdot (+1) - 0{,}82 \cdot (-1) - 1{,}98 \cdot (-1) + 0{,}30 \cdot (+1) \cdot (-1))\,s = 15{,}05\,s$$

$$\hat{y}_3(\text{Zeit}) = (13{,}02 - 0{,}46 \cdot (-1) - 0{,}82 \cdot (+1) - 1{,}98 \cdot (-1) + 0{,}30 \cdot (-1) \cdot (-1))\,s = 14.93\,s$$

$$\hat{y}_4(\text{Zeit}) = (13{,}02 - 0{,}46 \cdot (+1) - 0{,}82 \cdot (+1) - 1{,}98 \cdot (-1) + 0{,}30 \cdot (+1) \cdot (-1))\,s = 13{,}41\,s$$

$$\hat{y}_5(\text{Zeit}) = (13{,}02 - 0{,}46 \cdot (-1) - 0{,}82 \cdot (-1) - 1{,}98 \cdot (+1) + 0{,}30 \cdot (-1) \cdot (+1))\,s = 12{,}02\,s$$

$$\hat{y}_6(\text{Zeit}) = (13{,}02 - 0{,}46 \cdot (+1) - 0{,}82 \cdot (-1) - 1{,}98 \cdot (+1) + 0{,}30 \cdot (+1) \cdot (+1))\,s = 11{,}71\,s$$

$$\hat{y}_7(\text{Zeit}) = (13{,}02 - 0{,}46 \cdot (-1) - 0{,}82 \cdot (+1) - 1{,}98 \cdot (+1) + 0{,}30 \cdot (-1) \cdot (+1))\,s = 10{,}38\,s$$

$$\hat{y}_8(\text{Zeit}) = (13{,}02 - 0{,}46 \cdot (+1) - 0{,}82 \cdot (+1) - 1{,}98 \cdot (+1) + 0{,}30 \cdot (+1) \cdot (+1))\,s = 10{,}07\,s$$

Tabelle 4-25 enthält die Schritte zur Berechnung von $\widehat{MQ}$(Anp.def.).

Vers.-Nr.	X_1	X_2	X_3	$\bar{y}_j$ [s]	$\hat{y}_j$ [s]	$(\bar{y}_j - \hat{y}_j)^2$ [s²]
1	-	-	-	16,75	16,57	0,0314
2	+	-	-	15,35	15,05	0,0887
3	-	+	-	14,76	14,93	0,0314
4	+	+	-	13,11	13,41	0,0887
5	-	-	+	11,72	12,02	0,0847
6	+	-	+	11,52	11,71	0,0338
7	-	+	+	10,67	10,38	0,0847
8	+	+	+	10,25	10,07	0,0338
					$\sum (\bar{y}_j - \hat{y}_j)^2$	0,4771
					$\widehat{MQ}(\text{Anp.def.}) = \frac{2}{3} \cdot \sum (\bar{y}_j - \hat{y}_j)^2$	0,3181

Tabelle 4-25: Rechenschritte zur Bestimmung von MQ (Anp.def.)

Damit kann die Testgröße F berechnet werden:

$$F = \frac{\widehat{MQ}(\text{Anp.def.})}{\widehat{MQ}(\text{Exp.f.})} = \frac{0{,}3181}{0{,}2169} = 1{,}47$$

Das Quantil $F_{1-\alpha;FG(\text{Anp.def.});FG(\text{Exp.f.})}$ ergibt sich mit

$\alpha = 0{,}05$, FG(Anp.def.) = m-k = 8-5 = 3, FG(Exp.f.) = m(c-1) = 8·(2-1) = 8

zu $F_{0{,}95;3;8} = 4{,}07$. Da F = 1,47 kleiner ist als $F_{0{,}95;3;8} = 4{,}07$, wird die Nullhypothese nicht abgelehnt. Das Modell ist adäquat in den Würfeleckpunkten.

Mit Hilfe der Statistiksoftware erhält man das Ergebnis in der Form entsprechend Tabelle 4-26.

H_0	Der (quasi-) lineare Regressionsansatz ist richtig			
H_1	Der (quasi-) lineare Regressionsansatz ist falsch			
Testniveau	kritische Werte		Prüfgröße	
	unten	oben		
α = 5 %	---	4,07		
α = 1 %	---	7,59	1,45885	
α = 0,1 %	---	15,83		
Testergebnis	Nullhypothese wird nicht widerlegt			

Tabelle 4-26: Ergebnis des Adäquatheitstests für die Zielgröße Zeit

4 Statistische Versuchsplanung

Die Testgröße (Prüfgröße) und die kritischen F-Werte für die Irrtumswahrscheinlichkeiten 5 %, 1 % und 0,1 % sind angegeben, ebenso die Entscheidung "Nullhypothese wird nicht widerlegt".

Das Ergebnis des Adäquatheitstests für die Zielgrößen Länge ist in Tabelle 4-27 dargestellt.

		kritische Werte		Prüfgröße
H_0	Der (quasi-) lineare Regressionsansatz ist richtig			
H_1	Der (quasi-) lineare Regressionsansatz ist falsch			
Testniveau		unten	oben	
$\alpha = 5\ \%$		---	4,07	
$\alpha = 1\ \%$		---	7,59	1,08250
$\alpha = 0,1\ \%$		---	15,83	
Testergebnis	Nullhypothese wird nicht widerlegt			

Tabelle 4-27:   Ergebnisse des Adäquatheitstests für die Zielgröße Länge

Das reduzierte Modell für die Zielgröße Länge ist ebenfalls adäquat.

Bei der Anwendung des Adäquatheitstests muss jedoch beachtet werden, dass eine große Versuchsstreuung dazu führen kann, dass Modellfehler als nicht wesentlich interpretiert werden, obwohl sie nicht vernachlässigbar sind. Das bedeutet, dass in der Praxis Bestätigungsversuche durchgeführt werden sollten, um für bestimmte Einstellungen der Einflussgrößen die Übereinstimmung zwischen den Modell- und den Messwerten zu überprüfen. Ein weiterer Aspekt des Adäquatheitstests besteht darin, dass die Übereinstimmung der Modellwerte mit den Messwerten nur in den einzelnen Versuchspunkten betrachtet wird. In Abbildung 4-17 ist der Verlauf der Abhängigkeit der Zielgröße y von einer Einflussgröße x dargestellt, der den wahren Zusammenhang ausdrücken soll. Mit der Versuchsplanung wird der wahre Verlauf zunächst durch ein lineares Modell approximiert. Der F-Test würde in diesem Fall Adäquatheit des Modells mit der Wirklichkeit anzeigen, da in den Versuchspunkten Übereinstimmung zwischen Modell- und Messwerten vorhanden ist. Zwischen den untersuchten Niveaus x_u und x_o sind jedoch große Abweichungen zwischen Modell und Wirklichkeit vorhanden. Für die Prognose von Zielgrößenwerten innerhalb des Versuchsraumes ist dieses Modell demnach nicht geeignet. Deshalb ist es erforderlich, zusätzlich zum Adäquatheitstest den **Test auf Nichtlinearität** durchzuführen.

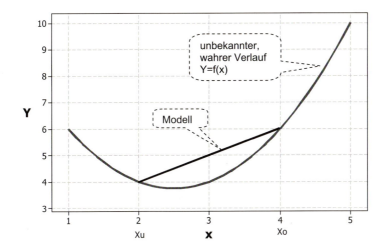

Abbildung 4-17: Nichtübereinstimmung von Modell und Wirklichkeit

Zur Prüfung des Modells auf Existenz von Nichtlinearität müssen zusätzlich zu den Würfelpunktversuchen noch c_0 Versuche im Zentralpunkt durchgeführt werden. In Abbildung 4-18 ist der Versuchsraum eines VFV 2^2 im transformierten Bereich dargestellt. Er enthält zusätzlich einen **Zentralpunktversuch (0,0)**.

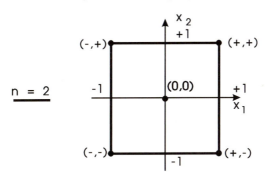

Abbildung 4-18: Versuchsraum eines VFV 2^2 im transformierten Bereich mit zusätzlichem Zentralpunktversuch

In Versuchsplänen 1. Ordnung ist b_0 mit den quadratischen Gliedern vermengt. D. h. b_0 ist eine Schätzung für den Term $\beta_0 + \sum \beta_{ii}$. Durch Vergleich des Mittelwertes aller Würfelpunktversuche ($b_0 = \bar{y}_w$) mit dem Mittelwert aller Versuche im Zentralpunkt $\bar{y}_0$ kann festgestellt werden, ob die quadratischen Glieder signifikant in b_0 eingehen, also Nichtlinearität existiert. Die Hypothesen lauten:

H_0: $\sum \beta_{ii} = 0$

H_1: $\sum \beta_{ii} \neq 0$ (β_{ii} - Koeffizienten der quadratischen Glieder i=1,2, ... n)

Die Aussage in den Hypothesen bezieht sich auf die Summe der quadratischen Glieder. Wenn die Differenz zwischen b_0 und $\bar{y}_0$ signifikant von 0 abweicht, kann man nicht feststellen, welche der β_{ii} die Differenz verursachen. Wenn die Differenz zufällig von Null abweicht, sind wahrscheinlich alle β_{ii} nicht signifikant oder deren Summe ergibt zufällig den Wert Null.

Der Test auf Nichtlinearität beruht auf einem Vergleich von b_0 mit $\bar{y}_0$ auf der Grundlage der t-Statistik. Das Modell ist dann nicht für die Beschreibung der Zielgröße innerhalb des Versuchsraumes geeignet, wenn folgende Ungleichung zutrifft:

$$|b_0 - \bar{y}_0| > t_{1-\alpha/2;FG} \cdot s(b_0 - \bar{y}_0) \qquad (4.22)$$

Es bezeichnen:

$t_{1-\alpha/2;FG}$ Quantil der t-Verteilung bei der statistischen Sicherheit $1-\alpha$ und den Freiheitsgraden FG = m·(c-1) + c_0-1
c_0 - Anzahl der Versuche im Zentralpunkt

$s(b_0 - \bar{y}_0)$ Standardabweichung der Differenz von b_0 und $\bar{y}_0$
mit $\bar{y}_0$ Mittelwert der Versuchsergebnisse im Zentralpunkt

$$\bar{y}_0 = \frac{1}{c_0} \sum_{i=1}^{c_0} y_i$$

In diesem Fall müssen die quadratischen Glieder des Modells mit Hilfe von Versuchsplänen 2. Ordnung geschätzt werden.

Im Ausdruck (6.22) ist der Term $s(b_0 - \bar{y}_0)$ folgendermaßen definiert:

$$s(b_0 - \bar{y}_0) = \sqrt{s_{gew.}^2 \left(\frac{c_0 + c \cdot m}{c \cdot m \cdot c_0} \right)}$$

mit

$s_{gew.}^2$ gewichtete Streuung

$$s_{gew.}^2 = \frac{m(c-1) \cdot s_w^2 + (c_0 - 1) \cdot s_0^2}{m(c-1) + c_0 - 1}$$

wobei

s_w^2 Experimentalfehler in den Würfelpunktversuchen

$$s_w^2 = \hat{MQ}(Exp.f.)$$

s_0^2 Versuchsstreuung im Zentralpunktversuch

$$s_0^2 = \frac{1}{c_0 - 1} \sum_{i=1}^{c_0} (y_{0i} - \bar{y}_0)^2$$

Wir wenden uns wieder der Zielgröße Zeit des Fallbeispiels zu. Es werden 5 zusätzliche Versuche im Zentralpunkt durchgeführt. Dabei werden alle Einflussgrößen auf das mittlere Niveau eingestellt. Es soll in diesem Zusammenhang erwähnt werden, dass in der Praxis im Allgemeinen die Würfel- und die Zentralpunktversuche in einem Versuchsplan realisiert werden. Die hier dargestellte Trennung erfolgt lediglich aus methodischen Gesichtspunkten.

Die Zentralpunktversuche mit den Versuchsergebnissen für die Zielgrößen sind in Tabelle 4-28 dargestellt.

Zentral-punkt-versuche.	x_1 Ansetz-druck	x_2 Heiz-druck	x_3 Stauch-druck	y_1 Zeit	y_2 Länge
	[bar]	[bar]	[bar]	[s]	[mm]
1	15	32,5	77,5	12,9	45,4
2	15	32,5	77,5	13,0	45,2
3	15	32,5	77,5	12,8	44,5
4	15	32,5	77,5	13,1	45,2
5	15	32,5	77,5	13,2	45,1

Tabelle 4-28: *Zentralpunktversuche mit Versuchsergebnissen*

Am Beispiel der Zielgröße Zeit wird die Vorgehensweise bei der Durchführung des Nichtlinearitätstests erläutert. Zunächst wird s_0^2 berechnet. Man erhält $s_0^2 = 0{,}025\,s^2$. Die Streuung in den Würfelpunktversuchen wurde bereits ermittelt: $s_w^2 = 0{,}2169\,s^2$. Mit diesen Werten für die Streuungen sowie mit m = 8, c = 2, c_0 = 5 und FG = 12 erhält man folgende Werte:

$$s_{gew.}^2 = 0{,}1529\,s^2, \quad s(b_0 - \overline{y}_0) = 0{,}2003\,s, \quad \overline{y}_0 = 13\,s,$$

$$|b_0 - \overline{y}_0| = 0{,}02\,s \quad t_{1-\alpha/2;FG} = t_{0{,}975;12} = 2{,}18 \quad (\alpha = 0{,}05)$$

$$t_{1-\alpha/2;FG} \cdot s(b_0 - \overline{y}_0) = 0{,}44$$

Da die Ungleichung $|b_0 - \overline{y}_0| > t_{1-\alpha/2;FG} \cdot s(b_0 - \overline{y}_0)$ nicht zutrifft, gibt es keine Nichtlinearität im untersuchten Bereich. Das Modell kann uneingeschränkt zur Prognose von Zeit-Werten innerhalb des untersuchten Bereiches angewendet werden. (Anmerkung: Die Aussage bezüglich Nichtlinearität geht von der Voraussetzung aus, dass die Zielgröße im untersuchten Bereich nicht oszilliert). Eine Alternative zu dem hier dargestellten t-Test besteht in der Varianzanalyse, indem der Streuungsanteil des Zentralpunktes an der Gesamtstreuung mit der Reststreuung verglichen wird. Bei diesem Streuungsvergleich kommt wieder der F-Test zur Anwendung. Die Tabelle 4-29 enthält die Auswertung über die Varianzanalyse.

Merkm.	Merkm.Bez.	x I	SS	MS	DF	F_0	F_0	P
	Quadratische Krümmung	Cp	0,000595	0,000595	1,000	0,00445		0,948
		Modell	79,07	13,18	6,000	98,52***		< 0,0001
		Rest	1,872	0,134	14,00	---		---
		Gesamt	80,94	4,047	20,00	---		---

Tabelle 4-29: Nichtlinearitätstest auf Basis der Varianzanalyse für die Zielgröße Zeit

Die Nichtlinearität heißt "Quadratische Krümmung" und wird mit Cp bezeichnet (Centerpoint). Wenn der P-Wert der Testgröße F_0 größer ist als die gewählte Irrtumswahrscheinlichkeit, ist keine Nichtlinearität vorhanden. Der P-Wert ist mit 0,948 größer als z. B. $\alpha = 0{,}05$. Es gibt keine Nichtlinearität, wie bereits mit dem t-Test festgestellt wurde.

Für die Zielgröße Länge ist das Ergebnis des Nichtlinearitätstests in Tabelle 4-30 dargestellt.

Merkm.	Merkm.Bez.	x I	SS	MS	DF	F_0	F_0	P
	Quadratische Krümmung	Cp	0,217	0,217	1,000	1,267		0,278
		Modell	54,66	10,93	5,000	63,81***		< 0,0001
		Rest	2,570	0,171	15,00	---		---
		Gesamt	57,23	2,861	20,00	---		---

Tabelle 4-30: Nichtlinearitätstest auf Basis der Varianzanalyse für die Zielgröße Länge

Auch bei der Zielgröße Länge existiert keine signifikante Nichtlinearität im untersuchten Bereich ($\alpha = 0{,}05$).

4.2.2.7 Residuenanalyse

Die Zielstellungen der Residuenanalyse wurden bereits im Kapitel 2 Regressionsanalyse ausführlich erläutert. Auch im Zusammenhang mit den Modellen, die mit der Versuchsplanung ermittelt wurden, werden Residuenanalysen durchgeführt. Dabei werden in vereinfachter Form anhand von Grafiken folgende Prüfungen durchgeführt:

- Prüfung, ob die Residuen für die einzelnen Versuche mit etwa konstanter Streuung um den Mittelwert Null schwanken.

- Prüfung, ob die Residuen normalverteilt sind.

- Prüfung auf Unabhängigkeit der Residuen von der Größe des Modellwertes ("gefitteter Wert").

Für die Zielgrößen Zeit und Länge sind die Residuenanalysen in Abbildung 4-19 und Abbildung 4-20 dargestellt.

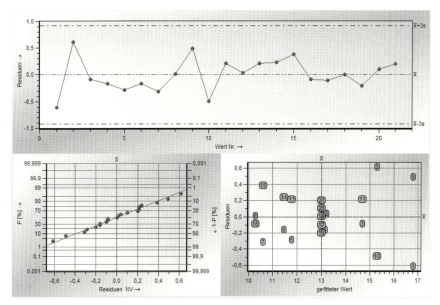

Abbildung 4-19:   Residuenanalyse für die Zielgröße Zeit

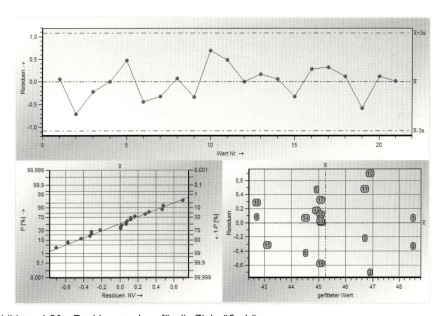

Abbildung 4-20:   Residuenanalyse für die Zielgröße Länge

Die Bilder der Residuenanalysen lassen aus praktischer Sicht keine Besonderheiten erkennen.

4.2.3 Teilweise faktorielle Versuchspläne

Ein wesentlicher Nachteil der vollständigen faktoriellen Versuchspläne ist, dass die Anzahl der erforderlichen Versuche stark mit der Anzahl der zu untersuchenden Einflussgrößen anwächst. Damit sind diese Versuchspläne in der Praxis aus Kosten- und Zeitgründen für mehr als 4 Einflussgrößen in der Regel nicht optimal, da die Anzahl der Versuche größer ist als die Anzahl der zu schätzenden Parameter. Dabei wird vorausgesetzt, dass im Modell neben den linearen Gliedern in der Regel die zweifaktoriellen, höchstens jedoch die dreifaktoriellen Wechselwirkungen von praktischer Bedeutung sind. Der Versuchsaufwand kann wesentlich reduziert werden, indem so genannte teilweise faktorielle Versuchspläne erster Ordnung (TFV 2^{n-p}) angewendet werden.

Die Grundidee dieser Versuchspläne besteht darin, dass bei zahlreichen Aufgabenstellungen aufgrund theoretischer Überlegungen oder praktischer Erfahrungen angenommen werden kann, dass p Wechselwirkungen gleich Null sind. Anstelle der p Wechselwirkungen können p Einflussgrößen neu in den Versuchsplan eingeführt werden. Damit erhält man einen teilweise faktoriellen Versuchsplan, da nicht mehr alle Variationen der unteren und oberen Niveaus der Einflussgrößen vorhanden sind.

An einem einfachen Beispiel soll die Vorgehensweise erläutert werden.
Es sollen die Parameter des Modellansatzes

$$y(\mathbf{x},\boldsymbol{\beta}) = \beta_0 + \beta_1 x_1 + \beta_2 x_2 + \beta_3 x_3 \qquad (4.23)$$

mit möglichst wenig Versuchen geschätzt werden. Die erste, bereits bekannte Möglichkeit besteht in der Anwendung eines vollständigen faktoriellen Versuchsplanes. Bekanntlich werden dafür 8 Versuche benötigt (Tabelle 4-31).

Versuch-Nr.	x_0	x_1	x_2	x_3	$x_1 x_2$	$x_1 x_3$	$x_2 x_3$	$x_1 x_2 x_3$
1	+	−	−	−	+	+	+	−
2	+	+	−	−	−	−	+	+
3	+	−	+	−	−	+	−	+
4	+	+	+	−	+	−	−	−
5	+	−	−	+	+	−	−	+
6	+	+	−	+	−	+	−	−
7	+	−	+	+	−	−	+	−
8	+	+	+	+	+	+	+	+
↓	b_0	b_1	b_2	b_3	$\beta_{12} = \beta_{13} = \beta_{23} = \beta_{123} = 0$			

Tabelle 4-31: Reduktion des VFV 2^3 auf einen TFV 2^{3-1}

Es sind aber nur vier Modellparameter zu schätzen. Damit ist der VFV 2^3 ein stark ungesättigter Versuchsplan. Der Modellansatz (6.23) drückt jedoch offensichtlich die Annahme aus, dass alle Wechselwirkungen Null sind. Damit besteht die Möglichkeit, z. B. für die Spalte $x_1 \cdot x_2$ des VFV 2^2 die Einflussgröße x_3 einzuführen:

$$x_3 = x_1 \cdot x_2 \qquad (4.24)$$

Das Produkt $x_1 \cdot x_2$ wird **Generator** genannt. Der Generator gibt an, welche Spalten der Einflussgrößen miteinander zu multiplizieren sind, damit die Spalte für die neu einzuführende Einflussgröße erzeugt wird. Damit erhält man den **teilweise faktoriellen Versuchsplan** gemäß Tabelle 4-32.

Versuchs-Nr.	x_0	x_1	x_2	x_3 (= $x_1 \cdot x_2$)	y
1	+	-	-	+	
2	+	+	-	-	
3	+	-	+	-	
4	+	+	+	+	

Tabelle 4-32: Teilweise faktorieller Versuchsplan TFV 2^{3-1}

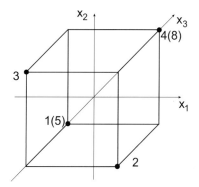

Abbildung 4-21: Versuchsraum des TFV 2^{3-1}

Die Anzahl der erforderlichen Versuche hat sich halbiert (Abbildung 4-21). In Klammern sind die Versuchsnummern des VFV 2^n angegeben. Die teilweise faktoriellen Versuchspläne besitzen jedoch den Nachteil, dass aufgrund der geringeren Versuchsanzahl Informationsverluste auftreten. Diese Informationsverluste äußern sich im Vorhandensein so genannter **vermengter Schätzungen (Aliase)**. Vermengte Schätzungen bedeuten, dass bestimmte Modellparameter nicht mehr unabhängig voneinander geschätzt werden können. Für das Beispiel ist das dann der Fall, wenn die Annahme $\beta_{12} = 0$, die im Modellansatz zum Ausdruck kommt, falsch ist. Zur Aufdeckung der dann auftretenden **Vermengungen** wird folgende Methode angewendet. Durch Multiplikation beider Seiten der Beziehung (6.24) mit x_3 erhält man unter Beachtung der Eigenschaft $(x_3)^2 = 1 = x_0 = I$ **die definierende Beziehung des TFV** (I bedeutet Identität):

$$I = x_1 \cdot x_2 \cdot x_3$$

Die vorhandenen vermengten Schätzungen b´ der Modellparameter werden nun durch Multiplikation der Einflussgrößen oder Wechselwirkungen mit der definierenden Beziehung aufgedeckt.

$$x_1 \cdot I = x_1 = x_1^2 \cdot x_2 \cdot x_3 = x_2 \cdot x_3 \Rightarrow b_1´ = b_1 + b_{23}$$
$$x_2 \cdot I = x_2 = x_1 \cdot x_2^2 \cdot x_3 = x_1 \cdot x_3 \Rightarrow b_2´ = b_2 + b_{13}$$
$$x_3 \cdot I = x_3 = x_1 \cdot x_2 \cdot x_3^2 = x_1 \cdot x_2 \Rightarrow b_3´ = b_3 + b_{12}$$
$$x_0 \cdot I = x_0 = x_0 \cdot x_1 \cdot x_2 \cdot x_3 = x_1 \cdot x_2 \cdot x_3 \Rightarrow b_0´ = b_0 + b_{123}$$

Daraus können die folgenden Schlussfolgerungen abgeleitet werden.

Wenn die Annahme $\beta_{12}=0$ nicht zutrifft, treten folgende Vermengungen auf:

Die Hauptwirkung b_1 ist mit der zweifaktoriellen Wechselwirkung b_{23} vermengt, die Hauptwirkung b_2 mit b_{13}, b_3 mit b_{12} und b_0 mit b_{123}.

Verallgemeinerung:

In der Praxis gilt die Erfahrung, dass Wechselwirkungen mit wachsender Ordnung immer weniger von Null abweichen. Deshalb können für die höherfaktoriellen Wechselwirkungen neue Einflussgrößen in den Versuchsplan aufgenommen werden. Für p neue Einflussgrößen sind p Generatoren erforderlich. Die definierende Beziehung I enthält dann die p Generatoren und alle 2^p-(p+1) möglichen Produkte dieser Generatoren. Durch Multiplikation sämtlicher x_i bzw. $x_i \cdot x_p$ usw. mit I können alle Vermengungen aufgedeckt werden. Zur Bezeichnung des Grades auftretender Vermengungen zwischen den Modellparametern eines teilweise faktoriellen Versuchsplanes sind die Begriffe "Lösungstyp" oder "Auflösung" - bezeichnet mit römischen Ziffern - üblich. Die auftretenden Vermengungen sind damit einfach zu ermitteln. Wenn zum Beispiel ein Versuchsplan die Auflösung IV hat, kann man sofort erkennen, dass die Hauptwirkungen mit dreifaktoriellen Wechselwirkungen und die zweifaktoriellen Wechselwirkungen untereinander vermengt sind.

Für die Anwendung von TFV 2^{n-p} können folgende Schlussfolgerungen gezogen werden:

- Hauptwirkungen sollten nicht mit zweifaktoriellen Wechselwirkungen vermengt sein. Das bedeutet, dass die definierende Beziehung keine dreistelligen Glieder enthalten darf.

- Bei einem Versuchsplan mit 8 Versuchen sind für 4 Einflussgrößen die Hauptwirkungen mit dreifaktoriellen Wechselwirkungen vermengt (Auflösung IV). Für 5 bis 7 Einflussgrößen sind die Hauptwirkungen mit zweifaktoriellen Wechselwirkungen vermengt (Auflösung III).

- Bei einem Versuchsplan mit 16 Versuchen sind für 5 bis 8 Einflussgrößen die Hauptwirkungen mit vierfaktoriellen bzw. dreifaktoriellen Wechselwirkungen vermengt (Auflösung V, IV). Für 9 bis 15 Einflussgrößen sind die Hauptwirkungen mit den zweifaktoriellen Wechselwirkungen vermengt (Auflösung III).

- Der Versuchsaufwand ist bei einem teilweise faktoriellen Versuchsplan um den Faktor 2^p geringer als bei einem vollständigen faktoriellen Versuchsplan.

Die Auswertungen erfolgen bei einem teilweise faktoriellen Versuchsplan in gleicher Weise wie bei einem vollständigen faktoriellen Versuchsplan.

Fallbeispiel Infrarot-Reflowlöten:

Die Qualität von Lötverbindungen an SMD-Bauelementen (SMD - Surface Mounted Devices) wird neben Einflüssen von Konstruktion, eingesetztem Material und vorgelagerten Prozessschritten (Pastendruck, Bestückung) entscheidend vom Temperatur-Zeit-Verlauf an den Lötstellen während des Lötvorganges bestimmt. Da jeder neu zu fertigende Leiterplattentyp andere physikalische Eigenschaften wie Wärmekapazität, Absorptionsgrad usw. hat, ist eine Optimierung der steuerbaren Prozessparameter für jeden Leiterplattentyp beim IR-Reflowlöten für die Erzielung minimaler Lötfehlerhäufigkeiten unbedingt erforderlich.

Das Löten erfolgt in einer IR-Durchlaufanlage, in der als Strahlerquellen IR-Quarzstrahler eingesetzt werden. Um ein gewünschtes Temperatur-Zeit-Profil an den Lötstellen zu erreichen, besteht die Möglichkeit, die Heizleistungen der IR-Strahler in 10 Heizzonen und die Durchlaufgeschwindigkeit der Lötanlage unabhängig voneinander in bestimmten Bereichen zu variieren. Abbildung 4-22 zeigt das Prinzip der Anlage.

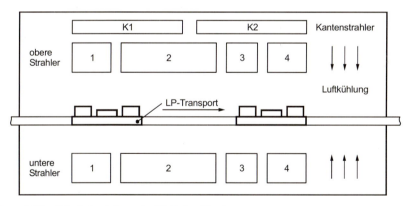

Abbildung 4-22: Prinzipdarstellung der IR-Reflowlötanlage

Die Ermittlung optimaler Prozesseinstellungen zur Realisierung eines gewünschten Temperatur-Zeit-Profils ist sehr zeitaufwendig und erfordert umfangreiche Erfahrungen des Anlagenfahrers. Das Ziel der Untersuchungen bestand darin, einen Steuerungsmodul zu entwickeln, mit dem anhand von Regressionsmodellen die für ein gewünschtes Tempertur-Zeit-Profil erforderlichen Prozesseinstellungen mit ausreichender Genauig-

keit berechnet werden können. Damit kann die Produktivität des IR-Reflowlötprozesses erheblich gesteigert werden.

*Die Aufnahme des Temperatur-Zeit-Verlaufes an den Lötstellen erfolgt mit einem Messcomputer, der mit NiCr-Ni-Thermoelementen ausgestattet ist. Der relativ komplizierte Temperatur-Zeit-Verlauf an den Lötstellen kann mithilfe einfacher Profilparameter beschrieben werden, die in einem Vektor **w** zusammengefasst sind. Die Komponenten des Vektors **w** wurden, wie in Abbildung 4-23 dargestellt, definiert.*

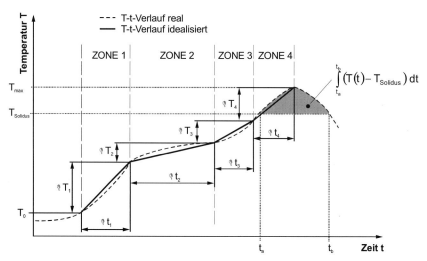

Abbildung 4-23: *Profilparameter zur Charakterisierung des Temperatur-Zeit-Verlaufes beim IR-Reflowlöten*

Die Profilparameter **w** werden wie folgt bestimmt:

$$w_1 = T_0$$

$$w_2 = \Delta T_1 \quad w_4 = \Delta T_2 \quad w_6 = \Delta T_3 \quad w_8 = \Delta T_4 \quad w_{10} = t_b - t_a$$

$$w_3 = \frac{\Delta T_1}{\Delta t_1} \quad w_5 = \frac{\Delta T_2}{\Delta t_2} \quad w_7 = \frac{\Delta T_3}{\Delta t_3} \quad w_9 = \frac{\Delta T_4}{\Delta t_4} \quad w_{11} = T_{max} \quad w_{12} = \int_{t_a}^{t_b}(...)$$

Die Lösung der Aufgabe bestand darin, für den Steuerungsalgorithmus jeden Profilparameter als Funktion der steuerbaren Prozessparameter darzustellen. Dafür wurde die Versuchsplanung angewendet. Am Beispiel des Profilparameters $w_6 = \Delta T_3$ soll die Vorgehensweise bei der Ermittlung des mathematischen Modells dargestellt werden. Die Aufgabe besteht also darin, den Zusammenhang zwischen dem Profilparameter w6 und den steuerbaren Prozessparametern Strahlerleistungen Zone 2, Zone 3, Kante 1, Kante 2 sowie Durchlaufgeschwindigkeit zu ermitteln. Aus Vorversuchen ist bekannt, dass durch Veränderung dieser 5 Prozessparameter ein großer Bereich technologisch sinnvoller Temperatur-Zeit-Profile überdeckt werden kann.

In den Tabelle 4-33 Tabelle 4-34 sind die Versuchsbedingungen für die Variablen und die während der Versuche konstant zu haltenden Einflussgrößen dargestellt.

variable Einflussgrößen					
Bezeichnung		Einheit	unteres Niveau	oberes Niveau	Code
Strahlerleistung Zone 2	oben/unten	W	0	700	x_1
Strahlerleistung Zone 3	oben/unten	W	900	1000	x_2
Strahlerleistung Kante 1		W	900	1100	x_3
Strahlerleistung Kante 2		W	900	1100	x_4
Durchlaufgeschwindigkeit		cm/min	60	80	x_5

Tabelle 4-33: Festlegung der Niveaus und der Codierungen der Einflussgrößen

konstante Einflussgrößen			
Bezeichnung		Einheit	Wert
Strahlerleistung Zone 1	oben/unten	W	1500
Strahlerleistung Zone 4	oben/unten	W	1450
Lotpaste			
Lotpastendruck			
Leiterplatte			

Tabelle 4-34: Einflussgrößen, die während der Versuche konstant zu halten sind.

Drei- und mehrfaktorielle Wechselwirkungen sind nicht zu erwarten. Die Anzahl der Versuche soll aus Kostengründen 40 nicht überschreiten. Gesucht sind Einstellungen der Prozessparameter, bei denen der mittlere Temperaturanstieg in der Zone 3 maximal ist. Für die Auswertungen wird mit einer Irrtumswahrscheinlichkeit $\alpha = 10\%$ gearbeitet.

Unter dem Gesichtspunkt der Qualitätssicherung soll folgende Randbedingung erfüllt sein: Der Mittelwert von w6 soll mindestens 20 K betragen bei einem Sollwert von 38 K. Es wird ein teilweise faktorieller Versuchsplan 2^{5-1} mit zwei Wiederholungen je Versuch angewendet. Die Gesamtzahl der Versuche ist demnach 32.

Der Generator des Versuchsplanes lautet:

$$x_5 = x_1 \cdot x_2 \cdot x_3 \cdot x_4$$

Durch Multiplikation beider Seiten des Generators mit x_5 und unter Beachtung der Eigenschaft $(x_i)^2 = 1 = I$ erhält man die definierende Beziehung.

$$I = x_1 \cdot x_2 \cdot x_3 \cdot x_4 \cdot x_5$$

Durch Multiplikation der Einflussgrößen bzw. der paarweisen Produkte der Einflussgrößen mit der definierenden Beziehung können die auftretenden Vermengungen aufgedeckt werden.

Beispiele:

Hauptwirkung b_1:

$$x_1 \cdot I = x_2 \cdot x_3 \cdot x_4 \cdot x_5 \Rightarrow b_1' = b_1 + b_{2345}$$

Zweifaktorielle Wechselwirkung b_{12}:

$$x_1 \cdot x_2 \cdot I = x_3 \cdot x_4 \cdot x_5 \Rightarrow b_{12}' = b_{12} + b_{345}$$

Das bedeutet: Die Hauptwirkung b_1 ist mit der vierfaktoriellen Wechselwirkung b_{2345} vermengt; die zweifaktorielle Wechselwirkung b_{12} ist mit der dreifaktoriellen Wechselwirkung b_{345} vermengt. Analog dazu können die übrigen interessierenden Vermengungen aufgedeckt werden. Da auf der rechten Seite der definierenden Beziehung das Produkt von 5 Einflussgrößen steht, handelt es sich um den Lösungstyp V. Damit sind sämtliche Hauptwirkungen mit vierfaktoriellen Wechselwirkungen und sämtliche zweifaktoriellen Wechselwirkungen mit dreifaktoriellen Wechselwirkungen vermengt. Diese Eigenschaften des Versuchsplanes sind unter praktischen Gesichtspunkten akzeptabel. Die Versuche werden durchgeführt und in jedem Versuch wird der Profilparameter w_6 bestimmt. Der Versuchsplan mit den Versuchsergebnissen ist in Standardreihenfolge in Tabelle 4-35 dargestellt. Planung und Auswertung erfolgten durch Anwendung der Statistiksoftware.

	Zone 2	Zone 3	Kante 1	Kante 2	Geschwindigkeit	w6
1	0	900	900	900	80	30
2	700	900	900	900	60	32
3	0	1000	900	900	60	33
4	700	1000	900	900	80	31
5	0	900	1100	900	60	31
6	700	900	1100	900	80	27
7	0	1000	1100	900	80	32
8	700	1000	1100	900	60	35
9	0	900	900	1100	60	32
10	700	900	900	1100	80	29
11	0	1000	900	1100	80	36
12	700	1000	900	1100	60	38
13	0	900	1100	1100	80	31
14	700	900	1100	1100	60	32
15	0	1000	1100	1100	60	32
16	700	1000	1100	1100	80	32

17	0	900	900	900	80	28
18	700	900	900	900	60	32
19	0	1000	900	900	60	30
20	700	1000	900	900	80	30
21	0	900	1100	900	60	28
22	700	900	1100	900	80	26
23	0	1000	1100	900	80	30
24	700	1000	1100	900	60	32
25	0	900	900	1100	60	28
26	700	900	900	1100	80	28
27	0	1000	900	1100	80	32
28	700	1000	900	1100	60	38
29	0	900	1100	1100	80	30
30	700	900	1100	1100	60	28
31	0	1000	1100	1100	60	30
32	700	1000	1100	1100	80	30

Tabelle 4-35: Versuchsplan 2^{5-1} mit zwei Wiederholungen und eingetragenen Versuchsergebnissen in Standardreihenfolge

Die signifikanten Modellparameter sind in Tabelle 4-36 dargestellt. Aufgrund der hierarchischen Modellstruktur muss wegen der signifikanten zweifaktoriellen Wechselwirkung b_{15} (AE) auch die nichtsignifikante Hauptwirkung Zone 2 im Modell berücksichtigt werden.

Merkm	Merkm.Bez.	x_I	b_I	$b_I [...]$	s_{cl}	$|t_I|$	$|t_I|$	P
	w6	$f(x_1..x_6)$						
		Konst.	30,97	30,37...31,56	0,289	107,250***		< 0,0001
	Zone 2	A	0,203	-0,392...0,798	0,289	0,703		0,488
	Zone 3	B	1,531	0,937...2,126	0,289	5,303***		< 0,0001
	Kante 1	C	-0,719	-1,313...-0,124	0,289	2,489*		0,0198
	Kante 2	D	0,563	-0,032...1,157	0,289	1,948		0,0627
	Geschwindigkeit	E	-0,859	-1,454...-0,265	0,289	2,976**		0,00639
		AE	-1,250	-1,845...-0,655	0,289	4,329***		0,000212

B = 72,589%   B* = 66,010%

Tabelle 4-36: Signifikante Modellparameter (α = 10 %)

Die Erhöhung der Heizleistungen von Zone 3, Kante 1 und Kante 2 vom unteren auf das obere Niveau führt zur Vergrößerung des Profilparameters w6. Wird die Durchlaufgeschwindigkeit der elektronischen Baugruppe durch den IR-Ofen von 60 auf 80 cm/min erhöht, dann verringert sich der Profilparameter w6 um 1,7 K. Weiterhin existiert eine zweifaktorielle Wechselwirkung zwischen der Heizleistung von Zone 2 und der Durchlaufgeschwindigkeit (Abbildung 4-24).

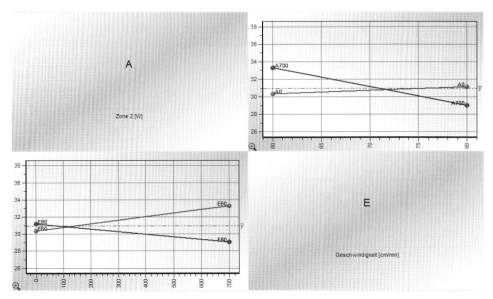

Abbildung 4-24: Zweifaktorielle Wechselwirkung b_{15} (AE)

Bei eingeschalteter Zone 2 verringert sich der Profilparameter w6, wenn die Durchlaufgeschwindigkeit von 60 auf 80 cm/min erhöht wird. Bei ausgeschalteter Zone 2 kommt es zu einer geringen, jedoch eher vernachlässigbaren Vergrößerung von w6.

Das korrigierte Bestimmtheitsmaß 66,01 % bedeutet, dass mit diesem Modell 66,01 % der Gesamtstreuung der Messwerte erklärt werden können; 33,99 % der Streuung der Messwerte sind jedoch auf andere, nicht bekannte Einflüsse zurückzuführen.

Das reduzierte Modell ist adäquat und kann zur Prognose von Zielgrößenwerten in der Nähe der Versuchspunkte verwendet werden (Tabelle 4-37).

H_0	Der (quasi-) lineare Regressionsansatz ist richtig		
H_1	Der (quasi-) lineare Regressionsansatz ist falsch		
Testniveau	kritische Werte		Prüfgröße
	unten	oben	
$\alpha = 5$ %	---	2,54	
$\alpha = 1$ %	---	3,78	1,13671
$\alpha = 0,1$ %	---	5,98	
Testergebnis	Nullhypothese wird nicht widerlegt		

Tabelle 4-37: Ergebnis des Adäquatheitstests: Das Modell ist adäquat.

Der Test auf Nichtlinearität ist nicht möglich, da keine Versuche im Zentrum des Versuchsraumes durchgeführt wurden. Die Residuenanalyse ist in Abbildung 4-25 dargestellt.

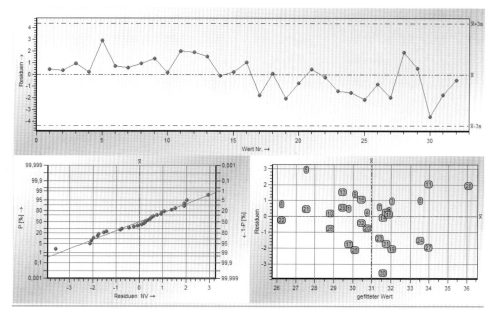

Abbildung 4-25: Residuenanalyse für die Zielgröße w6

Wesentliche Unregelmäßigkeiten sind nicht zu erkennen. Eventuell deutet das Residuum im Versuch 30 auf einen Messfehler hin.

Jetzt werden die Einstellungen der Prozessparameter gesucht, bei denen w6 maximal ist. Mithilfe der Optimierungsfunktion erhält man folgende Ergebnisse (Abbildung 4-26).

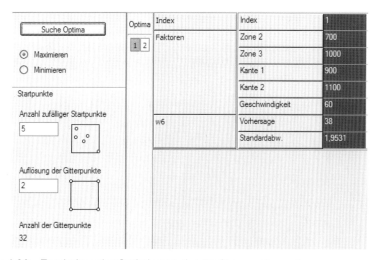

Abbildung 4-26: Ergebnisse der Optimierung des Profilparameters w6

Ein maximaler Wert von 38 K wird erzielt, wenn der IR-Ofen wie folgt eingestellt wird:
Zone 2: 700 W
Zone 3: 1000 W
Kante 1: 900 W
Kante 2: 1100 W
Geschwindigkeit: 60 cm/min.

4.2.4 Versuchsplanung für nominale Einflussgrößen

Die Versuchsplanung für nominale Einflussgrößen wird in gleicher Weise wie für stetige Einflussgrößen durchgeführt. Es ist dabei lediglich zu beachten, dass die zwei erforderlichen "Niveaus" der Einflussgrößen die Bedeutung von Varianten haben. Mögliche Beispiele für nominale Einflussgrößen und deren Varianten (-, +) können sein:

Einflussgröße	-	+	Codierung
Materialart	Kunststoff	Stahl	A
Behandlungsart	Induktionshärten	Laserhärten	B
Katalysatorart	Katalysator A	Katalysator B	C
Elektrodenart	Doppelwendel	Dreifachwendel	D

Tabelle 4-38: *Beispiele für die „Niveaus" nominaler Einflussgrößen*

Die Aufgabe besteht beispielsweise darin, zu ermitteln, welchen Einfluss die Einflussgrößen Materialart, Behandlungsart, Katalysatorart und Elektrodenart auf bestimmte Zielgrößen haben. Diese Aussage wird mithilfe der Haupt- und Wechselwirkungseffekte erhalten.

Da bei nominalen Einflussgrößen kein Regressionsmodell ermittelt werden kann, ist in der Planmatrix die Spalte x_0 nicht vorhanden. Das Beispiel eines Versuchsplanes für zwei Einflussgrößen A und B ist in Tabelle 4-39 dargestellt.

Versuchs-Nr.	A	B	AB	y
1	-	-	+	
2	+	-	-	
3	-	+	-	
4	+	+	+	

Tabelle 4-39: *Versuchsplan für zwei nominale Einflussgrößen A und B*

Der Signifikanztest der Haupteffekte und der zweifaktoriellen Wechselwirkungseffekte wird mit folgenden Formeln durchgeführt:

Statistisch gesichert sind die Haupteffekte, bei denen die Ungleichung zutrifft:

$$|E| > t_{1-\alpha/2;FG(Exp.f.)} \cdot \frac{2 \cdot s}{\sqrt{m \cdot c}}$$

Statistisch gesichert sind die zweifaktoriellen Wechselwirkungseffekte, für die gilt:

$$|ZWWE| > t_{1-\alpha/2;FG(Exp.f.)} \cdot \frac{2 \cdot s}{\sqrt{m \cdot c}}$$

Zur Schätzung der Standardabweichung des Experimentalfehlers s wird auf den Abschnitt 4.2.1 verwiesen.

4.2.5 Blockbildung

Das Bilden von Blöcken ist dann erforderlich, wenn bekannt ist, dass während der Versuchsdurchführung keine konstanten Versuchsbedingungen zu erwarten sind. Dies kann beispielsweise der Fall sein, wenn verschiedene Chargen Ausgangsmaterial beim Experimentieren verwendet werden müssen, wenn die Versuche von verschiedenen Arbeitskräften oder an verschiedenen Tagen mit veränderlichen Versuchsbedingungen oder an verschiedenen Anlagen durchgeführt werden. Die systematischen Veränderungen führen zum Anwachsen der Versuchsstreuung und zur Verfälschung der Versuchsergebnisse. Um diese unerwünschten Auswirkungen zu vermeiden, ist es notwendig, die Versuche nach bestimmten Gesichtspunkten auf Blöcke zu verteilen. Auf diese Weise ist es möglich:

- die Effekte unabhängig von den Blockdifferenzen zu berechnen und
- die Versuchsstreuung nur aus den Schwankungen der Zielgröße innerhalb der Blöcke zu bestimmen.

Der Vorteil der Blockbildung ist, dass die Größe des systematischen Fehlers mit dem Blockeffekt erfasst werden kann.

Die Blockbildung wird in **Versuchsplänen 1. Ordnung** derart vorgenommen, dass der mutmaßliche Störeinfluss als Einflussgröße betrachtet und die Planmatrix somit um eine zusätzliche Einflussgröße, die sogenannte Blockvariable, erweitert wird. Es ist möglich, in einem Versuchsplan mehrere Blockvariablen einzuführen. Um den Versuchsaufwand (die Versuchsanzahl m) durch diese zusätzlichen Variablen nicht zu erhöhen, ist es günstig, diese Blockvariablen mit hochfaktoriellen unwesentlichen Wechselwirkungen zu vermengen. Die Blöcke werden dann so gebildet, dass die Schätzungen der Hauptwirkungen und der wesentlichen Wechselwirkungen unter gleichen Bedingungen erfolgen. Innerhalb der Blöcke dürfen möglichst keine Änderungen der Versuchsbedingungen auftreten.

Im Folgenden soll die konkrete Vorgehensweise an einem Fallbeispiel erläutert werden:

Ein organisch-chemisches Produkt wird bisher unter Zusatz von grobem NH_4Cl (Ammoniumchlorid) hergestellt. Es soll untersucht werden, ob durch Verwendung von fein gemahlenem NH_4Cl die Ausbeute verbessert werden kann. Diese Untersuchungen sollen gekoppelt werden mit der Analyse, ob ein um 10 % erhöhter NH_4Cl-Zusatz und die Verwendung einer der beiden verfügbaren gleichartigen Apparate-Einheiten einen Einfluss auf die Ausbeute haben /Scheffler/.

Aus der Aufgabenstellung können folgende Einstellniveaus für die Einflussgrößen abgeleitet werden:

Einflussgrößen	Einheit	Codierung	Niveau	
			-1	+1
NH_4Cl-Qualität		x_1	grob	fein
NH_4Cl-Menge		x_2	normal	110 %
Apparate-Einheit		x_3	1	2

Tabelle 4-40: Festlegung der Codierungen und Einstellniveaus für die Einflussgrößen

Zur Ermittlung des Einflusses der drei Einflussgrößen auf die Ausbeute ist ein Versuchsplan erster Ordnung erforderlich. Verwendet man einen vollständig faktoriellen Versuchsplan VFV 2^3, sind $m=2^3=8$ Versuche notwendig. Aufgrund der ansatzweisen Herstellung des Vorproduktes ist es nicht möglich, für alle 8 Versuche ein einheitliches Vorprodukt zu verwenden. Anhand eines Posten Ausgangsmaterials können maximal 4 Versuche durchgeführt werden. Die möglichen Auswirkungen der Eigenschaftsschwankungen auf die Versuchsergebnisse sollen durch das Bilden von Blöcken eliminiert werden. Da der dreifaktorielle Wechselwirkungseffekt aufgrund bisheriger Erfahrungen nicht zu erwarten ist, wird anstelle der Spalte für $x_1x_2x_3$ die Blockvariable x_{B1} eingeführt ($x_{B1}=x_1x_2x_3$). Man erhält einen TFV 2^{4-1} mit der definierenden Beziehung $I=x_1x_2x_3x_{B1}$. Dies kann jedoch nur unter der Voraussetzung gemacht werden, dass die dreifaktorielle Wechselwirkung b_{123} nicht existiert bzw. vernachlässigbar ist. Unter der Annahme, dass keine wesentlichen Wechselwirkungen zwischen den Einflussgrößen und der Blockvariablen bzw. zwischen den zweifaktoriellen und dreifaktoriellen Wechselwirkungen der Einflussgrößen und der Blockvariablen auftreten, sind die Schätzungen der Hauptwirkungen und der zweifaktoriellen Wechselwirkungen der Einflussgrößen unverfälscht. Lediglich der dreifaktorielle Wechselwirkungseffekt der Einflussgrößen ist mit dem Blockeffekt vermengt. Die Matrix der unabhängigen Variablen ist in Tabelle 4-41 dargestellt. Für den ersten Block werden alle Zeilen der Tabelle mit $x_{B1}=x_1x_2x_3=-1$ verwendet und für den zweiten Block alle Zeilen mit $x_{B1}=x_1x_2x_3=+1$.

	Planmatrix						
Versuchs-Nr.	x_1	x_2	x_3	x_1x_2	x_1x_3	x_2x_3	x_{B1}
1	-	-	-	+	+	+	-
2	+	-	-	-	-	+	+
3	-	+	-	-	+	-	+
4	+	+	-	+	-	-	-
5	-	-	+	+	-	-	+
6	+	-	+	-	+	-	-
7	-	+	+	-	-	+	-
8	+	+	+	+	+	+	+

Tabelle 4-41:   Matrix der unabhängigen Variablen

Je Versuchspunkt wurden 2 Wiederholungen durchgeführt (c = 2), sodass für die insgesamt 16 Versuche 4 Posten (4 Blöcke) Ausgangsmaterial für die Versuchsdurchführung benötigt wurden. Die Versuchsergebnisse sind in Tabelle 4-42 aufgeführt.

Versuchs-Nr.	Block	x_1	x_2	x_3	x_{B1}	Ausbeute
1	1	-	-	-	-	157
2	1	+	+	-	-	159
3	1	+	-	+	-	150
4	1	-	+	+	-	154
5	2	+	-	-	+	164
6	2	-	+	-	+	170
7	2	-	-	+	+	158
8	2	+	+	+	+	163
9	3	-	-	-	-	162
10	3	+	+	-	-	169
11	3	+	-	+	-	153
12	3	-	+	+	-	160
13	4	+	-	-	+	169
14	4	-	+	-	+	173
15	4	-	-	+	+	159
16	4	+	+	+	+	171

Tabelle 4-42:   Versuchsplan mit Versuchsergebnissen der Zielgröße Ausbeute

4 Statistische Versuchsplanung

Der Blockeffekt E_{B1} ist ein Maß für die mittlere Größe des systematischen Fehlers:

$$E_{B1} = 2 \cdot b_{B1} = \frac{2}{m} \sum_{j=1}^{m} x_{B1j} \bar{y}_j$$

Man kann sich vorstellen, dass die Versuchsergebnisse im ersten Block (x_{B1}=-1) beispielsweise um die Größe b_{B1} zu hoch und im zweiten Block (x_{B1}=+1) um die Größe b_{B1} zu niedrig geschätzt sind. Wegen der Orthogonalität des Versuchsplanes hat der Unterschied zwischen den Blöcken jedoch keinen Einfluss auf die Schätzungen der Hauptwirkungen b_i bzw. der Wechselwirkungen b_{ip} (i,p=1,...,n; i<p). Bis auf eine Ausnahme, denn b_0 ist mit b_{B1} vermengt. Der Experimentalfehler wird dadurch relativ klein gehalten. Aufgrund dieser Tatsache können diese Versuchspläne 1. Ordnung mit Blockvariablen wie gewöhnliche Versuchspläne 1. Ordnung ausgewertet werden.

Im Folgenden soll die Lösung des Fallbeispiels mit dem Statistikprogramm dargestellt werden. Die Besonderheit in diesem Beispiel besteht darin, dass nur die Auswirkungen nominaler Einflussgrößen auf die Zielgröße Ausbeute untersucht werden. Das bedeutet, dass die Effekte bzw. Wechselwirkungseffekte berechnet werden. Der Versuchsplan mit den Versuchsergebnissen ist in Tabelle 4-43 dargestellt. Die Versuche werden immer in zusammenhängenden Blöcken durchgeführt.

	Qualität	Menge	Apparat	Block	Ausbeute
1	grob	110%	2	1	154
2	fein	normal	2	1	150
3	fein	110%	1	1	159
4	grob	normal	1	1	157
5	fein	110%	2	2	163
6	grob	normal	2	2	158
7	grob	110%	1	2	170
8	fein	normal	1	2	164
9	grob	110%	2	3	160
10	fein	normal	2	3	153
11	fein	110%	1	3	169
12	grob	normal	1	3	162
13	fein	110%	2	4	171
14	grob	normal	2	4	159
15	grob	110%	1	4	173
16	fein	normal	1	4	169

Tabelle 4-43: Versuchsplan mit 4 Blöcken und den Versuchsergebnissen für die Ausbeute

In der Tabelle der Varianzanalyse ist u. a. anhand des P-Wertes erkennbar, welche Einflussgrößen die Streuung der Ausbeute signifikant beeinflussen. Signifikant sind demzufolge bei der Irrtumswahrscheinlichkeit α = 0,05 die Einflussgrößen Menge, Apparat und Block (Tabelle 4-44).

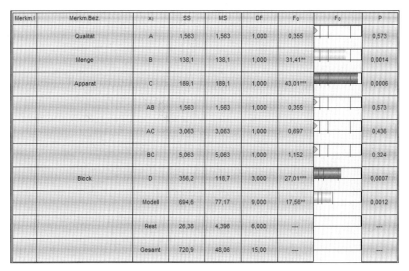

Merkm.I	Merkm.Bez.	x_i	SS	MS	DF	F_0	F_0	P
	Qualität	A	1,563	1,563	1,000	0,355		0,573
	Menge	B	138,1	138,1	1,000	31,41**		0,0014
	Apparat	C	189,1	189,1	1,000	43,01***		0,0006
		AB	1,563	1,563	1,000	0,355		0,573
		AC	3,063	3,063	1,000	0,697		0,436
		BC	5,063	5,063	1,000	1,152		0,324
	Block	D	356,2	118,7	3,000	27,01***		0,0007
		Modell	694,6	77,17	9,000	17,56**		0,0012
		Rest	26,38	4,396	6,000	---		---
		Gesamt	720,9	48,06	15,00	---		---

Tabelle 4-44: Tabelle der Varianzanalyse für die Zielgröße Ausbeute

Nach Entfernen der nichtsignifikanten Terme ergeben sich folgende Hauptwirkungen entsprechend Tabelle 4-45.

Merkr	Merkm.Bez.	x_i	b_i	b_i [...]	s_{ci}	$|t_i|$	$|t_i|$	P
	Ausbeute	$f(x_1, x_2)$						
		Konst.	161,9	159,0...164,9	1,376	117,689*		< 0,0001
	Menge	B	2,938	-0,035...5,910	1,376	2,135		0,0524
	Apparat	C	-3,438	-6,410...-0,465	1,376	2,498*		0,0267

Tabelle 4-45: Darstellung der signifikanten Hauptwirkungen

Bei diesem Beispiel ist zu beachten, dass sämtliche Einflussgrößen nominale Einflussgrößen sind. Es müssen deshalb für die Auswertungen die Effekte betrachtet werden (Effekt = 2b). Die Effekte der signifikanten Einflussgrößen lauten: Effekt Menge = 5,876 kg, Effekt Apparat = - 6,876 kg. Der in Tabelle 4-45 nicht dargestellte Blockeffekt ist ebenfalls signifikant und beträgt 7,875 kg.

Daraus können folgende Schlussfolgerungen gezogen werden: Wenn die NH_4Cl-Menge von normal auf 110 % erhöht wird, nimmt die Ausbeute um 5,876 kg zu; wenn in der Produktion anstelle von Apparat 1 der Apparat 2 eingesetzt wird, nimmt die Ausbeute um 6,876 kg ab. Ein bisher nicht aufgefallener mechanischer Fehler am Apparat 2 hat den Ausbeuteverlust verursacht. Der Schaden ist zu beseitigen. Die NH_4Cl-Qualität hat keinen Einfluss auf die Ausbeute. Das Mahlen des Vorproduktes würde also nur unnötige Kosten verursachen. Es gibt keine Wechselwirkungen zwischen den Einflussgrößen.

Der Einfluss des Chargenwechsels ist jedoch signifikant und wird durch den Blockeffekt ausgedrückt. Für die künftige Produktion sollte deshalb sichergestellt werden, dass keine Schwankungen der Eigenschaften des Vorproduktes von Charge zu Charge auftreten.

Zusammenfassend kann die Schlussfolgerung gezogen werden, dass Versuche in Blöcken durchgeführt werden müssen, wenn durch veränderte Versuchsbedingungen wie z. B. bei Chargenwechsel Einflüsse auf die Versuchsergebnisse zu erwarten sind. Andere Einflüsse können auch Schichtwechsel, Maschinenwechsel usw. sein. Die Einführung von Blöcken wurde an einem Beispiel für einen VFV 2^n gezeigt. Entsprechend kann man auch einen TFV 2^{n-p} in Blöcke einteilen. Beim Aufteilen eines Versuchsplanes in 2^q Blöcke muss man dann q Blockvariablen $x_{B1}, x_{B2},..., x_{Bq}$ einführen.

4.2.6 Optimierung

Bei der Produkt- bzw. Prozessoptimierung geht es darum, diejenigen Festlegungen für die Konstruktions- bzw. Prozessparameter zu finden, bei denen die Zielgröße ein Maximum, ein Minimum oder einen bestimmten Zielwert annimmt. Es können lokale oder globale Maxima oder Minima existieren.

Die Methoden für die Produkt- bzw. Prozessoptimierung kann man unterteilen in Methoden bei bekanntem und unbekanntem Modell (Tabelle 4-46).

Prozessmodell bekannt		Prozessmodell unbekannt
analytisches Modell	Polynom 2. Grades	
analytische Lösung	Simplex-Suchverfahren	Box-Wilson-Verfahren
Simplex-Suchverfahren	grafische Methode (bei 2 Einflussgrößen)	Simplex-Suchverfahren
Methode des steilsten Anstiegs		Evolutionary Operation (EVOP)
	Kammlinienanalyse	

Tabelle 4-46: Ausgewählte Optimierungsmethoden

Aufgrund der praktischen Bedeutung wird im Weiteren auf das Simplex-Suchverfahren und die Box-Wilson-Strategie eingegangen.

4.2.6.1 Simplex-Suchverfahren

Das Simplex-Suchverfahren ist eine einfache Optimierungsmethode für eine oder mehrere Zielgrößen. Es kann sowohl zur Auswertung von mathematischen Modellen als auch zur experimentellen Optimierung von Produkten und Prozessen verwendet werden. Bei der experimentellen Optimierung ist die Anwendungsvoraussetzung für dieses Verfahren, dass aktive Versuche durchgeführt werden können. Deshalb wird das Simplex-Suchverfahren vorzugsweise zur Optimierung von Labor- und Pilotanlagen eingesetzt. Die Grundidee dieses Verfahrens wird an Abbildung 4-27 erläutert.

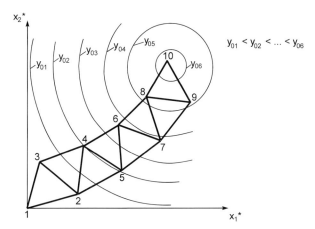

Abbildung 4-27: Ablauf des Simplex-Suchverfahrens

Betrachtet wird ein Beispiel mit zwei Einflussgrößen x_1^* und x_2^*. Die Höhenlinien y_{0i} sind die Schnittlinien durch die Fläche einer angenommenen Funktion $y = f(x_1^*, x_2^*)$ parallel zur Ebene $x_1^* - x_2^*$ bei unterschiedlichen konstanten Werten y_{0i} der Zielgröße.

Es besteht die Aufgabe, die Zielgröße y zu maximieren.

Ausgehend von einem Startsimplex werden die Versuchspunkte 1, 2 und 3 realisiert und in jedem Versuchspunkt die Zielgröße gemessen. Derjenige Versuchspunkt mit dem kleinsten Zielgrößenwert wird gestrichen. Der neue Versuchspunkt 4 ergibt sich durch Spiegelung des Versuchspunktes mit dem kleinsten Zielgrößenwert (Versuchspunkt 1) an der gegenüberliegenden Kante. Man erhält das neue Polyeder mit den Versuchspunkten 2, 3, 4. Im Versuchspunkt 4 wird die Zielgröße gemessen. Dieser Messwert wird mit den Messwerten der Versuchspunkte 2 und 3 verglichen. Es wird wieder der Versuchspunkt mit dem kleinsten Messwert der Zielgröße gestrichen. Das ist im Beispiel der Versuchspunkt 3. Der neue Versuchspunkt 5 ergibt sich durch Spiegelung des Versuchspunktes 3 an der gegenüberliegenden Seite des Polyeders. In dieser Weise wird das Verfahren fortgesetzt, bis keine Verbesserung der Zielgröße mehr möglich ist.

Für das Suchverfahren werden reguläre Polyeder verwendet, die bei n Einflussgrößen n+1 Eckpunkte besitzen. Bei regulären Polyedern sind alle Abstände zwischen den Polyederpunkten gleich groß. Bei zwei Einflussgrößen ist das Polyeder ein Dreieck, bei drei Einflussgrößen ein Tetraeder.

Zunächst ist es erforderlich, die Eckpunkte des Ausgangspolyeders zu bestimmen. Die Eckpunkte können beliebig festgelegt oder nach einer bestimmten Methode ermittelt werden. Eine mögliche Vorgehensweise ist in Abbildung 4-28 dargestellt.

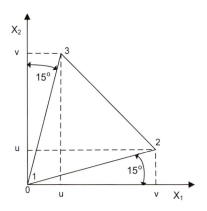

Abbildung 4-28:   Festlegung des Ausgangspolyeders

Die Ecken des Ausgangspolyeders haben die Koordinaten entsprechend Tabelle 4-47.

Ecke	x_1	x_2	x_3	...	x_n
1	0	0	0	...	0
2	v	u	u	...	u
3	u	v	u	...	u
4	u	u	v	...	u
⋮				...	
n+1	u	u	u	...	v

Tabelle 4-47:   Koordinaten der Eckpunkte des Ausgangspolyeders

Die Koordinaten u und v werden wie folgt berechnet:

$$v = \frac{1}{n \cdot \sqrt{2}} \left(n - 1 + \sqrt{n+1} \right)$$

$$u = \frac{1}{n \cdot \sqrt{2}} \left(\sqrt{n+1} - 1 \right)$$

4.2 Vorgehensweise

Für drei Einflussgrößen erhält man im transformierten Bereich für das Ausgangspolyeder die Versuchsplanmatrix entsprechend Tabelle 4-48.

Nr. der Polyederecke	x_1	x_2	x_3
1	0	0	0
2	0,943	0,236	0,236
3	0,236	0,943	0,236
4	0,236	0,236	0,943

Tabelle 4-48: Versuchsplanmatrix für das Ausgangspolyeder im transformierten Bereich für 3 Einflussgrößen

Das Simplex-Suchverfahren wird in folgenden Arbeitsschritten durchgeführt (Beispiel Maximierung der Zielgröße):

1. Transformation der Einflussgrößen so, dass die Kantenlänge des Polyeders für jede Einflussgröße ungefähr den gleichen Einfluss auf die Zielgröße hat.

   Transformationsbeziehung:

   $$x_i^* = x_{is}^* + x_i \cdot \frac{SW_i}{u}$$

   Es bezeichnen:
   x_i^* - Koordinate eines Polyedereckpunktes im Originalbereich
   x_{is}^* - Koordinate des Startpunktes für das Startpolyeder im Originalbereich
   x_i - Koordinate eines Polyedereckpunktes im transformierten Bereich
   SW_i - Schrittweite der Einflussgröße x_i^* im Originalbereich

2. Berechnung der Koordinaten des Ausgangspolyeders,

3. Realisierung der Versuche, Ermittlung der Zielgröße. Bei großer Versuchsstreuung sollten die Versuche in den Ecken des Polyeders mehrfach realisiert werden. Die Auswertungen erfolgen dann anhand der arithmetischen Mittelwerte der Zielgröße.

4. Elimination des Versuchspunktes mit dem kleinsten Wert der Zielgröße. Der neue Versuchspunkt ergibt sich durch Spiegelung des eliminierten Versuchspunktes an der gegenüberliegenden n-dimensionalen Kante. Die Koordinaten des neuen Versuchspunktes $\mathbf{x}'$ werden wie folgt berechnet (Darstellung in Vektorschreibweise):

   $$\mathbf{x}' = \frac{2}{n}\left(\mathbf{x}^{(1)} + \mathbf{x}^{(2)} + ... + \mathbf{x}^{(j-1)} + \mathbf{x}^{(j+1)} + ... + \mathbf{x}^{(n+1)}\right) - \mathbf{x}^{(j)}$$

   $$= \frac{2}{n}\sum_{i=1}^{n+1}\mathbf{x}^{(i)} - \left[\frac{2}{n}+1\right]\mathbf{x}^{(j)}$$

   j - Index, der den Punkt mit dem kleinsten Zielgrößenwert bezeichnet.

5. Das neue Polyeder wird aus den n alten Versuchspunkten $\mathbf{x}^{(i)}$ und dem neuen Versuchspunkt $\mathbf{x}'$ gebildet. Im Versuchspunkt $\mathbf{x}'$ wird die Zielgröße y gemessen.

6. Das Verfahren wird schrittweise fortgesetzt, indem immer der kleinste Zielgrößenwert gestrichen und ein neuer Versuchspunkt realisiert wird. Das Polyederzentrum pendelt dabei um die Richtung des steilsten Anstieges (Gradientenrichtung).

7. Das Extremum ist erreicht, wenn ein und derselbe Versuchspunkt 2·(n+1)-mal hintereinander im Polyeder enthalten ist. Dann hat sich das Polyeder um diesen Punkt gedreht. Im letzten Versuchspunkt wird die Zielgröße nochmals gemessen.

8. Ist die Zielgröße im neuen Versuchspunkt die kleinste von allen Werten des Polyeders, wurde das Extremum bereits überschritten und man kehrt zum vorhergehenden Polyeder zurück. In diesem Fall wählt man nun als zu eliminierenden Versuchspunkt den, bei dem die Zielgröße den zweitkleinsten Wert hat.

9. Liegt der neue Versuchspunkt außerhalb des zulässigen Versuchsbereiches, eliminiert man den Versuchspunkt, bei dem die Zielgröße den zweitkleinsten Wert hat.

10. Im Gebiet des Optimums wir die Kantenlänge der Polyeder verkleinert, z. B. auf ein Viertel der Ausgangswerte.

11. Das Optimum ist erreicht, wenn gilt:

$$\frac{1}{\overline{y}} \cdot \sqrt{\sum_{i=1}^{n+1} \frac{\left(y^{(i)} - \overline{y}\right)^2}{n}} \leq \varepsilon \ ; \quad \varepsilon > 0, \text{ beliebig klein}$$

$$\overline{y} = \frac{1}{n+1} \sum_{i=1}^{n+1} y^{(i)} \quad \text{mit} \quad y^{(i)} \text{ - Wert der Zielgröße im Versuchspunkt } \mathbf{x}^{(i)}$$

Vorteile der Methode:

- Minimale Anzahl der erforderlichen Versuche im Vergleich zu anderen experimentellen Suchverfahren
- Restriktionen für die Einflussgrößen können berücksichtigt werden.
- Insbesondere bei einer großen Zahl von Einflussgrößen ist das Simplex-Suchverfahren effizient.

Nachteil der Methode:

- Die Haupt- und Wechselwirkungseffekte der Einflussgrößen können nicht ermittelt werden.

In vielen Fällen wird nicht nur eine Zielgröße betrachtet, sondern es sind mehrere Zielgrößen zu optimieren. Es wird angenommen, dass für jede Zielgröße ein Modell bekannt ist, das die Abhängigkeit von bestimmten Einflussgrößen ausdrückt. Es handelt sich hierbei um eine Aufgabe der Polyoptimierung.

Dabei werden diejenigen Kombinationen der Einflussgrößen bestimmt, die bestimmte Anforderungen an die einzelnen Zielgrößen gleichzeitig erfüllen. Dieses nichttriviale Problem der Polyoptimierung wird in vielen Fällen auf die Optimierung einer einzigen Zielgröße zurückgeführt. Es handelt sich dabei um eine verallgemeinerte Zielgröße, für die auch der Begriff "Zusammengesetzte Erwünschtheit" verwendet wird. Die Polyoptimierungsaufgabe wird in folgenden Schritten gelöst:

1. Berechnen der individuellen Erwünschtheiten für jede Zielgröße.
2. Berechnen der zusammengesetzten Erwünschtheit aus den individuellen Erwünschtheiten.
3. Bestimmen der Lösungsmengen für die Einflussgrößen, für die sich ein maximaler Wert der zusammengesetzten Erwünschtheit ergibt.

Die individuelle und auch die zusammengesetzte Erwünschtheit ergeben sich durch eine bestimmte Transformation. Es handelt sich um dimensionslose Größen, die Werte von Null bis Eins annehmen können. Je näher die Erwünschtheiten bei dem Wert Eins liegen, um so besser wurde das jeweilige Optimierungsziel erreicht. Zur Transformation der einzelnen Zielgrößen y_j in die individuellen Erwünschtheiten wird die individuelle Wunschfunktion w_j verwendet. Für die Aufgaben der Maximierung, Minimierung und Zielerreichung ist die individuelle Wunschfunktion folgendermaßen definiert:

Maximierung:

$$w_j = 0 \quad \text{für } \hat{y}_j < UGW_j$$

$$w_j = \left(\frac{\hat{y}_j - UGW_j}{y_{js} - UGW_j} \right)^{g_j} \quad \text{für } UGW_j \leq \hat{y}_j \leq y_{js}$$

$$w_j = 1 \quad \text{für } \hat{y}_j > y_{js}$$

Minimierung:

$$w_j = 0 \quad \text{für } \hat{y}_j > OGW_j$$

$$w_j = \left(\frac{OGW_j - \hat{y}_j}{OGW_j - y_{js}} \right)^{g_j} \quad \text{für } y_{js} \leq \hat{y}_j \leq OGW_j$$

$$w_j = 1 \quad \text{für } \hat{y}_j < y_{js}$$

Zielerreichung:

$$w_j = \left(\frac{\hat{y}_j - UGW_j}{y_{js} - UGW_j} \right)^{g_j} \quad \text{für } UGW_j \leq \hat{y}_j \leq y_{js}$$

$$w_j = \left(\frac{OGW_j - \hat{y}_j}{OGW_j - y_{js}} \right)^{g_j} \quad \text{für } y_{js} \leq \hat{y}_j \leq OGW_j$$

$$w_j = 0 \quad \text{für } \hat{y}_j < UGW_j$$

$$w_j = 0 \quad \text{für } \hat{y}_j > OGW_j$$

Es bezeichnen:

w_j - individuelle Wunschfunktion der Zielgröße y

$\hat{y}_j$ - Modellwert der Zielgröße y_j

y_{js} - Sollwert der Zielgröße y_j

UGW_j - unterer Grenzwert der Zielgröße y_j

OGW_j - oberer Grenzwert der Zielgröße y_j

g_j - Formparameter der individuellen Wunschfunktion $(0,1 \leq g_j \leq 10)$

Die Form der individuellen Wunschfunktion zwischen dem Sollwert und dem entsprechenden Grenzwert wird durch die Festlegung des Formparameters g_j bestimmt. Damit wird die Genauigkeit der Optimierungsergebnisse im Hinblick auf die Annäherung der Zielgröße an das geforderte Optimierungsziel gesteuert.

Die zusammengesetzte Erwünschtheit W wird als gewichtetes geometrisches Mittel aus den individuellen Erwünschtheiten w_j gebildet.

$$W = \sqrt[Z]{w_1^{z1} \cdot w_2^{z2} \cdot \ldots \cdot w_m^{zm}}$$

mit $\quad Z = \sum_{j=1}^{m} z_j$

Die Exponenten z_j drücken die Bedeutungen der Zielgrößen y_j aus. Sie müssen im Vergleich zueinander bewertet werden. Die Werte für die Bedeutungen liegen üblicherweise zwischen 0,1 und 10. Je größer die Bedeutungszahl ist, umso wichtiger ist die Zielgröße im Vergleich zu den anderen Zielgrößen.

4.2.6.2 Optimierung des Reibschweißprozesses

Für das Beispiel Reibschweißen wurden im Abschnitt 4.2.2.6 die reduzierten Modelle für die Zielgrößen Zeit und Länge ermittelt. Damit sind die Voraussetzungen für die Optimierung vorhanden. Die Forderungen an die Zielgrößen sind in Tabelle 4-49 aufgeführt.

Merkmal	Ziel		Untergrenze	Soll	Obergrenze	Formparameter	Bedeutung
Länge in mm	44	1	43	44	45	2	2
Zeit in s	Minimieren			11	15	1	1

Tabelle 4-49: Spezifikationen, Formparameter und Bedeutungen für die Zielgrößen Länge und Zeit

Die genaue Einhaltung der geforderten Länge nach dem Reibschweißen und die größere Bedeutung der Zielgröße Länge im Vergleich zur Zielgröße Zeit waren maßgebend dafür, für die Länge den Formparameter $g_{Länge} = 2$ und für die Bedeutung $z_{Länge} = 2$ festzulegen.

Die Lösung der Optimierungsaufgabe erfolgt durch Anwendung der Statistiksoftware.

Zunächst werden die Optimierungsziele und die Wunschfunktionen für die Zielgrößen Zeit und Länge definiert (Abbildung 4-29 und Abbildung 4-30).

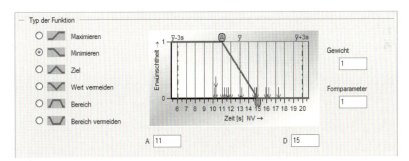

Abbildung 4-29: Optimierungsziel und Wunschfunktion für die Zielgröße Zeit

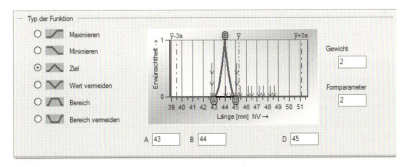

Abbildung 4-30: Optimierungsziel und Wunschfunktion für die Zielgröße Länge

Für das Suchverfahren wurden 10 zufällige Startpunkte und die Gitterpunkte des Versuchsplanes gewählt. Die Ergebnisse der Polyoptimierung enthält Abbildung 4-31.

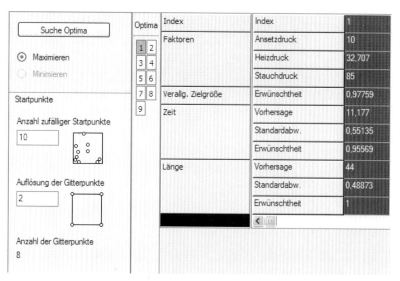

Abbildung 4-31: Ergebnisse der Polyoptimierung

Optimale Ergebnisse für die Zielgrößen Zeit und Länge werden bei den folgenden Einstellungen der Einflussgrößen (Faktoren) erzielt:

Ansetzdruck = 10 bar   Heizdruck = 32,7 bar   Stauchdruck = 85 bar

Folgende Vorhersagewerte für die Zielgrößen wurden berechnet:

Zeit = 11,2 s   Länge = 44 mm

Die individuellen Erwünschtheiten betragen:

w(Zeit) = 0,96   w(Länge) = 1

Für die zusammengesetzte Erwünschtheit (Verallg. Zielgröße) ergibt sich W = 0,98.

4.2.6.3 Die Box-Wilson-Methode

Die Box-Wilson-Methode stellt eine Kombination zwischen dem Gradienten-Suchverfahren und den Verfahren der statistischen Versuchsplanung für die Modellbildung dar, um optimale Konstruktions- oder Prozessparameter ermitteln zu können. Diese Methode kann besonders zur Optimierung von Labor- und Pilotanlagen oder unter Produktionsbedingungen eingesetzt werden, wenn aktive Versuche durchgeführt werden können.

In Abbildung 4-32 ist die Grundidee dieser Methode dargestellt. Die Aufgabe besteht in der Ermittlung der optimalen Einstellungen für die Einflussgrößen x_1 und x_2, bei denen die Zielgröße y ein Maximum annimmt. Der wahre Zusammenhang zwischen der Zielgröße y und den Einflussgrößen ist nicht bekannt.

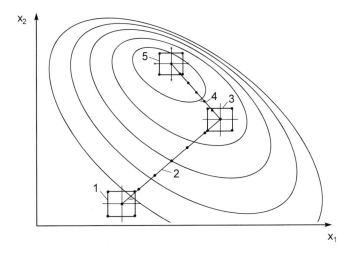

Abbildung 4-32: Ablauf der Box-Wilson-Methode

Ablauf der Methode:

1. Zunächst wird im Startgebiet der Suche ein Versuchsplan 1. Ordnung realisiert. Die Parameter eines linearen Modells werden geschätzt (1).

2. Entlang des Gradienten, der auf der Grundlage des linearen Modells geschätzt wird und der die Richtung des steilsten Anstieges angibt, werden weitere Versuche durchgeführt (2). Die Einflussgrößen werden proportional zu den Modellparametern b geändert. Die Koordinaten eines neuen Versuchspunktes im Originalbereich in Richtung des Gradienten ergeben sich zu:

$$x_{i1}^* = x_{i0}^* + SW_i$$

Mit der Schrittweite

$$SW_i = SW_{ik} \cdot \frac{v_i \cdot b_i}{v_k \cdot b_k}$$

Es bezeichnen:

x_{i0}^* - Nullniveau von x_i im Originalbereich

SW_k - festzulegende Schrittweite der Einflussgröße mit dem größten Einfluss

v_i - Variationsintervall der i-ten Einflussgröße

v_k - Variationsintervall der Einflussgröße mit dem größten Einfluss

b_i - Regressionskoeffizient der i-ten Einflussgröße

b_k - Regressionskoeffizient der Einflussgröße mit dem größten Einfluss

3. Wenn sich die Zielgröße y nicht weiter verbessern lässt, wird ein weiterer Versuchsplan 1. Ordnung durchgeführt, um die Koeffizienten eines weiteren linearen Modells schätzen zu können (3).

4. Wenn **eine** lineare Näherung des Gradienten nicht ausreicht, können weitere lokale Beschreibungen der unbekannten Funktion durch weitere Polynome 1. Grades vorgenommen und neue Gradienten berechnet werden (4).

5. Zur Beschreibung des quasistationären Gebietes wird ein zentral zusammengesetzter Versuchsplan 2. Ordnung realisiert (5). Mithilfe des Modells zweiten Grades erfolgt die Ermittlung der optimalen Arbeitspunkte. Dafür kann z. B. das Simplex-Suchverfahren angewendet werden.

4.3 Fallbeispiel

Für das Produkt Leuchtstofflampe ist der Einfluss der Einflussgrößen:
- Pastenmasse der Elektroden m_p
- Argonfülldruck p_{Ar} und
- Ausbrenntemperatur T_{Ab}

auf den Lichtstrom Φ nach einer Lampenalterungszeit von 100 Brennstunden zu ermitteln. Für jeden Versuch sind drei Wiederholungen geplant. Die Gesamtzahl der Versuche ist demnach $3 \cdot 2^3 = 24$.

Es wird folgende **Codierung der Einflussgrößen** vorgenommen:
- Pastenmasse der Elektroden $m_p \Rightarrow x_1$
- Argonfülldruck $p_{AR} \Rightarrow x_2$
- Ausbrenntemperatur des Leuchtstoffes $T_{Ab} \Rightarrow x_3$

Zur Beschreibung des Zusammenhanges zwischen dem Lichtstrom Φ 100 und den drei Einflussgrößen wird folgender Modellansatz gewählt:

$$\Phi_{100} = b_0 + b_1 x_1 + b_2 x_2 + b_3 x_3 + b_{12} x_1 x_2 + b_{13} x_1 x_3 + b_{23} x_2 x_3 + b_{123} x_1 x_2 x_3$$

mit b_1, b_2, b_3 - Schätzungen der Hauptwirkungen der Einflussgrößen x_1, x_2, x_3
 b_{12}, b_{13}, b_{23} - Schätzungen der zweifaktoriellen Wechselwirkungen
 b_{123} - Schätzung der dreifaktoriellen Wechselwirkung

Zur Ermittlung dieses Modellansatzes ist ein vollständiger faktorieller Versuchsplan erster Ordnung erforderlich. Für das Fallbeispiel werden folgende Festlegungen für die Einstellniveaus der Einflussgrößen vorgenommen:

Einfluss-größe	Einheit	Codierung	Niveau			v_i
			-1	0	+1	
m_P	mg	x_1	3,7	5,5	7,3	1,8
p_{AR}	Pa	x_2	285	395	505	110
T_{Ab}	K	x_3	814	850	886	36

Tabelle 4-50: Beschreibung und Codierung der Einflussgrößen

Zur Planung der Versuche mit der Software destra® wählt man im Modul „Regressions-/Varianzanalyse" ANALYSE VERFAHREN/VERSUCHSPLAN ANLEGEN. Im sich öffnenden Fenster klickt man auf den gewünschten Versuchsplantyp (Faktorielle Pläne - Zweistufige Pläne) und wählt den vollständigen Versuchsplan für drei Faktoren aus (vgl. Abbildung 4-33). Im darauf folgenden Fenster werden die Zielgröße und die Einflussgrößen definiert.

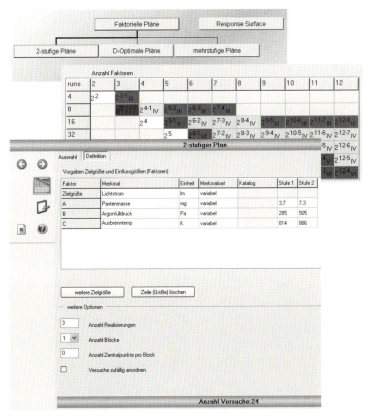

Abbildung 4-33: Planung eines VFV 2^3

Durch Betätigen des „Weiterpfeils" (links oben) erfolgen eine Beurteilung des Versuchsplans und eine Vorschau der durchzuführenden Versuche (vgl. Abbildung 4-34). Eine Bestätigung des ausgewählten Versuchsplans generiert das zugehörige Arbeitsblatt.

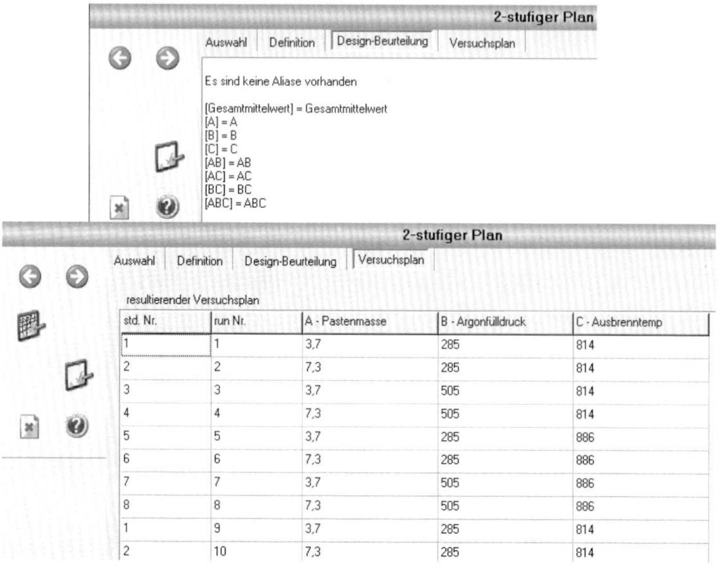

Abbildung 4-34: Beurteilung des Versuchsplans und Vorschau

Dieses Arbeitsblatt kann man als Vorlage für die Versuchsdurchführung verwenden. Im gleichen Arbeitsblatt ist neben den geplanten Versuchen eine Spalte für die jeweils gemessene Zielgröße (100h-Lichtstrom) enthalten (Tabelle 4-51).

	Pastenmasse	Argonfülldruck	Ausbrenntemp	Lichtstrom		Pastenmasse	Argonfülldruck	Ausbrenntemp	Lichtstrom
1	3,7	285	814	2602	13	3,7	285	886	2597
2	7,3	285	814	2563	14	7,3	285	886	2570
3	3,7	505	814	2636	15	3,7	505	886	2592
4	7,3	505	814	2563	16	7,3	505	886	2493
5	3,7	285	886	2479	17	3,7	285	814	2620
6	7,3	285	886	2660	18	7,3	285	814	2588
7	3,7	505	886	2600	19	3,7	505	814	2612
8	7,3	505	886	2541	20	7,3	505	814	2610
9	3,7	285	814	2691	21	3,7	285	886	2619
10	7,3	285	814	2620	22	7,3	285	886	2597
11	3,7	505	814	2642	23	3,7	505	886	2619
12	7,3	505	814	2582	24	7,3	505	886	2547

Tabelle 4-51: Versuchsvorschrift mit den Versuchsergebnissen

Zur Auswertung der Versuche wählt man im Menü ANALYSE VERFAHREN/VERSUCHSPLAN AUSWERTEN. Die Software schlägt die „mehrfache Varianzanalyse" als Verfahren vor. Nach der Auswahl des Verfahrens und der Variablen (vgl. Abbildung 4-35) folgt das Ergebnis der Varianzanalyse (vgl. Tabelle 4-52).

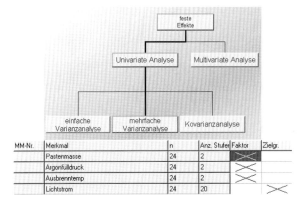

Abbildung 4-35: Auswahl der mehrfachen Varianzanalyse und der Faktoren

Merkm	Merkm.Bez.	x_i	SS	MS	DF	F_0	F_0	P
	Pastenmasse	A	5859	5859	1,000	3,688		0,0728
	Argonfülldruck	B	1190	1190	1,000	0,749		0,400
	Ausbrenntemp	C	7176	7176	1,000	4,516		0,0495
		AB	5251	5251	1,000	3,305		0,0878
		AC	1335	1335	1,000	0,840		0,373
		BC	345,0	345,0	1,000	0,217		0,647
		ABC	5673	5673	1,000	3,571		0,0771
		Modell	26830	3833	7,000	2,412		0,0686
		Rest	25422	1589	16,00	---		---
		Gesamt	52252	2272	23,00	---		---

Tabelle 4-52: Ergebnisdarstellung für den vollständigen Ansatz

Der vollständige Ansatz zeigt, dass einige Faktoren und Wechselwirkungen nicht signifikant sind. In der letzten Spalte sind die P-Werte ausgewiesen. Sie geben an, wie wahrscheinlich **kein** Einfluss der Effekte ist. Im Beispiel wurden als wesentliche Einflüsse die drei Hauptwirkungen, die Wechselwirkung zwischen Pastenmasse und Argonfülldruck sowie die 3-Faktoren-Wechselwirkung ausgewählt. Dazu wurden im „Modell-Register" unter „Erweiterte Modelleingabe" nur die entsprechenden Effekte ausgewählt. Die Ergebnisse sind in Tabelle 4-53 enthalten.[19]

---

[19] Die Ergebnisse weichen von den Berechnungen mit Minitab ab (vgl. Anhang). Dies liegt an der Effektberechnung von Minitab mittels Regressionsanalyse. Würden die Berechnungen in destra ebenfalls mittels Regressionsanalyse durchgeführt, ergäben sich die gleichen Ergebnisse. Dennoch soll hier konsequenterweise mit der Varianzanalyse fortgefahren werden. Eine Diskussion der Vor- und Nachteile beider Verfahren wird hier nicht geführt.

Merkn	Merkm.Bez.	x_I	SS	MS	DF	F_0	F_0	P
	Pastenmasse	A	5859	5859	1,000	3,688		0,0728
	Argonfülldruck	B	1190	1190	1,000	0,749		0,400
	Ausbrenntemp	C	7176	7176	1,000	4,516		0,0495
		AB	5251	5251	1,000	3,305		0,0878
		ABC	7353	2451	3,000	1,543		0,242
		Modell	26830	3833	7,000	2,412		0,0686
		Rest	25422	1589	16,00	---		---
		Gesamt	52252	2272	23,00	---		---

Tabelle 4-53: Ergebnisdarstellung für den reduzierten Ansatz

Der ausgewählte reduzierte Ansatz wird im Folgenden auf die Einhaltung der Modellannahmen geprüft. Dazu werden einfach die folgenden Register „Modellbeurteilung" (vgl. Tabelle 4-54) und „Residuen" (vgl. Abbildung 4-36) gewählt.

Modifizierter Levene Test				
H_0	Die Varianzen aller Zellen sind gleich			
H_1	Die Varianzen aller Zellen sind NICHT gleich			
Testniveau	kritische Werte		Prüfgröße	
	unten	oben		
$\alpha = 5$ %	---	2,66		
$\alpha = 1$ %	---	4,03	0,49264	
$\alpha = 0,1$ %	---	6,46		
Testergebnis	Nullhypothese wird nicht widerlegt			
Epps-Pulley				
H_0	Die Residuen stammen aus einer Normalverteilung			
H_1	Die Residuen stammen NICHT aus einer Normalverteilung			
Testniveau	kritische Werte		Prüfgröße	
	unten	oben		
$\alpha = 5$ %	---	0,369		
$\alpha = 1$ %	---	0,566	0,025484	
$\alpha = 0,1$ %	---	---		
Testergebnis	Nullhypothese wird nicht widerlegt			

Tabelle 4-54: Modellbeurteilung des reduzierten Ansatzes

Sowohl die Annahme der Varianzgleichheit über alle Faktorstufen (Modifizierter Levenetest) als auch die Normalverteilung der Residuen (Epps-Pulley-Test) ist erfüllt. Die Darstellungen der Residuen zeigen ein im Wesentlichen zufälliges Verhalten. Die Residuen liegen im Wahrscheinlichkeitsnetz auf einer Geraden. Eine Abhängigkeit vom angepassten Wert und von der Versuchsreihenfolge ist nicht erkennbar.

Die starke Abweichung des Residuums in Versuch 5 vom Mittelwert 0 deutet auf einen Mess- oder Versuchsfehler hin.

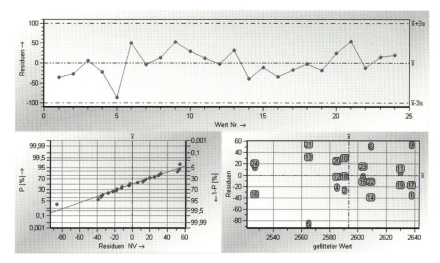

Abbildung 4-36: Residuenbetrachtung des reduzierten Ansatzes

Im nächsten Schritt sollen die 2-fach-Wechselwirkung im Beispiel betrachtet werden (Register „Wechselwirkungen"). Abbildung 4-37 zeigt durch die Überschneidung der beiden dargestellten Strecken eine bedeutende Wechselwirkung. Den höchsten Lichtstrom ergeben ein Argonfülldruck von 505 Pa und eine Pastenmasse von 3,7 mg.

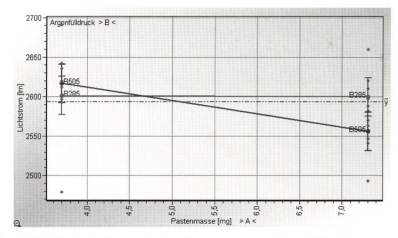

Abbildung 4-37: Wechselwirkung zwischen Pastenmasse und Argonfülldruck

Für die Optimierung des Prozesses im Sinne eines möglichst hohen Lichtstroms wird das Register „Hauptwirkungen" verwendet (vgl. Abbildung 4-38). Neben der grafischen Darstellung der Hauptwirkungen kann dieses auch für die Prozesssteuerung verwendet werden. Durch einen Mausklick in die entsprechenden Grafiken werden die Faktoren jeweils auf ihrem oberen oder unteren Niveau eingestellt. Zwischenwerte sind nur in der Regressionsanalyse möglich. Für die dargestellten Einstellungen ergibt sich das Maximum von 2.637,67 lm bei einer Einstellung von Pastenmasse = 3,7 mg, Argonfülldruck = 285 Pa und Ausbrenntemperatur = 814 K. Zusätzlich wird ein 95 %-Prognoseintervall ausgegeben, d. h. innerhalb dieses Intervalls sind mit 95 % Wahrscheinlichkeit die künftigen Ergebnisse nach der Steuerung zu erwarten.

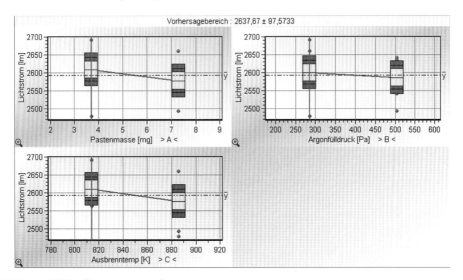

Abbildung 4-38: Steuerung des Prozesses

4.4 Anwendungsempfehlungen

Wenn der Adäquatheits- bzw. Nichtlinearitätstest erkennen lässt, dass mit dem in den einzelnen Variablen linearen Polynomansatz der wahre Zusammenhang zwischen der Zielgröße und den Einflussgrößen nicht ausreichend genau beschrieben werden kann, muss eine Modellverbesserung durchgeführt werden. Dazu ist es notwendig, entweder weitere Einflussgrößen bei der Modellierung zu berücksichtigen und/oder zu einem Polynomansatz 2. Grades überzugehen. Wenn das Ergebnis des Adäquatheitstests negativ war, jedoch der Nichtlinearitätstest keine Hinweise auf vorhandene Nichtlinearität lieferte, sind offensichtlich wesentliche Einflussgrößen noch nicht erkannt und im Modell noch nicht berücksichtigt worden.

Verlief der Adäquatheitstest positiv und der Nichtlinearitätstest gab Aufschluss auf vorhandene Nichtlinearität im Versuchsbereich, ist es erforderlich, eine Modellverbesserung durch die Einbeziehung der quadratischen Glieder in das Regressionsmodell vorzunehmen:

$$y(\mathbf{x}, \boldsymbol{\beta}) = \beta_0 + \sum_{i=1}^{n} \beta_i x_i + \sum_{\substack{i,p=1 \\ i<p}}^{n} \beta_{ip} x_i \cdot x_p + \sum_{i=1}^{n} \beta_{ii} x_i^2$$

Dieser Modellansatz ist ein vollständiges Polynom 2. Grades. Zur Schätzung der Modellparameter wird ein Versuchsplan 2. Ordnung benötigt, der mindestens drei Einstellniveaus je Einflussgröße erfordert. In der Literatur werden zahlreiche Varianten von Versuchsplänen 2. Ordnung beschrieben, die sich u. a. hinsichtlich des Versuchsaufwandes unterscheiden /Scheffler; Kleppmann/. Wenn die Experimentenplanung sinnvoll durchgeführt wurde, können die mit dem Versuchsplan 1. Ordnung erzielten Versuchsergebnisse bei der Planung der weiteren Experimente berücksichtigt werden. Der Versuchsplan 2. Ordnung wird zweckmäßigerweise so konstruiert, dass der bereits realisierte Versuchsplan 1. Ordnung, d. h. die Würfelpunktversuche, den sogenannten Kern des Versuchsplanes 2. Ordnung bilden. Es sind dann lediglich 2·n Sternpunktversuche sowie eine gewisse Zahl von Zentralpunktversuchen zusätzlich zu realisieren. In diesem Fall spricht man von einem **zentral zusammengesetzten Versuchsplan 2. Ordnung**. Bei den zentral zusammengesetzten Versuchsplänen 2. Ordnung sind die orthogonalen oder drehbaren und die Versuchspläne, die sowohl orthogonal als auch drehbar sind, von praktischer Bedeutung.

In der chemischen Verfahrenstechnik, wenn es um die Optimierung der Eigenschaften von Stoffsystemen geht, spielen die Mixturpläne eine besondere Rolle /Scheffler; Kleppmann/.

Schließlich besteht die Möglichkeit, Versuche nach bestimmten Optimalitätskriterien zu konstruieren. Bei der optimalen Versuchsplanung wird in bestimmter Weise ein Funktional der Kovarianzmatrix cov($\boldsymbol{\beta}$) der nach der Methode der kleinsten Quadrate (MKQ) geschätzten Regressionsparameter $\boldsymbol{\beta}$ minimiert. Praktische Anwendung haben dabei die D-optimalen Versuchspläne gefunden. Das Kriterium der D-Optimalität fordert eine solche Wahl der Versuchspunkte im Versuchsraum, die zu einer minimalen Streuung der Modellparameter führt. Zur Ermittlung von Versuchsplanungspunkten, die das Kriterium der D-Optimalität erfüllen, gibt es keine einfachen Konstruktionsprinzipien, wie etwa bei den faktoriellen Versuchsplänen. D-optimale Versuchspläne werden durch Anwendung unterschiedlicher Suchalgorithmen berechnet. Es wird hier nur erwähnt, dass es neben der D-Optimalität noch weitere Optimalitätskriterien gibt, nach denen Versuchspläne konstruiert werden können: A-, V-, G-Optimalität /Bandemer, Bellmann/.

4.5 Weiterführende Literatur

[1] **Atkinson, A.C/Donev, A.N.**
Optimum Experimental Designs.
Oxford Press, 1992.

[2] **Box, G.E.P./Draper N.R.**
Empirical Model-Building and Response Surfaces.
John Wiley & Sons, 1987.

[3] **Bandemer, H/Bellmann, A.**
Statistische Versuchsplanung.
Teubner Verlag, Wiesbaden, 1994.

[4] **Hartmann, K./Lezki, E./Schäfer, W.**
Statistische Versuchsplanung und -auswertung in der Stoffwirtschaft.
VEB Deutscher Verlag für Grundstoffindustrie, Leipzig, 1974.

[5] **Kleppmann, W.**
Taschenbuch Versuchsplanung.
Carl Hanser Verlag, München Wien, 2009.

[6] **Rasch, D.**
Statistische Versuchsplanung.
G. Fischer Verlag, Stuttgart ,1992.

[7] **Rasch, D/Herrendörfer G./Bock, J/Busch, K.**
Versuchsplanung und Auswertung - Verfahrensbibliothek. Bd. I-III.
Deutscher Landwirtschaftsverlag, Berlin, 1978.

[8] **Scheffler, E.**
Einführung in die Praxis der statistischen Versuchsplanung.
VEB Deutscher Verlag für Grundstoffindustrie, Leipzig, 1986.

[9] **Scheffler, E.**
Statistische Versuchsplanung und -auswertung.
Deutscher Verlag für Grundstoffindustrie, Stuttgart, 1997.

5 Logistische Regression

5.1 Problemstellung

Die logistische Regression untersucht Ursache-Wirkungs-Beziehungen, die jedem Prozess zugrunde liegen. Im Unterschied zur klassischen linearen Regression wird aber eine qualitative (nominale) Zielgröße vorausgesetzt. Im Sinne der Prozessoptimierung wird dabei meist zwischen „fehlerhaft" und „fehlerfrei" bzw. zwischen „schlecht" und „gut" unterschieden. Über die Einflussgrößen des Prozesses soll das Auftreten von Fehlern erklärt werden. Genauer gesagt, wird der Einfluss auf die Wahrscheinlichkeit des Eintretens von Fehlern beschrieben.

Folgende Fragestellungen sollen im Einzelnen durch die logistische Regression beantwortet werden:

- Welche Abhängigkeiten bestehen im Prozess?
- Wie gut kann das Auftreten von Fehlern durch das Verhalten der Einflussgrößen erklärt werden?
- Wie wichtig sind einzelne Einflussgrößen?
- Wie müssen die Einflussgrößen gesteuert werden, damit Fehler nicht mehr oder seltener auftreten?

Zum Vergleich der logistischen Regressionsanalyse mit anderen Verfahren sind die wichtigsten Kriterien im folgenden Steckbrief zusammengefasst.

Kriterium	Eigenschaft der logistischen Regression
Zentrale Fragestellung	Welche Wirkung haben Einflussgrößen auf eine Zielgröße?
Skalenniveau der Zielgröße	qualitativ (nominal)
Skalenniveau der Einflussgrößen	quantitativ (metrisch) und qualitativ (nominal)
Datenerhebung	Beobachtung (prozessbegleitend)
Modellvarianten	Auswahl der wesentlichen Einflussgrößen, weiterführende Statistiken, Modellerweiterungen
Wichtige Begriffe	logistische Funktion, Logits, Pseudo-Bestimmtheitsmaße
Sonstige Hinweise	

Tabelle 5-1: Methodensteckbrief zur logistischen Regression

5.1.1 Anwendungsbeispiele

Die logistische Regression bietet ein breites Anwendungsspektrum. Immer wenn bei einer Zielgröße zwischen schlecht und gut unterschieden wird, kann sie als Modell zur Erklärung herangezogen werden. In der folgenden Tabelle werden beispielhaft einige Fragestellungen vorgestellt, die mit Hilfe der logistischen Regression untersucht werden können.

Fragestellung	Zielgröße	Einflussgröße
Eine Baugruppe funktioniert nicht. Welche einzelnen Komponenten sind dafür verantwortlich?	Funktionalität der Baugruppe: „funktioniert" oder „funktioniert nicht"	Eigenschaften einzelner Komponenten
Warum lassen sich einzelne Baugruppen nicht montieren?	Montierbarkeit: „möglich" oder „nicht möglich"	Eigenschaften einzelner Komponenten Prozessschritte der Montage
Warum wird Ausschuss produziert?	Prozessergebnis: „gut" oder „schlecht"	Prozesseinstellungen Materialeigenschaften usw. (5 Ms)
Warum fallen bestimmte Produkte / Baugruppen / Komponenten aus?	Ausfall: „ja" oder „nein"	Eigenschaften der Produkte / Baugruppen / Komponenten Anwendungsbedingungen
Warum werden bestimmte Angebote keine Aufträge?	Angebot: „Auftrag" oder „Ablehnung"	Eigenschaften des Angebots Eigenschaften des potentiellen Kunden

Tabelle 5-2: *Fragestellungen der logistischen Regression*

Grundsätzlich lassen sich die Beispiele in zwei Modelltypen gliedern. Im ersten Fall erfüllt ein Produkt nicht seinen Funktionszweck (Baugruppe fehlerhaft, Zuverlässigkeitsprobleme, etc.). Die Ursachen dafür liegen im Produkt selbst, d.h. die Einflussgrößen sind vorwiegend in den Eigenschaften des Produktes zu suchen. Im zweiten Fall treten im Prozess Fehler auf. Die Ursachen dafür und damit auch die Einflussgrößen sind im Prozess zu suchen. In beiden Fällen wird durch die logistische Regression ein Erklärungsmodell berechnet, mit dessen Hilfe der Prozess oder das Produkt optimiert wird.

5.1.2 Grundlagen der logistischen Regression

Die logistische Regression wird im Rahmen der Prozessoptimierung häufig zur Identifizierung und Beseitigung von Fehlerursachen verwendet. Dazu wird die Ursache-Wirkungs-Beziehung des Prozesses durch die Funktion $Y = f(x_1, x_2, ..., x_m)$ mathematisch abgebildet, wobei die Zielgröße Y der auftretende Fehler ist, der durch seine Einflussgrößen x_j erklärt werden soll.

Die Ziel- und Einflussgrößen werden teilweise unterschiedlich bezeichnet. Der Sprachgebrauch soll sich in dieser Einführung an den Bezeichnungen aus dem Bereich der

Prozess- und Qualitätsverbesserung orientieren. Andere gebräuchliche Bezeichnungen der logistischen Regression sind in folgender Tabelle aufgelistet.

Y	$x_1, x_2, \ldots, x_m$
Zielgröße	Einflussgrößen
Regressand	Regressoren
Abhängige Variable	Unabhängige Variablen
Endogene Variable	Exogene Variablen
Erklärte Variable	Erklärende Variablen / Prädikatoren

Tabelle 5-3: Bezeichnungen der Ziel- und Einflussgrößen

Das Prinzip der logistischen Regression wird anhand des Beispiels zur Herstellung von Lego-Bausteinen erklärt. Einzelne Bausteine werden nach der Produktion einem Test unterzogen. Dabei wird geprüft, ob sich die Bausteine auf einer Prüfvorlage (Lehre) mit einem vorgegebenen Druck befestigen lassen. Ist dies nicht der Fall, ist ein Fehler aufgetreten und die Qualität des Bausteins wird als „schlecht" bezeichnet. Mehrere Ursachen sind denkbar. Zunächst wird aber lediglich die Einspritztemperatur bei der Herstellung der Bausteine betrachtet. Diese soll eine Wirkung auf die Schrumpfung der Bausteine und damit auf deren Abmessungen haben. Folgender Zusammenhang soll untersucht werden:

Fehlerauftritt = f(Einspritztemperatur).

Aus der laufenden Produktion werden 15 Bausteine entnommen, wovon sieben die Prüfung nicht bestehen (schlecht) und acht die Prüfung bestehen (gut). Die Einspritztemperatur [°C] für die betrachteten Bausteine wurde im Spritzgussprozess gemessen. Folgende Tabelle fasst die Stichprobenergebnisse zusammen.

Nr.	Qualität	Einspritztemp. [°C]
1	Schlecht	295,0
2	Schlecht	296,8
3	Gut	293,7
4	Schlecht	295,4
5	Gut	293,2
6	Schlecht	295,9
7	Gut	294,7
8	Schlecht	296,3
9	Gut	294,2
10	Schlecht	296,1
11	Gut	295,0
12	Schlecht	294,9
13	Gut	293,8
14	Gut	295,3
15	Gut	294,4

Tabelle 5-4: Datensatz 1 des Lego-Beispiels für die logistische Regression

5 Logistische Regression

Eine einfache Möglichkeit zur Überprüfung des Einflusses der Einspritztemperatur auf die Qualität der Lego-Bausteine ist der Paarweise Vergleich von Shainin. Dieses Verfahren basiert auf dem Schnelltest von Tukey[20], welcher genau genommen keine Ursache-Wirkungs-Beziehungen, sondern Abhängigkeiten untersucht. Das Verfahren wird hier kurz vorgestellt, da es anschaulich in die Problemstellung der logistischen Regression einführt.

Für die Durchführung des Paarweisen Vergleichs müssen mindestens zwölf, ungefähr gleich viele Schlecht- und Gut-Teile erhoben werden. Diese werden anschließend nach den Ausprägungen der zu untersuchenden Einflussgröße sortiert. Der Schnelltest basiert auf den so genannten Endzählwerten. Durch Addition der unterschiedlichen Schlecht-Gut-Ausprägungen an den Enden der sortierten Datenreihe berechnet sich der Gesamtendzählwert. Für das Lego-Beispiel wurde die Sortierung in Tabelle 5-5 durchgeführt.

Qualität	Einspritztemp. [°C]
Gut	293,2
Gut	293,7
Gut	293,8
Gut	294,2
Gut	294,4
Gut	294,7
Schlecht	294,9
Schlecht	295,0
Gut	295,0
Gut	295,3
Schlecht	295,4
Schlecht	295,9
Schlecht	296,1
Schlecht	296,3
Schlecht	296,8

Tabelle 5-5: Durchführung des Paarweisen Vergleichs für den Datensatz 1

Der Gesamtendzählwert im Beispiel ergibt sich durch die Summe der beiden unterschiedlichen Endzählwerte in der Tabelle. Am Beginn der Tabelle stehen sechs Gut-Teile (Endzählwert = 6) und am Ende der Tabelle fünf Schlecht-Teile (Endzählwert = 5). Daraus addiert sich der Gesamtendzählwert von 11. Dieser Wert wird mit der folgenden Signifikanztabelle verglichen.

Gesamtendzählwert	Signifikanzniveau
6	10 %
7 – 9	5 %
10 – 12	1 %
ab 13	0,1 %

Tabelle 5-6: Gesamtendzählwert und Signifikanz für den Paarweisen Vergleich

---

[20] Vgl. Sachs, L. u. J. Heddrich (2009): Angewandte Statistik, 13. akt. u. erw. Aufl., Springer, Heidelberg / London / New York, S. 477 ff.

5.1 Problemstellung

Durch den Paarweisen Vergleich wird im Beispiel für die Einflussgröße Einspritztemperatur eine Signifikanz von ≤ 1 % erreicht, d.h. die Einspritztemperatur ist wesentlich bzw. das Risiko mit dieser Behauptung falsch zu liegen, ist ≤ 1 %.

Dieses Verfahren lässt sich sehr schnell und einfach für jeweils eine Einflussgröße anwenden. Sollen dagegen mehrere Einflussgrößen gemeinsam in ihrer Wirkung auf die Zielgröße untersucht werden, ist die logistische Regression die Methode der Wahl. Ihr Prinzip soll aber zunächst für eine Einflussgröße erklärt werden. Anschaulich wird die Fragestellung anhand eines Streuungsdiagramms mit eingezeichneter linearer Regressionsgerade (vgl. Abbildung 5-1).

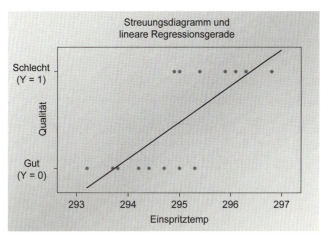

Abbildung 5-1: Streuungsdiagramm und lineare Regressionsgerade

Die Abbildung 5-1 zeigt auf der X-Achse die Anordnung der Werte nach der Einspritztemperatur. Zusätzlich sind die Werte der Zielgröße über die Y-Achse in „gut" (Y = 0) und „schlecht" (Y = 1) aufgeteilt. Durch diese Codierung der Zielgröße kann die lineare Regressionsgerade zwar berechnet werden, aber es gibt zwei entscheidende Nachteile:

- Interpretation der Zielgröße
  Grundsätzlich lassen sich die geschätzten Werte der Zielgröße als Fehlerwahrscheinlichkeiten interpretieren. Doch wie sollen Werte der Regression gedeutet werden, die größer Eins oder kleiner Null sind. Wahrscheinlichkeiten liegen immer zwischen Null und Eins.

- Heteroskedastizität der linearen Regression
  Eine Annahme der linearen Regression ist die gleichmäßige und zufällige Abweichung der beobachteten Werte um die geschätzte Regressionsgerade[21]. Diese Annahme ist im Falle einer zweistufigen Ausprägung der Zielgröße aber verletzt, wie die Abbildung 5-1 zeigt. Die Schätzung wird dadurch negativ beeinflusst. Eine Übertragung der Ergebnisse auf einen Prozess ist nicht zu empfehlen.

---

[21] Vgl. Kapitel Regressionsanalyse.

Diese beiden Probleme lassen sich durch den Übergang von einer linearen zu einer logistischen Funktion beheben. Geschätzt wird nun nicht mehr, ob ein Produkt gut (Y = 0) oder schlecht (Y=1) ist, sondern die Wahrscheinlichkeit P für die Schlecht-Ausprägung, also die Fehlerwahrscheinlichkeit. Die entsprechende logistische Funktion lautet

$$P(Fehler) = \frac{1}{1 + e^{-(a+bx)}}.$$

Die Fehlerwahrscheinlichkeit hängt vom logistischen Ausdruck auf der rechten Seite der Funktion ab, der die Einflussgröße x enthält. Wie diese Funktion im Einzelnen zu interpretieren ist, wird im nächsten Kapitel erläutert. An dieser Stelle ist nur von Bedeutung, dass die Funktion lediglich Werte zwischen Null und Eins annehmen kann und damit als Fehlerwahrscheinlichkeit zu interpretieren ist. Die folgende Abbildung zeigt den Verlauf der logistischen Funktion für das Lego-Beispiel mit der Einflussgröße Einspritztemperatur.

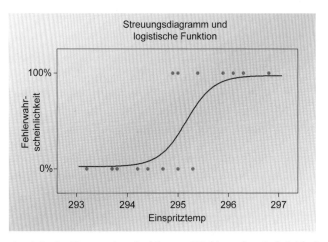

Abbildung 5-2: Logistische Regressionsfunktion und Fehlerwahrscheinlichkeit

Mit höheren Werten der Einspritztemperatur steigt die Fehlerwahrscheinlichkeit. Bei einem Wert von knapp über 295 °C liegt die Wahrscheinlichkeit bei P(Fehler) = 0,5. Ab diesem Wert wird von einem Fehler ausgegangen. Der S-förmige Verlauf der Funktion ermöglicht es, die zweistufige Ausprägung einer Zielgröße durch eine stetige Wahrscheinlichkeitsaussage zu ersetzen.

5.2 Vorgehensweise

Die Vorgehensweise zur Schätzung, Prüfung und Interpretation der logistischen Regression wird für die zweistufige (dichotome) Ausprägung der Zielgröße Y vorgestellt, da dieser Fall für die Untersuchung von schlechten Prozessergebnissen relevant ist. Besteht die Möglichkeit, die Zielgröße auch metrisch zu messen, sollte die klassische lineare Regression bevorzugt werden. Der Vorteil liegt dabei in geringeren Stichprobenumfängen, die zu signifikanten Aussagen führen und in einer einfacheren Interpretation des geschätzten Modells.

5.2.1 Modellformulierung

Die Aufgabe der Prozessexperten bei der Modellformulierung ist es, die vermutlich wichtigen Einflussgrößen z.B. anhand eines Ursache-Wirkungs-Diagramms auszuwählen. Die Einflussgrößen x_j werden als nicht-stochastisch unterstellt, sind also im Prozess beherrschbar und präzise einstellbar. In das Modell können quantitative und qualitative Einflussgrößen aufgenommen werden. Das Ergebnis dieses ersten Schrittes der Modellierung ist die funktionale Darstellung der Einflussgrößen in ihrer Wirkung auf die Zielgröße des Prozesses. Dargestellt wird dies mathematisch durch die Funktion:

$$Y = f(x_1, x_2, ..., x_m).$$

Für das Lego-Beispiel haben die Prozessexperten das Auftreten von schlechten Lego-Bausteinen zu erklären. Schlechte Bausteine sind solche, die sich nicht auf eine Prüfvorlage stecken lassen. Als mögliche Einflussgrößen wählen die Experten neben der Einspritztemperatur [°C] den Haltedruck im Spritzgussprozess [MPa] und unterschiedliche Produktionschargen des Kunststoffs. Allgemein wird also von folgendem Zusammenhang ausgegangen:

Fehlerauftritt = f(Einspritztemperatur, Haltedruck, Charge).

Die Einflussgrößen wurden mess- bzw. prüfbar definiert. Für das Beispiel wurden im folgenden Schritt 15 Datensätze erhoben. Diese enthalten das Prüfurteil als Zielgröße Y und pro Lego-Baustein die jeweiligen Werte der drei betrachteten Einflussgrößen (vgl. Tabelle 5-7).

Prüfergebnis	Einspritztemp. [°C]	Haltedruck [MPa]	Charge
Schlecht	295,0	37,31	A
Schlecht	296,8	35,46	B
Gut	293,7	36,01	B
Schlecht	295,4	37,51	A
Gut	293,2	37,49	B
Schlecht	295,9	37,21	B
Gut	294,7	36,64	B
Schlecht	296,3	37,14	A
Gut	294,2	37,06	B
Schlecht	296,1	35,87	A
Gut	295,0	34,52	B
Schlecht	294,9	36,68	A
Gut	293,8	37,23	A
Gut	295,3	37,36	A
Gut	294,4	36,45	B

Tabelle 5-7: Datensatz 2 des Lego-Beispiels für die logistische Regression

Nach der Datenerhebung folgt die Schätzung des logistischen Modells. Zuvor soll aber das Modell der logistischen Regression ausführlich vorgestellt werden, da dessen Verständnis wesentliche Grundlage für die Interpretation ist. Im Modell wird als Zielgröße nicht der Fehler als solcher betrachtet, sondern die Wahrscheinlichkeit für einen Fehlereintritt. Im logistischen Modell werden noch weitere Transformationen durchgeführt (Abbildung 5-3).

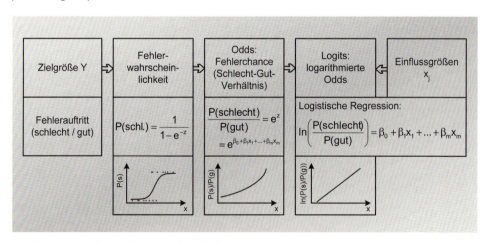

Abbildung 5-3: Entwicklung des logistischen Regressionsmodells

Im ersten Schritt wird die zweistufige Ausprägung der Zielgröße durch die Wahrscheinlichkeit für eine Ausprägung ersetzt. Im Rahmen der Prozessoptimierung sollte die Fehlerwahrscheinlichkeit verwendet werden, da das Ziel die Fehlererklärung und deren Vermeidung ist. Grundsätzlich lässt sich eine Fehlerwahrscheinlichkeit durch mehrere Funktionen abbilden. Häufig wird eine logistische Funktion verwendet, die neben der Forderung, im Intervall [0; 1] zu liegen, Vorteile bei der Interpretation der Koeffizienten bietet. Sie lautet

$$P(schlecht) = \frac{1}{1-e^{-z}}.$$

Der Graph dieser Funktion hat einen S-förmigen Verlauf. Wichtig für die genaue Form der Funktion ist der Ausdruck z, welcher die Wirkung der Einflussgrößen x_j enthält. Es gilt

$$z = \beta_0 + \beta_1 x_1 + \ldots + \beta_m x_m.$$

Die Werte der zu schätzenden Regressionskoeffizienten β_j, j = 1, ..., m wirken sich auf den Verlauf der S-förmigen Funktion aus. Dagegen legt β_0 nur die Lage der logistischen Funktion fest. Für $\beta_0 = 0$ liegt P(schlecht) = 0,5 genau bei $x_j = 0$.

Wird die Fehlerwahrscheinlichkeit P(schlecht) in das Verhältnis zu den fehlerfreien Prozessergebnissen P(gut) gesetzt, ergibt sich die exponentielle Funktion e^{-z}. Dieser Zusammenhang wird als „Odds" bezeichnet und entspricht dem Chancenverhältnis bei Wetten. Für die Prozessoptimierung werden deshalb die Begriffe „Fehlerchance" oder „Schlecht-zu-Gut-Verhältnis" verwendet. Die Odds liegen im Intervall [0; ∞] und dienen der Beurteilung der Wirkung einzelner Einflussgrößen.

Werden nun zusätzlich die Odds noch mit dem natürlichen Logarithmus (ln) logarithmiert, ergibt sich der lineare Zusammenhang

$$\ln\left(\frac{P(schlecht)}{P(gut)}\right) = \beta_0 + \beta_1 x_1 + \ldots + \beta_m x_m.$$

In dieser Form werden meist die Schätzergebnisse in Statistik-Software ausgegeben. Der transformierte Ausdruck für die Zielgröße Y auf der linken Seite der Gleichung wird als Logit bezeichnet und kann Werte im Intervall [-∞; ∞] annehmen. Die geschätzten Koeffizienten können nicht sinnvoll interpretiert werden, dienen aber der Signifikanzprüfung von Einflussgrößen.

Das Modell der logistischen Regression hat einige Besonderheiten im Unterschied zur klassischen linearen Regression. Die beiden wichtigsten sollen hier noch einmal ausdrücklich genannt werden, da diese für die später folgende Beurteilung des Modells sehr wichtig sind. Zum einen wird im Modell nicht das Eintreten eines Fehlers an sich als Zielgröße verwendet, sondern die Fehlerwahrscheinlichkeit als „künstliche" Zielgröße. Zum anderen können die geschätzten Regressionskoeffizienten nicht analog der linearen Regression interpretiert werden, da die Steigung, bezogen auf die Logits nicht für die praktische Anwendung gedeutet werden kann. Interpretiert wird deshalb die

Fehlerchance (Schlecht-zu-Gut-Verhältnis). Ausführliche Erläuterungen dazu finden sich in Kapitel 5.2.4.

5.2.2 Schätzung der logistischen Regression

Die Schätzung der logistischen Regressionsfunktion erfolgt nicht über das Prinzip der kleinsten Quadrate, da die logarithmierten Odds nicht beobachtbar sind, sondern lediglich als künstliche Zielgröße definiert wurden. Deshalb werden die unbekannten Regressionskoeffizienten gewöhnlich nach der Maximum-Likelihood-Methode ermittelt. Dabei werden die Werte für die Regressionskoeffizienten β_j gesucht, welche die beste Unterscheidung zwischen der schlechten und der guten Ausprägung der Zielgröße liefern. Genau genommen wird die Differenz zwischen dem Eintreten des Ereignisses Y = 1 und der dazugehörigen Wahrscheinlichkeit P(Y = 1) minimiert. Zur Erklärung der Schätzung ist zunächst die Eigenschaft

$$P(gut) = 1 - P(schlecht)$$

von Bedeutung. Die Wahrscheinlichkeit, ein gutes Prozessergebnis zu bekommen, ist die Gegenwahrscheinlichkeit des Fehlers. Beide Wahrscheinlichkeiten lassen sich in der Gleichung

$$P(Y) = \begin{cases} P(schlecht) & \text{für } Y = y_s \\ P(gut) & \text{für } Y = y_g \end{cases}$$

darstellen. Hierbei bedeutet Y = y_s, dass die Ausprägung der Zielgröße in der Stichprobe schlecht und entsprechend bei y_g gut ist. Da sich beide Fälle gegenseitig ausschließen, können die beiden Formeln zusammengefasst werden, durch

$$P(Y) = [P(schlecht)]^{y_s} \cdot [P(gut)]^{y_g}.$$

Liegt nun z.B. ein Fehler vor, so wird y_s = 1 gesetzt und damit y_g = 0. Durch diese Codierung fällt einer der beiden Faktoren immer aus der Formel, je nachdem, ob die Zielgröße schlecht oder gut ausgeprägt ist. Das Modell wird nun so geschätzt, dass möglichst alle geschätzten Wahrscheinlichkeiten den beobachteten Zuständen (schlecht und gut) zugeordnet werden. Die Zuordnung erfolgt normalerweise über einen Schwellenwert für die Fehlerwahrscheinlichkeit (Cut off) von 0,5. Liegt die geschätzte Wahrscheinlichkeit über 0,5, wird der Datensatz als fehlerhaft geschätzt, im anderen Fall als fehlerfrei.

Da eine bestmögliche Zuordnung für alle beobachteten Datensätze gemeinsam erfolgen soll, wird die Wahrscheinlichkeit des gleichzeitigen Eintretens durch das Produkt aller n Einzelbeobachtungen gebildet[22]. Daraus ergibt sich die Likelihood-Funktion für das Modell mit

---

[22] Die Wahrscheinlichkeit des gemeinsamen Eintretens mehrerer unabhängiger Ereignisse ergibt sich durch deren Produkt, z.B. P(A und B) = P(A) · P(B).

$$L_M = \prod_{i=1}^{n} [P_i(\text{schlecht})]^{y_s} \cdot [P_i(\text{gut})]^{y_g} \to \max!$$

Zur einfacheren Bestimmung des Maximums wird die Funktion logarithmiert, so dass aus dem Produkt der Wahrscheinlichkeiten eine Summe wird. Die logarithmierte Likelihood-Funktion (LL_M) lautet

$$LL_M = \sum_{i=1}^{n} \left(y_s \cdot \ln[P_i(\text{schlecht})] + y_g \cdot \ln[P_i(\text{gut})] \right)$$

Die Schätzung der unbekannten Regressionskoeffizienten erfolgt schrittweise. Als Startwert werden oft die Koeffizienten der linearen Regression verwendet, die in den weiteren Schritten angepasst werden, mit dem Ziel, einen höheren LL_M-Wert zu erreichen. Ist der Zuwachs des LL_M-Wertes kleiner als ein vorgegebener Schwellenwert, bricht das Verfahren ab.

Zur Beurteilung der Schätzung werden neben dem LL_M-Wert häufig zwei weitere Kenngrößen genannt, die eng mit diesem in Verbindung stehen. Dies ist einerseits die Devianz D_M, die mit $D_M = -2 \cdot LL$ definiert ist und andererseits das AIC-Kriterium, welches für die Auswahl der wesentlichen Einflussgrößen (vgl. Kapitel 5.4.1) verwendet wird. Es berechnet sich ebenfalls auf der Basis des LL_M-Wertes mit $AIC = -2 \cdot LL + 2 \cdot (m+1)$. Mit m als Anzahl der Einflussgrößen wird somit zusätzlich zur Devianz die Anzahl der Regressionskoeffizienten berücksichtigt.

Die Schätzung soll für den Fall einer Einflussgröße mit dem Lego-Beispiel verdeutlicht werden. Die Maximierung des LL_M-Wertes entspricht durch die Multiplikation mit (-2) gleichzeitig der Minimierung der Devianz. Folgende Abbildung zeigt die einzelnen Schritte der Schätzung der unbekannten Koeffizienten.

Iterationsschritte

Deviance = 10.28653   Iterations - 1
Deviance = 9.063554   Iterations - 2
Deviance = 8.752943   Iterations - 3
Deviance = 8.71801   Iterations - 4
Deviance = 8.71738   Iterations - 5
Deviance = 8.71738   Iterations - 6
Deviance = 8.71738   Iterations - 7

Tabelle 5-8:   Schrittweise Ermittlung der minimalen Devianz

In den letzten drei Schritten der Iteration ist die Reduktion der Devianz so gering, dass diese aufgrund der Rundung nicht mehr erkennbar ist. Nach der siebten Iteration bricht das Verfahren ab. Das Ergebnis wird zunächst als lineare Gleichung auf die logarithmierten Odds bzw. Logits ausgegeben (vgl. Abbildung 5-3). Die geschätzte Gleichung für das Beispiel mit der Einflussgröße Einspritztemperatur (x) lautet

$$\ln\left(\frac{P(\text{schlecht})}{P(\text{gut})}\right) = -1169{,}687 + 3{,}96426 \cdot x$$

Diese Gleichung wird nur zur Beurteilung der Schätzung verwendet. Die Fehlerchance (Odds) ergibt sich durch Verwendung der Exponentialfunktion mit

$$\frac{P(\text{schlecht})}{P(\text{gut})} = e^{-1169{,}687 + 3{,}96426 \cdot x}$$

Diese Funktion wird zur Interpretation des Effektes der Einflussgröße verwendet. Für die Schätzung der Fehlerwahrscheinlichkeiten wird sie aber erneut umgeformt. Es gilt

$$P(\text{schlecht}) = \frac{1}{1+e^{-z}} = \frac{1}{1+e^{-(-1169{,}687 + 3{,}96426 \cdot x)}}.$$

Die ausführliche Interpretation der einzelnen Ausdrücke erfolgt im Rahmen der Modellbeurteilung (vgl. Kapitel 5.2.3). Hier sollen zunächst nur die geschätzten Wahrscheinlichkeiten des logistischen Regressionsmodells vorgestellt werden.

Die ersten Spalten der Tabelle 5-9 enthalten die Werte der Einflussgröße, die beobachtete Ausprägung der Zielgröße Y sowie die geschätzten Logits. Die darauf folgende Spalte zeigt die geschätzte Fehlerwahrscheinlichkeit P(s). Daraus lässt sich die Gegenwahrscheinlichkeit P(g) = 1 - P(s) berechnen. Bei einem Schlecht-Gut-Trennwert (Cut off) von 0,5 werden alle Wahrscheinlichkeiten größer 0,5 als Fehler eingestuft, die übrigen als gute Prozessergebnisse.

Nr.	Einspritztemp. x	Qualität Y	Schätzung ln(P(s)/P(g))	Schätzung P(s)	LL_M-Werte
1	295,0	schlecht	-0,23030	0,44268	-0,81491
2	296,8	schlecht	6,90537	0,99900	-0,00100
3	293,7	gut	-5,38384	0,00457	-0,00458
4	295,4	schlecht	1,35540	0,79501	-0,22940
5	293,2	gut	-7,36597	0,00063	-0,00063
6	295,9	schlecht	3,33753	0,96569	-0,03491
7	294,7	gut	-1,41958	0,19473	-0,21657
8	296,3	schlecht	4,92324	0,99278	-0,00725
9	294,2	gut	-3,40171	0,03224	-0,03277
10	296,1	schlecht	4,13039	0,98418	-0,01595
11	295,0	gut	-0,23030	0,44268	-0,58461
12	294,9	schlecht	-0,62673	0,34825	-1,05483
13	293,8	gut	-4,98741	0,00678	-0,00680
14	295,3	gut	0,95898	0,72292	-1,28344
15	294,4	gut	-2,60886	0,06857	-0,07103
				Summe LL_M:	-4,35869
				Devianz D_M:	8,71738
				AIC-Kriterium:	12,71738

Tabelle 5-9: Schätzung der Fehlerwahrscheinlichkeit der logistischen Regression

Die Zuordnung „schlecht" wird durch ein normales Schriftbild, die Zuordnung „gut" durch ein graues Schriftbild verdeutlicht. In den drei grau markierten Feldern wurde durch das geschätzte Modell falsch zugeordnet. Die einzelnen LL_M-Werte, die Devianz und das AIC-Kriterium sind in der letzten Spalte aufgeführt. Die LL_M-Werte für die n Beobachtungen berechnen sich über ln(P(s)). So gilt beispielhaft für die erste Beobachtung ln(0,44268) = -0,81491.

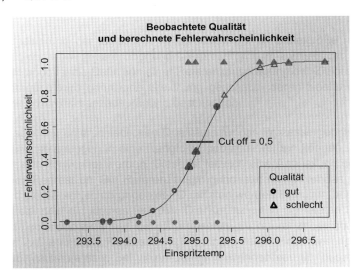

Abbildung 5-4:   Beobachtete Zielgröße und geschätzte Fehlerwahrscheinlichkeit

Die Ergebnisse der Schätzungen im Vergleich zu den Beobachtungen werden durch die Abbildung 5-4 verdeutlicht. Die S-Kurve in der Abbildung entspricht der logistischen Funktion für die Fehlerwahrscheinlichkeit. Auf der Kurve sind die Schätzwerte für die Fehlerwahrscheinlichkeit bei unterschiedlichen Einspritztemperaturen dargestellt. Die verschiedenen Symbole sollen den Unterschied zwischen guter und schlechter Qualität verdeutlichen, also, ob der geprüfte Lego-Baustein positiv (gut) oder negativ (schlecht) getestet wurde. Die ausgefüllten Symbole in der Mitte der Abbildung deuten auf eine falsche Zuordnung durch das Modell hin.

Für das Modell mit drei Einflussgrößen

   Fehlerauftritt = f(Einspritztemperatur, Haltedruck, Charge)

werden die Schätzergebnisse ebenfalls kurz aufgezeigt. Die geschätzte logistische Regression lautet

$$\ln\left(\frac{P(\text{schlecht})}{P(\text{gut})}\right) = -1076{,}973 + 3{,}6343 \cdot x_1 + 0{,}1491 \cdot x_2 - 2{,}4220 \cdot x_3$$

und die zugehörige Gleichung für die Schätzung der Fehlerwahrscheinlichkeit

$$P(\text{schlecht}) = \frac{1}{1+e^{-(-1076{,}973+3{,}6343 \cdot x_1 + 0{,}1491 \cdot x_2 - 2{,}4220 \cdot x_3)}}.$$

Der LL_M-Wert für dieses Modell beträgt $LL_M = -3{,}47972$, die Devianz $D_M = 6{,}95944$ und der AIC-Wert AIC = 14,95944. Verglichen mit dem Modell mit nur einer Einflussgröße haben sich der LL_M-Wert und die Devianz verbessert, der AIC-Wert dagegen verschlechtert. Auf diese Besonderheit wird im Rahmen der Auswahl der wesentlichen Einflussgrößen (vgl. Kapitel 5.4.1) eingegangen. Zunächst aber ist es wichtig, das Modell und die geschätzten Koeffizienten zu beurteilen und zu prüfen.

5.2.3 Modellprüfung

Die Schätzung der logistischen Regression erfolgt mittels Statistik-Software, die Beurteilung und Prüfung dagegen durch den Anwender. Die daraus gewonnenen Erkenntnisse sind die Grundlage für die Steuerung und Verbesserung eines Prozesses.

Zunächst wird der gesamte Regressionsansatz geprüft. Dadurch lässt sich die Frage beantworten, ob alle gewählten Einflussgrößen gemeinsam einen nachweisbaren Einfluss auf die Zielgröße haben. Für die logistische Regression bedeutet dies: Kann durch die Einflussgrößen zwischen „schlecht" und „gut" unterschieden werden? Und wenn ja, wie müssen die Einflussgrößen gesteuert werden, damit die Fehlerwahrscheinlichkeit sinkt? Die zweite Frage wird über die Interpretation der geschätzten Regressionskoeffizienten beantwortet.

Wie jedes statistische Verfahren unterliegt auch die logistische Regression bestimmten Modellannahmen. Werden diese nicht erfüllt, darf das geschätzte Modell nicht oder nur beschränkt für die Steuerung eines Prozesses verwendet werden. Somit geht die Prüfung der Modellannahmen der Beurteilung des gesamten Ansatzes und der Koeffizienten voraus, wird aber aus didaktischen Gründen an das Ende dieses Kapitels gestellt.

5.2.3.1 Prüfung des gesamten logistischen Ansatzes

Für die Prüfung des logistischen Regressionsmodells stehen mehrere Gütemaße zur Verfügung. Diese beurteilen, wie gut die Einflussgrößen gemeinsam die Ausprägungen (schlecht und gut) der Zielgröße erklären. Im Folgenden sollen drei Kategorien unterschieden werden:

- Klassifikationsergebnisse
- Signifikanz der Schätzung
- Pseudo-Bestimmtheitsmaße.

Klassifikationsergebnisse

Eine sehr anschauliche Beurteilung der Modellgüte erfolgt anhand dessen Fähigkeit, zwischen schlechten und guten Prozessergebnissen zu unterscheiden. Dies kann für alle Beobachtungen durchgeführt werden, wie in Tabelle 5-9 gezeigt wurde. Von 15 betrachteten Bausteinen werden insgesamt zwölf richtig zugeordnet. Lediglich ein tatsächlich guter Baustein wird fälschlicherweise als schlecht vorhergesagt (Nr. 15) und zwei schlechte Bausteine als gute (Nr. 1 und Nr. 12).

Bei umfangreichen Stichproben wird die Zuordnung aller Beobachtungsdaten etwas unübersichtlich, so dass eine Zusammenfassung in einer Klassifikationstabelle sinnvoller erscheint. In einer solchen Tabelle wird zwischen der korrekten Vorhersage für die schlechten und guten Prozessergebnisse sowie in der Gesamtheit unterschieden.

		Gesamt	Vorhergesagt		richtig vorhergesagt
			Schlecht	Gut	
Beobachtet	Schlecht	7	5	2	71,4%
	Gut	8	1	7	87,5%
	Gesamt	15	Trennwert = 0,5		80,0%

Tabelle 5-10: Klassifikationstabelle für das Lego-Beispiel

Die Tabelle 5-10 enthält Informationen über die Vorhersagequalität des geschätzten logistischen Modells. Die Vorhersage ist unterschiedlich für schlechte und gute Lego-Bausteine. Insgesamt prognostiziert das Modell 80 % der beobachteten Werte korrekt. Dies scheint zunächst sehr hoch, muss aber relativ zu einer zufälligen Zuordnung von 50 % gesehen werden.

Signifikanz der Schätzung

Durch verschiedene statistische Tests wird die Güte der Anpassung des geschätzten Modells überprüft. Dabei spielt die Devianz D_M eine zentrale Rolle. Diese ist als Abweichung von einem Idealwert zu verstehen und damit vergleichbar mit der Summe der quadrierten Residuen im klassischen linearen Regressionsmodell. Sie berechnet sich mit

$$D_M = -2 \cdot (LL_M - LL_s) = -2 \cdot LL_M,$$

wobei LL_M dem Wert der Likelihood-Schätzung des Gesamtmodells und LL_s dem Likelihood-Wert des saturierten Modells entspricht. Von einem saturierten Modell wird gesprochen, wenn genauso viele Parameter geschätzt werden, wie Freiheitsgrade vorhanden sind. Die Konsequenz daraus für den Fall einer zweistufigen Zielgröße ist ein Wert von $LL_s = 0$, was einer idealen Modellanpassung entspricht. Die Devianz als Maß für die Abweichung vom Idealwert ist näherungsweise χ^2-verteilt mit (n-m-1) Freiheitsgraden. Dabei ist n der Stichprobenumfang und m die Anzahl der Einflussgrößen im Modell. Die Null- und Alternativhypothese für den Test gegen das ideale Modell lauten

H_0: Das Modell erklärt die Fehler vollständig

H_1: Das Modell erklärt die Fehler nicht.

Für das Lego-Beispiel mit einer Einflussgröße ergibt sich die Teststatistik (Devianz des Modells) von D_M = 8,71738. Der Vergleich mit dem kritischen χ^2-Wert ((n-m-1) Freiheitsgraden, α = 0,05) von $\chi^2_{13;0.05} = 22,36$ zeigt, dass die Null-Hypothese nicht verworfen wird und das geschätzte Modell somit statistisch gesichert zur Erklärung der fehlerhaften Lego-Bausteine beiträgt. Für das Beispiel mit den drei Einflussgrößen wurde eine Devianz von D_M = 6,9594 berechnet. Der kritische Wert der χ^2-Verteilung liegt in diesem Fall bei $\chi^2_{11;0.05} = 19,68$. Auch dieses Modell ist signifikant.

Die Devianz hat allerdings einen gravierenden Nachteil. Ihr Wert ist abhängig von der Verteilung der Schlecht-Gut-Ausprägungen der Zielgröße. Sind in der Stichprobe wenige Schlecht-Ausprägungen im Verhältnis zu den Gut-Ausprägungen, wird die Devianz tendenziell zu gering berechnet, was eine vorschnelle Signifikanz zur Folge hat.

Dieses Problem wird durch den Likelihood-Ratio-Test vermieden. Bei diesem Test wird der Wert der Likelihood-Schätzung nicht mit dem saturierten Modell verglichen, sondern mit dem so genannten Nullmodell. Das Nullmodell geht davon aus, dass keine Einflussgrößen im Modell berücksichtigt werden. Die Schätzung der Fehlerwahrscheinlichkeit erfolgt dann mit

$$P(\text{schlecht}) = \frac{1}{1+e^{-z^*}},$$

wobei sich z* über die beobachteten Häufigkeiten in der Stichprobe mit

$$z^* = \ln\left(\frac{\text{Anzahl Fehler}}{\text{Anzahl fehlerfrei}}\right)$$

berechnet. Sind Fehler und fehlerfreie Ergebnisse gleich häufig, ergibt sich z* = 0 und die Schätzung der Auftrittswahrscheinlichkeiten mit P(schlecht) = P(gut) = 0,5.

Im Lego-Beispiel mit sieben guten und acht schlechten Bausteinen beträgt z* = -0,1335. Daraus folgt eine Fehlerwahrscheinlichkeit von P(schlecht) = 0,467 und für alle fehlerfreien Bausteine P(gut) = 0,533. Auf der Basis dieser Werte ergibt sich der logarithmierte Wert des Nullmodells von LL_0 = -10,3638 und eine Devianz von D_0 = 20,7277. Die Teststatistik G berechnet sich mit

$$G = -2 \cdot (LL_0 - LL_M) = D_0 - D_M.$$

Der Test dient der Überprüfung folgender Hypothesen:

H_0: Keine Einflussgröße erklärt die Fehlerwahrscheinlichkeit

H_1: Mindestens eine Einflussgröße erklärt die Fehlerwahrscheinlichkeit.

Wird nun H_0 verworfen, hat das Modell einen Erklärungsgehalt. Die Teststatistik G ist näherungsweise χ^2-verteilt mit m Freiheitsgraden.

Für das Lego-Beispiel mit der Einflussgröße Einspritztemperatur ergibt sich ein Wert für die Teststatistik von G = 20,7277 - 8,7174 = 12,0103. Verglichen mit dem kritischen χ^2-Wert für α = 0,05 von $\chi^2_{1;0.05} = 3,84$ zeigt sich, dass H_0 zu verwerfen ist und das Modell somit einen Einfluss auf die Fehlerwahrscheinlichkeit der Lego-Bausteine hat. Für das Beispiel mit drei Einflussgrößen ergibt sich eine Teststatistik von G = 20,7277 - 6,9594 = 13,7683. Der Vergleich mit $\chi^2_{3;0.05} = 7,81$ ergibt ebenfalls ein signifikantes Modell.

Die Abbildung 5-5 zeigt den Zusammenhang zwischen der Devianz und dem Likelihood-Ratio-Test. Die Devianz ist als Abweichung vom „idealen" Modell ($D_M - D_s$) zu verstehen und sollte möglichst gering sein. Der Likelihood-Ratio-Test basiert auf der Abweichung vom Nullmodell ($D_0 - D_M$). Diese Abweichung vom „zufälligen" Modell sollte möglichst groß sein.

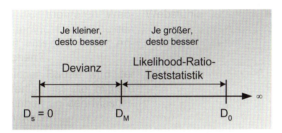

Abbildung 5-5: Teststatistiken auf der Basis der Likelihood-Schätzung

Pseudo-Bestimmtheitsmaße

Für die logistische Regression wurden Bestimmtheitsmaße zur Modellbeurteilung entwickelt. Diese weisen jedoch nicht die Eigenschaften des Bestimmtheitsmaßes der klassischen linearen Regression auf. Das klassische Bestimmtheitsmaß gibt an, welchen Anteil der Gesamtstreuung der Zielgröße durch die Einflussgrößen gemeinsam erklärt wird. Die Streuung der Zielgröße ist in der logistischen Regression aber nicht relevant, da die Ausprägungen der Zielgröße durch Fehlerwahrscheinlichkeiten ersetzt werden. Deshalb entsprechen die Pseudo-Bestimmtheitsmaße keinem Erklärungsanteil, sondern einer relativen Verbesserung der Schätzung durch die Berücksichtigung von Einflussgrößen.

a) McFaddens-R^2

Dieses Pseudo-Bestimmtheitsmaß basiert wie der Likelihood-Ratio-Test auf den LL-Werten des geschätzten Modells und des Nullmodells. Es berechnet sich mit

$$R^2_{McF} = 1 - \frac{LL_M}{LL_0} = \frac{D_0 - D_M}{D_0}$$

Die Differenz der Devianz zwischen dem Nullmodell und dem geschätzten Modell wird bei diesem Maß in Bezug zum Nullmodell gesetzt. Dadurch lässt sich McFaddens-R^2

als relative Zunahme der Devianz durch die Einflussgrößen erklären, bezogen auf die „zufällige" Erklärung durch das Nullmodell. Ein Wert von $R^2_{McF} = 0{,}4$ bedeutet also eine Erhöhung der Devianz um 40 % gegenüber dem Nullmodell. Es gilt $0 \leq R^2_{McF} \leq 1$.

b) Cox & Snell-R2

Das Maß von Cox & Snell beruht auf den Likelihood-Werten der Schätzung, welche die Wahrscheinlichkeit der richtigen Zuordnung (gut oder schlecht) aller Beobachtungen durch das Modell widerspiegeln. Es lautet

$$R^2_{C\&S} = 1 - \left(\frac{L_0}{L_M}\right)^{2/n} = \frac{L_M^{2/n} - L_0^{2/n}}{L_M^{2/n}}.$$

Der rechte Ausdruck der Formel scheint zwar umständlich, zeigt aber, dass es sich ebenfalls um eine relative Änderung handelt, allerdings bezogen auf den Modellwert. Durch die Potenz von 2/n (n = Stichprobenumfang) können die Likelihood-Werte als „durchschnittliche Wahrscheinlichkeiten einer richtigen Zuordnung"[23] der Schätzungen zu den Ausprägungen der Zielgröße verstanden werden. Ein Wert von $R^2_{C\&S} = 0{,}4$ bedeutet also, dass die „durchschnittliche Wahrscheinlichkeit einer richtigen Zuordnung" im Nullmodell um 40 % geringer ist als im geschätzten Modell. Eine weitere Umformung der Gleichung mit

$$R^2_{C\&S} = 1 - e^{\frac{2}{n}(LL_0 - LL_M)}$$

zeigt, dass das Maß nie Eins werden kann. Bei 100%-iger Erklärung aller gleichhäufigen Ausprägungen der Zielgröße gilt $LL_M = 0$ und $LL_0 = n \cdot \ln(0{,}5)$. Werden diese Werte in obige Gleichung eingesetzt, ergibt sich als maximaler Wert 0,75. Somit gilt $0 \leq R^2_{C\&S} \leq 0{,}75$.

c) Nagelkerke-R2

Dieses Pseudomaß korrigiert das Maß von Cox & Snell mit dessen maximal erreichbarem Wert. Es berechnet sich mit

$$R^2_{Nag} = \frac{R^2_{C\&S}}{\max(R^2_{C\&S})} = \frac{R^2_{C\&S}}{1 - (L_0)^{2/n}}.$$

Damit gilt für das Pseudo-Bestimmtheitsmaß von Nagelkerke $0 \leq R^2_{Nag} \leq 1$.

Die folgende Tabelle vergleicht die verschiedenen Pseudo-Bestimmtheitsmaße anhand ausgewählter Kriterien.

---

[23] Der Likelihood-Wert ergibt sich als Produkt der Einzelwahrscheinlichkeiten. Daraus die n-te Wurzel (1/n) kann als geometrisches Mittel interpretiert werden. Die verbleibende 2 aus 2/n ist somit das Quadrat der „durchschnittlichen Wahrscheinlichkeit".

Pseudo-maß	Wertebereich	Akzeptabler Wertebereich	Interpretation für $R^2 \cdot 100$
$R^2_{McFadden}$	$0 \leq R^2_{McF} \leq 1$	akzeptabel ab 0,2 gut ab 0,4	Prozentuale Verbesserung der Devianz durch die Einflussgrößen
$R^2_{Cox\&Snell}$	$0 \leq R^2_{C\&S} \leq 0,75$	akzeptabel ab 0,2 gut ab 0,4	Prozentualer Unterschied der „durchschnittlichen Wahrscheinlichkeit einer richtigen Zuordnung" zwischen Nullmodell und Schätzung
$R^2_{Nagelkerke}$	$0 \leq R^2_{Nag} \leq 1$	akzeptabel ab 0,2 gut ab 0,4 sehr gut ab 0,5	Korrektur der prozentualen Verbesserung nach Cox & Snell

Tabelle 5-11: Werte und Beurteilung von Pseudo-Bestimmtheitsmaßen

Für das Lego-Beispiel mit drei Einflussgrößen ergeben sich folgende Pseudo-Bestimmtheitsmaße:

$$R^2_{McFadden} = \frac{20{,}7277 - 6{,}9594}{20{,}7277} = 0{,}664$$

$$R^2_{Cox\&Snell} = 1 - e^{\frac{2}{15}(-10{,}36385 + 3{,}4797)} = 0{,}601$$

$$R^2_{Nagelkerke} = \frac{0{,}601}{0{,}749} = 0{,}802$$

Die berechneten Pseudo-Bestimmtheitsmaße weisen auf eine gute Modellanpassung hin.

5.2.3.2 Beurteilung und Prüfung der Koeffizienten

Durch den logistischen Zusammenhang zwischen der Einflussgröße und der Fehlerwahrscheinlichkeit ist die Interpretation der Koeffizienten anspruchsvoller als bei der linearen Regression. Dort sind die Regressionskoeffizienten einfach als Steigung einer linearen Funktion zu verstehen: Ändert sich die Einflussgröße um eine Einheit, ändert sich in der Folge die Zielgröße um β_1 Einheiten. Grundsätzlich ließe sich diese Aussage auf die lineare Funktion der Logits

$$\ln\left(\frac{P(schlecht)}{P(gut)}\right) = \beta_0 + \beta_1 x$$

übertragen, was aber nicht interpretiert werden kann. Deswegen wurden für die logistische Regression andere Möglichkeiten der Beurteilung entwickelt. Für das weitere Verständnis ist es hilfreich, sich das Verhalten der Fehlerwahrscheinlichkeit P(s) in Abhängigkeit der geschätzten Koeffizienten zu vergegenwärtigen (vgl. Abbildung 5-6).

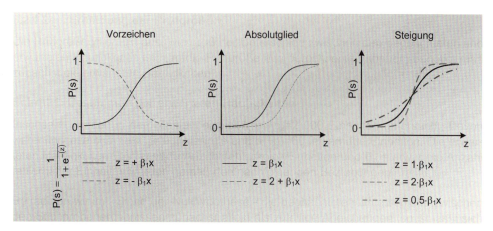

Abbildung 5-6: Verhalten der logistischen Funktion in Abhängigkeit der Koeffizienten

Die lineare Funktion der Logits geht negativ als Exponent in die Fehlerwahrscheinlichkeit ein, d.h. $e^{-(z)} = e^{-(\beta_0+\beta_1 x)}$. Wird des Weiteren von $\beta_0 = 0$ ausgegangen, so wirkt nur noch der Ausdruck $\beta_1 x$ bzw. dessen Vorzeichen auf die Form der logistischen Funktion. Ein positiver Wert für $\beta_1 x$ führt damit zu einem negativen Exponent $-(z = +\beta_1 x)$ was einen von links nach rechts ansteigenden Funktionsverlauf zur Folge hat (vgl. Abbildung 5-7 links). Erhöht sich in diesem Fall der Wert der Einflussgröße, so steigt auch die Fehlerwahrscheinlichkeit. Gilt $\beta_1 < 0$, führt ein höherer Wert der Einflussgröße zu einer sinkenden Fehlerwahrscheinlichkeit.

Wichtig für die Interpretation sind auch das Absolutglied und die Steigung. Das Absolutglied hat eine Verschiebung entlang der x-Achse zur Folge (vgl. Abbildung 5-6 Mitte). Damit wird lediglich die Dimension (Einheit) der Einflussgröße berücksichtigt; ein Einfluss auf die Fehlerwahrscheinlichkeit lässt sich nicht ableiten. Die Steigung im Ausdruck z steht für die Intensität des S-förmigen Kurvenverlaufs. Große Werte führen zu einer extremen S-Form, kleine Werte hingegen zu einem flachen Verlauf (vgl. Abbildung 5-6 rechts). Im Extremfall für $\beta_1 = 0$ gilt $P(s) = 0,5$, was letztlich keine Trennung zwischen „schlecht" und „gut" ermöglicht.

Die logistische Funktion wird vorwiegend zur Berechnung der Fehlerwahrscheinlichkeiten verwendet. Für $P(\text{schlecht}) > 0,5$ wird ein Fehler vorhergesagt, dessen Wahrscheinlichkeit natürlich umso größer wird, je höher der Wert wird (vgl. Abbildung 5-7 rechts). Die Interpretation der Einflussgrößen erfolgt zunächst anhand der Koeffizienten der linearen Funktion der Logits (vgl. Abbildung 5-7 links). Diese Koeffizienten lassen sich als Tendenz der Beeinflussung interpretieren. Gilt $\beta_1 > 0$, führt eine Erhöhung der Einflussgröße zu einer höheren Fehlerwahrscheinlichkeit. Dagegen folgt aus $\beta_1 < 0$ eine Verringerung der Fehlerwahrscheinlichkeit. Die Bedeutung der Einflussgröße kann damit allerdings nicht beurteilt werden. Dies erfolgt anhand der Odds.

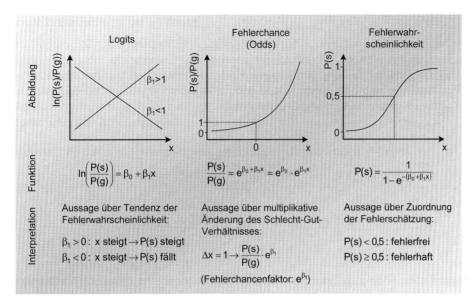

Abbildung 5-7:   Interpretation der Koeffizienten der logistischen Regression

Wie sind diese Odds zu interpretieren? Sie entsprechen dem Chancenverhältnis einer Wette. Für Odds = 3 ist die Chance, einen Fehler zu erhalten, gleich 3 zu 1: von vier Teilen wären also drei gute und ein schlechtes zu erwarten. Dargestellt in den Wahrscheinlichkeiten P(s) und P(g) gilt

$$\frac{P(s)}{P(g)} = 3 = \frac{0{,}75}{0{,}25}.$$

Das Verhältnis 0,75 zu 0,25 ergibt sich aus der Forderung P(s) + P(g) = 1. Die Fehlerwahrscheinlichkeit P(s) = 0,75 ist also drei Mal höher im Gegensatz zum guten Prozessergebnis von P(g) = 0,25.

Wie ist eine Änderung der Fehlerchance zu interpretieren? Beispielhaft soll von einem Koeffizienten β_1 = -0,47 ausgegangen werden. Erhöht sich nun die Einflussgröße um eine Einheit (Δx = 1), so ändert sich die Fehlerchance um den Faktor $e^{-0,47}$ = 0,625. Um die neue Fehlerchance zu erhalten, wird die ursprüngliche mit dem Faktor multipliziert (vgl. Abbildung 5-7 Mitte), d.h.

$$\frac{P(s)}{P(g)} \cdot e^{\beta_1} = 3 \cdot 0{,}625 = 1{,}875 = \frac{0{,}6522}{0{,}3478}.$$

Das Schlecht-Gut-Verhältnis hat sich durch die Erhöhung der Einflussgröße (Δx = 1) auf 1,875 verringert. Dadurch ist ein Fehler nur noch mit einer Wahrscheinlichkeit von P(s) = 0,6522 zu erwarten.

Die bisherigen Erkenntnisse werden nun für das Lego-Beispiel mit einer Einflussgröße angewandt. Die geschätzten Regressionskoeffizienten und die Odds für das Beispiel sind in Tabelle 5-12 zusammengefasst.

Variable	β_j	e^{β_j}
Konstante	-1169,687	
Einspritztemp.	3,964	52,6812

Tabelle 5-12: *Koeffizienten für das Lego-Beispiel mit einer Einflussgröße*

Da der Koeffizient β_1 für die Einspritztemperatur positiv ist, folgt aus einer Anhebung der Einspritztemperatur ein Anstieg der Fehlerwahrscheinlichkeit. Der Effekt lässt sich über das Odd konkretisieren: Erhöht sich die Temperatur um 1 °C, so steigt die Fehlerchance um das 52,6812-fache. Diese Aussage muss aber im Verhältnis zu den Eigenschaften der Einflussgröße verstanden werden. Zunächst stellt sich die Frage, wie stark ist eine Temperaturerhöhung von 1 °C zu bewerten? Bezogen auf die in der Stichprobe beobachteten Temperaturen mit einer Spannweite von 3,6 °C ist dies eine nennenswerte Änderung, die auch einen deutlichen Effekt erwarten lässt.

Des Weiteren hängt der Effekt von der Ausgangseinstellung und der Änderungsrichtung der Einflussgröße ab. Zur Verdeutlichung wird von einer Temperatureinstellung von x = 294°C ausgegangen. In diesem Fall ergibt sich laut dem geschätzten Modell eine Fehlerwahrscheinlichkeit von

$$P(s) = \frac{1}{1 + e^{-(-1169,687 + 3,964 \cdot 294)}} = 0,0138,$$

also von 1,38 %. Die Fehlerchance liegt bei

$$\frac{P(s)}{P(g)} = \frac{0,0138}{1 - 0,0138} = \frac{0,0138}{0,9862} = 0,14.$$

Wird, ausgehend von dieser Einstellung, die Temperatur um 1 °C erhöht, steigt die Fehlerchance um das 52,6812-fache, also auf

$$\frac{P(s)}{P(g)} \cdot e^{3,964} = 0,14 \cdot 52,6812 = 0,7372 = \frac{P(s^*)}{P(g^*)} = \frac{0,4244}{0,5756}.$$

Somit ist die Fehlerwahrscheinlichkeit auf 42,44 % gestiegen. Würde die Temperatur um 1 °C verringert, berechnet sich die Änderung der Fehlerchance mit

$$\frac{P(s)}{P(g)} \cdot e^{-3,964} = \frac{0,14}{52,6812} = 0,00266 = \frac{P(s^*)}{P(g^*)} = \frac{0,00265}{0,99735}.$$

Die Fehlerwahrscheinlichkeit ist durch die Temperaturverringerung auf 0,265 % gesunken. Der Vergleich der beiden Fälle macht den nicht-linearen Effekt der Funktion sichtbar. Betrachtet man die für die Praxis relevante Veränderung der Fehlerwahrscheinlichkeit, so steigt diese bei Temperaturerhöhung von 1,38 % auf 42,44 %. Bei einer Temperaturverringerung fällt diese von 1,38 % auf 0,265 %. Relativ gesehen sind beide Änderungen gleich. Im Sinne der Prozessoptimierung ist der Effekt der Temperaturerhöhung aber weitaus bedeutender.

Für das logistische Modell mit mehreren Einflussgrößen erfolgt die Interpretation der Koeffizienten analog. Der einzige Unterschied liegt in der Annahme, dass alle anderen Einflussgrößen konstant gehalten werden. Eine konkrete, zielorientierte Steuerung eines Prozesses mittels der logistischen Regression wird in Kapitel 5.2.4 für das Lego-Beispiel mit allen Einflussgrößen vorgestellt. Hier stand zunächst das Verständnis der Koeffizienten im Vordergrund.

Ist die Wirkung einer Einflussgröße nur zufällig oder statistisch gesichert? Diese Frage wird über die Signifikanz der geschätzten Regressionskoeffizienten beantwortet. Die Hypothesen für den hierfür anzuwendenden Wald-Test lauten:

$H_0: \beta_j = 0$ (keine Wirkung der Koeffizienten auf die Zielgröße)

$H_1: \beta_j \neq 0$ (Wirkung der Koeffizienten auf die Zielgröße vorhanden)

Eine Wirkung auf die Zielgröße ist so zu verstehen, dass die Einflussgröße eine signifikante Wirkung auf die Schlecht-Gut-Ausprägung hat. Die Wald-Teststatistik berechnet sich mit

$$W = \frac{\hat{\beta}_j}{s_{\hat{\beta}_j}}.$$

Die Teststatistik ist näherungsweise standard-normalverteilt, d.h. $W \sim Z(0,1)$ bzw. das Quadrat χ^2-verteilt mit einem Freiheitsgrad. Die Standardabweichungen der Koeffizienten berechnen sich über die geschätzten Fehlerwahrscheinlichkeiten für die einzelnen Datensätze.[24] Dazu wird zunächst die Kovarianzmatrix der Koeffizienten

$$\mathbf{S}_{\hat{\beta}} = \left(\mathbf{X}^T \mathbf{D}_{\hat{\beta}} \mathbf{X}\right)^{-1}$$

berechnet, wobei $\mathbf{D}_{\hat{\beta}}$ eine Diagonalmatrix der Produkte der geschätzten Einzelwahrscheinlichkeiten $P_i(s) \cdot P_i(g)$ ist und $\mathbf{x}$ neben den Beobachtungswerten der Einflussgrößen auch einen Einservektor für das Absolutglied enthält. Die Wurzel aus den Diagonalelementen von $\mathbf{S}_{\hat{\beta}}$ entspricht nun den Standardabweichungen der geschätzten Regressionskoeffizienten.

Mit Hilfe der Schätzwerte aus Tabelle 5-9 soll für das Lego-Beispiel mit einer Einflussgröße die Berechnung der Teststatistik aufgezeigt werden. Für dieses Beispiel lautet der Vektor der Einflussgrößen auszugsweise

$$\mathbf{X}^T = \begin{pmatrix} 1 & 1 & \cdots & 1 \\ 295{,}0 & 296{,}8 & \cdots & 294{,}4 \end{pmatrix}$$

---

[24] Die folgenden Berechnungen sind für das Verständnis der logistischen Regression nicht zwingend erforderlich. Dennoch werden sie aus Gründen der Vollständigkeit vorgestellt.

und die Diagonalmatrix

$$D_{\hat{\beta}} = \begin{pmatrix} 0{,}2467 & 0 & \cdots & 0 \\ 0 & 0{,}0010 & \cdots & 0 \\ \vdots & \vdots & \ddots & \vdots \\ 0 & 0 & \cdots & 0{,}0639 \end{pmatrix}.$$

Beispielhaft berechnet sich das erste Element der Diagonalmatrix mit

$P_1(s) \cdot P_1(g) = 0{,}44268 \cdot (1-0{,}44268) = 0{,}2467.$

Das Matrixprodukt $X^T D_{\hat{\beta}} X$ und die Invertierung führen zur Kovarianzmatrix der Koeffizienten

$$S_{\hat{\beta}} = \begin{pmatrix} 475556{,}121 & -1611{,}915 \\ -1611{,}915 & 5{,}464 \end{pmatrix}.$$

Die Wurzel aus den Hauptdiagonalelementen ergibt die Standardabweichung des Absolutglieds ($s_{\hat{\beta}_0} = 689{,}606$) und des Koeffizienten für die Einspritztemperatur ($s_{\hat{\beta}_1} = 2{,}337$). Damit lässt sich prüfen, ob die Einflussgröße statistisch gesichert auf die Zielgröße wirkt. Für die Einspritztemperatur gilt

$$W = \frac{3{,}964}{2{,}337} = 1{,}696.$$

Verglichen mit dem kritischen z-Wert (zweiseitiger Test) für $\alpha = 0{,}05$ von $z_{0{,}975} = 1{,}96$ ist die Nullhypothese nicht zu verwerfen. Damit ist die Einspritztemperatur nicht signifikant zu einem Niveau von 5 %.

Auf der Basis dieser Standardabweichungen können auch Konfidenzintervalle für die Koeffizienten berechnet werden. Für das 95 %-Konfidenzintervall berechnet sich dieses mit

$$\hat{\beta}_j - z_{0{,}975} \cdot s_{\hat{\beta}_j} \leq \beta_j \leq \hat{\beta}_j + z_{0{,}975} \cdot s_{\hat{\beta}_j}$$

Das 95 %-Konfidenzintervall für die Schätzung von β_1 lautet

$$3{,}964 - 1{,}96 \cdot 2{,}337 \leq \beta_1 \leq 3{,}964 + 1{,}96 \cdot 2{,}337$$
$$-0{,}616 \leq \beta_1 \leq 8{,}545.$$

Das Konfidenzintervall gibt an, in welchem Bereich der tatsächliche Wert der Grundgesamtheit für den Koeffizienten mit 95 % Wahrscheinlichkeit liegt.

5.2.3.3 Modellvoraussetzungen

Die Modellannahmen der logistischen Regression sind im Vergleich zur klassischen linearen Regression sehr allgemein gehalten. So können die Einflussgrößen metrisch und nominalskaliert sein. Auch die Zielgröße muss nur sehr allgemeinen Anforderungen genügen[25] und kann sowohl zwei als auch mehrere Ausprägungen haben.

Dennoch sollten die Modellannahmen der logistischen Regression nicht vernachlässigt werden, da deren Einhaltung letztlich eine wichtige Voraussetzung für die Übertragbarkeit der Analyseergebnisse auf den Prozess ist. Folgende Annahmen werden kurz vorgestellt und am Lego-Beispiel mit drei Einflussgrößen überprüft:

A1 – Das Modell ist richtig spezifiziert
A2 – Der Stichprobenumfang ist ausreichend
A3 – Keine Multikollinearität und keine perfekte Zuordnung
A4 – Die Logits sind linear abhängig von den Einflussgrößen
A5 – Die Residuen sind untereinander nicht korreliert
A6 – Die Schätzung enthält keine Ausreißer.

A1 – Das Modell ist richtig spezifiziert

Die Modellspezifikation ist Aufgabe der Prozessexperten und hat das Ziel, die Problemstellung korrekt abzubilden. Für eine logistische Regression ist dafür zunächst eine nominalskalierte Zielgröße erforderlich, die häufig zwei Ausprägungen hat, nämlich das unerwünschte (schlechte) und das erwünschte (gute) Prozessergebnis. Da mit dem Modell die Entstehung von Fehlern erklären soll, wird das schlechte Ergebnis als Referenzausprägung festgelegt.

Die Auswahl der Einflussgrößen zählt ebenfalls zur Modellspezifikation. Möglichst alle wichtigen sollten berücksichtigt werden. Einflussgrößen können metrisch oder nominalskaliert sein. Nominale müssen als Dummy-Variablen kodiert werden.[26] Welche Einflussgrößen für die Fehlerentstehung bedeutsam sind, kann erst nach der Schätzung festgestellt werden. Pseudo-Bestimmtheitsmaße und Signifikanztests können als Maße für die Auswahl der richtigen Einflussgrößen verstanden werden. Je höher bzw. signifikanter diese sind, desto wahrscheinlicher sind die wesentlichen Ursachen im Modell enthalten. Dennoch ist eine wohlüberlegte Auswahl für die Qualität der Schätzung von Bedeutung. Den Experten, die die Zusammenhänge im Prozess am besten kennen, obliegt die Vorauswahl der Einflussgrößen.

A2 – Der Stichprobenumfang ist ausreichend

Eine wichtige Voraussetzung für die Schätzung ist ein ausreichend großer Stichprobenumfang. Der Grund hierfür ist die Maximum-Likelihood-Schätzung der Koeffizienten, welche approximativ normalverteilt ist. Je größer der Stichprobenumfang, desto eher sind die Koeffizienten und die darauf basierenden Teststatistiken normalverteilt, was die Aussagegenauigkeit der Tests erhöht. Signifikanzaussagen, die nur auf einem geringen

---

[25] Die Verteilung der Zielgröße gehört zur Familie der Exponentialverteilungen (z.B. Normalverteilung, Binomialverteilung, Poissonverteilung und Gammaverteilung)
[26] Die Vorgehensweise der Dummy-Codierung wird ausführlich im Kapitel Regressionsanalyse vorgestellt.

Stichprobenumfang basieren, sind nicht verlässlich. Damit ist eine Übertragung der Ergebnisse auf die Praxis nur eingeschränkt möglich.

Eine exakte Bestimmung des notwendigen Stichprobenumfangs ist nicht möglich. Vielmehr werden unterschiedliche Regeln empfohlen. Wichtige Einflussfaktoren sind die Anzahl der Einflussgrößen und der Anteil der seltenen Ausprägungen der Zielgröße. Wird davon ausgegangen, dass die Fehler in der Stichprobe seltener vorkommen als fehlerfreie Ergebnisse, lautet eine geeignete Faustformel

$$n \geq \frac{10 \cdot \text{Anzahl der Einflussgrößen}}{\text{Fehleranteil}}.$$

Für das Lego-Beispiel mit drei Einflussgrößen ergäbe sich also ein Stichprobenumfang von

$$n \geq \frac{10 \cdot 3}{0{,}467} \approx 65.$$

Zusätzlich wird häufig gefordert, dass der Stichprobenumfang unabhängig von der Anzahl der Einflussgrößen nicht kleiner als 50, besser 100 sein sollte.

A3 – Keine Multikollinearität und keine perfekte Zuordnung

Wird die Ausprägung der Zielgröße für einzelne Datensätze perfekt ohne Residuen prognostiziert, treten tendenziell sehr große Werte für die Koeffizienten auf und das Modell ist nicht mehr verlässlich zu interpretieren. Moderne Software gibt bereits bei perfekter Zuordnung eine Warnmeldung aus. Dieses Problem tritt eher bei kleinen Stichproben auf und hängt somit eng mit der Annahme A2 zusammen.

In der Praxis stellt die Multikollinearität das größere Problem dar. Sind Einflussgrößen linear voneinander abhängig, spricht man von perfekter Multikollinearität. In diesem Falle kann die Kovarianzmatrix der Einflussgrößen nicht mehr geschätzt und das Modell damit nicht mehr überprüft werden. Wird eine solche Schätzung mit Statistik-Software dennoch durchgeführt, sind die Ergebnisse nicht eindeutig und deshalb nicht auf den Prozess anwendbar.

Häufiger tritt Multikollinearität näherungsweise auf. Die Einflussgrößen sind dabei nicht linear abhängig, sondern stark miteinander korreliert. In der Folge können hohe Werte für die geschätzten Koeffizienten auftreten. Das Modell wird instabil und reagiert sehr sensibel auf kleine Änderungen der Einflussgrößen. Ob Multikollinearität vorliegt, kann mittels Variance Inflation Factors (VIF) geprüft werden. Als kritische Grenze gilt

$$VIF_i \geq 5.$$

Ist ein Wert größer fünf, sollte die entsprechende Einflussgröße aus dem Modell entfernt werden. Zusätzlich kann die Abhängigkeitsstruktur zwischen den Einflussgrößen über deren Korrelationsmatrix beurteilt werden.

Für das Lego-Beispiel mit drei Einflussgrößen berechnen sich die VIF-Werte in Tabelle 5-13. Alle Werte liegen weit unterhalb der Grenze von VIF = 5.

Einflussgröße	Einspritztemp	Haltedruck	Charge
VIF_j	1,254	1,382	1,404

Tabelle 5-13: VIFs für das Lego-Beispiel mit drei Einflussgrößen

A4 – Die Logits sind linear abhängig von den Einflussgrößen

Zwischen den Einflussgrößen und der Fehlerwahrscheinlichkeit wird kein linearer, sondern ein logistischer Zusammenhang angenommen. Als Konsequenz müssen die Logits linear von den Einflussgrößen abhängen. Diese Annahme kann grafisch geprüft werden. Dazu werden die Streuungsdiagramme zwischen den einzelnen Einflussgrößen und den Logits betrachtet.

In Abbildung 5-8 sind die Streuungsdiagramme für die Einspritztemperatur und den Haltedruck dargestellt. Beide Diagramme zeigen keine Verletzung der Linearitätsannahme. Der lineare Zusammenhang ist vor allem für die Einspritztemperatur deutlich zu erkennen. Dies gilt auch für den Haltedruck, wenn auch nicht so eindeutig. Ein nicht-lineare Beziehung ist aber nicht zu erkennen.

Wird die Annahme der Linearität verletzt, wird der Zusammenhang zwischen den Einflussgrößen und der Fehlerwahrscheinlichkeit nicht korrekt abgebildet. Das Modell stimmt mit der Gesetzmäßigkeit des Prozesses nicht überein. Möglichkeiten zur Überwindung sind die Transformation der Einflussgrößen[27] oder die Zusammenfassung der Ausprägungen in wenige, im Extremfall zweier Klassen. Durch die Klassenbildung verringert sich allerdings der Erklärungsgehalt und die Signifikanz wird geringer.

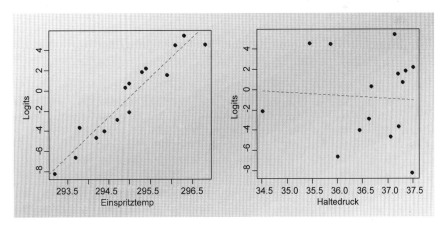

Abbildung 5-8: Prüfung der Linearitätsannahme anhand der Logits

---

[27] Vgl. Kapitel Regressionsanalyse.

A5 – Die Residuen sind untereinander nicht korreliert

Sind die Residuen untereinander korreliert, liegt Autokorrelation vor. Dies tritt am ehesten bei Zeitreihenanalysen auf. In solchen Fällen ist ein Residuum zum Zeitpunkt t (u_t) von einem vorhergehenden (u_{t-1}) abhängig. Die Schätzung der logistischen Regression ist zwar weiterhin erwartungstreu, aber die Prognose der Fehlerwahrscheinlichkeiten kann abhängig vom Verlauf der Zeitreihe fehlerhaft werden.

Eine einfache grafische Überprüfung dieser Modellannahme erfolgt anhand der Darstellung der Residuen über die Beobachtungsfolge. Die Residuen berechnen sich mit

$$u_i = y_i - P(y_i).$$

In Abbildung 5-9 sind auf der X-Achse die Reihenfolge der Erhebung (Wert Nr.) und auf der Y-Achse die Residuen dargestellt. Autokorrelation lässt sich in einer solchen Abbildung erkennen, wenn entweder die Residuen einen wellenförmigen Verlauf entlang der X-Achse haben oder ständig zwischen positiven und negativen Ausprägungen springen.

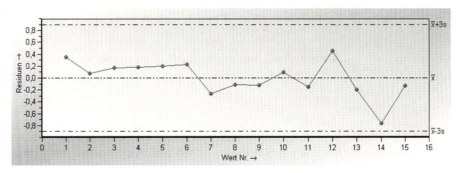

Abbildung 5-9: Prüfung der Logits auf Autokorrelation

Die Residuen des Beispiels scheinen nicht völlig unkorreliert. Die ersten sechs Residuen sind alle oberhalb der Schätzung. In der Praxis würde dies die Frage aufwerfen, warum zu Beginn des Erhebungszeitraums relativ viele Fehler auftraten. Dies könnte z.B. auf einen Rüstvorgang oder einen Chargenwechsel hindeuten.

A6 – Die Schätzung enthält keine Ausreißer

Über die Residuen können die erhobenen Daten auch auf Ausreißer untersucht werden. Diese können das Ergebnis der Schätzung negativ beeinflussen, vor allem dann, wenn der Stichprobenumfang relativ gering ist. Mit der Residuenberechnung über die Formel $u_i = y_i - P(y_i)$ ist eine Ausreißererkennung sehr schwierig, da y_i nur die Werte Null und Eins annehmen kann und $P(y_i)$ im Intervall [0, 1] liegt. Somit liegen alle Residuen u_i im Intervall [-1, 1]. Dieser eingeschränkte Wertebereich für die Residuen wird durch eine Standardisierung erweitert. Die so genannten Pearson-Residuen u_{pi} berechnen sich mit

$$u_{pi} = \frac{y_i - P(s)}{\sqrt{P(s) \cdot (1 - P(s))}}.$$

Für Datensätze von Fehlern ($y_i = 1$) ist das Residuum immer größer oder gleich Null, da $0 \leq P(s) \leq 1$ gilt. Datensätze von guten Prozessergebnissen liefern dagegen einen negativen Residuenwert. Der Betrag der Pearson-Residuen hängt zusätzlich vom Nenner ab. Je größer die Differenz im Zähler wird, desto kleiner wird der Nenner. Dies hat große Werte für die Residuen zur Folge. Werte, die größer als 1 oder kleiner -1 sind, werden als kritisch betrachtet. In diesen Fällen sollte überlegt werden, wodurch sich dieser extreme Wert ergibt und ob er aus dem Datensatz entfernt werden soll. Die Entscheidung darüber obliegt den Prozessexperten.

Für das Lego-Beispiel soll die Interpretation der Pearson-Residuen verdeutlicht werden. In Abbildung 5-10 liegt der 14. Wert weit unterhalb der Grenze von -1. Somit wurde ein tatsächlich gutes Prozessergebnis ($y_i = 0$) durch die Schätzung als schlecht beurteilt ($P(s) \geq 0{,}5$). Die übrigen Residuen sind unkritisch.

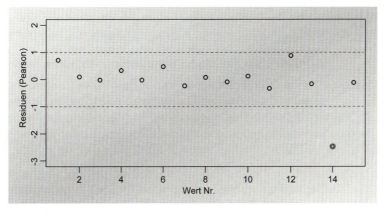

Abbildung 5-10: Prüfung auf Ausreißer über die Pearson-Residuen

5.2.4 Interpretation und Umsetzung

Sind alle Modellannahmen erfüllt, kann das logistische Modell zur Steuerung des betrachteten Prozesses verwendet werden. Grundlage dafür ist auch die Beurteilung des Gesamtmodells und der Koeffizienten. Die Kenngrößen der Modellbeurteilung geben Hinweise, wie gut ein Prozess grundsätzlich über die Einflussgrößen gesteuert werden kann. Die Koeffizienten sollen dagegen die Frage beantworten, wie der Prozess konkret gesteuert werden muss, um ein vorgegebenes Ziel zu erreichen.

Die Grundlagen der Prozesssteuerung wurden bereits im vorangegangenen Kapitel erörtert. Im Folgenden sollen die Modellbeurteilung und die Steuerung zusammenhängend für das Problem der Lego-Bausteine mit drei Einflussgrößen diskutiert werden. Im Text sind immer wieder Querverweise enthalten, die auf ausführliche Erläuterungen aus vorherigen Kapiteln verweisen. Ausgangspunkt ist die folgende Ausgabe einer Statistik-Software (vgl. Tabelle 5-14). Die Modellannahmen werden nicht explizit überprüft, sondern sollen als erfüllt gelten.

```
Coefficients:
              Estimate  Std. Error  z value  Pr(>|z|)    Odds
(Intercept)  -1076.9729   663.6990   -1.623    0.105       -
Einspritztemp    3.6343     2.3048    1.577    0.115    37,8753
Haltedruck       0.1491     1.4560    0.102    0.918     1,1608
Charge[T.B]     -2.4220     2.6585   -0.911    0.362     0,0887

(Dispersion parameter for binomial family taken to be 1)

    Null deviance: 20.7277  on 14  degrees of freedom
Residual deviance:  6.9594  on 11  degrees of freedom
AIC: 14.959

Number of Fisher Scoring iterations: 7
```

Tabelle 5-14: Schätzung des Lego-Beispiels mit drei Einflussgrößen

Zunächst wird der Likelihood-Ratio-Test für das Gesamtmodell durchgeführt (vgl. Kapitel 5.2.3.1). Die Teststatistik berechnet sich als Differenz der Devianzen mit

G = 20,7277 - 6,9594 = 13,7683.

Der Vergleich mit der χ^2-Verteilung mit drei Freiheitsgraden $\chi^2_{3;0.05} = 7,81$ zeigt die Signifikanz des Gesamtmodells. Somit können im nächsten Schritt die einzelnen Einflussgrößen anhand deren Koeffizienten β_j beurteilt werden. Zu einem Niveau von α = 5 % ist keine der Einflussgrößen signifikant. Am ehesten scheint noch die Einspritztemperatur eine Wirkung zu haben, da die Nullhypothese (kein Einfluss) nur mit einer Wahrscheinlichkeit von 11,5 % zutrifft. Der Haltedruck ist dagegen unwichtig.

Die fehlende Signifikanz im Beispiel ist zum Teil auch auf den geringen Stichprobenumfang zurückzuführen. Da aber eine Prozesssteuerung simuliert werden soll, wird mit dem Beispiel fortgefahren, wobei im Folgenden lediglich die beiden Einflussgrößen Einspritztemperatur und Charge betrachtet werden (vgl. Tabelle 5-15).

```
Coefficients:
              Estimate  Std. Error  z value  Pr(>|z|)     Odds
(Intercept)  -1098.694    663.686   -1.655    0.0978  .    -
Einspritztemp    3.727      2.249    1.657    0.0976  .  41,554
Charge[T.B]     -2.584      2.188   -1.181    0.2377      0,076
---
Signif. codes:  0 '***' 0.001 '**' 0.01 '*' 0.05 '.' 0.1 ' ' 1

(Dispersion parameter for binomial family taken to be 1)

    Null deviance: 20.728  on 14  degrees of freedom
Residual deviance:  6.970  on 12  degrees of freedom
AIC: 12.97

Number of Fisher Scoring iterations: 7
```

Tabelle 5-15: Schätzung des Lego-Beispiels mit zwei Einflussgrößen

Auch für dieses Modell wird zunächst der Likelihood-Ratio-Test durchgeführt. Es gilt
G = 20,728 - 6,970 = 13,758.

Dieser Wert ist größer als $\chi^2_{2;0.05} = 5{,}99$; das Modell ist also signifikant. Im Modell ist zu $\alpha = 5\ \%$ keine der beiden Einflussgrößen signifikant, die Einspritztemperatur aber zu $\alpha = 10\ \%$. Dies ist anhand der Signifikanz-Codes in Tabelle 5-15 zu erkennen.

Nach der Prüfung der Signifikanz wird die Wirkung der Einflussgrößen untersucht. Im ersten Schritt erfolgt dies über das Vorzeichen der Koeffizienten für die lineare Schätzung der Logits. Der Koeffizient der Einspritztemperatur ist positiv. Somit folgt aus einer Erhöhung der Einspritztemperatur eine erhöhte Fehlerwahrscheinlichkeit. Im Sinne der Prozessoptimierung ist eine geringere Temperatur also vorteilhaft.

Das Vorzeichen für die Charge ist negativ. Da es sich hierbei um eine nominale Einflussgröße handelt, muss die Interpretation über die Dummy-Codierung der Charge erfolgen. Der Zusatz [T.B] für die Charge in Tabelle 5-15 weist darauf hin, dass die Charge B mit 1 codiert wurde. Die Codierung der Charge ist folglich:

$$x_2 = \begin{cases} 1 & \text{für Charge B} \\ 0 & \text{sonstige (Charge A)} \end{cases}$$

Das negative Vorzeichen steht bei Dummy-codierten Einflussgrößen für den Übergang von 0 auf 1, also im Beispiel für den Wechsel von Charge A zu Charge B. Dieser Wechsel führt aufgrund des negativen Vorzeichens zu einer Reduzierung der Fehlerwahrscheinlichkeit. Im Sinne der Prozessoptimierung ist also die Charge B zu bevorzugen.

Die Wirkung der beiden Einflussgrößen wird über die Odds (Fehlerchance) beurteilt. Wird die Temperatur um 1 °C erhöht, so erhöht sich die Fehlerchance um das 41,554-fache. Diese Aussage ist für jede Ausgangstemperatur gültig. Für die Optimierung des Prozesses ist eine Reduzierung der Temperatur sinnvoll: Wird die Temperatur um 1 °C verringert, sinkt die Fehlerchance um das 41,554-fache. Bei einer Verringerung um 2 °C sinkt die Fehlerchance multiplikativ um das 41,554·41,554-fache, also um das 1.726,735-fache.

Die nominale Einflussgröße Charge ist etwas einfacher zu interpretieren, da nur zwischen 0 (Charge A) und 1 (Charge B) unterschieden werden kann. Zwischenwerte sind nicht möglich. Wird von Charge A auf Charge B im Prozess gewechselt, sinkt die Fehlerchance um das 0,076-fache. Wird dagegen von der Charge B auf die Charge A gewechselt, so steigt die Fehlerchance um das 0,076-fache.

Nach der Interpretation sollen diese Erkenntnisse für zwei konkrete Fragestellungen auf die Prozessoptimierung angewandt werden.

Fall 1: Prozessoptimierung mit der Charge A

Für diesen Fall wird davon ausgegangen, dass mit Charge A gearbeitet werden soll. Des Weiteren soll die aktuelle Einstellung des Prozesses beim Mittelwert der Einspritztemperatur von $\bar{x}_1 = 294{,}98$ °C liegen. Daraus kann die aktuelle Fehlerwahrscheinlichkeit bestimmt werden mit

$$P(s) = \frac{1}{1+e^{-(-1098{,}694+3{,}727\cdot x_1-2{,}584\cdot x_2)}}$$

$$= \frac{1}{1+e^{-(-1098{,}694+3{,}727\cdot 294{,}98-2{,}584\cdot 0)}} = 0{,}667.$$

Die daraus resultierende Fehlerwahrscheinlichkeit ist mit 66,7 % sehr hoch und für eine sinnvolle Steuerung des Prozesses nicht geeignet. Dies ist aber auf die schlechte Eigenschaft der Charge A (Codierung: 0) zurückzuführen. Bei dieser Einstellung ist die Fehlerchance

$$\frac{P(s)}{P(g)} = \frac{0{,}667}{0{,}333} \approx 2,$$

d.h. die Wahrscheinlichkeit für einen Fehler ist doppelt so hoch wie für ein fehlerfreies Ergebnis. Die Reduzierung der Temperatur um 1 °C auf 293,98 °C würde die Fehlerwahrscheinlichkeit um das 41,554-fache reduzieren. Es gilt

$$\frac{P(s)}{P(g)} = \frac{2}{41{,}554} = 0{,}0481 \approx \frac{P(s^*)}{P(g^*)} = \frac{0{,}0459}{0{,}9541}.$$

Die neue Fehlerwahrscheinlichkeit liegt somit bei $P(s^*) = 0{,}0459$. Bei einer Verringerung der Temperatur auf 293,5 °C würde sich die Fehlerchance um das 41,553^{1,48}-fache verringern, wobei sich 1,48 aus der Differenz zwischen alter und neuer Einstellung für die Einspritztemperatur ergibt. In diesem Fall berechnen sich die neue Fehlerchance und Fehlerwahrscheinlichkeit mit

$$\frac{P(s)}{P(g)} = \frac{2}{41{,}554^{1{,}48}} = 0{,}008 \approx \frac{P(s^*)}{P(g^*)} = \frac{0{,}008}{0{,}992}.$$

Dasselbe Ergebnis ergibt sich durch Verwendung der Formel für die Fehlerwahrscheinlichkeit:

$$P(s^*) = \frac{1}{1+e^{-(-1098{,}694+3{,}727\cdot 293{,}5-2{,}584\cdot 0)}} = 0{,}008.$$

Eine Steuerung des Prozesses mit der Charge A und einer Einspritztemperatur von 293,5 °C scheint sinnvoll zu sein, auch da die gewählte Temperatur noch innerhalb der in der Stichprobe erhobenen Temperaturen liegt und dadurch realisierbar scheint. Die errechnete Fehlerwahrscheinlichkeit ist als Erwartungswert (Durchschnitt) zu verstehen. Zufällige Abweichungen bei der Prozesssteuerung sind möglich.

Fall 2: Chargenwahl bei einer Einspritztemperatur von mindestens 295 °C

Bei dieser Ausgangssituation soll der Prozess optimiert werden unter der Bedingung, dass die Einspritztemperatur mindestens 295 °C beträgt. Dies könnte z.B. durch die Wirkung der Einspritztemperatur auf eine andere Zielgröße begründet sein. Wie bereits bei der Interpretation der Einspritztemperatur festgestellt wurde, steigert eine höhere Temperatur die Fehlerwahrscheinlichkeit; deshalb wird der minimale Wert 295 °C für die Steuerung verwendet. Zusammen mit der besseren Charge B lässt sich folgende Fehlerwahrscheinlichkeit vorhersagen:

$$P(s) = \frac{1}{1+e^{-(-1098{,}694+3{,}727 \cdot 295 - 2{,}584 \cdot 1)}} = 0{,}1403.$$

Die Fehlerwahrscheinlichkeit von 14,03 % ist sehr hoch, was auf die Bedeutung der Einspritztemperatur zurückzuführen ist. Hier wäre eventuell eine Absenkung der Temperatur um 0,5 °C sinnvoll, da dadurch die Fehlerwahrscheinlichkeit auf 2,5 % gesenkt werden könnte.

Selbstverständlich lässt sich eine optimale Prozesssteuerung auch durch eine gemeinsame Änderung der Einflussgrößen erreichen. Welche Probleme auch immer im Rahmen der Prozessverbesserung gelöst werden müssen, die Ergebnisse des Modells müssen zunächst in der Praxis bestätigt werden. Dies erfolgt häufig anhand eines statistischen Tests, der entweder eine Verbesserung des Prozessergebnisses durch die Steuerung der Einflussgrößen nachweist oder die Vorhersage des Modells bestätigt.

5.3 Fallbeispiel

Das folgende Fallbeispiel basiert auf den Originaldaten eines chemischen Prozesses. Aus Gründen der Geheimhaltung werden für die Ziel- und Einflussgrößen lediglich die Bezeichnungen x_j und Y verwendet. Bei der Zielgröße handelt es sich um eine chemisch Reaktion, die eintritt (Y = 1 bzw. schlecht) oder nicht eintritt (Y = 0 bzw. gut). Von den Experten wurden insgesamt fünf Einflussgrößen für die Untersuchung ausgewählt, wovon eine nominalskaliert ist und analog der Zielgröße als Dummy-Variable codiert wurde. Zunächst werden die Kenngrößen der Ziel- und Einflussgrößen in Tabelle 5-16 aufgezeigt.

Variable	Mittelwert	Min	Max	n
x1	24.8570370	16.99	28.38	108
x2	144.5648148	79.00	350.00	108
x3	107.9351852	66.00	257.00	108
x4	1677.2500000	804.00	2088.00	108
x5_Dummy	0.4074074	0.00	1.00	108
Y_Dummy	0.4537037	0.00	1.00	108

Tabelle 5-16: *Beschreibende Statistiken für das Fallbeispiel chemischer Prozess*

Insgesamt wurden n = 108 Datensätze aus dem laufenden Prozess erhoben, wovon 49 (45 %) schlecht waren. Auch für alle Einflussgrößen (x_1 bis x_5) sind die Mittelwerte sowie die Minimal- und Maximalwerte in Tabelle 5-16 aufgelistet. Bevor das logistische

Modell aus den Daten geschätzt wird, soll die zeitliche Entwicklung des Prozesses betrachtet werden.

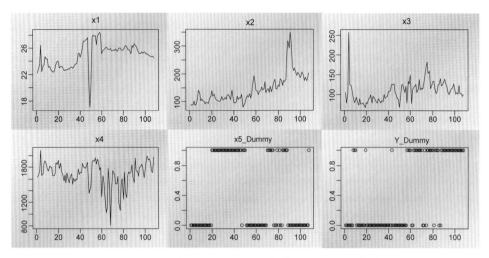

Abbildung 5-11: Zeitliche Entwicklung der Ziel- und Einflussgrößen im Fallbeispiel

Die Abbildung 5-11 zeigt den zeitlichen Verlauf für alle Ziel- und Einflussgrößen im Beispiel. Zunächst wird die Zielgröße Y_Dummy betrachtet. Es zeigt sich, dass bei später erhobenen Daten – etwa ab dem 60. – vermehrt Fehler (Y = 1) auftreten. Auch die Einflussgrößen weisen erhebliche Ungleichmäßigkeiten auf. So enthalten x_1 und x_3 einige Sprünge über die Zeit, während x_2 einen Trend erkennen lässt, der sich zum Ende der Datenerhebung umzukehren scheint. Auch ein chemischer Zusatz (x_5_Dummy) ist nicht zufällig über die Zeit verteilt. Diese auffälligen Befunde weisen auf eine schlechte bzw. unausgewogene Prozesssteuerung hin und müssen bei der Modellbeurteilung berücksichtigt werden.

Nach dieser einführenden Beurteilung der Daten wird die logistische Regression mit allen und den wesentlichen Einflussgrößen geschätzt. Die Ergebnisse sind in Tabelle 5-17 und Tabelle 5-18 zusammengefasst.

```
Coefficients:
             Estimate Std. Error z value Pr(>|z|)        Odds
(Intercept) -6.649320   6.439734  -1.033   0.3018          -
x1           0.039983   0.311552   0.128   0.8979     1,0408
x2           0.082975   0.019829   4.184 2.86e-05 *** 1,0865
x3          -0.004471   0.018164  -0.246   0.8056     0,9955
x4          -0.003974   0.002495  -1.593   0.1112     0,9960
x5[T.TypB]   2.285834   0.893761   2.558   0.0105 *   9,8339
---
Signif. codes:  0 '***' 0.001 '**' 0.01 '*' 0.05 '.' 0.1 ' ' 1

(Dispersion parameter for binomial family taken to be 1)

    Null deviance: 148.793  on 107  degrees of freedom
Residual deviance:  51.591  on 102  degrees of freedom
AIC: 63.591

Number of Fisher Scoring iterations: 7
```

Tabelle 5-17:   Schätzung der logistischen Regression mit fünf Einflussgrößen

```
Coefficients:
             Estimate Std. Error z value Pr(>|z|)        Odds
(Intercept) -6.473787   4.494904  -1.440  0.14980          -
x2           0.082634   0.017412   4.746 2.08e-06 *** 1,0861
x4          -0.003768   0.002268  -1.661  0.09662 .    0,9962
x5[T.TypB]   2.361349   0.822248   2.872  0.00408 **  10,6053
---
Signif. codes:  0 '***' 0.001 '**' 0.01 '*' 0.05 '.' 0.1 ' ' 1

(Dispersion parameter for binomial family taken to be 1)

    Null deviance: 148.793  on 107  degrees of freedom
Residual deviance:  51.655  on 104  degrees of freedom
AIC: 59.655

Number of Fisher Scoring iterations: 7
```

Tabelle 5-18:   Schätzung der logistischen Regression mit drei Einflussgrößen

Das vollständige Modell in Tabelle 5-17 enthält zwei unwesentliche Einflussgrößen (x_1 und x_3), die aus dem Modell entfernt werden[28]. Einen Hinweis auf deren fehlenden Einfluss liefert die Wahrscheinlichkeit für die Richtigkeit der Nullhypothese Pr(>|z|), die jeweils über 80 % liegt. Durch die Entfernung der beiden Einflussgrößen ändert sich die Devianz des geschätzten Modells (Residual deviance) nur unwesentlich.

Alle folgenden Erläuterungen und Interpretationen beziehen sich auf den reduzierten Ansatz mit drei Einflussgrößen. Die Beurteilung beginnt mit der Überprüfung der Modellannahmen. Danach werden das Modell als Ganzes und schließlich die einzelnen Einflussgrößen beurteilt.

---

[28] Die Vorgehensweise zur Reduktion der Anzahl der Einflussgrößen wird in Kapitel 5.4.1 vorgestellt.

Die Annahme A1 der richtigen Modellspezifikation kann statistisch letztlich nicht bestätigt werden. Welche Einflussgrößen untersucht werden sollen, wurde in einer Besprechung mit den Prozessexperten festgelegt. Dabei wurden neben der Bedeutung der Einflussgrößen auch mögliche Schwierigkeiten bei der Datenerhebung berücksichtigt. Einzelne Einflussgrößen waren nicht oder nur sehr schwer zu erheben und fanden deshalb im aktuellen Modell keine Berücksichtigung. Die Mehrzahl der Einflussgrößen dürfte aber im Modell enthalten sein.

Der Stichprobenumfang von n = 108 ergibt sich aus einem vorgegebenen Erhebungszeitraum. Wird die Annahme eines ausreichenden Stichprobenumfangs (A2) mit

$$n \geq \frac{10 \cdot \text{Anzahl der Einflussgrößen}}{\text{Fehleranteil}}$$

überprüft, ergäbe sich bei fünf Einflussgrößen ein Mindestumfang von n = 110. Dieser wird zwar nicht erreicht, aber aufgrund des hohen Aufwands für die Stichprobenentnahme musste dieser Umfang genügen. Für das reduzierte Modell mit drei Einflussgrößen ist der Stichprobenumfang ausreichend.

Die Annahme A3 wird ebenfalls überprüft. Eine perfekte Zuordnung durch die Schätzung ist nicht aufgetreten. Der Grad der Multikollinearität wird über die Berechnung der VIFs für drei Einflussgrößen untersucht, wobei die nominale Einflussgröße x5 über die Dummy-Codierung berücksichtigt wird. Folgende Werte ergeben sich:

Einflussgröße	x_2	x_4	x_5_Dummy
VIF_j	1,0810	1,0026	1,0785

Tabelle 5-19:   VIFs für das Fallbeispiel mit drei Einflussgrößen

Die Ergebnisse in Tabelle 5-19 zeigen, dass keine kritische Multikollinearität vorliegt, da die VIFs deutlich unter fünf liegen. Die geringen Werte weisen auf eine weitgehende Unabhängigkeit der Einflussgrößen hin.

Die Annahme eines linearen Zusammenhangs zwischen den Logits und den Einflussgrößen (A4) wird grafisch überprüft. Abbildung 5-12 zeigt näherungsweise einen linearen Zusammenhang für die beiden metrischen Einflussgrößen. Dieser ist zwar für x_4 nicht so deutlich wie für x_2, kann aber aufgrund der Grafik nicht widerlegt werden. Dummy-codierte Einflussgrößen (x_5) können nicht auf Linearität untersucht werden.

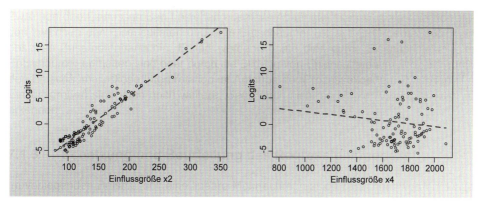

Abbildung 5-12: Prüfung der Linearität zwischen Logits und Einflussgrößen

Die Annahme korrelierter Residuen (A5) wird ebenfalls grafisch überprüft. Dazu werden die nicht standardisierten Residuen über die Zeit bzw. über die erhobene Werte-Nummer dargestellt. Abbildung 5-13 zeigt einige extreme Residuenwerte. Ein Muster im Sinne einer Wellenbewegung oder eines ständigen Springens der Residuen vom negativen in den positiven Bereich ist dagegen nicht zu erkennen. Von einer Autokorrelation ist also nicht auszugehen.

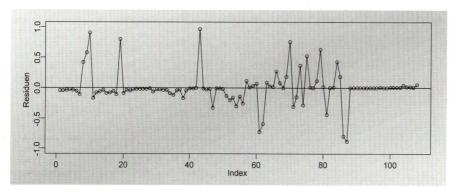

Abbildung 5-13: Prüfung auf Autokorrelation für das Fallbeispiel

Vielmehr scheinen Ausreißer in den Daten enthalten zu sein (A6), was über die Pearson-Residuen geprüft werden kann (vgl. Abbildung 5-14). Grundsätzlich werden dabei Werte, die betragsmäßig größer 1 sind, als kritisch angesehen. Insbesondere der Datensatz Nr. 43 sticht hierbei hervor. Die positive Ausprägung weist darauf hin, dass ein schlechtes Prozessergebnis hochgradig gut geschätzt wurde.

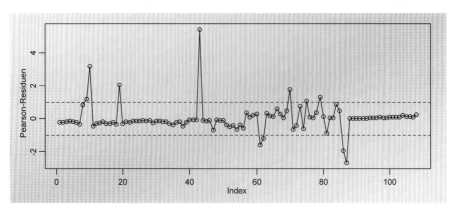

Abbildung 5-14: Prüfung auf Ausreißer anhand der Pearson-Residuen

Um einen etwaigen Einfluss potentieller Ausreißer auf die Schätzung zu untersuchen, wurden die Datensätze Nr. 10, 43 und 87 aus der Stichprobe entfernt. Die dadurch veränderte Schätzung wurde mit der ursprünglichen verglichen. Das Ergebnis zeigt nur unwesentliche Änderungen bei den Koeffizientenschätzungen. Auch die Pearson-Residuen weisen weiterhin Ausreißer auf. Da keinesfalls mehr potentielle Ausreißer entfernt werden sollten (Faustregel: Ein bis zwei Ausreißer pro 50 Datensätze), wird weiterhin die vollständige Stichprobe verwendet. Die in Abbildung 5-14 extremen Werte der Pearson-Residuen werden also nicht als Ausreißer interpretiert. Eventuell sind diese Werte auf fehlende Einflussgrößen im Modell oder auf eine unausgewogene Steuerung des Prozesses zurückzuführen.

Nach der Überprüfung der Annahmen wird das Gesamtmodell beurteilt. Dazu werden zunächst die Klassifikationsergebnisse in Tabelle 5-20 betrachtet. Insgesamt wird eine richtige Zuordnung von fast 90 % erreicht. Dabei schneidet die Zuordnung der Gut-Ergebnisse mit 93,2 % etwas besser ab als diejenigen der Schlecht-Ergebnisse.

		Gesamt	Vorhergesagt		richtig vorhergesagt
			Schlecht	Gut	
Beobachtet	Schlecht	49	42	7	85,7%
	Gut	59	4	55	93,2%
	Gesamt	108	Trennwert = 0,5		89,8%

Tabelle 5-20: Klassifikationsergebnisse für das Fallbeispiel mit drei Einflussgrößen

Die Signifikanz des Gesamtmodells wird über den Likelihood-Ratio-Test bestimmt. Für das Fallbeispiel mit drei Einflussgrößen gilt (vgl. Tabelle 5-18)

$$G = 148{,}793 - 51{,}655 = 97{,}138.$$

Der Vergleich mit dem χ^2-Wert für $\alpha = 0,05$ mit 3 Freiheitsgraden von $\chi^2_{3;0,05} = 7,81$ zeigt, dass das Modell hochgradig signifikant ist. Dies belegen auch die verschiedenen Pseudo-Bestimmtheitsmaße:

$$R^2_{McFadden} = \frac{148,793 - 51,655}{148,793} = 0,653$$

$$R^2_{Cox\&Snell} = 1 - e^{\frac{2}{108}(-74,3965 + 25,8275)} = 0,593$$

$$R^2_{Nagelkerke} = \frac{0,593}{0,748} = 0,793.$$

Die Ergebnisse zeigen einen klaren Zusammenhang zwischen den Einflussgrößen und der Zielgröße. Die Devianz als Maß für die Abweichung vom Idealwert der Schätzung reduziert sich durch die Berücksichtigung der Einflussgrößen um 65,3 % (Pseudo-Bestimmtheitsmaß nach McFadden). Das Pseudo-Bestimmtheitsmaß nach Nagelkerke von 79,3 % ist ebenfalls sehr hoch.

Da das geschätzte Modell signifikant ist (LR-Test) und die Ausprägungen der Zielgröße gut erklärt (Pseudo-Bestimmtheitsmaße), stellt sich nun die Frage, welche Bedeutung die einzelnen Einflussgrößen haben. Dazu wird die Koeffizientenschätzung genauer betrachtet. Über den Wald-Test in Tabelle 5-18 kann die Signifikanz der einzelnen Einflussgrößen beurteilt werden. Die Markierung mit Signifikanz-Codes zeigt, dass die wichtigste Einflussgröße x_2 ist, gefolgt von x_5 und x_4. Dies ist zunächst nur eine Aussage über die statistische Sicherheit eines vorhandenen Einflusses. Wie stark die Wirkung tatsächlich ist bzw. wie sich eine Änderung der Einflussgröße auf die Fehlerwahrscheinlichkeit auswirkt, wird anhand folgender Abbildung und den Odds beurteilt:

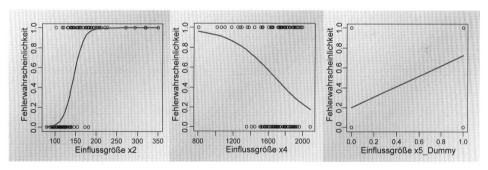

Abbildung 5-15: Wirkung der Einflussgrößen auf die Fehlerwahrscheinlichkeit

Die linke Grafik in Abbildung 5-15 zeigt, wie mit steigendem Wert der Einflussgröße x_2 die Fehlerwahrscheinlichkeit steigt. Umgekehrt verhält es sich mit x_4 (Abbildung 5-15 Mitte). Die stärker ausgeprägte S-Form der Einflussgröße x_2 weist auf deren größere Bedeutung hin. Etwas anders ist x_5 zu beurteilen, da dieses nominal-skalierte Merkmal entsprechend der Dummy-Codierung nur die Werte 0 und 1 annehmen kann. Wird von 0 (Typ A) auf 1 (Typ B) gewechselt, erhöht sich die Fehlerwahrscheinlichkeit von ungefähr 20 auf 70 % (vgl. Abbildung 5-15 rechts).

Konkrete Aussagen über die Wirkung der Einflussgrößen lassen sich über die Fehlerchancen (Odds) treffen (vgl. Tabelle 5-18). Diese beträgt für x_2 1,0861. Erhöht sich diese Einflussgröße um eine Einheit, so steigt deren Fehlerchance um das 1,0861-fache. Dies erscheint zunächst sehr gering. Doch eine Betrachtung des Variationsbereiches der Einflussgröße x_2 (Abbildung 5-15 links) zeigt eine Spannweite zwischen ca. 80 und 350 Einheiten. Eine Änderung um eine Einheit ist also sehr gering, was eine stärkere Änderung um z.B. 20 sinnvoll macht. In diesem Falle erhöht sich die Fehlerwahrscheinlichkeit um $1,0861^{20} = 5,217$-fache. Wird dagegen die Einflussgröße x_4 um eine Einheit erhöht, sinkt die Fehlerwahrscheinlichkeit um das 0,9962-fache.

Die Fehlerchance für die nominal-skalierte Einflussgröße x_5 ist einfacher zu interpretieren. Wird von Typ A auf Typ B gewechselt, steigt die Fehlerchance um das 10,6053-fache. Nur diese beiden Ausprägungen sind möglich.

Da nun die Modellannahmen geprüft und das Gesamtmodell sowie die Koeffizienten beurteilt wurden, kann das Modell zur Steuerung des Prozesses verwendet werden. Ziel dabei ist, eine möglichst geringe Fehlerwahrscheinlichkeit zu erreichen und zwar mit einer betrieblich sinnvollen Einstellung der Einflussgrößen. Dazu muss angemerkt werden, dass der Zusatzstoff Typ B (x_5) wesentlich kostengünstiger ist als Typ A. Deswegen sollte nach Möglichkeit eine Prozessoptimierung mit Typ B angestrebt werden.

Die Prozessexperten legten für die Einflussgrößen $x_2 = 90$ und für $x_4 = 2000$ fest. Anhand dieser Werte in Verbindung mit $x_5 = 1$ (Typ B) wird folgende Fehlerwahrscheinlichkeit durch das Modell vorhergesagt:

$$P(s) = \frac{1}{1+e^{-(-6,473787+0,082634 \cdot 90-0,003768 \cdot 2000+2,361349 \cdot 1)}} = 0,0146.$$

Ein Testlauf mit den gewählten Einstellungen zeigte zwar eine nachhaltige Verbesserung, aber nicht im vorhergesagten Umfang auf 1,46 %. Dies ist sicherlich auf fehlende Einflussgrößen und die teilweise extremen Werte in der Stichprobe zurückzuführen. Dennoch wurde die Einstellung für den Prozess übernommen.

5.4 Modellvarianten

Die bisher vorgestellte Vorgehensweise der logistischen Regression zeigt die gebräuchlichste Anwendung für die Prozessoptimierung: Wie kann zwischen guten und schlechten Prozessergebnissen unterschieden werden und wie muss ein Prozess gesteuert werden, damit sich der Fehleranteil reduziert. Die nun vorgestellten Modellvarianten sind einige sinnvolle Erweiterungen, um erstens die logistische Regression noch besser verstehen und anwenden zu können und um zweitens leicht abgewandelte Fragestellungen bearbeiten zu können. Drei Erweiterungen werden vorgestellt:

- Auswahl der wesentlichen Einflussgrößen
  Prozessexperten wählen potentiellen Einflussgrößen aus. Über die Schätzung wird festgestellt, welche Einflussgrößen tatsächlich wesentlich sind. Mit Hilfe eines Aus-

wahlverfahrens werden die unwesentlichen Einflussgrößen aus dem Modell entfernt. Mit den im Modell verbleibenden erfolgt die Steuerung des Prozesses.

- Weiterführende Statistiken der logistischen Regression
  Neben den bisher vorgestellten Statistiken der logistischen Regression werden in Software-Paketen teilweise auch andere verwendet. Zumindest einige davon sollen in diesem Kapitel vorgestellt werden.

- Modelle für Zielgröße mit mehreren Ausprägungen
  Bisher wurde davon ausgegangen, dass die Zielgröße nur zwei Ausprägungen – schlecht oder gut – hat. Daneben gibt es auch die Möglichkeit, mehrere Ausprägungen, z.B. im Sinne mehrerer Zielqualitäten, zu modellieren oder rangskalierte Zielgrößen zu berücksichtigen.

5.4.1 Auswahl der wesentlichen Einflussgrößen

Es gibt verschiedene Ansätze, die wesentlichen Einflussgrößen im Modell auszuwählen. Wesentlich versteht sich in diesem Zusammenhang als „am besten zur Prozesssteuerung geeignet". Zu unterscheiden sind verschiedene Kriterien, auf deren Basis die Einflussgrößen beurteilt werden und, ob diese schrittweise in das Modell aufgenommen (forward selection) oder entfernt (backward selection) werden.

Ein mögliches Kriterium für die Auswahl der Einflussgrößen sind Test-Statistiken. So kann z.B. die Wald-Statistik zur Beurteilung der Koeffizienten als Auswahlhilfe verwendet werden. Im einfachsten Fall werden alle nicht signifikanten Einflussgrößen aus dem Modell entfernt. Dies sollte aber schrittweise erfolgen, da sich durch die Entfernung einer Einflussgröße die Signifikanz der anderen Einflussgrößen ändern kann.

In Betracht kommt auch das Informationskriterium von Akaike (AIC). Bei diesem Verfahren dient nicht die Signifikanz eines Koeffizienten für die Auswahl einer Einflussgröße. Vielmehr soll der Informationsgehalt des geschätzten Modells maximiert werden. Das AIC berechnet sich mit

$$AIC = -2LL_M + 2(m+1) = D_M + 2(m+1).$$

Diese Funktion hat eine wichtige Eigenschaft: Werden Einflussgrößen aus dem Modell entfernt, steigt die Modelldevianz D_m an; dagegen fällt der zweite Term der Funktion 2(m+1), da sich die Anzahl der Einflussgrößen m reduziert. Gesucht wird das minimale AIC, welches für das „bestmögliche" Modell steht.

In Tabelle 5-21 ist das Vorgehen des Verfahrens als backward selection für das Fallbeispiel dargestellt. Ausgehend vom vollständigen Modell (links oben) wird schrittweise jeweils diejenige Einflussgröße aus dem Modell entfernt, welche das AIC am stärksten reduziert (Mitte und rechts oben). Eine weitere Reduktion ist nicht mehr möglich, wenn daraus eine Erhöhung des AIC resultieren würde (oben rechts). Schließlich wird das neue reduzierte Modell mit den verbleibenden Einflussgrößen und den dazugehörigen Schätzungen ausgegeben (unten).

```
Start:  AIC=63.59                Step:  AIC=61.61              Step:  AIC=59.65
Y ~ x1 + x2 + x3 + x4 + x5       Y ~ x2 + x3 + x4 + x5         Y ~ x2 + x4 + x5

        Df Deviance    AIC              Df Deviance    AIC              Df Deviance    AIC
- x1     1   51.608  61.608     - x3     1   51.655  59.655    <none>        51.655  59.655
- x3     1   51.655  61.655     <none>       51.608  61.608    - x4     1   55.292  61.292
<none>       51.591  63.591     - x4     1   55.278  63.278    - x5     1   62.279  68.279
- x4     1   54.930  64.930     - x5     1   61.696  69.696    - x2     1  124.966 130.966
- x5     1   59.647  69.647     - x2     1  117.917 125.917
- x2     1  108.053 118.053

Coefficients:
(Intercept)           x2              x4        x5[T.TypB]
 -6.473787      0.082634       -0.003768         2.361349

Degrees of Freedom: 107 Total (i.e. Null);  104 Residual
Null Deviance:          148.8
Residual Deviance:  51.65      AIC: 59.65
```

Tabelle 5-21:   *Backward selection nach dem AIC-Kriterium für das Fallbeispiel*

5.4.2 Weiterführende Statistiken

Bei weiterführenden Statistiken der logistischen Regression soll wiederum nach der Beurteilung des Gesamtmodells und der einzelnen Koeffizienten unterschieden werden. Der Wald-Test zur Beurteilung der Koeffizienten wird in Software-Paketen teilweise auch über die χ^2-Verteilung durchgeführt. Dabei wird die bisherige Teststatistik quadriert und mit der χ^2-Verteilung mit einem Freiheitsgrad vergleichen. Die Beurteilung der Signifikanz ändert sich dadurch nicht. Eine andere Möglichkeit besteht darin, alle Koeffizienten in ihrer Wirkung einem Likelihood-Ratio-Test zu unterziehen. Hierfür wird der zu untersuchende Koeffizient auf Null gesetzt (keine Wirkung) und die daraus resultierende Differenz der Devianz zum vollständigen Modell als Teststatistik verwendet.

```
Signifikanz der Koeffizienten mit LR-Test
                LR Chisq Df Pr(>Chisq)
Einspritztemp   10.2020   1    0.001403 **
Haltedruck       0.0106   1    0.917956
Charge           0.9588   1    0.327485
---
Signif. codes:  0 '***' 0.001 '**' 0.01 '*' 0.05 '.' 0.1 ' ' 1

Signifikanz der Koeffizienten mit Wald-Test
                Estimate Std. Error z value Pr(>|z|)
(Intercept)    -1076.9729   663.6990  -1.623   0.105
Einspritztemp      3.6343     2.3048   1.577   0.115
Haltedruck         0.1491     1.4560   0.102   0.918
Charge[T.B]       -2.4220     2.6585  -0.911   0.362
```

Tabelle 5-22:   *Signifikanz der Koeffizienten mit Wald- und LR-Test*

Für das Lego-Beispiel mit drei Einflussgrößen ergibt sich dadurch folgende Beurteilung der Koeffizienten (vgl. Tabelle 5-22). Der LR-Test zeigt eine Signifikanz der Einspritztemperatur, der Wald-Test dagegen nicht. Bei den anderen beiden Einflussgrößen ist kein großer Unterschied im Testergebnis zu sehen. Im Zweifel sollte der LR-Test aufgrund seiner besseren Eigenschaften bei geringen Stichprobenumfängen bevorzugt werden.

Der LR-Test wird zudem auch für die Auswahl der wesentlichen Einflussgrößen verwendet. Dazu werden die einzelnen Einflussgrößen nacheinander in das Modell aufgenommen und die dadurch entstehende Veränderung der Devianz beurteilt. Dieses Verfahren hat aber einen erheblichen Nachteil: Die Signifikanz hängt von der Reihenfolge ab, in der die Einflussgrößen in das Modell aufgenommen werden.

Dennoch soll das Verfahren am Lego-Beispiel mit drei Einflussgrößen veranschaulicht werden. Die in Tabelle 5-23 berechneten Signifikanzen würden sich ändern, wenn die Einflussgrößen in einer anderen Reihenfolge in das Modell aufgenommen werden.

```
Response: Qualitaet

Terms added sequentially (first to last)

              Df Deviance Resid. Df Resid. Dev P(>|Chi|)
NULL                             14    20.7277
Einspritztemp  1  12.0103        13     8.7174 0.0005291 ***
Haltedruck     1   0.7991        12     7.9183 0.3713548
Charge         1   0.9588        11     6.9594 0.3274848
---
Signif. codes:  0 '***' 0.001 '**' 0.01 '*' 0.05 '.' 0.1 ' ' 1
```

Tabelle 5-23:   Sequentieller LR-Test (Devianz)

Eine grafische Beurteilung des Gesamtmodells kann über die Häufigkeit der richtigen und falschen Zuordnungen erfolgen. In Abbildung 5-16 ist dies für das Lego-Beispiel mit drei Einflussgrößen dargestellt.

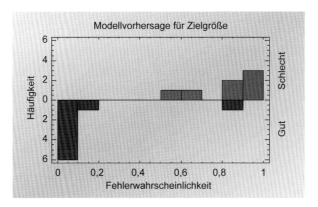

Abbildung 5-16: Häufigkeitsverteilung der richtigen und falschen Zuordnungen

Schließlich sollen noch zwei Tests zur Prüfung des Gesamtmodells im Sinne einer Beurteilung der Klassifikationsergebnisse vorgestellt werden. Dabei handelt es sich um den Hosmer-Lemeshow- und den Press´s Q-Test. Der Hosmer-Lemeshow-Test ist ein χ^2-Anpassungstest, der erwartete mit beobachteten Häufigkeiten vergleicht. Für die logistische Regression werden also geschätzte Schlecht-Gut-Ausprägungen mit den beobachteten Anteilen verglichen. Dazu werden Logits in verschiedene Intervalle untergliedert. Für das Lego-Beispiel mit drei Einflussgrößen ergibt sich folgende Tabelle:

```
                Logit                           TRUE              FALSE
Class        Interval          n     Observed  Expected   Observed  Expected
-------------------------------------------------------------------------
1       less than -4,65878      3      0,0    0,0109709     3,0    2,98903
2       -4,65878 to -2,90427    3      0,0    0,0944913     3,0    2,90551
3       -2,90427 to 0,707949    3      2,0    1,33847       1,0    1,66153
4       0,707949 to 2,19149     3      2,0    2,58206       1,0    0,417941
5       2,19149 or greater      3      3,0    2,97401       0,0    0,0259889
-------------------------------------------------------------------------
Total                          15      7,0    7,0           8,0    8,0

Chi-squared = 1,66697 with 3 d.f.   P-value = 0,6443
```

Tabelle 5-24:   Hosmer-Lemeshow-Anpassungstest

Der Werte der Teststatistik von 1,66697 ergibt sich als Summe der quadrierten und standardisierten Differenzen der einzelnen Klassen[29]. Ein hoher p-Wert weist auf eine gute Anpassung des Modells an die Beobachtungen hin. Modelle mit Werten größer 0,7 gelten als signifikant. Der p-Wert für das Lego-Beispiel mit 0,6443 liegt knapp unter dieser Grenze.

Der Press's Q-Test ist ebenfalls ein Test zur Überprüfung von Klassifikationsergebnissen. Die Teststatistik berechnet sich mit

$$\text{Press´s Q} = \frac{[n - (n \cdot g \cdot p)]^2}{n \cdot (g - 1)},$$

wobei n dem Stichprobenumfang und g der Anzahl der Gruppen entspricht. p ist der Anteil der korrekt vorhergesagten Zuordnungen. Die Teststatistik ist χ^2-verteilt mit einem Freiheitsgrad. Für das Lego-Beispiel ergibt sich

$$\text{Press´s Q} = \frac{[15 - (15 \cdot 2 \cdot 0{,}8)]^2}{15 \cdot (2 - 1)} = \frac{81}{15} = 5{,}4.$$

Der Vergleich mit dem kritischen χ^2-Wert für $\alpha = 0{,}05$ von $\chi^2_{1;0{,}05} = 3{,}84$ zeigt, dass H_0 zu verwerfen ist und das Modell signifikant ist.

---

[29] Für die genaue Durchführung des χ^2-Anpassungstests wird auf die einschlägige Statistik-Literatur verwiesen.

5.4.3 Modell für Zielgrößen mit mehreren Ausprägungen

Der wohl häufigste Fall bei der Prozessoptimierung ist eine zweistufige Ausprägung der Zielgröße mit schlechten und guten Prozessergebnissen. Es können aber auch nominalskalierte Zielgrößen vorkommen, die mehr als zwei Ausprägungen haben. Dies ist z.B. der Fall, wenn mehr als zwei Qualitäten des Prozessergebnisses unterschieden werden können. Zur Analyse eignet sich die logistische Regression für mehrkategoriale Zielgrößen.
Die Verallgemeinerung der logistischen Regression auf eine Zielgröße mit mehreren Ausprägungen wird ähnlich berechnet und interpretiert wie im zweistufigen Fall. Wichtig für die Interpretation ist die Definition einer Referenzausprägung der Zielgröße. Für jede andere Ausprägung wird dann eine Gleichung geschätzt, deren Koeffizienten immer den Unterschied zur Referenzausprägung beschreiben.

Wird das Beispiel der unterschiedlichen Qualitäten für das Prozessergebnis so verstanden, dass die Ausprägungen in eine Rangfolge gebracht werden können, sollte die ordinale Regression verwendet werden. Diese ist letztlich eine Anpassung der kategorialen logistischen Regression. Die Referenzausprägung ist dabei meist das gute Prozessergebnis und die Verschlechterungen der Qualitäten werden kumuliert betrachtet. Zum besseren Verständnis ein kleines Beispiel. Die Koeffizienten der ersten Regressionsgleichung unterscheiden zwischen der Qualitätsstufe 1 (Referenzausprägung) und der Qualitätsstufe 2. Die nächste Regressionsgleichung unterscheidet zwischen der ersten und dritten Qualitätsstufe usw. Bei vielen Stufen verwendet man am besten die klassische lineare Regression.

5.5 Anwendungsempfehlungen

Jede in einem Prozess auftretende Fragestellung hat ihre Besonderheiten. Dennoch gibt es einen „roten Faden", wie eine Prozessoptimierung durchzuführen ist. Anhand eines üblichen Ablaufs werden im Folgenden einige Anwendungsempfehlungen gegeben. Diese sollen helfen, Fehler beim Einsatz der logistischen Regression zu vermeiden und Sicherheit für die Anwendung des Verfahrens geben.

- Bei der logistischen Regression stellt sich zuerst die Frage nach der Zielgröße. Kann beim Prozessergebnis tatsächlich nur zwischen schlecht und gut unterschieden werden? Grundsätzlich sollte immer nach einer Möglichkeit gesucht werden, die Zielgröße metrisch messbar zu machen. Dann kann nämlich die klassische lineare Regression angewendet werden.

- Nach der Definition der Zielgröße folgt die Auswahl der Einflussgrößen. Dies geschieht häufig über ein Ursache-Wirkungs-Diagramm. Die Prozessexperten müssen sich hier auf die wahrscheinlichsten Einflussgrößen einigen. Eine einfache Möglichkeit ist das „Bepunkten": Jeder Teilnehmer erhält drei Punkte, die er auf die, in Betracht kommenden Einflussgrößen verteilt. Diejenigen, auf die die meisten Punkten entfallen, werden in das Modell aufgenommen.

- Wurden die wahrscheinlichsten Einflussgrößen ausgewählt, sollte im Rahmen der Modellbildung überlegt werden, wie (positiv oder negativ) und in welchem Ausmaß die Einflussgrößen wirken werden. Ein Abgleich dieser Überlegungen mit den Ergebnissen der Schätzung liefert wichtige Erkenntnisse für das Prozessverständnis.

- Die nun folgende Datenerhebung sollte mit größter Sorgfalt betrieben werden. Ungenau oder falsch erhobene Daten führen notwendigerweise zu Fehlern bei der Modellbeurteilung. Auch muss die Datenerhebung so geplant werden, dass die Messwerte der Einflussgrößen eindeutig dem entsprechenden Prozessergebnis zugeordnet werden können.

- Bevor das Modell geschätzt wird, sollten die Daten durch einfache Statistiken auf Plausibilität untersucht werden. Dies erfolgt z.B. über Grafiken, wie Werteverlauf und Histogramm, und über statistische Kennwerte, wie Mittelwert und Streuungsmaße. Diese Einstiegsanalysen ermöglichen einen Überblick über die erhobenen Daten und decken etwaige Erhebungsfehler auf. Auch erhält man dadurch Hinweise auf mögliche Ausreißer. Der Stichprobenumfang sollte groß genug gewählt werden. Logistische Modelle mit weniger als 50 Datensätzen sind nicht sinnvoll.

- Die Schätzung erfolgt mit Hilfe von Statistik-Software. Nach einem Überblick über die Ergebnisse der Schätzung sollten die Modellannahmen geprüft werden. Werden Annahmen verletzt oder treten Ausreißer auf, muss das Modell angepasst werden. Es darf aber nicht durch das bewusste Entfernen von Datensätzen „zurechtgestutzt" werden, um so ein gewünschtes Ergebnisse zu erzielen.

- Danach erfolgt die Beurteilung und die Interpretation: zuerst das gewählte Modell als Ganzes, nachfolgend die einzelnen Koeffizienten. Besteht Einigkeit über die Interpretation, wird mit dem Modell simuliert, wie der Prozess gesteuert werden soll. Dazu werden die Auswirkungen verschiedener Einstellungen der Einflussgrößen auf die Fehlerwahrscheinlichkeit untersucht. Schließlich wird eine Einstellung für die Steuerung des Prozesses festgelegt.

- Bevor die gewählte Einstellung in die Praxis übertragen wird, sollte auf jeden Fall ein Testlauf durchgeführt werden, der zeigen soll, ob die Vorhersagen des Modells zumindest näherungsweise dem tatsächlichen Prozessergebnis entsprechen. Ist dies der Fall, wird die Steuerung etabliert.

5.6 Weiterführende Literatur

[1] **Andreß, H.-J./J. Hagenaars u. S. Kühnel**
Analyse von Tabellen und kategorealen Daten. Log-lineare Modelle, latente Klassenanalyse, logistische Regression und GSK-Ansatz.
Springer-Verlag, Berlin, 1997.

[2] **Backhaus, K. u.a.**
Multivariate Analysemethoden – eine anwendungsorientierte Einführung, 11. Aufl.
Springer-Verlag, Berlin, 2006.

[3] **Fahrmeir, L, Th. Kneib u. St. Lang**
Regression – Modelle, Methoden und Anwendungen.
2. Aufl., Springer-Verlag, Berlin, 2009.

[4] **Hosmer, D. u. S. Lemeshow**
Applied logistic Regression.
2. Aufl., Wiley Verlag, New York, 2000.

[5] **Sachs, L. u. J. Hedderich**
Angewandte Statistik – Methodensammlung mit R.
13. akt. u. erw. Aufl., Springer-Verlag, Dordrecht, Heidelberg, 2009.

[6] **Schlittgen, R.**
Multivariate Statistik.
Oldenbourg Verlag, München, 2009.

6 Mehrfeldertafeln

6.1 Problemstellung

Die in diesem Kapitel vorgestellten Auswerteverfahren beruhen auf Häufigkeitszählungen, wie sie bei Qualitätsprüfungen entstehen. So wird bei einer Gut-Schlecht-Prüfung die Anzahl fehlerhafter Produkte gezählt. Als Beispiel betrachte man eine Kunststoffspritzgussanlage, auf der Lego-Bausteine erzeugt werden. Man zählt, wie viele Bausteine nicht der Spezifikation entsprochen haben. Eine weitere übliche Vorgehensweise ist das Zählen der einzelnen Fehler auf den geprüften Einheiten. Hier denke man zum Beispiel an das Zählen der Kratzer, die man auf den geprüften Lego-Bausteinen findet. Für beide Arten der Zählung gibt es die Analysemethode der Vier- oder Mehrfeldertests.

Angenommen, bei einer Gut-Schlecht-Prüfung wurde ein zu großer Anteil fehlerhafter Einheiten festgestellt. Daraufhin wurde ein Projekt zur Verbesserung beschlossen und durchgeführt. Nach dem Abschluss des Projektes soll geklärt werden, ob die Maßnahmen erfolgreich waren. Dazu soll die Stichprobe, die vor der Verbesserungsmaßnahme entnommen wurde mit einer Stichprobe verglichen werden, die nach der Verbesserungsmaßnahme entnommen wurde. In dem Beispiel betrachtet man das Ereignis *fehlerhafte Einheit* als Zielgröße Y und das *Projekt* als Einflussgröße X mit den Zuständen vorher (*vor dem Projekt*) und nachher (*nach dem Projekt*). Mit diesem Ansatz kann man die Frage formulieren, ob die Einflussgröße eine signifikante Veränderung der Zielgröße zur Folge hat.

6.1.1 Anwendungsbeispiele

Fragestellung	Einflussgröße x	Zielgröße y
Man bezieht ein Verpackungsmaterial von mehreren Lieferanten. Sind die Lieferanten hinsichtlich des Anteils fehlerhafter Einheiten gleichwertig?	Lieferant	Anteil fehlerhafter Verpackungen
Man vermutet, dass die Fertigungsbedingungen in der Frühschicht, Spätschicht und Nachtschicht einen Einfluss auf den Anteil fehlerhafter Einheiten haben.	Fertigungsschicht	Anteil fehlerhafter Einheiten
Ein Produkt wird auf mehreren Fertigungslinien parallel hergestellt. Unterscheiden sich die Fertigungslinien hinsichtlich des Anteils fehlerhafter Einheiten?	Fertigungslinien	Anteil fehlerhafte Einheit
Ein Webstoff wird auf mehreren Webstühlen parallel gefertigt. Unterscheiden sich die Webstühle hinsichtlich der Anzahl an Schussbrüchen?	Webstühle	Häufigkeit der Schussbrüche
An Maschinen gleicher Bauart wird der gleiche Artikel gefertigt. Ist die mittlere Anzahl Fehler je Einheit an den Maschinen unterschiedlich groß?	Maschinen	Häufigkeit der Fehler

Tabelle 6-1: Beispiele für den Einsatz von Mehrfeldertafeln im Rahmen der Prozessoptimierung

6.1.2 Grundlagen

Nun sollen nominal skalierte Merkmale betrachtet werden. Beispiele für derartige Merkmale sind Schlieren, Blasen und Laufnasen auf einer lackierten Oberfläche. Aber auch die einfache Attributprüfung, bei der lediglich gute und schlechte Einheiten gezählt werden, ist weit verbreitet.

Qualitative Prüfung zur Erfassung der Anzahl guter und schlechter Einheiten

Für die Analyse ist es notwendig, dass sowohl die Anzahl der guten als auch die Anzahl der fehlerhaften Einheiten erfasst werden muss. Aus den Zählungen lässt sich die Kenngröße p = *Anteil fehlerhafter Einheiten* berechnen, indem man die Anzahl der fehlerhaften Einheiten x durch die Anzahl der untersuchten Einheiten n teilt. Wobei mit der Anzahl der untersuchten Einheiten n die Summe der guten und schlechten Einheiten gemeint ist.

$$\text{Anteil fehlerhafter Einheiten: } p = \frac{x}{n}$$

Qualitative Prüfung zur Erfassung der Anzahl Fehler

Bei der zweiten Prüfungsart ist es üblich, die Anzahl der untersuchten Einheiten n und die Anzahl der dabei gefundenen Fehler f zu erfassen. Aus dem Zählergebnis wird die Kenngröße p = *Mittlere Anzahl Fehler je Einheit* berechnet, indem man die Anzahl der Fehler f durch die Anzahl der untersuchten Einheiten n dividiert.

$$\text{Mittlere Anzahl Fehler je Einheit: } p = \frac{f}{n}$$

Im Rahmen von Six Sigma Initiativen hat sich in vielen Organisationen auch die amerikanische Bezeichnung *Defects per Unit*, kurz *DPU* als alternative Bezeichnung für die Kenngröße *Mittlere Anzahl Fehler je Einheit p* durchgesetzt.

Unabhängig davon, ob die Zielgröße das Ergebnis der einen oder anderen Art der Prüfung ist, kann man in beiden Fällen die Auswertemethode der Mehrfeldertafel nutzen.

6.2 Vorgehensweise

In welchen Situationen kann man das Schema der Vierfeldertafel anwenden?

Dieses Schema eignet sich für Fragestellungen, bei der die Einflussgröße x genau zwei verschiedene Werte aufweist. Angenommen, ein Montagewerk bezieht ein Bauteil von genau zwei verschiedenen Lieferanten A und B. Man vermutet, dass sich die Lieferanten bezüglich des Anteils fehlerhafter Einheiten unterscheiden. Da die Einflussgröße *Lieferant* genau zwei Werte hat, wird das Schema der Vierfeldertafel genutzt.

In welchen Situationen kann man das Schema der Mehrfeldertafel nutzen?

Hat die Einflussgröße mehr als zwei verschiedene Werte bzw. Zustände, so wird das Schema der Mehrfeldertafel angewandt. Will man beispielsweise in einem Herstellerwerk für Lego-Bausteine feststellen, ob der Anteil fehlerhafter produzierter Bausteine in der Früh-, Spät- und Nachtschicht unterschiedlich groß ist, so nutzt man dafür die Mehrfeldertafel. Die Begründung dafür ist, dass die Einflussgröße Schicht drei Werte aufweist.

6.2.1 Vierfeldertafel

Zur Erläuterung dient das Beispiel der qualitativen Prüfung in einem Produktionsbetrieb. Durch eine Sichtprüfung wird der Anteil fehlerhafter Einheiten je Kalenderwoche festgestellt. Aufgrund des Kostendrucks wurden Maßnahmen zur Prozessanalyse und -verbesserung umgesetzt. Um entscheiden zu können, ob der Anteil fehlerhafter Einheiten durch die Maßnahmen erfolgreich verringert werden konnte, wurde die Anzahl der fehlerhaften und die Anzahl der fehlerfreien Einheiten jeweils vor und nach der Maßnahme ermittelt. Das Zählergebnis wird besonders übersichtlich, wenn man das Schema der Vierfeldertafel nutzt, dass auch für den nachfolgenden Test genutzt wird.

Einflussgröße: Maßnahme	Zielgröße: Prüfergebnis		Summe
	Häufigkeit fehlerfrei	Häufigkeit fehlerhaft	
Vor der Verbesserungsmaßnahme	a_1	b_1	$n_1 = a_1+b_1$
Nach der Verbesserungsmaßnahme	a_2	b_2	$n_2 = a_2+b_2$
Summe	$a_1 + a_2$	$b_1 + b_2$	$n = n_1+n_2$

Tabelle 6-2: Aufbauschema einer Vierfeldertafel

6.2.1.1 Hypothesen aufstellen und Signifikanzniveau wählen

Im Sinne der Statistik vergleicht man hier zwei Grundgesamtheiten bezüglich des Anteils fehlerhafter Einheiten. Die beiden Grundgesamtheiten ergeben sich aus der Anzahl der Werte der Einflussgröße. Für das Beispiel qualitative Prüfung sind das die Werte (1) vor und (2) nach der Maßnahme. Die Antwort auf die Frage, ob die Maßnahme erfolgreich war, wird an das Ergebnis des Chi-Quadrat-Tests gekoppelt. Für diesen Test formuliert man die Null- und Alternativhypothese:

1) Nullhypothese H_0:
   Die Anteilswerte sind bei beiden Grundgesamtheiten gleich; kurz: $p_1 = p_2$.

2) Alternativhypothese H_1:
   Die Anteilswerte beider Grundgesamtheiten unterscheiden sich; kurz $p_1 \neq p_2$.

Auf dem Prüfstand steht die Aussage der Nullhypothese H_0. Formal wird also geprüft, ob die beiden Grundgesamtheiten den gleichen Anteil fehlerhafter Einheiten aufweisen. Um das Vorgehen des Testablaufes leichter nachvollziehen zu können, wird das Beispiel der qualitativen Prüfung mit den folgenden Ereignishäufigkeiten fortgeführt:

Einflussgröße: Maßnahme	Zielgröße: Prüfergebnis		Summe
	Häufigkeit fehlerfrei	Häufigkeit fehlerhaft	
Vor der Verbesserungsmaßnahme	961	39	1000
Nach der Verbesserungsmaßnahme	979	21	1000
Summe	1940	60	2000

Tabelle 6-3: Ereignishäufigkeit für fehlerhafte Einheiten vor und nach einer Prozessverbesserungsmaßnahme als Beispiel einer Vierfeldertafel

Mit Bezug auf die Aussage der Nullhypothese wird zunächst ermittelt, wie viele fehlerhafte und fehlerfreie Einheiten man zu erwarten hätte, wenn für beide Grundgesamtheiten die gleiche Ereigniswahrscheinlichkeit p vorliegen würde. Anschließend wird mit Hilfe der Größe χ^2 (Chi-Quadrat) die Stärke der Abweichung zwischen den beobachteten und erwarteten Häufigkeiten zahlenmäßig ausgedrückt. Anhand dieser χ^2-Werte lässt sich ermessen, ob es eine über den Zufall hinaus gehende Abweichungen zwischen den erwarteten und den beobachteten Häufigkeiten gegeben hat. Die Details der Vorgehensweise sind in Schritte gegliedert im nächsten Abschnitt beschrieben.

6.2.1.2 Ermittlung der Prüfgröße χ^2

Die Prüfgröße χ^2 drückt aus, wie groß der Unterschied zwischen den beobachteten und erwarteten Häufigkeiten ist. Um die Prüfgröße nun berechnen zu können, benötigt man zunächst die erwarteten Häufigkeiten.

Schritt 1: Bestimmen der erwarteten Häufigkeiten

Insgesamt wurden in dem Zahlenbeispiel $n=n_1+n_2=2\,000$ Einheiten untersucht. Davon waren insgesamt $a_1+a_2=1940$ fehlerfreie und $b_1+b_2=60$ fehlerhafte Einheiten. Die erwarteten Häufigkeiten E_a = erwarte Anzahl fehlerfreier Einheiten und E_b = erwartete Anzahl fehlerhafter Einheiten werden gemäß den nachfolgenden Beziehungen ermittelt:

Betrachten wir im - Sinne der Nullhypothese - die beobachteten Unterschiede zwischen den Stichprobenergebnissen zunächst allein als zufällige Abeichungen, so ist lässt sich ein guter Schätzwert für den Anteil fehlerfreier Einheiten in den Grundgesamtheiten aus dem Mittelwert beider Stichproben errechnen.

$$\overline{p}_{fehlerfrei} = \frac{a_1 + a_2}{n_1 + n_2} = \frac{1940}{2000} = 0{,}97$$

Analog erhalten wir den Schätzwert für den Anteil fehlerhafter Einheiten in den Grundgesamtheiten.

$$\overline{p}_{fehlerhaft} = \frac{b_1 + b_2}{n_1 + n_2} = \frac{60}{2000} = 0{,}03 \,.$$

Würde nun in beiden Grundgesamtheiten, also vor und nach der Verbesserungsmaßnahme, der gleiche Anteil fehlerfreie Einheiten $\overline{p}_{fehlerfrei}$ vorliegen, so gilt folgende Erwartungshaltung:

In der ersten Stichprobe mit $n_1=1000$ Einheiten, die man vor der Maßnahme entnommen hatte, wären insgesamt $E_{a1}=970$ fehlerfreie Einheiten zu erwarten gewesen.

$$E_{a_1} = \overline{p}_{fehlerfrei} \cdot n_1 = 0{,}97 \cdot 1000 = 970$$

Entsprechend hätte man auch in der zweiten Stichprobe, die man nach der Maßnahme entnommen hatte, unter den $n_2=1000$ Einheiten insgesamt $E_{a2}= 970$ fehlerfreie Einheiten erwartet.

$$E_{a_2} = \overline{p}_{fehlerfrei} \cdot n_2 = 0{,}97 \cdot 1000 = 970$$

Analog wird der Gedankengang auf den Anteil fehlerhafter Einheiten angewandt. Die Ergebnisse für die erwartete Anzahl fehlerhafter Einheiten vor der Maßnahme (E_{b1}) und nach der Maßnahme (E_{b2}) sind nachfolgend dargestellt.

$$E_{b_1} = \overline{p}_{fehlerhaft} \cdot n_1 = 0{,}03 \cdot 1000 = 30 \,; \qquad E_{b_2} = \overline{p}_{fehlerhaft} \cdot n_2 = 0{,}03 \cdot 1000 = 30$$

Schritt 2: Bestimmen der χ^2-Werte

Die Größe χ^2 (Chi-Quadrat) drückt aus, wie stark die Abweichung zwischen der beobachteten und der erwarteten Häufigkeit ist. Bei exakter Übereinstimmung zwischen den beobachteten und den erwarteten Häufigkeiten erhält man den Wert $\chi^2=0$. Bestehen jedoch große Unterschiede zwischen den beobachteten und den erwarteten Häufigkeiten, so erhält man dafür auch große χ^2-Werte. Große χ^2-Werte sind deshalb Indikatoren für große Abweichungen.

Für die vier Felder des Zahlenbeispiels ergeben sich die folgenden χ^2-Werte:

$$\chi^2_{a_1} = \frac{(a_1 - E_{a_1})^2}{E_{a_1}} = \frac{(961-970)^2}{970} \approx 0{,}0835 \; ; \qquad \chi^2_{b_1} = \frac{(b_1 - E_{b_1})^2}{E_{b_1}} = \frac{(39-30)^2}{30} = 2{,}7$$

$$\chi^2_{a_2} = \frac{(a_2 - E_{a_2})^2}{E_{a_2}} = \frac{(979-970)^2}{970} \approx 0{,}0835 \; ; \qquad \chi^2_{b_2} = \frac{(b_2 - E_{b_2})^2}{E_{b_2}} = \frac{(21-30)^2}{30} = 2{,}7$$

Anhand der Werte ist zu erkennen, dass größere Abweichungen zwischen den erwarteten und beobachteten Häufigkeiten bei den fehlerhaften Einheiten (Index b_1 und b_2) aufgetreten sind. Die eigentliche Prüfgröße ergibt sich aus der Summe von allen χ^2-Werten.

$$\chi^2_{\text{Prüf}} = \chi^2_{a_1} + \chi^2_{b_1} + \chi^2_{a_2} + \chi^2_{b_2} = 0{,}0835 + 2{,}7 + 0{,}0835 + 2{,}7 = 5{,}567$$

6.2.1.3 Testentscheidung

Das Testergebnis kann man auf zwei verschiedene, aber einander gleichwertige Vorgehensweisen erhalten:

1. Vergleich der Prüfgröße mit der Signifikanzschwelle $\chi^2_{f,1-\alpha}$
2. Vergleich des P-Wertes mit dem Signifikanzniveaus α

Für das Beispiel wurde das Signifikanzniveau α = 5% gewählt. Im Folgenden sind die beiden Vorgehensweisen beschrieben:

Vergleich der Prüfgröße mit der Signifikanzschwelle

Für die Bestimmung der Signifikanzschwelle benötigt man Informationen über das Signifikanzniveau α und die Anzahl der Freiheitsgrade f. Das Signifikanzniveau wurde im Beispiel mit α = 5% gewählt. Die Anzahl der Freiheitsgrade bestimmt man anhand der Anzahl der zu vergleichenden Grundgesamtheiten; im Beispiel sind es zwei Grundgesamtheiten. Den Wert für die Freiheitsgrade ermittelt man gemäß der Regel:

Freiheitsgrade f = Anzahl zu vergleichender Grundgesamtheiten – 1

Für das Beispiel erhält man f = 2 – 1 = 1. Die Signifikanzschwelle ist das (1-α)-Quantil der χ^2-Verteilung mit f = 1 Freiheitsgrad. Dieses Quantil errechnet man mit Hilfe der inversen Verteilungsfunktion der Chi-Quadrat-Verteilung für die Wahrscheinlichkeit P = 1-α. In Abbildung 6-1 ist die Ermittlung der Signifikanzschwelle dargestellt.

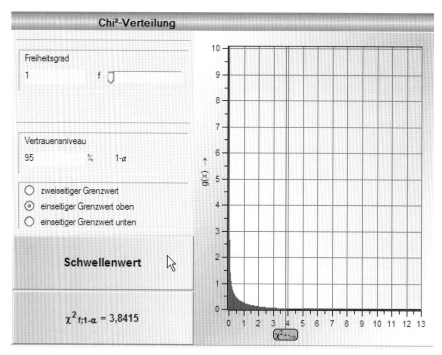

Abbildung 6-1: Ermittlung des 95%-Quantils $\chi^2 = 3{,}8415$ der Chi-Quadrat-Verteilung mit dem Freiheitsgrad f=1

Die Abbildung 6-1 ist wie folgt zu interpretieren: Wäre die Aussage der Nullhypothese richtig, dass der Anteil fehlerhafter Einheiten vor und nach der Verbesserungsmaßnahme gleich ist, so müsste der Wert der Prüfgröße mit einer Wahrscheinlichkeit von 95% im Intervall zwischen 0 und 3,84 liegen. Die Prüfgröße $\chi^2_{Prüf}=5{,}567$ ist jedoch größer als die Signifikanzschwelle $\chi^2_{f=1,1-\alpha=95\%} = 3{,}84$. Deshalb wird die Aussage der Nullhypothese als *unwahrscheinlich* verworfen. Nun möchte man noch wissen, wie gut man vor dem Risiko geschützt ist, die Nullhypothese irrtümlich verworfen zu haben. Das Risiko erhält man aus weiteren Vergleichen der Prüfgröße mit den Quantilen der Chi-Quadrat-Verteilung. In der Tabelle 6-4 findet man die Quantile für das Datenbeispiel:

Signifikanzniveau α	Vertrauensniveau $1-\alpha$	$(1-\alpha)$-Quantil der χ^2-Verteilung $\chi^2_{f,1-\alpha}$
5%	95%	3,84
1%	99%	6,63
0,1%	99,9%	10,83

Tabelle 6-4: Quantile der Chi-Quadrat-Verteilung für die Vertrauensniveaus 95%, 99% und 99,9%; berechnet für den Freiheitsgrad f=1

Der Vergleich der Prüfgröße mit den Quantilen ist in Tabelle 6-5 dargestellt:

Vergleich von $\chi^2_{Prüf}$ mit $\chi^2_{f,1-\alpha}$	Bestimmung des Risikos, die Nullhypothese irrtümlich zu verwerfen
5,567 > 3,84	Der Schwellenwert für α = 5 % wurde überschritten
5,567 < 6,63	Kein überschreiten des Schwellenwertes für α = 1%
5,567 < 10,83	Kein überschreiten des Schwellenwertes für α = 0,1%

Tabelle 6-5: Vergleich der Prüfgröße mit den Quantilen der Chi-Quadrat-Verteilung zur Ermittlung des Risikos, die Nullhypothese irrtümlich verworfen zu haben.

Die Nullhypothese wird auf dem Signifikanzniveau α = 5% (*) verworfen, da die Prüfgröße $\chi^2_{Prüf}$ = 5,567 größer ist als die Signifikanzschwelle $\chi^2_{f=1;1-\alpha=95\%}$ = 3,84. Das Restrisiko, die Nullhypothese irrtümlich verworfen zu haben, ist kleiner als 5%. Aufgrund des Ergebnisses wird die Schlussfolgerung gezogen, dass sich die Anteilswerte in beiden Grundgesamtheiten unterscheiden und daher die Maßnahme erfolgreich war.

Ermittlung des Testergebnisses nach der P-Wert-Methode

Bei der P-Wert-Methode wird zunächst der Wert der Verteilungsfunktion der χ^2-Verteilung an der Stelle der Prüfgröße $\chi^2_{Prüf}$ ermittelt:

$$G(\chi^2_{Prüf})$$

Der P-Wert $P = 1 - G(\chi^2_{Prüf})$ entspricht der farblich ausgefüllten Fläche unterhalb der Chi-Quadrat-Verteilung, die in der Abbildung 6-2 dargestellt ist.

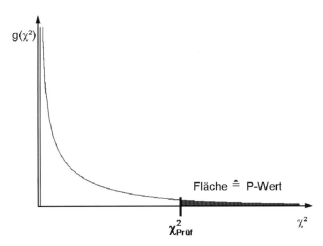

Abbildung 6-2: Prinzip der Bestimmung des P-Wertes bei einer Chi-Quadrat-Verteilung anhand des Wertes der Prüfgröße

Der Wert der Verteilungsfunktion ist $G(\chi^2_{Prüf} = 5,567) = 0,98169$ für f=1 Freiheitsgrad. Daraus berechnet man P = 1-0,98169 = 0,0183 bzw. P = 1,83%. Den P-Wert vergleicht man mit dem Signifikanzniveau α. Für das Beispiel wurde $\alpha = 5\%$ gewählt. Ist der P-Wert kleiner als das Signifikanzniveau α, so wird die Aussage der Nullhypothese verworfen. Da im Beispiel P =1,83% kleiner ist als $\alpha = 5\%$, wird die Nullhypothese verworfen. Die Verbesserungsmaßnahme zur Reduzierung des Anteils fehlerhafter Einheiten wird aufgrund dieses Testergebnisses als erfolgreich eingestuft.

6.2.2 Mehrfeldertest mit der Zielgröße Anzahl fehlerhafte Einheiten

Bisher wurden genau zwei Grundgesamtheiten miteinander verglichen, wobei man zwei Zeilen und zwei Spalten und somit eine Vierfeldertafel vorliegen hatte. Hat die betrachtete Einflussgröße jedoch mehr als zwei Stufenwerte, so ergeben sich auch mehr als k=2 Zeilen. Aus diesem Grund spricht man allgemein von einer k×2-Mehrfeldertafel. Das Vorgehen ist analog zur Vierfeldertafel. Für die Erläuterung wird das Beispiel Vergleich von drei Lieferanten betrachtet. Ein Hersteller für Lego-Bausteine bezieht Verpackungsmaterial von drei verschiedenen Lieferanten. Nun möchte man feststellen, ob die drei Lieferanten bezüglich des Anteils fehlerhafter Einheiten gleichwertig gut sind bzw. ob mindestens ein Lieferant von den übrigen Lieferanten diesbezüglich abweicht.

Einflussgröße: Lieferant	Zielgröße: Anzahl Ereignisse		Zeilensumme
	Anzahl fehlerhafter Einheiten	Anzahl fehlerfreier Einheiten	
Lieferant A	a_1	b_1	$n_1 = a_1 + b_1$
Lieferant B	a_2	b_2	$n_2 = a_2 + b_2$
Lieferant C	a_3	b_3	$n_3 = a_3 + b_3$
Spaltensumme:	$a_1 + a_2 + a_3$	$b_1 + b_2 + b_3$	$n = n_1 + n_2 + n_3$

Tabelle 6-6: Ergebnisse einer Qualitätsprüfung von Verpackungsmaterial, dass von drei verschiedenen Lieferanten bezogen wurde.

Die weiteren Berechnungsschritte beziehen sich auf das nachfolgend dargestellte Zahlenbeispiel:

Einflussgröße: Lieferant	Zielgröße: Anzahl Ereignisse		Zeilensumme
	Anzahl fehlerhafter Einheiten	Anzahl fehlerfreier Einheiten	
Lieferant A	80	11 920	12 000
Lieferant B	64	9 936	10 000
Lieferant C	56	7 944	8 000
Spaltensumme:	200	29 800	30 000

Tabelle 6-7: Daten zu dem Beispiel Qualitätsprüfung von Verpackungsmaterial, dass von drei verschiedenen Lieferanten bezogen wird.

6.2.2.1 Hypothesen aufstellen und Signifikanzniveau wählen

Für den statistischen Test werden die Null- und Alternativhypothese formuliert:

1. Nullhypothese H_0: Die Ereigniswahrscheinlichkeiten p der Grundgesamtheiten sind gleich.

2. Alternativhypothese H_1: Mindestens eine Grundgesamtheit weist eine Ereigniswahrscheinlichkeit auf, die von den übrigen Grundgesamtheiten abweicht.

Für das Signifikanzniveau wird $\alpha = 5\%$ gewählt.

6.2.2.2 Ermittlung der Prüfgröße χ^2

In diesem Abschnitt ist das Bestimmen der erwarteten Häufigkeiten beschrieben und wie aus den tatsächlich beobachteten und den erwarteten Häufigkeiten die Größe χ^2 gebildet wird.

Schritt 1: Bestimmen der erwarteten Häufigkeiten

Insgesamt wurden in dem Zahlenbeispiel $n = n_1 + n_2 + n_3 = 30\,000$ Einheiten untersucht. Es wurden darunter insgesamt $a_1 + a_2 + a_3 = 200$ fehlerhafte und $b_1 + b_2 + b_3 = 29\,820$ fehlerfreie Einheiten gefunden.

Zunächst arbeitet man mit der Grundannahme, dass die Nullhypothese richtig sei. Unter dieser Bedingung wäre ein guter Schätzwert für den ja bei allen Grundgesamtheiten gleichen Anteilswert der Mittelwert aus den drei Stichproben. Somit berechnet man Schätzwert für den Anteil fehlerhafter Einheiten wie folgt:

$$\overline{p}_{fehlerhaft} = \frac{a_1 + a_2 + a_3}{n_1 + n_2 + n_3} = \frac{200}{30\,000} \approx 0{,}006667$$

Analog bestimmt man den Schätzwert für den Anteil fehlerfreier Einheiten:

$$\overline{p}_{fehlerfrei} = \frac{b_1 + b_2 + b_3}{n_1 + n_2 + n_3} = \frac{29\,800}{30\,000} \approx 0{,}993333$$

Die berechneten Werte für die erwartete Anzahl fehlerhafter Einheiten in den Stichproben der Lieferanten 1 bis 3 sind:

$$E_{a_1} = \overline{p}_{fehlerhaft} \cdot n_1 = 0{,}006667 \cdot 12\,000 = 80$$

$$E_{a_2} = \overline{p}_{fehlerhaft} \cdot n_2 = 0{,}006667 \cdot 10\,000 = 66{,}67$$

$$E_{a_3} = \overline{p}_{fehlerhaft} \cdot n_3 = 0{,}006667 \cdot 8\,000 = 53{,}33$$

Analog ermittelt man die erwartete Anzahl fehlerfreier Einheiten in den Stichproben für die Lieferanten 1 bis 3:

$$E_{b_1} = \overline{p}_{fehlerfrei} \cdot n_1 = 0{,}993333 \cdot 12\,000 = 11920$$

$$E_{b_2} = \overline{p}_{fehlerfrei} \cdot n_2 = 0{,}993333 \cdot 10\,000 = 9933{,}33$$

$$E_{b_3} = \overline{p}_{fehlerfrei} \cdot n_3 = 0{,}993333 \cdot 8\,000 = 7946{,}67$$

Schritt 2: Bestimmen der χ^2-Werte

Aus den Werten für die beobachteten und den erwarteten Häufigkeiten berechnet man die folgenden χ^2-Werte:

$$\chi^2_{a_1} = \frac{(a_1 - E_{a_1})^2}{E_{a_1}} = \frac{(80 - 80)^2}{80} = 0$$

$$\chi^2_{b_1} = \frac{(b_1 - E_{b_1})^2}{E_{b_1}} = \frac{(11920 - 11920)^2}{11920} = 0$$

$$\chi^2_{a_2} = \frac{(a_2 - E_{a_2})^2}{E_{a_2}} = \frac{(64 - 66{,}67)^2}{66{,}67} \approx 0{,}10667$$

$$\chi^2_{b_2} = \frac{(b_2 - E_{b_2})^2}{E_{b_2}} = \frac{(9\,936 - 9\,933{,}33)^2}{9\,933{,}33} \approx 0{,}00071$$

$$\chi^2_{a_3} = \frac{(a_3 - E_{a_3})^2}{E_{a_3}} = \frac{(56 - 53{,}33)^2}{53{,}33} \approx 0{,}13333$$

$$\chi^2_{b_3} = \frac{(b_3 - E_{b_3})^2}{E_{b_3}} = \frac{(7944 - 7946{,}67)^2}{7946{,}67} = 0{,}00089$$

Die Prüfgröße errechnet man aus der Summe von allen χ^2-Werten:

$$\chi^2_{Prüf} = \chi^2_{a_1} + \chi^2_{b_1} + \chi^2_{a_2} + \chi^2_{b_2} + \chi^2_{a_3} + \chi^2_{b_3}$$

$$\chi^2_{Prüf} = 0 + 0 + 0{,}10667 + 0{,}00071 + 0{,}13333 + 0{,}00089 \approx 0{,}24$$

6.2.2.3 Testentscheidung

Für das Beispiel wurde das Signifikanzniveau α = 5% gewählt. Im Folgenden sind die Testentscheidungen nach der Methode des Vergleiches der Prüfgröße mit der Signifikanzschwelle und nach der P-Wert-Methode beschrieben.

Vergleich der Prüfgröße mit der Signifikanzschwelle

Das Signifikanzniveau wurde im Beispiel mit α = 5% gewählt. Die Anzahl der Freiheitsgrade bestimmt man anhand der Anzahl der zu vergleichenden Grundgesamtheiten; im Beispiel sind es die drei Lieferanten A bis C. Somit ist die Anzahl der Freiheitsgrade f = 3 − 1 = 2. Die Signifikanzschwelle $\chi^2_{f=2, 1-\alpha=95\%}$ = 5,991 ist das 95%-Quantil der χ^2-Verteilung für f = 2 Freiheitsgrade. Der beobachtete Prüfgrößenwert $\chi^2_{Prüf}$ = 0,24 liegt oberhalb der Signifikanzschwelle. Deshalb wird die Aussage der Nullhypothese als unwahrscheinlich verworfen.

Wie gut man vor dem Fehlentscheidungsrisiko geschützt ist, die Nullhypothese irrtümlich zu verwerfen, wird durch den zusätzlichen Vergleich der Prüfgröße mit den Quantilen der Chi-Quadrat-Verteilung für die Vertrauensniveaus 99% und 99,9% festgestellt:

Signifikanzniveau α	Vertrauensniveau $1-\alpha$	$(1-\alpha)$-Quantil der χ^2-Verteilung $\chi^2_{f,1-\alpha}$
5%	95%	5,991
1%	99%	9,210
0,1%	99,9%	13,816

Tabelle 6-8: Quantile der Chi-Quadrat-Verteilung für die Vertrauensniveaus 95%, 99% und 99,9% und f=2 Freiheitsgraden für das Beispiel Vergleich von drei Lieferanten

Der Vergleich der Prüfgröße mit den Quantilen ist in Tabelle 6-9 dargestellt:

Verlgeich von $\chi^2_{Prüf}$ mit $\chi^2_{f,1-\alpha}$	Bestimmung des Risikos, die Nullhypothese irrtümlich zu verwerfen
0,24 < 5,991	Kein überschreiten des Schwellenwertes für $\alpha = 5\%$
0,24 < 9,210	Kein überschreiten des Schwellenwertes für $\alpha = 1\%$
0,24 < 13,816	Kein überschreiten des Schwellenwertes für $\alpha = 0,1\%$

Tabelle 6-9: Vergleich der Prüfgröße mit den Quantilen der χ^2-Verteilung für das Beispiel Vergleich von drei Lieferanten

Aufgrund des Testergebnisses wird entschieden, dass kein signifikanter Unterschied zwischen den Lieferanten besteht.

Ermittlung des Testergebnisses nach der P-Wert-Methode

Es ist der Wert der Verteilungsfunktion der χ^2-Verteilung an der Stelle der Prüfgröße $\chi^2_{Prüf}$ zu ermitteln. Anschließend wird der P-Wert berechnet:

$$P = 1 - G(\chi^2_{Prüf})$$

Der Wert der Verteilungsfunktion für f = 2 Freiheitsgrade ist $G(\chi^2_{Prüf} = 0,24) = 0,1131$. Daraus berechnet man P = 1-0,1131 = 0,8869 bzw. P = 88,69 %. Da P = 88,69 % größer ist als $\alpha = 5\%$, kann die Nullhypothese nicht verworfen werden. Aufgrund dieses Testergebnisses gibt es kein Indiz dafür, dass sich die Lieferanten bezüglich des Anteils fehlerhafter Einheiten systematisch voneinander unterscheiden.

Die Verallgemeinerung des Schemas für beliebig viele Werte der Einflussgröße ist denkbar einfach:

Einflussgröße	Zielgröße		Zeilensumme
	Anzahl fehlerhafte Einheiten	Anzahl fehlerfreie Einheiten	
1	a_1	b_1	$n_1 = a_1 + b_1$
2	a_2	b_2	$n_2 = a_2 + b_2$
⋮	⋮	⋮	⋮
k	a_k	b_k	$n_k = a_k + b_k$
Spaltensumme	$\sum_{i=1}^{k} a_i$	$\sum_{i=1}^{k} b_i$	$n = \sum_{i=1}^{k} n_i$

Tabelle 6-10: Allgemeines Aufbauschema der k×2-Mehrfeldertafel

Die erwarteten Häufigkeiten lassen sich aus den Randsummen bestimmen.

$$E_{a_i} = \frac{\sum_{j=1}^{k} a_j}{n} \cdot n_i \text{ für } i = 1, 2, ..., k \text{ und } E_{b_i} = \frac{\sum_{j=1}^{k} b_j}{n} \cdot n_i \text{ für } i = 1, 2, ..., k$$

Durch Addition der einzelnen χ^2-Werte erhält man die Prüfgröße:

$$\chi^2_{Prüf} = \sum_{i=1}^{k} \frac{(a_i - E_{a_i})^2}{E_{a_i}} + \sum_{i=1}^{k} \frac{(b_i - E_{b_i})^2}{E_{b_i}}$$

Die Anzahl der Freiheitsgrade ist f = k-1 und k ist die Anzahl der Werte der Einflussgröße und damit zugleich die Anzahl der zu vergleichenden Grundgesamtheiten.

6.2.3 Mehrfeldertafel mit der Zielgröße Anzahl der Fehler

Der Rechengang ist analog dem Vorgehen für den Mehrfeldertest mit der Zielgröße Anteil fehlerhafter Einheiten. Der Rechengang wird am Beispiel des Vergleiches von drei Fertigungslinien zur Herstellung von Platinen vorgestellt. Das betrachtete Ereignis ist die Anzahl Lötfehler auf den Platinen[30]. Es wurden die folgenden Fehlerzahlen an den drei Linien beobachtet:

Einflussgröße: Fertigungslinie	Zielgröße: Ereignishäufigkeit der Lötfehler	
	Anzahl Fehler f	Stichprobenumfang n
Linie 1	a_1 = 54	n_1 = 5 000
Linie 2	a_2 = 88	n_2 = 10 000
Linie 3	a_3 = 68	n_3 = 6 000
Spaltensumme	$a_1+a_2+a_3$ = 210	$n_1+n_2+n_3$ = 21 000

Tabelle 6-11: Ereignishäufigkeit der Lötfehler an drei Fertigungslinien

---

[30] Man kann auch verschiedene Fehler zählen, sofern diese unabhängig voneinander auftreten.

6.2.3.1 Hypothesen aufstellen und Signifikanzniveau wählen

Für den statistischen Test werden die Null- und Alternativhypothese aufgestellt:

1. Nullhypothese H_0: Die Erwartungswerte der Grundgesamtheiten sind gleich

2. Alternativhypothese H_1: Mindestens eine Grundgesamtheit weist einen anderen Erwartungswert als die übrigen Grundgesamtheiten auf

Für das Signifikanzniveau wird $\alpha = 5\%$ gewählt.

6.2.3.2 Ermittlung der Prüfgröße

Auch dieser Test beruht auf der Größe χ^2, die ausdrückt, wie stark die beobachtete Häufigkeit des Fehlereignisses von der erwarteten Häufigkeit abweicht. Für jede Fertigungslinie wird zunächst die erwartete Häufigkeit der Fehler berechnet und anschließend die Prüfgröße χ^2 ermittelt.

Schritt 1: Bestimmen der erwarteten Häufigkeiten der Fehler

Insgesamt wurden 21 000 Platinen untersucht, wobei in Summe 210 Lötfehler festgestellt wurden. Somit ergibt sich die mittlere Lötfehlerzahl je Platine p:

$$p = \frac{a_1 + a_2 + a_3}{n_1 + n_2 + n_3} = \frac{210}{21000} = 0{,}01$$

Die erwarteten Häufigkeiten der Lötfehler an den Linien 1 bis 3 erhält man, indem man die Fertigungsmenge je Linie mit der mittleren Fehlerzahl p multipliziert.

$$E_1 = p \cdot n_1 = 0{,}01 \cdot 5000 = 50$$

$$E_2 = p \cdot n_2 = 0{,}01 \cdot 10\,000 = 100$$

$$E_3 = p \cdot n_3 = 0{,}01 \cdot 6\,000 = 60$$

Anhand der tatsächlich beobachteten und der erwarteten Häufigkeit der Lötfehler berechnet man die Größe χ^2 für jede einzelne Linie.

$$\chi_1^2 = \frac{(a_1 - E_1)^2}{E_1} = \frac{(54 - 50)^2}{50} = 0{,}32$$

$$\chi_2^2 = \frac{(a_2 - E_2)^2}{E_2} = \frac{(88 - 100)^2}{100} = 1{,}44$$

$$\chi_3^2 = \frac{(a_3 - E_3)^2}{E_3} = \frac{(68 - 60)^2}{60} \approx 1{,}07$$

Die Prüfgröße erhält durch das Addieren der einzelnen χ^2-Werte:

$$\chi_{Prüf}^2 = \chi_1^2 + \chi_2^2 + \chi_3^2 = 0{,}32 + 1{,}44 + 1{,}07 = 2{,}83$$

6.2.3.3 Testentscheidung

Für das Signifikanzniveau wurde α = 5% gewählt. Damit ist die Signifikanzschwelle als 95%-Quantil der χ^2-Verteilung. Die Anzahl der Freiheitsgrade f bestimmt man anhand der Anzahl zu vergleichenden Grundgesamtheiten k, die sich ja identisch ist mit der Anzahl der Stufenwerte der Einflussgröße:

$$f = k-1$$

Im Beispiel repräsentiert jede Fertigungslinie eine Grundgesamtheit. Somit ist die Anzahl der Freiheitsgrade f = 3-1 = 2. Das 95%-Quantil der χ^2-Verteilung ist $\chi^2_{f=2,1-\alpha=95\%} = 5{,}992$. Da der Wert der Prüfgröße $\chi^2_{Prüf} = 2{,}83$ kleiner ist als der Wert der des 95%-Quantils $\chi^2_{f=2,1-\alpha=95\%} = 5{,}992$ kann die Nullhypothese nicht verworfen werden. Aus dem Testergebnis schließt man, dass die Anlagen bezüglich des Erwartungswertes für die Anzahl Lötfehler je Platine als gleichwertig zu betrachten sind.

Anmerkung: Allerdings ist das Testergebnis bitte nicht als Beweis dafür zu deuten, dass die Aussage von H_0 jetzt als exakt richtig bewiesen ist. Die Sachlage ist in Analogie zu einem Gerichtsurteil zu deuten. Aufgrund eines Mangels an Beweisen wird die Ausgangsprämisse der Unschuldsvermutung für die Einflussgröße aufrechterhalten und es erfolgt der Freispruch: H_0.

6.3 Fallbeispiel

In einem Lampenwerk wurde ein Projekt zur Reduzierung des Anteils fehlerhaft geschweißter Lampen durchgeführt. Eine Untersuchung der von dem Fehler betroffenen Einheiten ergab, dass gar keine Schweißverbindung zwischen der Lampe und der Fassung zustande kam. Als häufigste Ursache für die mangelhafte Schweißverbindung konnte das Fehlerbild *verformter Kontaktdraht* isoliert werden. Um Hinweise zu erhalten, wann innerhalb der Prozesskette die Verformung auftritt, wurde ein Los während aller Prozessschritte beobachtet. Besonders interessant war die Beobachtung im Prozessschritt galvanische Reinigung der Kontaktdrähte. Daraufhin wurden über mehrere Tage hinweg Zufallsstichproben vor und nach der galvanischen Reinigung entnommen. Die Stichproben einer kompletten Woche wurden in zwei Gruppen vor und nach der galvanischen Reinigung aufgeteilt. Das Ergebnis ist in der Tabelle 6-12 dargestellt.

Einflussgröße: Galvanische Drahtreinigung	Anzahl Lampen mit verformten Kontaktdrähten	Anzahl Lampen mit nicht verformten Kontaktdrähten	Zeilensumme
Vor der Reinigung	120	2853	2650
Nach der Reinigung	201	2449	2973
Spaltensumme	321	5302	5623

Tabelle 6-12: Anzahl verformter Kontaktdrähte vor und nach der galvanischen Reinigung, die anhand von unabhängigen Stichproben ermittelt wurden

6.3.1 Bearbeitung des Fallbeispiels mit dem Programm destra

Für die Auswertung wird das Signifikanzniveau $\alpha=5\%$ gewählt. Im Programm wählt man das Modul Stichprobenanalyse. Anschließend wird der Menübefehl *Numerik – Testverfahren – Assistent (Planen/Durchführen)* aufgerufen. In dem erscheinenden Fenster *Assistent* befinden sich zwei Schaltflächen. Man kann entscheiden, ob man Testverfahren für stetig oder diskret verteilte Daten analysieren möchte. Da das Merkmal verformt bzw. nicht verformt nur diskret ausgeprägt ist, klickt man auf die Schaltfläche diskrete Verteilungen. Es werden daraufhin 3 neue Schaltflächen mit den Beschriftungen *1 Grundgesamtheit*, *2 Grundgesamtheiten* und *>2 Grundgesamtheiten* angeboten. Man wählt nun dritte Schaltfläche mit der Aufschrift *>2 Grundgesamtheiten*, obwohl nur zwei Grundgesamtheiten miteinander verglichen werden sollen. Die Begründung ist, dass der Mehrfeldertest schon bei zwei Grundgesamtheiten angewendet werden kann, aber dieses Testverfahren im Programm nur an der oben genannten Stelle angeboten wird. Wiederum erscheinen zwei neue Schaltflächen, von denen diejenige mit der Beschriftung *Binomial* ausgewählt wird. Abschließend klickt man auf die Schaltfläche mit der Bezeichnung χ^2.

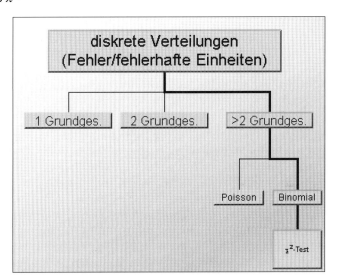

Abbildung 6-3: *Auswahl des Mehrfeldertests (destra)*

In dem nun aktiven Fenster Testen findet man am unteren Bildschirm die folgenden Eingabefelder. Man gebe die Daten gemäß der Abbildung 6-4 in diese Felder ein.

GG	aktiv	Bezeichnung	n	x
1	X	Vor der galvanischen Reinigung	2973	120
2	X	Nach der galvanischen Reinigung	2650	201
3				

Abbildung 6-4: *Eingabe der Stichprobenergebnisse in das Programm destra*

Nach der Dateneingabe klickt man mit der Maus auf das Symbol des Taschenrechners an dem linken Rand des Fensters *Assistent*. Daraufhin wird das Ergebnis oberhalb des Eingabebereiches in dem Fenster Assistent ausgegeben. Da die Prüfgröße mit $\Sigma\chi^2$=32,8 deutlich größer ausfällt als die Signifikanzschwelle mit χ^2=3,84, wird die Nullhypothese verworfen. Wie sicher ist man gegen ein irrtümliches Verwerfen der Nullhypothese geschützt? Da die Prüfgröße sogar den Wert des 99,9%-Quantils χ^2= 10,8 deutlich überschreitet, ist das Risiko eines irrtümlichen Verwerfens kleiner als 0,1%. Damit hat sich der anfängliche Verdacht erhärtet, dass während der galvanischen Reinigung der Anteil an Lampen mit verformten Kontaktdrähten nahezu auf den doppelten Wert vergrößert.

Vergleich der Erwartungswerte von Binomial-Verteilungen			
p-Test (BV) k>1			
H_0	Die Erwartungswerte der Grundgesamtheiten sind gleich		
H_1	Die Erwartungswerte der Grundgesamtheiten sind NICHT gleich (für mindestens ein Paar)		
Testniveau	kritische Werte		Prüfgröße
	unten	oben	
α = 5 %	---	3,84	
α = 1 %	---	6,63	$\Sigma_i \frac{(x_i - n_i\bar{p})^2}{n_i\bar{p}} + \Sigma_i \frac{(n_i - x_i - n_i(1 - \bar{p}))^2}{n_i(1 - \bar{p})}$ 32,7773***
α = 0,1 %	---	10,83	
Testergebnis			
Nullhypothese wird zum Niveau $\alpha \leq 0,1\%$ verworfen			

Abbildung 6-5: Testergebnis des Vierfeldertests im Programm destra

6.4 Anwendungsempfehlungen

Die beschriebenen Testverfahren sind Näherungslösungen auf der Basis des Modells der Normalverteilung. Diese Näherungen sind nur ausreichend genau, wenn der Stichprobenumfang nicht zu klein und die erwarteten Häufigkeiten mindestens den Wert 5 erreichen. Das Problem der zu kleinen Erwartungshäufigkeiten kann evtl. dadurch gelöst werden, dass man mehrere Grundgesamtheiten zu einer neuen Grundgesamtheit zusammen fasst. Damit ist das numerische Problem jedoch häufig auf Kosten der sachlichen Fragestellung behoben worden. Bei zu kleinen Stichproben sind die beschriebenen Verfahren jedoch nicht ausreichend genau.

6.4.1 Vierfeldertafel mit kleinen Stichproben

Hat man sehr kleine Stichproben (Gesamtanzahl Einheiten n kleiner gleich 20), so ist im Falle der Vierfeldertafel der exakte Test nach Fisher zu nutzen. Leider wird der Test nicht einheitlich bezeichnet; übliche Bezeichnungen sind Fishers exakter Test, Fisher-Irwin-Test oder auch Fisher-Yates-Test. Bei diesem Verfahren wird die Hypergeometrische Verteilung genutzt, also keine Approximation.

6.4.2 Mehrfeldertafel mit kleinen Stichproben

Analog dem exakten Test bei einer Vierfeldertafel gibt es eine exakte Analyse für den k×2-Mehrfeldertest von *Freeman* und *Holton*. Die Berechnungen sind jedoch ohne Softwareunterstützung kaum durchzuführen. Weitere Informationen sind z.B. in [1] zu finden.

6.4.3 k×j Mehrfeldertafeln

Existieren für die Einflussgröße k > 2 und auch für die Zielgröße j > 2 verschiedene Werte, so kann die Analyse nach dem Schema der k×j-Mehrfeldertafel durchgeführt werden. Aus Platzgründen wird auf die Literatur verwiesen, z.B. [1].

6.5 Weiterführende Literatur

[1] **Bortz, Jürgen / Lienert, Gustav A. / Boehnke, Klaus**
Verteilungsfreie Methoden in der Biostatistik.
3. Auflage, Heidelberg, 2008.

[2] **Deutsche Gesellschaft für Qualität e.V. und Quality Austria**
Lehrgangsunterlage Block QII – Auswertemethoden AWV 1.
Frankfurt und Wien, 2008.

[3] **Fleiss, Joseph L.**
Statistical Methods for Rates and Proportions.
2. Auflage, New-York, 1981.

[4] **Sachs, Lothar (2003**
Angewandte Statistik.
11. Auflage, Berlin, 2003.

7 Anhang – Fallbeispiele mit Minitab

7.1 Regressionsanalyse

Aus einer Zementmischung werden Bauplatten hergestellt. Deren Bruchfestigkeit ist nicht immer optimal. Sie wird anhand der Bruchspannung [kp/cm^2] gemessen. Die Bruchspannung variiert über den Herstellungsprozess zu stark und ist im Durchschnitt etwas zu gering. Ziel der Analyse ist es, die Ursachen für die starken Schwankungen zu ermitteln und den Prozess durch eine gezielte Steuerung zu optimieren. Folgende Größen werden in die Untersuchung aufgenommen:

Zielgröße: Y: Bruchspannung quer [kp/cm^2]

Einflussgrößen

    x_1: Wasseranteil in der Plattenanlage [%]
    x_2: Sedimentanteil [ml]
    x_3: Entschäumer [l/min]
    x_4: Stillstände [%]
    x_5: RM-Verbrauch [kg/m^{2}v]
    x_6: Eisensulfate [l/min]
    x_7: Zement [kg]
    x_8: Vakuum [bar]

Für die Analyse des Prozesses wurden 145 Datensätze aus dem laufenden Prozess erhoben. Die Daten der Auswertung sind aus Gründen der Geheimhaltung nicht die Originaldaten, sondern wurden auf der Basis der Abhängigkeiten des Prozesses für das Beispiel generiert.

7.1.1 Beschreibung des Ist-Zustandes

Zunächst sollen die wichtigsten statistischen Kenngrößen der erhobenen Daten betrachtet werden. Dies erfolgt in Minitab® über das Menü STATISTIK / STATISTISCHE STANDARDVERFAHREN / DESKRIPTIVE STATISTIKEN ANZEIGEN.

7.1 Regressionsanalyse

Abbildung 7-1: Auswahl deskriptiver Statistiken

Über die Buttons „Statistik" können verschiedene beschreibende Statistiken ausgewählt werden. In der nachfolgenden Tabelle sind nur die wichtigsten Statistiken zusammengefasst, die im „Session-Fenster" von Minitab ausgegeben werden.

Deskriptive Statistik: Bruchspannun; Wasseranteil; Sedimentante; ...						
Variable	N	Mittelwert	StdAbw	Minimum	Median	Maximum
Bruchspannung	145	231,78	24,40	175,45	232,87	284,70
Wasseranteil	145	27,980	1,234	24,522	27,986	30,996
Sedimentanteil	145	73,420	8,469	52,771	73,088	94,896
Entschäumer	145	0,78202	0,06539	0,57197	0,78562	0,91970
Stillstände	145	15,864	7,545	-0,763	16,229	32,979
RM-Verbrauch	145	5,4678	0,3867	4,6392	5,4901	6,3406
Eisensulfate	145	1,7054	0,3120	0,9514	1,6783	2,7245
Zement	145	753,58	3,79	743,62	753,76	765,17
Vakuum	145	0,35322	0,08798	0,11164	0,35928	0,56490

Tabelle 7-1: Beschreibende Statistiken für das Beispiel Bauplatten

Der Mittelwert der Bruchspannung $\bar{y} = 231{,}78$ [kp/cm^2] ist zu gering. Zukünftig soll eine durchschnittliche Bruchspannung von $y_p = 250$ [kp/cm^2] erreicht werden. Die starke Streuung von $s_y = 24{,}4$ [kp/cm^2] soll ebenfalls reduziert werden.

7.1.2 Abhängigkeiten im Prozess

Für die Prozessexperten ist die Beurteilung der Abhängigkeiten im Prozess von besonderem Interesse. Anhand der Korrelationen zwischen der Ziel- und den Einflussgrößen, aber auch zwischen den Einflussgrößen, können Zusammenhänge sehr gut beobachtet werden. Der Befehl für diese Streuungsdiagramme wird über GRAFIK / MATRIXPLOT aufgerufen.

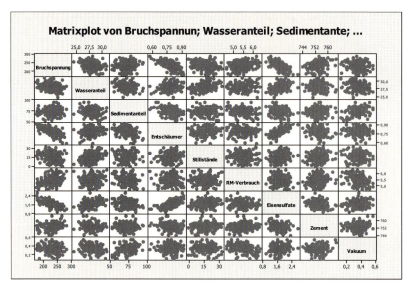

Abbildung 7-2: Streuungsdiagramme für das Beispiel Bauplatten"

Zusätzlich werden die Korrelationen über STATISTIK / STATISTISCHE STANDARDVERFAHREN / KORRELATION angezeigt.

```
Korrelationen: Bruchspannun; Wasseranteil; Sedimentante; Entschäumer; ...

                Bruchspannung    Wasseranteil    Sedimentanteil    Entschäumer
Wasseranteil          -0,277
Sedimentanteil         0,115          -0,215
Entschäumer           -0,668           0,259          -0,345
Stillstände           -0,242           0,397           0,023           0,121
RM-Verbrauch           0,349           0,133          -0,262          -0,071
Eisensulfate          -0,678           0,410          -0,194           0,691
Zement                 0,246          -0,079           0,015          -0,249
Vakuum                -0,132          -0,220           0,340          -0,056

                  Stillstände    RM-Verbrauch    Eisensulfate          Zement
RM-Verbrauch          -0,031
Eisensulfate           0,265          -0,174
Zement                 0,137           0,214          -0,286
Vakuum                -0,088          -0,385           0,190           0,141
```

Tabelle 7-2: Korrelationen für das Beispiel Bauplatten

In der Abbildung 2-18 sind alle Streuungsdiagramme zwischen den Ziel- und Einflussgrößen und in Tabelle 7-2 die zugehörigen Korrelationskoeffizienten enthalten. Die erste Spalte zeigt alle Korrelationen zwischen der Bruchspannung und den acht betrachteten Einflussgrößen. Zwischen der Bruchspannung und dem Entschäumer (r_{y3} = -0,668) sowie dem Anteil der Eisensulfate (r_{y6} = -0,678) bestehen starke Korrelationen. Dies deutet darauf hin, dass im optimierten Prozess der Anteil an Entschäumer und Eisensulfaten verringert werden muss. Genauere Ergebnisse soll die geschätzte Prozessgleichung zeigen.

Zwischen den Einflussgrößen bestehen ebenfalls Abhängigkeiten. Speziell die Korrelation zwischen den Eisensulfaten und dem Entschäumer (r_{36} = 0,691) deutet auf einen positiven Zusammenhang hin. Erklärt werden könnte dies durch Eisensulfate, die im Entschäumer enthalten sind oder durch die Bildung von Eisensulfaten im Prozess durch den Entschäumer. Diese Interpretation ist Aufgabe der Prozessexperten. Zwischen den Einflussgrößen sind auch noch weitere, wenn auch nicht so starke Abhängigkeiten zu erkennen.

7.1.3 Schätzung und Beurteilung des Regressionsmodells

Im vorliegenden Beispiel soll eine lineare Mehrfachregression berechnet werden. Dazu werden die entsprechenden Variablen über STATISTIK / REGRESSION / REGRESSION ... ausgewählt.

```
Regressionsanalyse: Bruchspannung vs. Wasseranteil; Sedimentanteil; ...

Die Regressionsgleichung lautet:

Bruchspannung = 306 - 1,09 Wasseranteil - 0,083 Sedimentanteil
              - 162 Entschäumer - 0,274 Stillstände + 16,3 RM-Verbrauch
              - 22,5 Eisensulfate + 0,059 Zement - 3,6 Vakuum

Prädiktor           Koef    SE Koef       t       p     VIF
Konstante          305,7      303,6    1,01   0,316
Wasseranteil      -1,087      1,309   -0,83   0,407   1,537
Sedimentanteil   -0,0825     0,1817   -0,45   0,650   1,397
Entschäumer      -162,41      29,69   -5,47   0,000   2,222
Stillstände      -0,2740     0,2019   -1,36   0,177   1,368
RM-Verbrauch      16,320      3,921    4,16   0,000   1,356
Eisensulfate     -22,498      7,164   -3,14   0,002   2,947
Zement            0,0588     0,4022    0,15   0,884   1,372
Vakuum             -3,63      19,47   -0,19   0,852   1,731

S = 15,6255    R-Qd = 61,3%    R-Qd(kor) = 59,0%

Varianzanalyse
Quelle            DF         SS        MS        F       p
Regression         8    52526,3    6565,8    26,89   0,000
Residuenfehler   136    33205,4     244,2
Gesamt           144    85731,7
```

Tabelle 7-3:   Vollständiger Regressionsansatz für das Beispiel Bauplatten

Die Tabelle 7-3 enthält die Prozessgleichung in Gleichungsform und anschließend zusätzliche statistische Kenngrößen. Das Bestimmtheitsmaß (R-Qd.) ist mit 61,3 % nicht allzu hoch (korrigiertes Bestimmtheitsmaß R-Qd(kor) = 59 %). Dennoch sind wohl einige wichtige Einflussgrößen im Modell enthalten. Eine genauere Betrachtung anhand der t-Werte (t) zeigt, dass nur bestimmte Einflussgrößen für den Prozess wichtig sind. Dazu zählen der Entschäumer, der RM-Verbrauch und die Eisensulfate. Die übrigen Einflussgrößen scheinen nicht signifikant zu sein. Um die nicht wesentlichen Einflussgrößen aus dem Modell zu entfernen, wird eine Kombination aus Vorwärts- und Rückwärtsselektion verwendet. Diese erhält man mit STATISTIK / REGRESSION / SCHRITTWEISE.

```
Schrittweise Regression: Bruchspannun vs. Wasseranteil; Sedimentante; ...

  Alpha für Aufnahme: 0,15   Alpha für Ausschluss: 0,15
  Die Antwortvariable ist Bruchspannung in Abhängigkeit von 8 Prädiktoren, wo-
  bei N = 145
```

Schritt	1	2	3	4
Konstante	322,2	398,7	308,0	311,2
Eisensulfate	-53,0	-32,3	-27,5	-24,8
t-Wert	-11,02	-5,23	-4,70	-4,14
p-Wert	0,000	0,000	0,000	0,000
Entschäumer		-143	-152	-156
t-Wert		-4,85	-5,53	-5,71
p-Wert		0,000	0,000	0,000
RM-Verbrauch			16,4	16,5
t-Wert			4,79	4,87
p-Wert			0,000	0,000
Stillstände				-0,32
t-Wert				-1,80
p-Wert				0,074
S	18,0	16,7	15,6	15,5
R-Qd	45,93	53,61	60,11	61,01
R-Qd(kor)	45,55	52,96	59,26	59,90
Mallows-Cp	48,9	23,9	3,1	1,9

Tabelle 7-4:   *Schrittweise Auswahl der wesentlichen Einflussgrößen*

```
Regressionsanalyse: Bruchspannung vs. Entschäumer; Stillstände; ...

Die Regressionsgleichung lautet
Bruchspannung = 311 - 156 Entschäumer - 0,320 Stillstände + 16,5 RM-Verbrauch
                - 24,8 Eisensulfate
```

Prädiktor	Koef	SE Koef	t	p	VIF
Konstante	311,20	24,88	12,51	0,000	
Entschäumer	-156,46	27,40	-5,71	0,000	1,936
Stillstände	-0,3202	0,1777	-1,80	0,074	1,084
RM-Verbrauch	16,501	3,390	4,87	0,000	1,036
Eisensulfate	-24,752	5,985	-4,14	0,000	2,103

```
S = 15,4513    R-Qd = 61,0%    R-Qd(kor) = 59,9%
```

Tabelle 7-5:   *Reduzierter Ansatz für das Beispiel Bauplatten*

Die Ergebnisse der Auswahl sind in Tabelle 7-4 und Tabelle 7-5 zusammengefasst. In der letzten Spalte der ersten Tabelle (Schritt 4) bricht das Verfahren mit den vier wesentlichen Einflussgrößen ab. Das Bestimmtheitsmaß fällt leicht von 61,3 % auf 61,01 %. Dagegen steigt das korrigierte Bestimmtheitsmaß von 59,0 % auf 59,9 %. Dadurch wurde auch die Reststandardabweichung reduziert und somit die Vorhersagegenauigkeit erhöht. Die weiteren ausgegebenen Kenngrößen sollen nicht interpretiert werden. Die gewählte Prozessgleichung ist auf der Basis der erhobenen Daten für die Steuerung des Prozesses am besten geeignet, sofern der gesamte Ansatz signifikant und die Modellannahmen erfüllt sind.

Im nächsten Schritt sollen die Modellannahmen für das Modell mit den wesentlichen Einflussgrößen grafisch beurteilt werden. Dazu werden im Regressionsbefehl unter „Grafiken" die Auswahl „Vier-in-Eins" (Abbildung 2-21) ausgewählt und die Residuen über „Speichern" gespeichert. Diese werden dann über den Befehl „Korrelation" den Einflussgrößen gegenübergestellt (Abbildung 2-22).

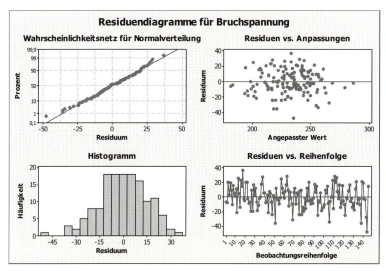

Abbildung 7-3: „Vier-in-Eins"-Darstellung zur Modellbeurteilung

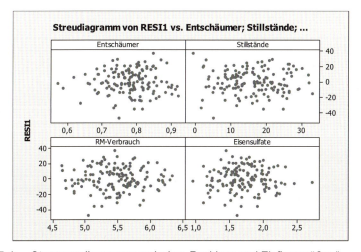

Abbildung 7-4: Streuungsdiagramme zwischen Residuen und Einflussgrößen"

- A1 - Das Modell ist linear und richtig spezifiziert
  Die Linearität wurde von den Prozessexperten im Rahmen der Modellbildung bereits angenommen. Grafisch lässt sich dies anhand der Streuungsdiagramme zwischen der Zielgröße und den Einflussgrößen überprüfen.

- A2 - Die Residuen sind zufällig mit einem Erwartungswert von Null
  Das geringe Bestimmtheitsmaß birgt das Risiko, dass einige wichtige Einflussgrößen nicht im Modell enthalten sind. Sofern diese nicht systematisch wirken, ist dies unproblematisch. Die Annahme eines Erwartungswertes von Null kann nicht geprüft werden. Wichtig für diese Annahme ist aber eine gewissenhafte Datenerhebung.

- A3 - Die Einflussgrößen sind nicht mit den Residuen korreliert
  Anhand der Residuenplots in Abbildung 2-22 wird diese Annahme überprüft. Im Beispiel weisen die Residuen keinen Zusammenhang mit den Einflussgrößen auf. Die Annahme ist erfüllt.

- A4 - Die Residuen sind untereinander nicht korreliert
  Die Grafik unten rechts in Abbildung 2-21 zeigt ein zufälliges Verhalten der Residuen über die Zeit. Weder springen die Residuen ständig von positiv nach negativ, noch zeigt sich eine langfristige Wellenbewegung. Annahme A4 scheint ebenfalls erfüllt.

- A5 - Die Residuen haben eine konstante Streuung
  Diese Annahme wird durch die Grafik oben rechts in der Abbildung 2-21 überprüft. Dazu müssen die Residuen entlang der Regression (Angepasster Wert) ungefähr gleich breit streuen. So sollte z.B. keine Trompetenform der Residuen auftreten. In der Abbildung ist eine leichte, aber nicht kritische Häufung der Residuen im mittleren Bereich zu erkennen (Bauchform). Die Annahme A5 kann also ebenfalls als erfüllt angesehen werden.

- A6 - Zwischen den Einflussgrößen besteht keine perfekte lineare Abhängigkeit
  Eine perfekte lineare Abhängigkeit zwischen den Einflussgrößen liegt nicht vor, da sonst eine Schätzung des Regressionsmodells nicht möglich gewesen wäre. Ob eine kritische Multikollinearität zwischen den Einflussgrößen vorliegt, kann anhand der VIFs aus Tabelle 7-5 überprüft werden. Der maximale VIF beträgt im geschätzten Modell 2,103. Dieser Wert liegt weit unter der kritischen Grenze von 10 und kann als unbedenklich eingestuft werden.

- A7 - Die Residuen sind normalverteilt
  Aufgrund des großen Stichprobenumfangs müsste diese Annahme nicht mehr geprüft werden, da durch den Zentralen Grenzwertsatz eine Trennschärfe der Tests sowieso gegeben ist. Dennoch soll diese Annahme mit Hilfe der linken Grafiken in Abbildung 2-21 geprüft werden. Das Histogramm der Residuen (unten) zeigt näherungsweise eine Glockenkurve, was durch den Wahrscheinlichkeitsplot (oben) bestätigt wird.

Aufgrund der durchgeführten Tests und der Überprüfung der Modellannahmen ist die Prozessgleichung zur Steuerung des Prozesses zur Herstellung von Bauplatten geeignet.

7.1.4 Steuerung des Prozesses

Für die Steuerung des Prozesses zur Herstellung der Bauplatten sollen die Einflussgrößen Entschäumer, RM-Verbrauch und Eisensulfat bewusst eingestellt werden. Dagegen soll die Einflussgröße Stillstände der Anlage weiterhin mit dem bisherigen Mittelwert in die Steuerung eingehen, da eine Reduzierung der Stillstände nicht „eingestellt" werden kann. Dies ist eine eigenständige Problemstellung. Zwar soll das Problem ebenfalls in einem Projekt verbessert werden, aber nicht im Rahmen der Optimierung der Bruchspannung der Bauplatten.

Die Prozessexperten einigten sich auf folgende Einstellungen der Einflussgrößen:

x_3: Entschäumer: $x_{3p} = 0{,}7$ [l/min]
x_4: Stillstände: Mittelwert (keine Einstellung)
x_5: RM-Verbrauch: $x_{5p} = 5{,}8$ [kg/m²v]
x_6: Eisensulfate: $x_{6p} = 1{,}5$ [l/min]

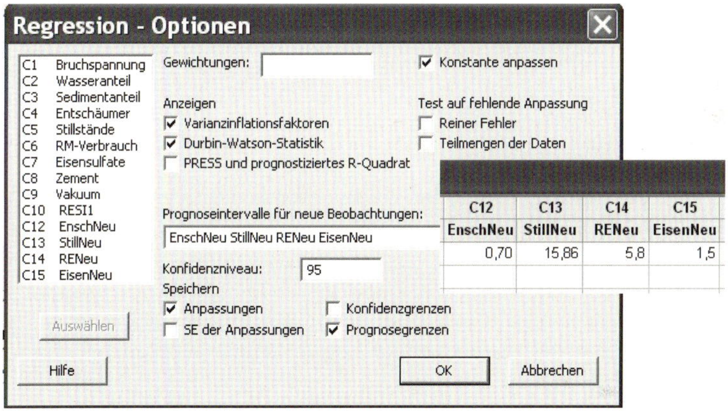

Abbildung 7-5:   Steuerwerte für den Bauplatten-Prozess

Abbildung 2-23 zeigt wie eine Prognose mit Minitab durchzuführen ist. Dabei müssen die Steuerwerte für die Einflussgrößen in neue Spalten des Arbeitsblattes eingefügt werden (vgl. Abbildung 2-23, rechts). Anschließend wird über „Regression - Optionen" diese Variablen im Feld „Prognoseintervalle für neue Beobachtungen" ausgewählt.

```
Prognostizierte Werte für neue Beobachtungen
                          SE
Neue Beob  Anpassung  Anpassung      95%-KI           95%-PI
    1        255,18      2,36    (250,52; 259,84)  (224,28; 286,08)


Prädiktorwerte für neue Beobachtungen

Neue Beob  Entschäumer  Stillstände  RM-Verbrauch  Eisensulfate
    1         0,700        15,9         5,80          1,50
```

Tabelle 7-6:   Prognosewerte für die Steuerung des Bauplatten-Prozesses

Die gewählten Einstellungen und die dazugehörige Punktprognose mit dem Vorhersageintervall sind der Abbildung 2-23 zu entnehmen. Es ist eine durchschnittliche Bruchspannung von ca. 255,18 [kp/cm^2] zu erwarten; 95 % der Werte werden voraussichtlich im Intervall [224,28; 286,08] [kp/cm^2] liegen.

Bevor diese Einstellung dauerhaft im Prozess umgesetzt wird, soll anhand eines Testlaufs mit einer Stichprobe von n = 10 Prozessdurchläufen geprüft werden, ob die vom Modell vorhergesagte Verbesserung auch im Prozess erreicht wird. Als Ergebnis des Testlaufs ergibt sich ein Mittelwert von $\bar{y}_{neu}$ = 254,18 mit einer Standardabweichung von $s_{y/neu}$ = 16,27 [kp/cm^2]. Der neue Mittelwert und die neue Standardabweichung stimmen gut mit der Vorhersage überein. Dennoch soll mit Hilfe eines t-Tests geprüft werden, ob sich durch die Steuerung eine signifikante Änderung des Prozessergebnisses erzielt wurde. Die Hypothesen lauten:

H_0: μ_y = 231,78 (Mittelwert vor der Steuerung)

H_1: μ_y ≠ 231,78

Als Prozessstreuung wird die Standardabweichung vor der Prozesssteuerung verwendet, also s_y = 24,4. Daraus ergibt sich die Teststatistik

$$t^* = \frac{|231{,}78 - 254{,}18|}{24{,}4} \sqrt{10} = 2{,}981.$$

Ein Vergleich mit dem tabellierten Wert (Nullhypothese ist richtig) bei einer Irrtumswahrscheinlichkeit von 5 % mit $t_{9;\,0{,}975}$ = 2,262 zeigt, dass sich der Prozess signifikant verbessert hat.

Aufgrund des Testergebnisses kann davon ausgegangen werden, dass die neue Steuerung den Prozess statistisch gesichert verbessern wird. Die Einstellungen werden für den Prozess übernommen.

7.2 Varianzanalyse

Im Normalfall wird die Auswertung eines 2^3-Versuchsplanes in MINITAB mit dem Menübefehl Statistik – Versuchsplanung (DoE) – Faktoriell – Faktoriellen Versuchsplan analysieren begonnen. Hier wird jedoch explizit die varianzanalytische Auswertung betrachtet. Diese beginnt man in MINITAB mit der Definition des Modells: Mit dem Menübefehl *Statistik – Varianzanalyse (ANOVA) – Allgemeines lineares Modell* erreicht man das Dialogfenster in der Abbildung 7-6. Das Fenster ist gemäß der Darstellung auszufüllen.

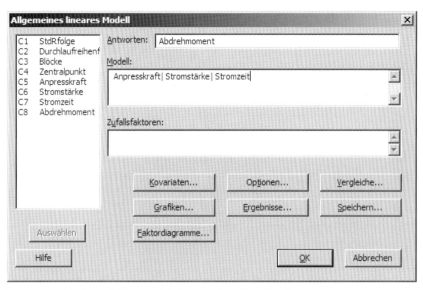

Abbildung 7-6: Modelldefinition zur Varianzanalyse (MINITAB)

Um das vollfaktorielle Modell zu definieren, gibt man in das Textfeld mit der Beschriftung Modell folgendes ein: Anpresskraft|Stromstärke|Stromzeit
Durch einen Mausklick auf die Schaltfläche Faktordiagramme erreicht man den Einstelldialog für die Faktordiagramme.

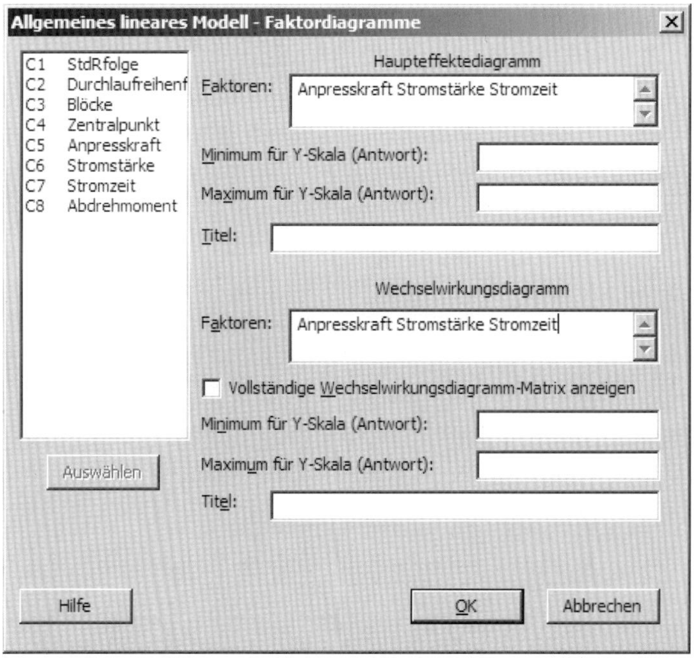

Abbildung 7-7: Einstellung der Faktordiagramme (MINITAB)

Durch einen Mausklick auf die Schaltlfläche *Vergleiche* können die paarweisen Vergleiche der Faktorstufenmittelwerte nach Bonferroni definiert werden. Welche Residuengrafiken dargestellt werden sollen, teilt man dem Programm durch einen Mausklick auf die Schaltfläche *Grafiken* mit:

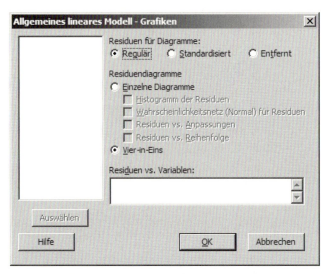

Abbildung 7-8: Dialog Residuen-Grafik (MINITAB)

Es wurde die Standardgrafik Vier-in-Eins gewählt. Startet man die Berechnung, erscheint das numerische Ergebnis im Session-Fenster des Programms, aus dem der in Abbildung 7-9 dargestellte Auszug entnommen wurde.

```
Varianzanalyse für Abdrehmoment

Quelle                                    DF       SS       MS        F       p
Anpresskraft                               1     10,0     10,0     0,53   0,470
Stromstärke                                1   4284,9   4284,9   228,99   0,000
Stromzeit                                  1   2624,4   2624,4   140,25   0,000
Anpresskraft*Stromstärke                   1     19,6     19,6     1,05   0,314
Anpresskraft*Stromzeit                     1    122,5    122,5     6,55   0,015
Stromstärke*Stromzeit                      1     40,0     40,0     2,14   0,153
Anpresskraft*Stromstärke*Stromzeit         1    864,9    864,9    46,22   0,000
Fehler                                    32    598,8     18,7
Gesamt                                    39   8565,1


S = 4,32579    R-Qd = 93,01%   R-Qd(kor) = 91,48%
```

Abbildung 7-9: Auszug aus dem Ergebnis der Varianzanalyse, dass im Session-Fenster ausgegeben wird (MINITAB)

Wird als Signifikanzniveau $\alpha=0,05$ gewählt, so ist dem numerischen Ergebnis zu entnehmen, dass die Haupteffekte *Stromstärke* und *Stromzeit* signifikant sind. Darüber hinaus hat sich die Zweifaktorwechselwirkung *Anpresskraft*Stromzeit* und die Dreifaktorwechselwirkung *Anpresskraft*Stromzeit*Stromstärke* als signifikant erwiesen. Woran erkennt man, welche Effekte signifikant sind? Man schaut in der letzten Spalte auf den P-Wert. Ist ein P-Wert kleiner als das gewählte Signifikanzniveau, so ist der zugehörige Effekt, dessen Name am Anfang der Zeile steht, signifikant.

Parallel zur numerischen Auswertung erscheint das Fenster mit der Grafik der Residuen (Abbildung 7-10). Darin sind keine Abweichungen bezüglich der Annahmen (1) normalverteilte Residuen, (2) konstant streuende Residuen und (3) zeitlich unabhängig streuende Residuen zu erkennen. Damit ist das numerische Ergebnis der Varianzanalyse im Session-Fenster als gültig einzustufen.

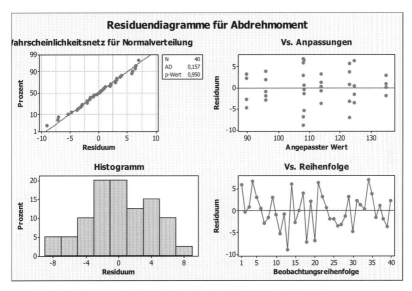

Abbildung 7-10: *Grafik der Residuen für die Modelldiagnose (MINITAB)*

Neben der Grafik Wahrscheinlichkeitsnetz erscheint ein kleines Textfenster, in dem das Ergebnis des Anderson-Darling-Tests auf Normalverteilung abgebildet ist. Die geprüfte Nullhypothese, die Residuen sind normalverteilt, wurde nicht verworfen. Erkennbar ist das daran, dass der Wert p=0,95 deutlich größer ist als das gewählte Signifikanzniveau α= 0,05. Daraus schließt man, dass die Residuen normalverteilt streuen. Wer möchte, kann auch einen numerischen Test auf konstante Streuung durchführen. Dazu wähle man den Menübefehl *Statistik - Varianzanalyse (ANOVA) – Test auf gleiche Varianzen* In dem Dialogfenster *Test auf gleiche Varianzen* weist man die Ziel- und Einflussgrößen zu.

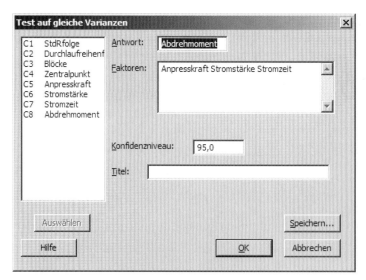

Abbildung 7-11: Den Test auf gleiche Varianzen spezifizieren (MINITAB)

Minitab führt parallel den Bartlett-Test und den Levene-Test durch. Der p-Wert ist bei beiden Tests größer als das Signifikanzniveau $\alpha=0,05$.

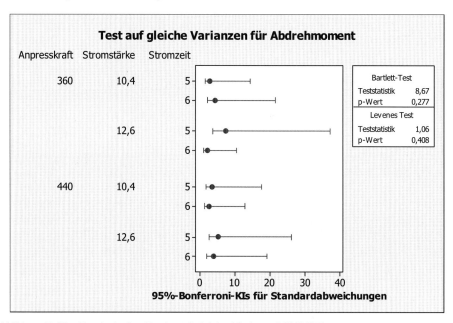

Abbildung 7-12: Ergebnis des Tests auf gleiche Varianz (MINITAB)

Aufgrund des Testergebnisses wird die Streuung über alle Faktorstufenkombination hinweg als homogen betrachtet. Die Grafiken der Haupt- und Wechselwirkungseffekte wurden parallel zum numerischen Ergebnis von MINITAB erzeugt.

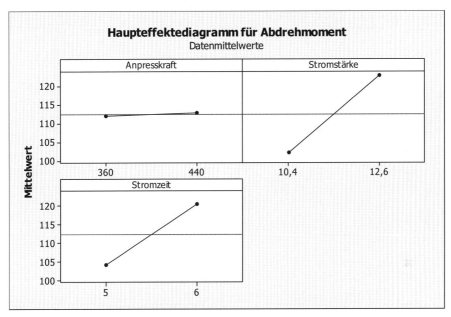

Abbildung 7-13: Haupteffekt-Diagramm zum Schweißversuch (MINITAB)

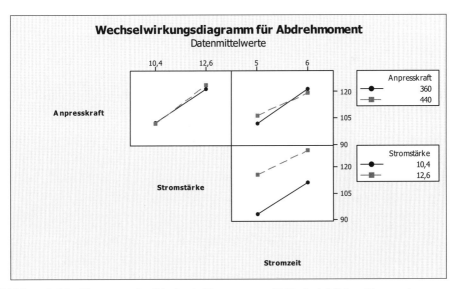

Abbildung 7-14: Diagramm der Wechselwirkungen zum Fallbeispiel Schweißversuch (MINITAB)

Auffällig ist lediglich die Wechselwirkung Anpressdruck*Stromzeit. Da diese auch die einzige signifikante Zweifaktorwechselwirkung ist (dafür den P-Wert der Varianzanalyse im Session-Fenster beachten), wurde die Grafik einzeln hervorgehoben.

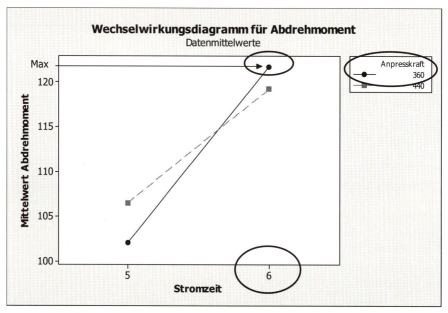

*Abbildung 7-15: Wechselwirkungsdiagramm Stromzeit*Anpresskraft (MINITAB)*

Anhand der Wechselwirkungsgrafik Stromzeit*Anpresskraft erkennt man, dass der bislang maximale Wert für das Abdrehmoment erreicht ist, wenn man die Faktorstufen Stromzeit = 6 Perioden und Anpresskraft = 360 daN wählt.

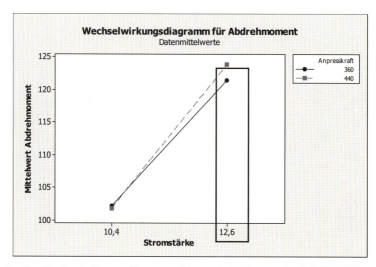

*Abbildung 7-16: Wechselwirkungsdiagramm Stromstärke*Anpresskraft (MINITAB)*

Anhand des Wechselwirkungsdiagramms in Abbildung 7-16 bestimmt man die Einstellung für die Stromstärke=12,6 kA. Der höchste Wert für das Abdrehmoment ist damit bei der Faktorstufenkombination Stromzeit=6 Perioden, Stromstärke=12,6 kA und Anpresskraft=360 daN erreichbar.

7.3 Statistische Versuchsplanung

Für das Produkt Leuchtstofflampe ist der Einfluss der Einflussgrößen:
- Pastenmasse der Elektroden m_p
- Argonfülldruck p_{Ar} und
- Ausbrenntemperatur T_{Ab}

auf den Lichtstrom Φ nach einer Lampenalterungszeit von 100 Brennstunden zu ermitteln. Für jeden Versuch sind drei Wiederholungen geplant. Die Gesamtzahl der Versuche ist demnach $3 \cdot 2^3 = 24$.

Es wird folgende **Codierung der Einflussgrößen** vorgenommen:
- Pastenmasse der Elektroden $\quad m_p \quad \Rightarrow x_1$
- Argonfülldruck $\quad p_{AR} \quad \Rightarrow x_2$
- Ausbrenntemperatur des Leuchtstoffes $\quad T_{Ab} \quad \Rightarrow x_3$

Zur Beschreibung des Zusammenhanges zwischen dem Lichtstrom $\Phi\,100$ und den drei Einflussgrößen wird folgender Modellansatz gewählt:

$$\Phi_{100} = b_0 + b_1 x_1 + b_2 x_2 + b_3 x_3 + b_{12} x_1 x_2 + b_{13} x_1 x_3 + b_{23} x_2 x_3 + b_{123} x_1 x_2 x_3$$

mit b_1, b_2, b_3 - Schätzungen der Hauptwirkungen der Einflussgrößen x_1, x_2, x_3
      b_{12}, b_{13}, b_{23} - Schätzungen der zweifaktoriellen Wechselwirkungen
      b_{123} - Schätzung der dreifaktoriellen Wechselwirkung

Zur Ermittlung dieses Modellansatzes ist ein vollständiger faktorieller Versuchsplan erster Ordnung erforderlich. Für das Fallbeispiel werden folgende Festlegungen für die Einstellniveaus der Einflussgrößen vorgenommen:

Einfluss-größe	Einheit	Codierung	Niveau			v_i
			-1	0	+1	
m_p	mg	x_1	3,7	5,5	7,3	1,8
p_{AR}	Pa	x_2	285	395	505	110
T_{Ab}	K	x_3	814	850	886	36

Tabelle 7-7:   *Beschreibung und Codierung der Einflussgrößen*

Zur Planung der Versuche mit der Software MINITAB® wählt man STATIS-TIK/VERSUCHSPLANUNG (DOE)/FAKTORIELL/FAKTORIELLEN VERSUCHSPLAN ERSTELLEN.... Im sich öffnenden Fenster klickt man den gewünschten Versuchsplantyp an und gibt über den Listenpfeil die Anzahl der Einflussgrößen vor. Die Abarbeitung der Schaltflächen „Versuchspläne...", „Faktoren...", „Optionen..." und „Ergebnisse..." kann entsprechend Abbildung 4-33 erfolgen.

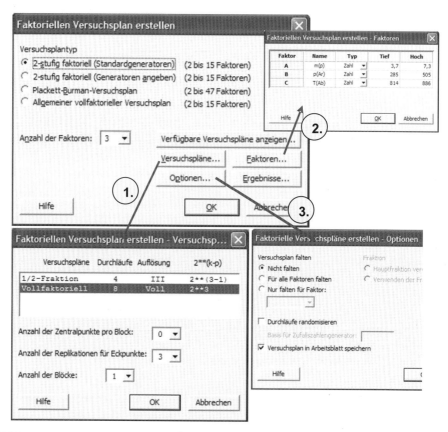

Abbildung 7-17: Planung eines VFV 2^3

Bei der oben beschriebenen Vorgehensweise erhält man im Arbeitsblatt die Versuchsanweisung (im Originalbereich). Dieses Arbeitsblatt kann man als Vorlage für die Versuchsdurchführung verwenden. Im gleichen Arbeitsblatt ist neben den geplanten Versuchen eine Spalte für die jeweils gemessene Zielgröße (100h-Lichtstrom) zu erstellen (Abbildung 7-18).

StdRfolge	m(p)	p(Ar)	T(Ab)	Lichtstrom
1	3,7	285	814	2602
2	7,3	285	814	2563
3	3,7	505	814	2636
4	7,3	505	814	2563
5	3,7	285	886	2479
6	7,3	285	886	2660
7	3,7	505	886	2600
8	7,3	505	886	2541
9	3,7	285	814	2691
10	7,3	285	814	2620
11	3,7	505	814	2642
12	7,3	505	814	2582
13	3,7	285	886	2597
14	7,3	285	886	2570
15	3,7	505	886	2592
16	7,3	505	886	2493
17	3,7	285	814	2620
18	7,3	285	814	2588
19	3,7	505	814	2612
20	7,3	505	814	2610
21	3,7	285	886	2619
22	7,3	285	886	2597
23	3,7	505	886	2619
24	7,3	505	886	2547

Abbildung 7-18: Versuchsvorschrift mit den Versuchsergebnissen

Zur Auswertung der Versuche wählt man im Menü STATISTIK/VERSUCHSPLANUNG (DO-E)/FAKTORIELL die Option „Faktoriellen Versuchsplan analysieren..." (Abbildung 7-19). Es werden zunächst alle Regressionskoeffizienten des vollständigen Modellansatzes ermittelt. Deshalb werden im Fenster „Faktoriellen Versuchsplan analysieren – Terme" (Schaltfläche „Terme...") alle Terme im Modell belassen. Durch das Betätigen der Schaltfläche „Speichern..." können im Fenster „Faktoriellen Versuchsplan analysieren – Speichern'" ausgewählte Werte zusätzlich im Arbeitsblatt gespeichert werden.

Wird die Schaltfläche „Grafiken..." betätigt, öffnet sich das Fenster „Faktoriellen Versuchsplan analysieren – Grafiken". Zur grafischen Analyse des berechneten Modells und der Effekte stehen mehrere Möglichkeiten zur Verfügung. Die Paretodarstellung der Effekte (Abbildung 7-20) kann sehr komfortabel für die Bewertung der Einflussgrößen und den Signifikanztest genutzt werden. Für die Irrtumswahrscheinlichkeit wurde $\alpha = 10\%$ vorgegeben. Zur Analyse der Residuen wurden außerdem die Residuendiagramme in der Darstellung „Vier-in-Eins" aktiviert.

318   7 Anhang – Fallbeispiele mit Minitab

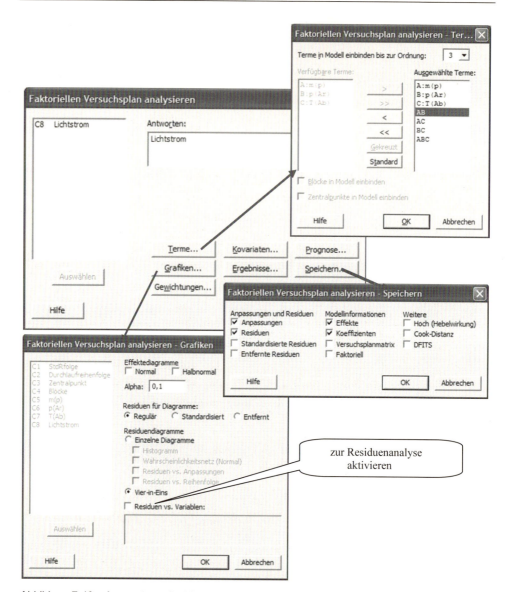

Abbildung 7-19: Auswertung der Versuchsergebnisse

Die berechneten Effekte und Koeffizienten des Regressionsmodells im Bildbereich (kodierte Einheiten) werden im Sessionfenster dargestellt (Tabelle 7-8). Der Signifikanztest kann entweder durch Vergleich der im Sessionfenster angezeigten p-Werte mit der vorgegebenen Irrtumswahrscheinlichkeit α erfolgen oder sehr komfortabel im Paretodiagramm der Effekte (Abbildung 7-20).

7.3 Statistische Versuchsplanung

Faktorielle Anpassung: Lichtstrom im Vergleich zu m(p); p(Ar); T(Ab)

```
Geschätzte Effekte und Koeffizienten für Lichtstrom (kodierte Einheiten)
                    Eᵢ          bᵢ         s(bᵢ)
Term              Effekt      Koef       SE Koef       t        p
Konstante                     2593,46      8,137    318,74   0,000
m(p)              -31,25       -15,63      8,137     -1,92   0,073
p(Ar)             -14,08        -7,04      8,137     -0,87   0,400     ◀
T(Ab)             -34,58       -17,29      8,137     -2,13   0,049   nicht
m(p)*p(Ar)        -29,58       -14,79      8,137     -1,82   0,088   signifikant
m(p)*T(Ab)         14,92         7,46      8,137      0,92   0,373     ◀
p(Ar)*T(Ab)        -7,58        -3,79      8,137     -0,47   0,647     ◀
m(p)*p(Ar)*T(Ab)  -30,75       -15,38      8,137     -1,89   0,077


Varianzanalyse für Lichtstrom (kodierte Einheiten)
Quelle                      DF    Seq SS    Kor SS    Kor MS      F       p
Haupteffekte                 3    14225     14225     4742      2,98   0,062
2-Faktor-Wechselwirkungen    3     6931      6931     2310      1,45   0,264
3-Faktor-Wechselwirkungen    1     5673      5673     5673      3,57   0,077


Residuenfehler              16    25422     25422     1589

  Reiner Fehler             16    25422     25422     1589
Gesamt                      23    52252
```

Tabelle 7-8:   Ergebnisdarstellung im Sessionfenster

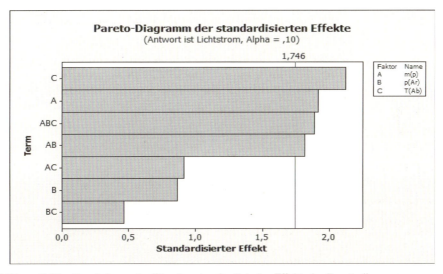

Abbildung 7-20: Darstellung signifikanter standardisierter Effekte im Paretodiagramm

Die Referenzlinie ist das Quantil der t-Verteilung bei der Wahrscheinlichkeit (statistische Sicherheit) 90 % und den 16 Freiheitsgraden des Experimentalfehlers $t_{0,95;16}$.

Einen signifikanten Einfluss auf den Lichtstrom haben die Hauptwirkungen Pastenmasse der Elektroden m(p) und Ausbrenntemperatur des Leuchtstoffes T(Ab), die zweifaktorielle Wechselwirkung m(p)*p(Ar) und die dreifaktorielle Wechselwirkung m(p)*p(Ar)*T(Ab). Zur Interpretation der Haupt- und Wechselwirkungseffekte kann zusätzlich im Menü STATISTIK/VERSUCHSPLANUNG (DOE)/FAKTORIELL die Option „Faktordiagramme..." genutzt werden.

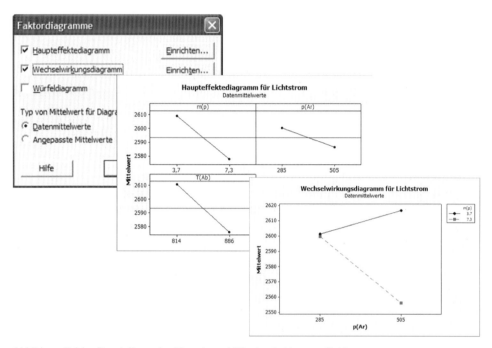

Abbildung 7-21: Darstellung der Haupt- und Wechselwirkungseffekte

In Abbildung 7-22 sind die Ergebnisse der Residuenanalyse dargestellt. Die Bilder zeigen ein im Wesentlichen zufälliges Verhalten der Residuen. Die Residuen liegen im Wahrscheinlichkeitsnetz auf einer Geraden. Eine Abhängigkeit vom angepassten Wert und von der Versuchsreihenfolge ist nicht erkennbar. Die starke Abweichung des Residuums in Versuch 5 vom Mittelwert 0 deutet auf einen Mess- oder Versuchsfehler hin.

7.3 Statistische Versuchsplanung   321

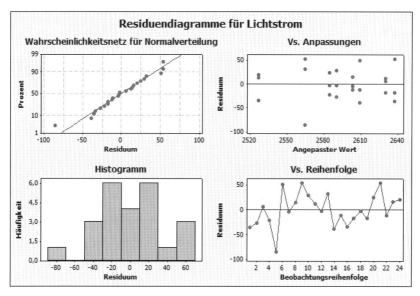

Abbildung 7-22:   Residuenanalyse für das vollständige Modell

Zur Eliminierung der nichtsignifikanten Glieder im Regressionsmodell wählt man erneut STATISTIK/VERSUCHSPLANUNG (DOE)/FAKTORIELL/FAKTORIELLEN VERSUCHSPLAN ANALYSIEREN und anschließend die Schaltfläche „Terme". Damit öffnet sich das in Abbildung 7-23 dargestellte Fenster.

Abbildung 7-23:   Erstellung des reduzierten Modells

Mit Hilfe der Pfeilschaltflächen oder aber durch Doppelklick können die einzelnen Terme des Modells zusammengestellt werden. Das System fordert eine hierarchische Struktur des Modells, d. h., Hauptwirkungen können nur aus dem Modell entfernt werden, wenn die entsprechende Einflussgröße in keiner Wechselwirkung mit anderen Einflussgrößen auftritt.

Das Paretodiagramm der standardisierten Effekte des reduzierten Modells ist in Abbildung 7-24 dargestellt.

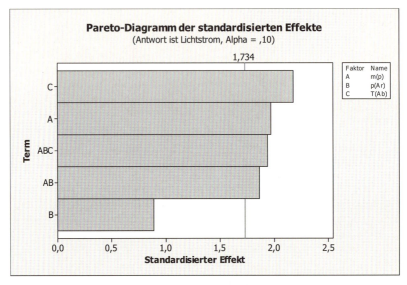

Abbildung 7-24: Paretodiagramm der standardisierten Effekte des reduzierten Modells

Der t-Wert ist 1,734 und entspricht dem Quantil der t-Verteilung bei der Wahrscheinlichkeit 0,95 und den Freiheitsgraden FG = m(c-1)+(m-k) = 18. Das bedeutet, die Anzahl der Freiheitsgrade erhöht sich um die Anzahl der aus dem Modell entfernten Terme.

Die Ergebnisse der Analyse mit dem reduzierten Modell (die Wechselwirkungen AC und BC wurden entfernt) zeigt das Sessionfenster:

```
Faktorielle Anpassung: Lichtstrom im Vergleich zu m(p); p(Ar); T(Ab)

Geschätzte Effekte und Koeffizienten für Lichtstrom (kodierte Einheiten)

Term              Effekt    Koef    SE Koef       t         p
Konstante                 2593,46    7,921    327,43    0,000
m(p)             -31,25   -15,63    7,921     -1,97    0,064
p(Ar)            -14,08    -7,04    7,921     -0,89    0,386
T(Ab)            -34,58   -17,29    7,921     -2,18    0,043
m(p)*p(Ar)       -29,58   -14,79    7,921     -1,87    0,078
m(p)*p(Ar)*T(Ab) -30,75   -15,38    7,921     -1,94    0,068


Varianzanalyse für Lichtstrom (kodierte Einheiten)

Quelle                         DF    Seq SS    Kor SS    Kor MS       F        p
Haupteffekte                    3    14225     14225     4741,8    3,15    0,050
2-Faktor-Wechselwirkungen       1     5251      5251     5251,0    3,49    0,078
3-Faktor-Wechselwirkungen       1     5673      5673     5673,4    3,77    0,068
Residuenfehler                 18    27102     27102     1505,7
  Fehlende Anpassung            2     1680      1680      840,0    0,53    0,599
  Reiner Fehler                16    25422     25422     1588,9
Gesamt                         23    52252


* HINWEIS * Es sind keine geschätzten Regressionskoeffizienten in
            nicht kodierten Einheiten verfügbar, weil das Modell nicht
            hierarchisch ist.
```

Tabelle 7-9: Faktorielle Anpassung reduziertes Modell

Das reduzierte Modell im Bildbereich lautet dann

Φ_{100} = (2593,46 - 15,63 x_1 - 7,04 x_2 - 17,29 x_3 - 14,79 $x_1 x_2$ - 15,38 $x_1 x_2 x_3$) Lumen.

Die Angabe der Koeffizienten des Modells im Originalbereich (Koeffizienten in nicht codierten Einheiten) erfolgt nur bei einem sogenannten hierarchischen Modell. Darunter ist zu verstehen, dass bei Wechselwirkungen einer bestimmten Ordnung sämtliche dazugehörigen Wechselwirkungen niedrigerer Ordnung bis hin zu den entsprechenden Hauptwirkungen im Modell enthalten sein müssen.

Für das reduzierte Modell wird automatisch der Adäquatheitstest realisiert. Die Ergebnisse findet man im Sessionfenster in der Zeile „Fehlende Anpassung" (Bereich Varianzanalyse). Da p = 0,599 > α = 0,10 ist, kann man davon ausgehen, dass das Modell adäquat ist, d. h., es kann mit ausreichender Genauigkeit zur Beschreibung der Messwerte an den Eckpunkten des Versuchsraumes genutzt werden.

Eine grafische Darstellung der Modellwerte ermöglicht das Menü STATISTIK/VERSUCHSPLANUNG(DOE)/FAKTORIELL/KONTUR-/WIRKUNGSFLÄCHENDIAGRAMM. In Abbildung 7-25 sind beide Diagramme dargestellt.

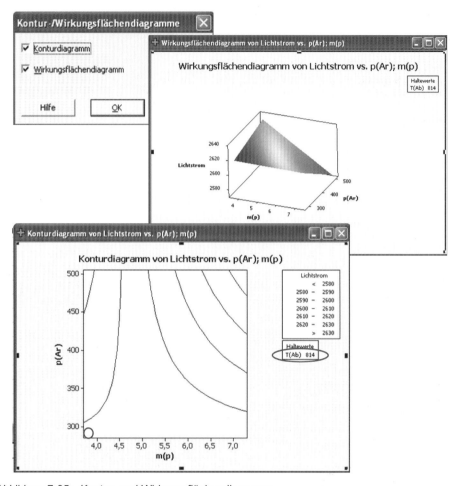

Abbildung 7-25: Kontur- und Wirkungsflächendiagramm

Der Maximalwert von 2634 Lumen für den 100h-Lichtstrom wird bei folgenden Einstellungen der Einflussgrößen erzielt: Pastenmasse der Elektroden 3,7 mg, Argonfülldruck 285 Pa und Ausbrenntemperatur 814 K.

7.4 Logistische Regression

Das folgende Fallbeispiel basiert auf den Originaldaten eines chemischen Prozesses. Aus Gründen der Geheimhaltung werden für die Ziel- und Einflussgrößen lediglich die Bezeichnungen x_j und Y verwendet. Bei der Zielgröße handelt es sich um eine chemisch Reaktion, die eintritt (Y = 1 bzw. schlecht) oder nicht eintritt (Y = 0 bzw. gut). Von den Experten wurden insgesamt fünf Einflussgrößen für die Untersuchung ausgewählt, wovon eine nominalskaliert ist und analog der Zielgröße als Dummy-Variable codiert wurde. Zunächst werden die Kenngrößen der Ziel- und Einflussgrößen in Minitab® über STATISTIK / STATISTISCHE STANDARDVERFAHREN / DESKRIPTIVE STATISTIKEN ANZEIGEN betrachtet (vgl. Tabelle 5-16).

```
Deskriptive Statistik: x1; x2; x3; x4; x5_Dummy; Y_Dummy

Variable    N   Mittelwert  StdAbw  Minimum  Maximum
x1        108      24,857   1,882   16,990    28,380
x2        108      144,56   51,65   79,00    350,00
x3        108      107,94   26,86   66,00    257,00
x4        108      1677,3   221,8    804,0   2088,0
x5_Dummy  108      0,5926   0,4936  0,0000    1,0000
Y_Dummy   108      0,4537   0,5002  0,0000    1,0000
```

Tabelle 7-10: Beschreibende Statistiken für das Fallbeispiel chemischer Prozess

Insgesamt wurden n = 108 Datensätze aus dem laufenden Prozess erhoben, wovon 49 (45 %) schlecht waren. Auch für alle Einflussgrößen (x_1 bis x_5) sind die Mittelwerte und Standardabweichungen sowie die Minimal- und Maximalwerte in Tabelle 5-16 aufgelistet. Bevor das logistische Modell aus den Daten geschätzt wird, soll die zeitliche Entwicklung des Prozesses betrachtet werden (GRAFIK / ZEITREIHENDIAGRAMM / EINFACH).

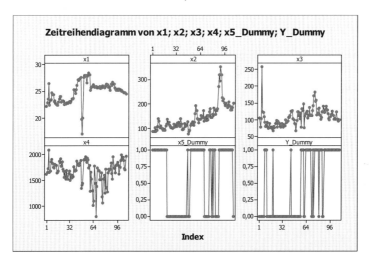

Abbildung 7-26: Zeitliche Entwicklung der Ziel- und Einflussgrößen im Fallbeispiel

Die Abbildung 5-11 zeigt den zeitlichen Verlauf für alle Ziel- und Einflussgrößen im Beispiel. Zunächst wird die Zielgröße Y_Dummy betrachtet. Es zeigt sich, dass bei später erhobenen Daten – etwa ab dem 60. – vermehrt Fehler (Y = 1) auftreten. Auch die Einflussgrößen weisen erhebliche Ungleichmäßigkeiten auf. So enthalten x_1 und x_3 einige Sprünge über die Zeit, während x_2 einen Trend erkennen lässt, der sich zum Ende der Datenerhebung umzukehren scheint. Auch ein chemischer Zusatz (x_5_Dummy) ist nicht zufällig über die Zeit verteilt. Diese auffälligen Befunde weisen auf eine schlechte bzw. unausgewogene Prozesssteuerung hin und müssen bei der Modellbeurteilung berücksichtigt werden.

Nach dieser einführenden Beurteilung der Daten wird die logistische Regression zunächst mit allen Einflussgrößen geschätzt. Dies erfolgt über das Menü mit STATISTIK / REGRESSION / BINÄRE LOGISTISCHE REGRESSION. Es ist darauf zu achten, dass alle Einflussgrößen als numerische Variable codiert sind und in das Feld „Modell" eingetragen werden (vgl. Abbildung 7-27). Die Ergebnisse sind auszugsweise in Tabelle 5-17 zusammengefasst.

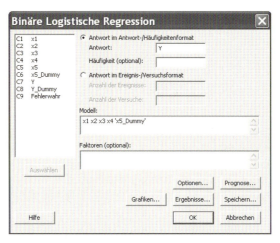

Abbildung 7-27: Befehlsfeld der logistischen Regression in Minitab

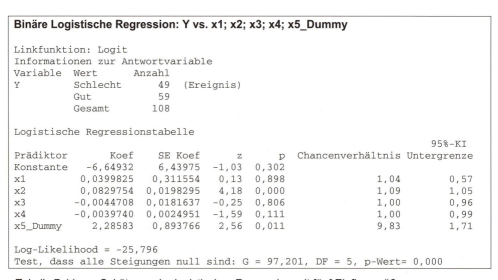

Tabelle 7-11: Schätzung der logistischen Regression mit fünf Einflussgrößen

Aus dem vollständigen Modell in Tabelle 5-17 werden entsprechend der z-Statistik zwei unwesentliche Einflussgrößen (x_1 und x_3) aus dem Modell entfernt (vgl. Tabelle 5-18).

Binäre Logistische Regression: Y vs. x2; x4; x5_Dummy

```
Linkfunktion: Logit
Informationen zur Antwortvariable
Variable  Wert       Anzahl
Y         Schlecht     49    (Ereignis)
          Gut          59
          Gesamt      108

Logistische Regressionstabelle
                                                                 95%-KI
Prädiktor       Koef     SE Koef      z      p   Chancenverhältnis Untergrenze
Konstante   -6,47379    4,49486   -1,44  0,150
x2           0,0826340  0,0174113  4,75  0,000            1,09        1,05
x4          -0,0037681  0,0022679 -1,66  0,097            1,00        0,99
x5_Dummy     2,36135    0,822242   2,87  0,004           10,61        2,12

Log-Likelihood = -25,827
Test, dass alle Steigungen null sind: G = 97,138, DF = 3, p-Wert= 0,000

Tests auf Güte der Anpassung
Methode         Chi-Quadrat    DF      p
Pearson          76,3025      104   0,981
Abweichung       51,6548      104   1,000
Hosmer-Lemeshow   4,8361        8   0,775
```

Tabelle 7-12: Schätzung der logistischen Regression mit drei Einflussgrößen

Alle folgenden Erläuterungen und Interpretationen beziehen sich auf den reduzierten Ansatz mit drei Einflussgrößen. Die Beurteilung beginnt mit der Überprüfung der Modellannahmen. Danach werden das Modell als Ganzes und schließlich die einzelnen Einflussgrößen beurteilt.

Die Annahme A1 der richtigen Modellspezifikation kann statistisch letztlich nicht bestätigt werden. Welche Einflussgrößen untersucht werden sollen, wurde in einer Besprechung mit den Prozessexperten festgelegt. Dabei wurden neben der Bedeutung der Einflussgrößen auch mögliche Schwierigkeiten bei der Datenerhebung berücksichtigt. Einzelne Einflussgrößen waren nicht oder nur sehr schwer zu erheben und fanden deshalb im aktuellen Modell keine Berücksichtigung. Die Mehrzahl der Einflussgrößen dürfte aber im Modell enthalten sein.

Der Stichprobenumfang von n = 108 ergibt sich aus einem vorgegebenen Erhebungszeitraum. Wird die Annahme eines ausreichenden Stichprobenumfangs (A2) mit

$$n \geq \frac{10 \cdot \text{Anzahl der Einflussgrößen}}{\text{Fehleranteil}}$$

überprüft, ergäbe sich bei fünf Einflussgrößen ein Mindestumfang von n = 110. Dieser wird zwar nicht erreicht, aber aufgrund des hohen Aufwands für die Stichprobenentnahme musste dieser Umfang genügen. Für das reduzierte Modell mit drei Einflussgrößen ist der Stichprobenumfang ausreichend.

Die Annahme A3 wird ebenfalls überprüft. Dazu werden über die normale lineare Regression mit STATISTIK / REGRESSION / REGRESSION... die drei wesentlichen Einflussgrößen in das Modell aufgenommen und über „Optionen" die Varianzinflationsfaktoren markiert. Dieses Vorgehen ist möglich, da sich die VIFs nur aus den Einflussgrößen berechnen. Folgende Werte ergeben sich:

```
Prädiktor          Koef      SE Koef        t       p      VIF
Konstante         0,2344     0,2613      0,90   0,372
x2             0,0059846  0,0006560      9,12   0,000    1,081
x4            -0,0004749  0,0001471     -3,23   0,002    1,003
x5_Dummy         0,25417    0,06856      3,71   0,000    1,078
```

Tabelle 7-13:   *VIFs für das Fallbeispiel mit drei Einflussgrößen*

Die letzte Spalte in Tabelle 7-13 zeigt, dass keine kritische Multikollinearität vorliegt, da die VIFs deutlich unter fünf liegen. Die geringen Werte weisen auf eine weitgehende Unabhängigkeit der Einflussgrößen hin.

Die Annahme eines linearen Zusammenhangs zwischen den Logits und den Einflussgrößen (A4) wird grafisch überprüft. Dazu müssen die Eintrittswahrscheinlichkeiten bei der Schätzung unter „Prognose" gespeichert werden. Anschließend werden diese in Logits umgewandelt. Hierfür wird im Arbeitsblatt eine neue Spalte „Logits" angelegt. Durch Klicken auf die rechte Maustaste kann ein Formeleditor angewählt werden, der folgende Formel enthalten muss:

```
ln('EWAHRSCH1'/(1-'EWAHRSCH1')).
```

Nun kann über GRAFIK / STREUDIAGAMME / MIT REGRESSION die Linearitätsannahme zwischen den Einflussgrößen und der Logits geprüft werden. Abbildung 5-12 zeigt näherungsweise einen linearen Zusammenhang für die beiden metrischen Einflussgrößen. Dieser ist zwar für x_4 nicht so deutlich wie für x_2, kann aber aufgrund der Grafik nicht widerlegt werden. Dummy-codierte Einflussgrößen (x_5) können nicht auf Linearität untersucht werden.

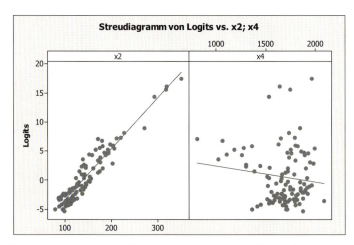

Abbildung 7-28:   *Prüfung der Linearität zwischen Logits und Einflussgrößen*

Die Annahme korrelierter Residuen (A5) wird ebenfalls grafisch überprüft. Dazu werden die Pearson-Residuen über die Zeit bzw. über den Index dargestellt. Die Pearson-Residuen können bei der Modellschätzung unter „Speichern" ausgewählt und anschließend als Zeitreihendiagramm dargestellt werden. Abbildung 5-13 zeigt einige extreme Residuenwerte. Ein Muster im Sinne einer Wellenbewegung oder eines ständigen Springens der Residuen vom negativen in den positiven Bereich ist dagegen nicht zu erkennen. Von einer Autokorrelation ist also nicht auszugehen.

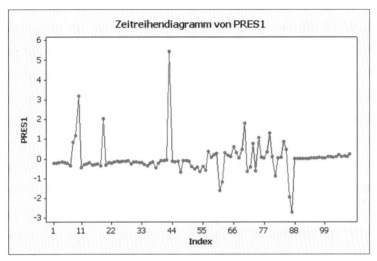

Abbildung 7-29: Darstellung der Pearson-Residuen

Vielmehr scheinen Ausreißer in den Daten enthalten zu sein (A6). Grundsätzlich werden dabei Werte, die betragsmäßig größer 1 sind, als kritisch angesehen. Insbesondere der Datensatz Nr. 43 sticht hierbei hervor. Die positive Ausprägung weist darauf hin, dass ein schlechtes Prozessergebnis hochgradig gut geschätzt wurde.

Um einen etwaigen Einfluss potentieller Ausreißer auf die Schätzung zu untersuchen, wurden die Datensätze Nr. 10, 43 und 87 aus der Stichprobe entfernt. Die dadurch veränderte Schätzung wurde mit der ursprünglichen verglichen. Das Ergebnis zeigt nur unwesentliche Änderungen bei den Koeffizientenschätzungen. Da keinesfalls mehr potentielle Ausreißer entfernt werden sollten (Faustregel: Ein bis zwei Ausreißer pro 50 Datensätze), wird weiterhin die vollständige Stichprobe verwendet. Die in Abbildung 5-13 extremen Werte der Pearson-Residuen werden also nicht als Ausreißer interpretiert. Eventuell sind diese Werte auf fehlende Einflussgrößen im Modell oder auf eine unausgewogene Steuerung des Prozesses zurückzuführen.

Nach der Überprüfung der Annahmen wird das Gesamtmodell beurteilt. Dazu werden Statistiken zur Klassifikation in Tabelle 5-20 betrachtet. Diese werden in Minitab mit der Schätzung der logistischen Regression ausgegeben. Konkordanz bedeutet dabei eine Urteilsübereinsstimmung. Je höher dieser Prozentsatz, desto besser ist die Klassifizierung des geschätzten Modells. Analog sind die Zusammenhangsmaße zu interpretieren. Wiederum weisen hohe Maße auf eine gute Klassifikation hin.

```
Assoziationsmaße:
(Zwischen der Antwortvariablen und den prognostizierten Wahrscheinlichkeiten)

Paare         Anzahl  Prozent  Zusammenhangsmaße
Konkordant    2779    96,1     Somer-D              0,92
Diskordant     109     3,8     Goodman-Kruskal-Gamma 0,92
Bindungen        3     0,1     Kendall-Tau-a        0,46
Gesamt        2891   100,0
```

Tabelle 7-14:   *Klassifikationsergebnisse für das Fallbeispiel mit drei Einflussgrößen*

Die Signifikanz des Gesamtmodells wird über den Likelihood-Ratio-Test geprüft, der ebenfalls über die Schätzung ausgegeben wird.

```
Log-Likelihood = -25,827
Test, dass alle Steigungen null sind: G = 97,138, DF = 3, p-Wert= 0,000

Tests auf Güte der Anpassung
Methode          Chi-Quadrat    DF      p
Pearson              76,3025   104   0,981
Abweichung           51,6548   104   1,000
Hosmer-Lemeshow       4,8361     8   0,775
```

Tabelle 7-15:   *Tests auf Güte der Modellanpassung*

Für das Fallbeispiel mit drei Einflussgrößen gilt G = 97,138. Die Signifikanzprüfung mit 3 Freiheitsgraden zeigt, dass das Modell hochgradig signifikant ist. Dies belegt auch der Hosmer-Lemeshow-Anpassungstest, der mit einer Wahrscheinlichkeit von p = 0,775 über der kritischen Grenze von 0.7 liegt. Die anderen Kenngrößen werden nicht interpretiert. Die Ergebnisse zeigen einen klaren Zusammenhang zwischen den Einflussgrößen und der Zielgröße.

Da das geschätzte Modell signifikant ist und die erhobenen Werte gut anpasst, stellt sich nun die Frage, welche Bedeutung die einzelnen Einflussgrößen haben. Dazu wird die Koeffizientenschätzung genauer betrachtet (vgl. Tabelle 5-18). Über den Wald-Test in der Tabelle (z) in kann die Signifikanz der einzelnen Einflussgrößen beurteilt werden. Die Irrtumswahrscheinlichkeiten (p) zeigen, dass die wichtigste Einflussgröße x_2 ist, gefolgt von x_5 und x_4. Dies ist zunächst nur eine Aussage über die statistische Sicherheit eines vorhandenen Einflusses.

Wie stark die Wirkung tatsächlich ist bzw. wie sich eine Änderung der Einflussgröße auf die Fehlerwahrscheinlichkeit auswirkt, wird anhand der Fehlerchance (Odds) beurteilt. Diese beträgt für x_2 1,09. Erhöht sich diese Einflussgröße um eine Einheit, so steigt deren Fehlerchance um das 1,09-fache. Dies erscheint zunächst sehr gering. Doch eine Berücksichtigung des Variationsbereiches der Einflussgröße x_2 von ca. 80 und 350 relativiert diese Beurteilung. Eine Änderung um eine Einheit ist sehr gering, was eine stärkere Änderung um z.B. 20 sinnvoll macht. In diesem Falle erhöht sich die Fehlerwahrscheinlichkeit um ca. $1,09^{20}$ = 5,6-fache. Wird dagegen die Einflussgröße x_4 um eine Einheit erhöht, sinkt die Fehlerwahrscheinlichkeit um das 1-fache. Die Fehlerchance für die nominal-skalierte Einflussgröße x_5 ist einfacher zu interpretieren. Wird von Typ A auf

Typ B gewechselt, steigt die Fehlerchance um das 10,61-fache. Nur diese beiden Ausprägungen sind möglich.

Da nun die Modellannahmen geprüft und das Gesamtmodell sowie die Koeffizienten beurteilt wurden, kann das Modell zur Steuerung des Prozesses verwendet werden. Ziel dabei ist, eine möglichst geringe Fehlerwahrscheinlichkeit zu erreichen und zwar mit einer betrieblich sinnvollen Einstellung der Einflussgrößen. Dazu muss angemerkt werden, dass der Zusatzstoff Typ B (x_5) wesentlich kostengünstiger ist als Typ A. Deswegen sollte nach Möglichkeit eine Prozessoptimierung mit Typ B angestrebt werden.

Die Prozessexperten legten für die Einflussgrößen x_2 = 90, für x_4 = 2000 fest und für x_5 = 1 (Typ B) fest. Diese Einstellungen können als Prognosewerte in neue Spalten des Arbeitsblattes in Minitab eingegeben werden (vgl. Abbildung 7-30). Über die Option „Prognose" werden diese Felder ausgewählt und damit ergibt sich die in Abbildung 7-30 unten berechnete Fehlerwahrscheinlichkeit.

Abbildung 7-30: Prognose für ausgewählte Werte der Einflussgrößen

Ein Testlauf mit den gewählten Einstellungen zeigte zwar eine nachhaltige Verbesserung, aber nicht im vorhergesagten Umfang auf 1,46 %. Dies ist sicherlich auf fehlende Einflussgrößen und die teilweise extremen Werte in der Stichprobe zurückzuführen. Dennoch wurde die Einstellung für den Prozess übernommen.

7.5 Mehrfeldertafeln

Für das Testverfahren wird das Signifikanzniveau α=5% gewählt. Die Werte werden gemäß der Abbildung 7-31 in ein leeres Arbeitsblatt eingegeben. Die Einträge in der Spalte C1 sind für die Auswertung nicht zwingend notwendig, sollten aber im Sinne einer ausreichenden Dokumentation nicht vergessen werden.

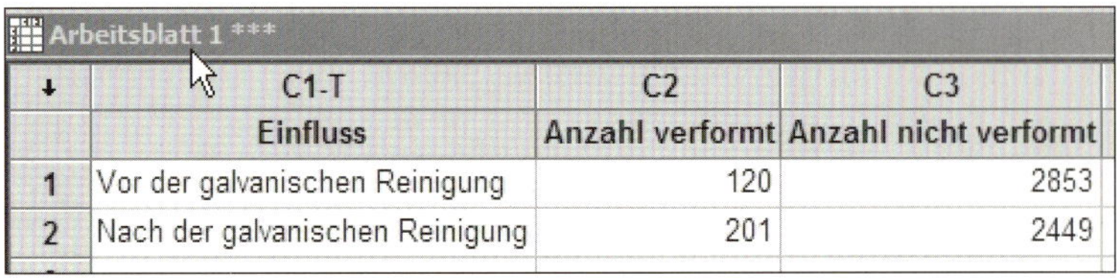

Arbeitsblatt 1 ***
C1-T
C2
C3
Einfluss
Anzahl verformt
Anzahl nicht verformt
1
Vor der galvanischen Reinigung
120
2853
2
Nach der galvanischen Reinigung
201
2449

Abbildung 7-31: Dateneingabe im Programm MINITAB

Nach der Dateneingabe wählt man den Menübefehl *Statistik – Tabellen – Chi-Quadrat-Test (Zwei-Weg-Tabelle in Arbeitsblatt)*. Es öffnet sich das Fenster *Chi-Quadrat-Test*, dass man gemäß der Abbildung 7-32 ausfüllt.

Chi-Quadrat-Test (Tabelle in Arbeitsblatt)
C2 Anzahl verformt
C3 Anzahl nicht verf
Herkunftsspalten der Tabelle:
'Anzahl verformt' 'Anzahl nicht verformt'
Auswählen
Hilfe
OK
Abbrechen

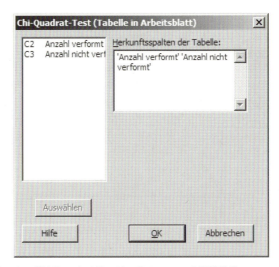

Abbildung 7-32: Fenster Chi-Quadrat-Test im Programm MINITAB

Das berechnete Ergebnis, dass in der Abbildung 7-33 dargestellt ist, erscheint in dem Session-Fenster des Programms MINITAB.

```
Chi-Quadrat-Test: Anzahl verformt; Anzahl nicht verformt

Die erwarteten Anzahlen werden unter den beobachteten Anzahlen ausgegeben.
Die Beiträge zu Chi-Quadrat werden unterhalb der erwarteten Anzahlen ausgegeben.

                 Anzahl
        Anzahl    nicht
        verformt  verformt  Gesamt
    1      120     2853      2973
        169,72   2803,28
        14,565    0,882

    2      201     2449      2650
        151,28   2498,72
        16,341    0,989

Gesamt     321     5302      5623

Chi-Qd = 32,777; DF = 1; p-Wert = 0,000
```

Abbildung 7-33: Ergebnis des Vierfeldertests in dem Session-Fenster des Programms MINITAB

Für den Testentscheid wird der P-Wert mit dem Signifikanzniveau α verglichen. Da der P-Wert deutlich kleiner als das Signifikanzniveau $\alpha=0,05$ ist, wird die Nullhypothese verworfen. Man erkennt außerdem direkt am P-Wert, dass das Risiko für ein irrtümliches Verwerfen kleiner sein muss als 0,1% (entspricht dezimal 0,001). Denn der ausgegebene P-Wert, gerundet auf die dritte Nachkommastelle, lautet P=0,000. Damit erhärtet sich der Verdacht, dass während der galvanischen Reinigung der Anteil an Lampen mit verformten Kontaktdrähten nahezu verdoppelt wird.

8 Tabellenanhang

8.1 Verteilungsfunktion Φ der Standardnormalverteilung

Beispiel: Φ(z) = Φ(2,36) = 0,99086

	0,00	0,01	0,02	0,03	0,04	0,05	0,06	0,07	0,08	0,09
0,0	0,50000	0,50399	0,50798	0,51197	0,51595	0,51994	0,52392	0,52790	0,53188	0,53586
0,1	0,53983	0,54380	0,54776	0,55172	0,55567	0,55962	0,56356	0,56749	0,57142	0,57535
0,2	0,57926	0,58317	0,58706	0,59095	0,59483	0,59871	0,60257	0,60642	0,61026	0,61409
0,3	0,61791	0,62172	0,62552	0,62930	0,63307	0,63683	0,64058	0,64431	0,64803	0,65173
0,4	0,65542	0,65910	0,66276	0,66640	0,67003	0,67364	0,67724	0,68082	0,68439	0,68793
0,5	0,69146	0,69497	0,69847	0,70194	0,70540	0,70884	0,71226	0,71566	0,71904	0,72240
0,6	0,72575	0,72907	0,73237	0,73565	0,73891	0,74215	0,74537	0,74857	0,75175	0,75490
0,7	0,75804	0,76115	0,76424	0,76730	0,77035	0,77337	0,77637	0,77935	0,78230	0,78524
0,8	0,78814	0,79103	0,79389	0,79673	0,79955	0,80234	0,80511	0,80785	0,81057	0,81327
0,9	0,81594	0,81859	0,82121	0,82381	0,82639	0,82894	0,83147	0,83398	0,83646	0,83891
1,0	0,84134	0,84375	0,84614	0,84849	0,85083	0,85314	0,85543	0,85769	0,85993	0,86214
1,1	0,86433	0,86650	0,86864	0,87076	0,87286	0,87493	0,87698	0,87900	0,88100	0,88298
1,2	0,88493	0,88686	0,88877	0,89065	0,89251	0,89435	0,89617	0,89796	0,89973	0,90147
1,3	0,90320	0,90490	0,90658	0,90824	0,90988	0,91149	0,91309	0,91466	0,91621	0,91774
1,4	0,91924	0,92073	0,92220	0,92364	0,92507	0,92647	0,92785	0,92922	0,93056	0,93189
1,5	0,93319	0,93448	0,93574	0,93699	0,93822	0,93943	0,94062	0,94179	0,94295	0,94408
1,6	0,94520	0,94630	0,94738	0,94845	0,94950	0,95053	0,95154	0,95254	0,95352	0,95449
1,7	0,95543	0,95637	0,95728	0,95818	0,95907	0,95994	0,96080	0,96164	0,96246	0,96327
1,8	0,96407	0,96485	0,96562	0,96638	0,96712	0,96784	0,96856	0,96926	0,96995	0,97062
1,9	0,97128	0,97193	0,97257	0,97320	0,97381	0,97441	0,97500	0,97558	0,97615	0,97670
2,0	0,97725	0,97778	0,97831	0,97882	0,97932	0,97982	0,98030	0,98077	0,98124	0,98169
2,1	0,98214	0,98257	0,98300	0,98341	0,98382	0,98422	0,98461	0,98500	0,98537	0,98574
2,2	0,98610	0,98645	0,98679	0,98713	0,98745	0,98778	0,98809	0,98840	0,98870	0,98899
2,3	0,98928	0,98956	0,98983	0,99010	0,99036	0,99061	0,99086	0,99111	0,99134	0,99158
2,4	0,99180	0,99202	0,99224	0,99245	0,99266	0,99286	0,99305	0,99324	0,99343	0,99361
2,5	0,99379	0,99396	0,99413	0,99430	0,99446	0,99461	0,99477	0,99492	0,99506	0,99520
2,6	0,99534	0,99547	0,99560	0,99573	0,99585	0,99598	0,99609	0,99621	0,99632	0,99643
2,7	0,99653	0,99664	0,99674	0,99683	0,99693	0,99702	0,99711	0,99720	0,99728	0,99736
2,8	0,99744	0,99752	0,99760	0,99767	0,99774	0,99781	0,99788	0,99795	0,99801	0,99807
2,9	0,99813	0,99819	0,99825	0,99831	0,99836	0,99841	0,99846	0,99851	0,99856	0,99861
3,0	0,99865	0,99869	0,99874	0,99878	0,99882	0,99886	0,99889	0,99893	0,99896	0,99900
3,1	0,99903	0,99906	0,99910	0,99913	0,99916	0,99918	0,99921	0,99924	0,99926	0,99929
3,2	0,99931	0,99934	0,99936	0,99938	0,99940	0,99942	0,99944	0,99946	0,99948	0,99950
3,3	0,99952	0,99953	0,99955	0,99957	0,99958	0,99960	0,99961	0,99962	0,99964	0,99965
3,4	0,99966	0,99968	0,99969	0,99970	0,99971	0,99972	0,99973	0,99974	0,99975	0,99976
3,5	0,99977	0,99978	0,99978	0,99979	0,99980	0,99981	0,99981	0,99982	0,99983	0,99983
3,6	0,99984	0,99985	0,99985	0,99986	0,99986	0,99987	0,99987	0,99988	0,99988	0,99989
3,7	0,99989	0,99990	0,99990	0,99990	0,99991	0,99991	0,99992	0,99992	0,99992	0,99992
3,8	0,99993	0,99993	0,99993	0,99994	0,99994	0,99994	0,99994	0,99995	0,99995	0,99995
3,9	0,99995	0,99995	0,99996	0,99996	0,99996	0,99996	0,99996	0,99996	0,99997	0,99997

8.2 Quantile $z_{1-\alpha}$ der Standardnormalverteilung N(0, 1)

Beispiel: $z_{1-\alpha} = z_{0,975} = 1{,}9600$

$1-\alpha$	$z_{1-\alpha}$	$1-\alpha$	$z_{1-\alpha}$	$1-\alpha$	$z_{1-\alpha}$	$1-\alpha$	$z_{1-\alpha}$
0,9999	3,7190	0,9975	2,8070	0,965	1,8119	0,83	0,9542
0,9998	3,5401	0,9970	2,7478	0,960	1,7507	0,82	0,9154
0,9997	3,4316	0,9965	2,6968	0,955	1,6954	0,81	0,8779
0,9996	3,3528	0,9960	2,6521	0,950	1,6449	0,80	0,8416
0,9995	3,2905	0,9955	2,6121	0,945	1,5982	0,79	0,8064
0,9994	3,2389	0,9950	2,5758	0,940	1,5548	0,78	0,7722
0,9993	3,1947	0,9945	2,5427	0,935	1,5141	0,76	0,7063
0,9992	3,1559	0,9940	2,5121	0,930	1,4758	0,74	0,6433
0,9991	3,1214	0,9935	2,4838	0,925	1,4395	0,72	0,5828
0,9990	3,0902	0,9930	2,4573	0,920	1,4051	0,70	0,5244
0,9989	3,0618	0,9925	2,4324	0,915	1,3722	0,68	0,4677
0,9988	3,0357	0,9920	2,4089	0,910	1,3408	0,66	0,4125
0,9987	3,0115	0,9915	2,3867	0,905	1,3106	0,64	0,3585
0,9986	2,9889	0,9910	2,3656	0,900	1,2816	0,62	0,3055
0,9985	2,9677	0,9905	2,3455	0,890	1,2265	0,60	0,2533
0,9984	2,9478	0,9900	2,3263	0,880	1,1750	0,58	0,2019
0,9983	2,9290	0,9850	2,1701	0,870	1,1264	0,56	0,1510
0,9982	2,9112	0,9800	2,0537	0,860	1,0803	0,54	0,1004
0,9981	2,8943	0,9750	1,9600	0,850	1,0364	0,52	0,0502
0,9980	2,8782	0,9700	1,8808	0,840	0,9945	0,50	0,0000

8.3 Quantile $t_{FG,1-\alpha}$ der t-Verteilung mit FG Freiheitsgraden

Beispiel: $t_{FG,1-\alpha} = t_{20;0,99} = 2,528$

1-α \ FG	0,900	0,950	0,975	0,990	0,995	0,999
1	3,078	6,314	12,706	31,821	63,657	63,657
2	1,886	2,920	4,303	6,965	9,925	9,925
3	1,638	2,353	3,182	4,541	5,841	5,841
4	1,533	2,132	2,776	3,747	4,604	4,604
5	1,476	2,015	2,571	3,365	4,032	4,032
6	1,440	1,943	2,447	3,143	3,707	3,707
7	1,415	1,895	2,365	2,998	3,499	3,499
8	1,397	1,860	2,306	2,896	3,355	3,355
9	1,383	1,833	2,262	2,821	3,250	3,250
10	1,372	1,812	2,228	2,764	3,169	3,169
11	1,363	1,796	2,201	2,718	3,106	3,106
12	1,356	1,782	2,179	2,681	3,055	3,055
13	1,350	1,771	2,160	2,650	3,012	3,012
14	1,345	1,761	2,145	2,624	2,977	2,977
15	1,341	1,753	2,131	2,602	2,947	2,947
16	1,337	1,746	2,120	2,583	2,921	2,921
17	1,333	1,740	2,110	2,567	2,898	2,898
18	1,330	1,734	2,101	2,552	2,878	2,878
19	1,328	1,729	2,093	2,539	2,861	2,861
20	1,325	1,725	2,086	2,528	2,845	2,845
21	1,323	1,721	2,080	2,518	2,831	2,831
22	1,321	1,717	2,074	2,508	2,819	2,819
23	1,319	1,714	2,069	2,500	2,807	2,807
24	1,318	1,711	2,064	2,492	2,797	2,797
25	1,316	1,708	2,060	2,485	2,787	2,787
26	1,315	1,706	2,056	2,479	2,779	2,779
27	1,314	1,703	2,052	2,473	2,771	2,771
28	1,313	1,701	2,048	2,467	2,763	2,763
29	1,311	1,699	2,045	2,462	2,756	2,756
30	1,310	1,697	2,042	2,457	2,750	2,750
40	1,303	1,684	2,021	2,423	2,704	3,307
50	1,299	1,676	2,009	2,403	2,678	3,261
60	1,296	1,671	2,000	2,390	2,660	3,232
70	1,294	1,667	1,994	2,381	2,648	3,211
80	1,292	1,664	1,990	2,374	2,639	3,195
90	1,291	1,662	1,987	2,368	2,632	3,183
100	1,290	1,660	1,984	2,364	2,626	3,174
∞	1,282	1,646	1,960	2,326	2,576	3,090

8.4 Quantile $\chi^2_{FG,1-\alpha}$ der Chi-Quadrat-Verteilung mit FG Freiheitsgraden

Beispiel: $\chi^2_{FG,1-\alpha} = \chi^2_{16;0,99} = 32,000$

1-α \ FG	0,995	0,990	0,975	0,950	0,900	0,750	0,500	0,250	0,100	0,050	0,025	0,010	0,005
1	7,879	6,635	5,024	3,842	2,706	1,323	0,455	0,102	0,016	0,004	0,001	0,000	0,000
2	10,597	9,210	7,378	5,992	4,605	2,773	1,386	0,575	0,211	0,103	0,051	0,020	0,010
3	12,838	11,345	9,348	7,815	6,251	4,108	2,366	1,213	0,584	0,352	0,216	0,115	0,072
4	14,860	13,277	11,143	9,488	7,779	5,385	3,357	1,923	1,064	0,711	0,484	0,297	0,207
5	16,750	15,086	12,833	11,071	9,236	6,626	4,352	2,675	1,610	1,146	0,831	0,554	0,412
6	18,548	16,812	14,449	12,592	10,645	7,841	5,348	3,455	2,204	1,635	1,237	0,872	0,676
7	20,278	18,475	16,013	14,067	12,017	9,037	6,346	4,255	2,833	2,167	1,690	1,239	0,989
8	21,955	20,090	17,535	15,507	13,362	10,219	7,344	5,071	3,490	2,733	2,180	1,647	1,344
9	23,589	21,666	19,023	16,919	14,684	11,389	8,343	5,899	4,168	3,325	2,700	2,088	1,735
10	25,188	23,209	20,483	18,307	15,987	12,549	9,342	6,737	4,865	3,940	3,247	2,558	2,156
11	26,757	24,725	21,920	19,675	17,275	13,701	10,341	7,584	5,578	4,575	3,816	3,054	2,603
12	28,300	26,217	23,337	21,026	18,549	14,845	11,340	8,438	6,304	5,226	4,404	3,571	3,074
13	29,820	27,688	24,736	22,362	19,812	15,984	12,340	9,299	7,042	5,892	5,009	4,107	3,565
14	31,319	29,141	26,119	23,685	21,064	17,117	13,339	10,165	7,790	6,571	5,629	4,660	4,075
15	32,801	30,578	27,488	24,996	22,307	18,245	14,339	11,037	8,547	7,261	6,262	5,229	4,601
16	34,267	32,000	28,845	26,296	23,542	19,369	15,339	11,912	9,312	7,962	6,908	5,812	5,142
17	35,719	33,409	30,191	27,587	24,769	20,489	16,338	12,792	10,085	8,672	7,564	6,408	5,697
18	37,157	34,805	31,526	28,869	25,989	21,605	17,338	13,675	10,865	9,391	8,231	7,015	6,265
19	38,582	36,191	32,852	30,144	27,204	22,718	18,338	14,562	11,651	10,117	8,907	7,633	6,844
20	39,997	37,566	34,170	31,410	28,412	23,828	19,337	15,452	12,443	10,851	9,591	8,260	7,434
21	41,401	38,932	35,479	32,671	29,615	24,935	20,337	16,344	13,240	11,591	10,283	8,897	8,034
22	42,796	40,289	36,781	33,924	30,813	26,039	21,337	17,240	14,042	12,338	10,982	9,543	8,643
23	44,181	41,638	38,076	35,173	32,007	27,141	22,337	18,137	14,848	13,091	11,689	10,196	9,260
24	45,559	42,980	39,364	36,415	33,196	28,241	23,337	19,037	15,659	13,848	12,401	10,856	9,886
25	46,928	44,314	40,647	37,653	34,382	29,339	24,337	19,939	16,473	14,611	13,120	11,524	10,520
26	48,290	45,642	41,923	38,885	35,563	30,435	25,337	20,843	17,292	15,379	13,844	12,198	11,160
27	49,645	46,963	43,195	40,113	36,741	31,528	26,336	21,749	18,114	16,151	14,573	12,879	11,808
28	50,993	48,278	44,461	41,337	37,916	32,621	27,336	22,657	18,939	16,928	15,308	13,565	12,461
29	52,336	49,588	45,722	42,557	39,088	33,711	28,336	23,567	19,768	17,708	16,047	14,257	13,121
30	53,672	50,892	46,979	43,773	40,256	34,800	29,336	24,478	20,599	18,493	16,791	14,954	13,787
40	66,766	63,691	59,342	55,759	51,805	45,616	39,335	33,660	29,051	26,509	24,433	22,164	20,707
50	79,490	76,154	71,420	67,505	63,167	56,334	49,335	42,942	37,689	34,764	32,357	29,707	27,991
60	91,952	88,379	83,298	79,082	74,397	66,982	59,335	52,294	46,459	43,188	40,482	37,485	35,535
70	104,21	100,43	95,02	90,53	85,53	77,58	69,33	61,70	55,33	51,74	48,76	45,44	43,28
80	116,32	112,33	106,63	101,88	96,58	88,13	79,33	71,14	64,28	60,39	57,15	53,54	51,17
90	128,30	124,12	118,14	113,15	107,57	98,65	89,33	80,62	73,29	69,13	65,65	61,75	59,20
100	140,2	135,8	129,6	124,3	118,5	109,1	99,3	90,1	82,4	77,9	74,2	70,1	67,3
200	255,3	249,4	241,1	234,0	226,0	213,1	199,3	186,2	174,8	168,3	162,7	156,4	152,2
400	476,6	468,7	457,3	447,6	436,6	418,7	399,3	380,6	364,2	354,6	346,5	337,2	330,9
600	693,0	683,5	669,8	658,1	644,8	623,0	599,3	576,3	556,1	544,2	534,0	522,4	514,5
800	906,8	896,2	880,3	866,9	851,7	826,6	799,3	772,7	749,2	735,4	723,5	709,9	700,7
1000	1119	1107	1090	1075	1058	1030	999,3	969,5	943,1	927,6	914,3	898,9	888,6

8.5 95-%-Quantile $F_{FG_1 FG_2; 0{,}95}$ der F-Verteilung mit FG_1 und FG_2 Freiheitsgraden

FG_2 \ FG_1	1	2	3	4	5	6	7	8	9	10	11	12	13	14	15	16	17	18	19	20	25	30	40	50	70	100
1	161,45	18,51	10,13	7,71	6,61	5,99	5,59	5,32	5,12	4,96	4,84	4,75	4,67	4,60	4,54	4,49	4,45	4,41	4,38	4,35	4,24	4,17	4,08	4,03	3,98	3,94
2	199,50	19,00	9,55	6,94	5,79	5,14	4,74	4,46	4,26	4,10	3,98	3,89	3,81	3,74	3,68	3,63	3,59	3,55	3,52	3,49	3,39	3,32	3,23	3,18	3,13	3,09
3	215,71	19,16	9,28	6,59	5,41	4,76	4,35	4,07	3,86	3,71	3,59	3,49	3,41	3,34	3,29	3,24	3,20	3,16	3,13	3,10	2,99	2,92	2,84	2,79	2,74	2,70
4	224,58	19,25	9,12	6,39	5,19	4,53	4,12	3,84	3,63	3,48	3,36	3,26	3,18	3,11	3,06	3,01	2,96	2,93	2,90	2,87	2,76	2,69	2,61	2,56	2,50	2,46
5	230,16	19,30	9,01	6,26	5,05	4,39	3,97	3,69	3,48	3,33	3,20	3,11	3,03	2,96	2,90	2,85	2,81	2,77	2,74	2,71	2,60	2,53	2,45	2,40	2,35	2,31
6	233,99	19,33	8,94	6,16	4,95	4,28	3,87	3,58	3,37	3,22	3,09	3,00	2,92	2,85	2,79	2,74	2,70	2,66	2,63	2,60	2,49	2,42	2,34	2,29	2,23	2,19
7	236,77	19,35	8,89	6,09	4,88	4,21	3,79	3,50	3,29	3,14	3,01	2,91	2,83	2,76	2,71	2,66	2,61	2,58	2,54	2,51	2,40	2,33	2,25	2,20	2,14	2,10
8	238,88	19,37	8,85	6,04	4,82	4,15	3,73	3,44	3,23	3,07	2,95	2,85	2,77	2,70	2,64	2,59	2,55	2,51	2,48	2,45	2,34	2,27	2,18	2,13	2,07	2,03
9	240,54	19,38	8,81	6,00	4,77	4,10	3,68	3,39	3,18	3,02	2,90	2,80	2,71	2,65	2,59	2,54	2,49	2,46	2,42	2,39	2,28	2,21	2,12	2,07	2,02	1,97
10	241,88	19,40	8,79	5,96	4,74	4,06	3,64	3,35	3,14	2,98	2,85	2,75	2,67	2,60	2,54	2,49	2,45	2,41	2,38	2,35	2,24	2,16	2,08	2,03	1,97	1,93
11	242,98	19,40	8,76	5,94	4,70	4,03	3,60	3,31	3,10	2,94	2,82	2,72	2,63	2,57	2,51	2,46	2,41	2,37	2,34	2,31	2,20	2,13	2,04	1,99	1,93	1,89
12	243,91	19,41	8,74	5,91	4,68	4,00	3,57	3,28	3,07	2,91	2,79	2,69	2,60	2,53	2,48	2,42	2,38	2,34	2,31	2,28	2,16	2,09	2,00	1,95	1,89	1,85
13	244,69	19,42	8,73	5,89	4,66	3,98	3,55	3,26	3,05	2,89	2,76	2,66	2,58	2,51	2,45	2,40	2,35	2,31	2,28	2,25	2,14	2,06	1,97	1,92	1,86	1,82
14	245,36	19,42	8,71	5,87	4,64	3,96	3,53	3,24	3,03	2,86	2,74	2,64	2,55	2,48	2,42	2,37	2,33	2,29	2,26	2,22	2,11	2,04	1,95	1,89	1,84	1,79
15	245,95	19,43	8,70	5,86	4,62	3,94	3,51	3,22	3,01	2,85	2,72	2,62	2,53	2,46	2,40	2,35	2,31	2,27	2,23	2,20	2,09	2,01	1,92	1,87	1,81	1,77
16	246,46	19,43	8,69	5,84	4,60	3,92	3,49	3,20	2,99	2,83	2,70	2,60	2,51	2,44	2,38	2,33	2,29	2,25	2,21	2,18	2,07	1,99	1,90	1,85	1,79	1,75
17	246,92	19,44	8,68	5,83	4,59	3,91	3,48	3,19	2,97	2,81	2,69	2,58	2,50	2,43	2,37	2,32	2,27	2,23	2,20	2,17	2,05	1,98	1,89	1,83	1,77	1,73
18	247,32	19,44	8,67	5,82	4,58	3,90	3,47	3,17	2,96	2,80	2,67	2,57	2,48	2,41	2,35	2,30	2,26	2,22	2,18	2,15	2,04	1,96	1,87	1,81	1,75	1,71
19	247,69	19,44	8,67	5,81	4,57	3,88	3,46	3,16	2,95	2,79	2,66	2,56	2,47	2,40	2,34	2,29	2,24	2,20	2,17	2,14	2,02	1,95	1,85	1,80	1,74	1,69
20	248,01	19,45	8,66	5,80	4,56	3,87	3,44	3,15	2,94	2,77	2,65	2,54	2,46	2,39	2,33	2,28	2,23	2,19	2,16	2,12	2,01	1,93	1,84	1,78	1,72	1,68
25	249,26	19,46	8,63	5,77	4,52	3,83	3,40	3,11	2,89	2,73	2,60	2,50	2,41	2,34	2,28	2,23	2,18	2,14	2,11	2,07	1,96	1,88	1,78	1,73	1,66	1,62
30	250,10	19,46	8,62	5,75	4,50	3,81	3,38	3,08	2,86	2,70	2,57	2,47	2,38	2,31	2,25	2,19	2,15	2,11	2,07	2,04	1,92	1,84	1,74	1,69	1,62	1,57
40	251,14	19,47	8,59	5,72	4,46	3,77	3,34	3,04	2,83	2,66	2,53	2,43	2,34	2,27	2,20	2,15	2,10	2,06	2,03	1,99	1,87	1,79	1,69	1,63	1,57	1,52
50	251,77	19,48	8,58	5,70	4,44	3,75	3,32	3,02	2,80	2,64	2,51	2,40	2,31	2,24	2,18	2,12	2,08	2,04	2,00	1,97	1,84	1,76	1,66	1,60	1,53	1,48
70	252,50	19,48	8,57	5,68	4,42	3,73	3,29	2,99	2,78	2,61	2,48	2,37	2,28	2,21	2,15	2,09	2,05	2,00	1,97	1,93	1,81	1,72	1,62	1,56	1,49	1,43
100	253,04	19,49	8,55	5,66	4,41	3,71	3,27	2,97	2,76	2,59	2,46	2,35	2,26	2,19	2,12	2,07	2,02	1,98	1,94	1,91	1,78	1,70	1,59	1,52	1,45	1,39

8.6 99-%-Quantile $F_{FG_1;FG_2;0,99}$ der F-Verteilung mit FG_1 und FG_2 Freiheitsgraden

FG_2 \ FG_1	1	2	3	4	5	6	7	8	9	10	11	12	13	14	15	16	17	18	19	20	25	30	40	50	70	100
1	4052	98,50	34,12	21,20	16,26	13,75	12,25	11,26	10,56	10,04	9,65	9,33	9,07	8,86	8,68	8,53	8,40	8,29	8,18	8,10	7,77	7,56	7,31	7,17	7,01	6,90
2	4999	99,00	30,82	18,00	13,27	10,92	9,55	8,65	8,02	7,56	7,21	6,93	6,70	6,51	6,36	6,23	6,11	6,01	5,93	5,85	5,57	5,39	5,18	5,06	4,92	4,82
3	5403	99,17	29,46	16,69	12,06	9,78	8,45	7,59	6,99	6,55	6,22	5,95	5,74	5,56	5,42	5,29	5,18	5,09	5,01	4,94	4,68	4,51	4,31	4,20	4,07	3,98
4	5625	99,25	28,71	15,98	11,39	9,15	7,85	7,01	6,42	5,99	5,67	5,41	5,21	5,04	4,89	4,77	4,67	4,58	4,50	4,43	4,18	4,02	3,83	3,72	3,60	3,51
5	5764	99,30	28,24	15,52	10,97	8,75	7,46	6,63	6,06	5,64	5,32	5,06	4,86	4,69	4,56	4,44	4,34	4,25	4,17	4,10	3,85	3,70	3,51	3,41	3,29	3,21
6	5859	99,33	27,91	15,21	10,67	8,47	7,19	6,37	5,80	5,39	5,07	4,82	4,62	4,46	4,32	4,20	4,10	4,01	3,94	3,87	3,63	3,47	3,29	3,19	3,07	2,99
7	5928	99,36	27,67	14,98	10,46	8,26	6,99	6,18	5,61	5,20	4,89	4,64	4,44	4,28	4,14	4,03	3,93	3,84	3,77	3,70	3,46	3,30	3,12	3,02	2,91	2,82
8	5981	99,37	27,49	14,80	10,29	8,10	6,84	6,03	5,47	5,06	4,74	4,50	4,30	4,14	4,00	3,89	3,79	3,71	3,63	3,56	3,32	3,17	2,99	2,89	2,78	2,69
9	6022	99,39	27,35	14,66	10,16	7,98	6,72	5,91	5,35	4,94	4,63	4,39	4,19	4,03	3,89	3,78	3,68	3,60	3,52	3,46	3,22	3,07	2,89	2,78	2,67	2,59
10	6056	99,40	27,23	14,55	10,05	7,87	6,62	5,81	5,26	4,85	4,54	4,30	4,10	3,94	3,80	3,69	3,59	3,51	3,43	3,37	3,13	2,98	2,80	2,70	2,59	2,50
11	6083	99,41	27,13	14,45	9,96	7,79	6,54	5,73	5,18	4,77	4,46	4,22	4,02	3,86	3,73	3,62	3,52	3,43	3,36	3,29	3,06	2,91	2,73	2,63	2,51	2,43
12	6106	99,42	27,05	14,37	9,89	7,72	6,47	5,67	5,11	4,71	4,40	4,16	3,96	3,80	3,67	3,55	3,46	3,37	3,30	3,23	2,99	2,84	2,66	2,56	2,45	2,37
13	6126	99,42	26,98	14,31	9,82	7,66	6,41	5,61	5,05	4,65	4,34	4,10	3,91	3,75	3,61	3,50	3,40	3,32	3,24	3,18	2,94	2,79	2,61	2,51	2,40	2,31
14	6143	99,43	26,92	14,25	9,77	7,60	6,36	5,56	5,01	4,60	4,29	4,05	3,86	3,70	3,56	3,45	3,35	3,27	3,19	3,13	2,89	2,74	2,56	2,46	2,35	2,27
15	6157	99,43	26,87	14,20	9,72	7,56	6,31	5,52	4,96	4,56	4,25	4,01	3,82	3,66	3,52	3,41	3,31	3,23	3,15	3,09	2,85	2,70	2,52	2,42	2,31	2,22
16	6170	99,44	26,83	14,15	9,68	7,52	6,28	5,48	4,92	4,52	4,21	3,97	3,78	3,62	3,49	3,37	3,27	3,19	3,12	3,05	2,81	2,66	2,48	2,38	2,27	2,19
17	6181	99,44	26,79	14,11	9,64	7,48	6,24	5,44	4,89	4,49	4,18	3,94	3,75	3,59	3,45	3,34	3,24	3,16	3,08	3,02	2,78	2,63	2,45	2,35	2,23	2,15
18	6192	99,44	26,75	14,08	9,61	7,45	6,21	5,41	4,86	4,46	4,15	3,91	3,72	3,56	3,42	3,31	3,21	3,13	3,05	2,99	2,75	2,60	2,42	2,32	2,20	2,12
19	6201	99,45	26,72	14,05	9,58	7,42	6,18	5,38	4,83	4,43	4,12	3,88	3,69	3,53	3,40	3,28	3,19	3,10	3,03	2,96	2,72	2,57	2,39	2,29	2,18	2,09
20	6209	99,45	26,69	14,02	9,55	7,40	6,16	5,36	4,81	4,41	4,10	3,86	3,66	3,51	3,37	3,26	3,16	3,08	3,00	2,94	2,70	2,55	2,37	2,27	2,15	2,07
25	6240	99,46	26,58	13,91	9,45	7,30	6,06	5,26	4,71	4,31	4,01	3,76	3,57	3,41	3,28	3,16	3,07	2,98	2,91	2,84	2,60	2,45	2,27	2,17	2,05	1,97
30	6261	99,47	26,50	13,84	9,38	7,23	5,99	5,20	4,65	4,25	3,94	3,70	3,51	3,35	3,21	3,10	3,00	2,92	2,84	2,78	2,54	2,39	2,20	2,10	1,98	1,89
40	6287	99,47	26,41	13,75	9,29	7,14	5,91	5,12	4,57	4,17	3,86	3,62	3,43	3,27	3,13	3,02	2,92	2,84	2,76	2,69	2,45	2,30	2,11	2,01	1,89	1,80
50	6303	99,48	26,35	13,69	9,24	7,09	5,86	5,07	4,52	4,12	3,81	3,57	3,38	3,22	3,08	2,97	2,87	2,78	2,71	2,64	2,40	2,25	2,06	1,95	1,83	1,74
70	6321	99,48	26,29	13,63	9,18	7,03	5,80	5,01	4,46	4,06	3,75	3,51	3,32	3,16	3,02	2,91	2,81	2,72	2,65	2,58	2,34	2,18	1,99	1,88	1,75	1,66
100	6334	99,49	26,24	13,58	9,13	6,99	5,75	4,96	4,41	4,01	3,71	3,47	3,27	3,11	2,98	2,86	2,76	2,68	2,60	2,54	2,29	2,13	1,94	1,82	1,70	1,60

9 Verzeichnisse

9.1 Abbildungsverzeichnis

Abbildung 1-1:	Zusammenhang zwischen Prozess, Produkt und Anforderung	1
Abbildung 1-2:	Effektivität und Effizienz bei Prozessen und Produkten	2
Abbildung 1-3:	Prinzip zur Berechnung des Qualitätsniveaus von Six Sigma	5
Abbildung 1-4:	Pareto-Diagramm für Fehlerhäufigkeiten	12
Abbildung 1-5:	Grafische Darstellung einer Fehlersammelkarte	13
Abbildung 1-6:	Werteverlauf für eine metrische Zielgröße	13
Abbildung 1-7:	Histogramm für eine metrische Zielgröße	14
Abbildung 1-8:	Beispielhafte Darstellung einer Binomialverteilung	15
Abbildung 1-9:	Beispielhafte Darstellung einer Poissonverteilung	16
Abbildung 1-10:	Beispielhafte Darstellung einer Normalverteilung	16
Abbildung 1-11:	Wahrscheinlichkeiten in Normalverteilungen	17
Abbildung 1-12:	Darstellung möglicher Testentscheidungen	19
Abbildung 1-13:	Dichte der Standardnormalverteilung	21
Abbildung 1-14:	Dichte der t-Verteilung mit 14 Freiheitsgraden	22
Abbildung 1-15:	Dichte der χ^2-Verteilung mit acht Freiheitsgraden	22
Abbildung 1-16:	Dichte der F-Verteilung mit acht und 20 Freiheitsgraden	23
Abbildung 1-17:	Zusammenhang zwischen Realität und Modell	25
Abbildung 1-18:	Das Prozessmodell zur Abbildung von Ursache-Wirkungs-Beziehungen	26
Abbildung 1-19:	Prinzip des Spritzgießens zur Herstellung von Lego-Bausteinen	31
Abbildung 1-20:	Vereinfachte Darstellung des Ablaufs beim Spritzgießen	31
Abbildung 1-21:	Ursache-Wirkungs-Diagramm für das Lego-Beispiel	33
Abbildung 1-22:	Relationsdiagramm für das Lego-Beispiel	34
Abbildung 2-1:	Streuungsdiagramm Lego-Beispiel	39
Abbildung 2-2:	Streuungsdiagramm und Korrelationskoeffizienten	41
Abbildung 2-3:	Streuungsdiagramm mit Regressionsgerade	42
Abbildung 2-4:	Statistische Kennwerte im Streuungsdiagramm	45
Abbildung 2-5	Interpretation der Steigung einer Regressionsgeraden	47
Abbildung 2-6:	Konfidenzintervalle der Regressionskoeffizienten	49
Abbildung 2-7:	Konfidenzintervalle für das Lego-Beispiel	49
Abbildung 2-8:	Abhängigkeitsstruktur zwischen Ziel- und Einflussgrößen	51
Abbildung 2-9:	Abhängigkeitsstruktur im Lego-Beispiel	52
Abbildung 2-10:	Standardabweichung der Zielgröße und Standardfehler	57
Abbildung 2-11:	Bestimmtheitsmaß und Streuungsdiagramm	58
Abbildung 2-12:	Streuungsdiagramme Einflussgrößen und Residuen	71
Abbildung 2-13:	Positive und negative Autokorrelation	72
Abbildung 2-14:	Heteroskedastizität der Residuen	73
Abbildung 2-15:	Prüfung der Residuen auf Normalverteilung	75
Abbildung 2-16:	Prozesssteuerung in der Einflussgrößenübersicht	80
Abbildung 2-17:	Wichtige Kenngrößen und Grafiken	82
Abbildung 2-18:	Korrelationen im Prozess „Bauplatten"	83
Abbildung 2-19:	Auswahlbaum für mehrfache lineare Regression	83

9.1 Abbildungsverzeichnis

Abbildung 2-20:	Auswahl der Ziel- und Einflussgrößen	84
Abbildung 2-21:	Residuen und Einflussgrößen „Bauplatten"	86
Abbildung 2-22:	Residuen des Regressionsmodells „Bauplatten"	86
Abbildung 2-23:	Steuerung des Bauplatten-Prozesses	88
Abbildung 2-24:	Lineare Regression bei nicht-linearem Zusammenhang	93
Abbildung 2-25:	Transformationsfunktionen der Regressionsanalyse	94
Abbildung 2-26:	Transformierte Regressionsfunktion	95
Abbildung 2-27:	Prinzip der Dummy-Codierung	96
Abbildung 2-28:	Parallelverschiebung und Steigungsänderung durch Dummys	97
Abbildung 3-1:	Nach Maschinen gruppiertes Einzelwert-Diagramm der Bausteinschrumpfung	103
Abbildung 3-2:	Aufbau eines Box-Plots mit Erläuterungen	105
Abbildung 3-3:	Grafik mit den Box-Plots für den Bausteinschrumpf in % von den Maschinen A bis C	105
Abbildung 3-4:	Schema der Stichprobenziehung aus einer Grundgesamtheit	106
Abbildung 3-5:	Prinzip der Testentscheidung für den F-Test nach der Methode des Vergleiches der Prüfgröße mit der Signifikanzschwelle	113
Abbildung 3-6:	Darstellung der Signifikanzschwelle für das Beispiel Bausteinschrumpf (95%-Quantil der F-Verteilung für $f_1=2$ und $f_2=12$ Freiheitsgrade)	114
Abbildung 3-7:	Ermittlungsprinzip des P-Wertes für das Ergebnis der Varianzanalyse anhand der Prüfgröße $F_{Prüf}$	115
Abbildung 3-8:	Darstellung eines Residuums am Beispiel des vierten Schrumpfeinzelwertes an der Maschine C	117
Abbildung 3-9:	Grafischer Test auf Normalverteilung anhand der Darstellung der Residuen im Wahrscheinlichkeitsnetz für das Beispiel Bausteinschrumpf	118
Abbildung 3-10:	Ergebnis des Epps-Pulley-Tests auf Normalverteilung für das Beispiel Bausteinschrumpf	119
Abbildung 3-11:	Auffällige Muster in der Residuengrafik	120
Abbildung 3-12:	Grafischer Test auf konstante Streuung anhand der Darstellung der Residuen über den gefitteten Werten für das Beispiel Bausteinschrumpf	120
Abbildung 3-13:	Grafischer Test auf Unabhängigkeit anhand des Werteverlaufes der Residuen in der zeitlichen Reihenfolge für das Beispiel Bausteinschrumpf	123
Abbildung 3-14:	Haupteffekt-Diagramm für das Beispiel Bausteinschrumpf	125
Abbildung 3-15:	Diagramm der Haupteffekte für die Wirkung der Faktoren Schneckendrehzahl und Schneckentyp auf die Zielgröße Massetemperatur von ABS	134
Abbildung 3-16:	Diagramm der Zweifaktorwechselwirkung für die Wirkung der Faktoren Schnecke und Schneckendrehzal auf die Zielgröße Massetemperatur von ABS	135
Abbildung 3-17:	Wahl der Auswertemethode (destra)	136
Abbildung 3-18:	Dialogfenster für die Faktoren- und Zielgrößendefinition (destra)	137
Abbildung 3-19:	Modellwahl für die Varianzanalyse (destra)	137

Abbildung 3-20:	Ergebnis der mehrfachen Varianzanalyse für das Fallbeispiel Schweißversuch (destra)	138
Abbildung 3-21:	Ergebnisse des Tests auf homogene Streuung und des Tests auf Normalverteilung zum Schweißversuch (destra)	139
Abbildung 3-22:	Wechselwirkungsdiagramme zum Schweißversuch (destra)	139
Abbildung 3-23:	Wechselwirkung Anpressdruck*Stromzeit (destra)	140
Abbildung 3-24:	Grafik der Haupteffekte zum Schweißversuch (destra).	140
Abbildung 3-25:	Grafische Analyse der Residuen (destra)	141
Abbildung 4-1:	Zielgröße Y als Funktion der Einflussgrößen x1 und x2	145
Abbildung 4-2:	Systembetrachtungsweise von Prozess und Produkt	150
Abbildung 4-3:	Ursache-Wirkungs-Diagramm	152
Abbildung 4-4:	Beispiel für eine Transformation vom Originalbereich in den transformierten Bereich	157
Abbildung 4-5:	Versuchsraum bei zwei Einflussgrößen im Originalbereich	158
Abbildung 4-6:	Effekte der Einflussgrößen Pastenmasse P(M) und Formierstrom I(F)	162
Abbildung 4-7:	Grafische Interpretation eines ZWWE12 im transformierten Bereich	163
Abbildung 4-8:	zweifaktorieller Wechselwirkungseffekt $ZWWE_{PM;\ IF}$	163
Abbildung 4-9:	Effekt und Hauptwirkung der Einflussgröße x_1 im transformierten Bereich	165
Abbildung 4-10:	Grafische Darstellung der Effekte	175
Abbildung 4-11:	Versuchsraum des VFV 2^3 im Originalbereich	179
Abbildung 4-12:	Darstellung der Haupteffekte für die Zielgröße Zeit	186
Abbildung 4-13:	Grafische Darstellung der zweifaktoriellen Wechselwirkung b_{13} für die Zielgröße Zeit	187
Abbildung 4-14:	Dichtefunktion der t-Verteilung mit 8 Freiheitsgraden und der Testgröße $|t| = 1{,}446$	189
Abbildung 4-15:	Grafische Darstellung der Haupteffekte für die Zielgröße Länge	189
Abbildung 4-16:	Grafische Darstellung der signifikanten zweifaktoriellen Wechselwirkung b_{13} für die Zielgröße Länge	190
Abbildung 4-17:	Nichtübereinstimmung von Modell und Wirklichkeit	195
Abbildung 4-18:	Versuchsraum eines VFV 2^2 im transformierten Bereich mit zusätzlichem Zentralpunktversuch	195
Abbildung 4-19:	Residuenanalyse für die Zielgröße Zeit	199
Abbildung 4-20:	Residuenanalyse für die Zielgröße Länge	199
Abbildung 4-21:	Versuchsraum des TFV 2^{3-1}	201
Abbildung 4-22:	Prinzipdarstellung der IR-Reflowlötanlage	203
Abbildung 4-23:	Profilparameter zur Charakterisierung des Temperatur-Zeit-Verlaufes beim IR-Reflowlöten	204
Abbildung 4-24:	Zweifaktorielle Wechselwirkung b_{15} (AE)	208
Abbildung 4-25:	Residuenanalyse für die Zielgröße w6	209
Abbildung 4-26:	Ergebnisse der Optimierung des Profilparameters w6	209
Abbildung 4-27:	Ablauf des Simplex-Suchverfahrens	217
Abbildung 4-28:	Festlegung des Ausgangspolyeders	218
Abbildung 4-29:	Optimierungsziel und Wunschfunktion für die Zielgröße Zeit	223
Abbildung 4-30:	Optimierungsziel und Wunschfunktion für die Zielgröße Länge	223

Abbildung 4-31:	Ergebnisse der Polyoptimierung	224
Abbildung 4-32:	Ablauf der Box-Wilson-Methode	225
Abbildung 4-33:	Planung eines VFV 2^3	227
Abbildung 4-34:	Beurteilung des Versuchsplans und Vorschau	228
Abbildung 4-35:	Auswahl der mehrfachen Varianzanalyse und der Faktoren	229
Abbildung 4-36:	Residuenbetrachtung des reduzierten Ansatzes	231
Abbildung 4-37:	Wechselwirkung zwischen Pastenmasse und Argonfülldruck	231
Abbildung 4-38:	Steuerung des Prozesses	232
Abbildung 5-1:	Streuungsdiagramm und lineare Regressionsgerade	239
Abbildung 5-2:	Logistische Regressionsfunktion und Fehlerwahrscheinlichkeit	240
Abbildung 5-3:	Entwicklung des logistischen Regressionsmodells	242
Abbildung 5-4:	Beobachtete Zielgröße und geschätzte Fehlerwahrscheinlichkeit	247
Abbildung 5-5:	Teststatistiken auf der Basis der Likelihood-Schätzung	251
Abbildung 5-6:	Verhalten der logistischen Funktion in Abhängigkeit der Koeffizienten	254
Abbildung 5-7:	Interpretation der Koeffizienten der logistischen Regression	255
Abbildung 5-8:	Prüfung der Linearitätsannahme anhand der Logits	261
Abbildung 5-9:	Prüfung der Logits auf Autokorrelation	262
Abbildung 5-10:	Prüfung auf Ausreißer über die Pearson-Residuen	263
Abbildung 5-11:	Zeitliche Entwicklung der Ziel- und Einflussgrößen im Fallbeispiel	268
Abbildung 5-12:	Prüfung der Linearität zwischen Logits und Einflussgrößen	271
Abbildung 5-13:	Prüfung auf Autokorrelation für das Fallbeispiel	271
Abbildung 5-14:	Prüfung auf Ausreißer anhand der Pearson-Residuen	272
Abbildung 5-15:	Wirkung der Einflussgrößen auf die Fehlerwahrscheinlichkeit	273
Abbildung 5-16:	Häufigkeitsverteilung der richtigen und falschen Zuordnungen	277
Abbildung 6-1:	Ermittlung des 95%-Quantils χ^2 = 3,8415 der Chi-Quadrat-Verteilung mit dem Freiheitsgrad f=1	288
Abbildung 6-2:	Prinzip der Bestimmung des P-Wertes bei einer Chi-Quadrat-Verteilung anhand des Wertes der Prüfgröße	289
Abbildung 6-3:	Auswahl des Mehrfeldertests (destra)	297
Abbildung 6-4:	Eingabe der Stichprobenergebnisse in das Programm destra	297
Abbildung 6-5:	Testergebnis des Vierfeldertests im Programm destra	298
Abbildung 7-1:	Auswahl deskriptiver Statistiken	301
Abbildung 7-2:	Streuungsdiagramme für das Beispiel Bauplatten"	302
Abbildung 7-3:	„Vier-in-Eins"-Darstellung zur Modellbeurteilung	305
Abbildung 7-4:	Streuungsdiagramme zwischen Residuen und Einflussgrößen"	305
Abbildung 7-5:	Steuerwerte für den Bauplatten-Prozess	307
Abbildung 7-6:	Modelldefinition zur Varianzanalyse (MINITAB)	309
Abbildung 7-7:	Einstellung der Faktordiagramme (MINITAB)	309
Abbildung 7-8:	Dialog Residuen-Grafik (MINITAB)	310
Abbildung 7-9:	Auszug aus dem Ergebnis der Varianzanalyse, dass im Session-Fenster ausgegeben wird (MINITAB)	310
Abbildung 7-10:	Grafik der Residuen für die Modelldiagnose (MINITAB)	311
Abbildung 7-11:	Den Test auf gleiche Varianzen spezifizieren (MINITAB)	312
Abbildung 7-12:	Ergebnis des Tests auf gleiche Varianz (MINITAB)	312
Abbildung 7-13:	Haupteffekt-Diagramm zum Schweißversuch (MINITAB)	313

Abbildung 7-14:	Diagramm der Wechselwirkungen zum Fallbeispiel Schweißversuch (MINITAB)	313
Abbildung 7-15:	Wechselwirkungsdiagramm Stromzeit*Anpresskraft (MINITAB)	314
Abbildung 7-16:	Wechselwirkungsdiagramm Stromstärke*Anpresskraft (MINITAB)	314
Abbildung 7-17:	Planung eines VFV 2^3	316
Abbildung 7-18:	Versuchsvorschrift mit den Versuchsergebnissen	317
Abbildung 7-19:	Auswertung der Versuchsergebnisse	318
Abbildung 7-20:	Darstellung signifikanter standardisierter Effekte im Paretodiagramm	319
Abbildung 7-21:	Darstellung der Haupt- und Wechselwirkungseffekte	320
Abbildung 7-22:	Residuenanalyse für das vollständige Modell	321
Abbildung 7-23:	Erstellung des reduzierten Modells	321
Abbildung 7-24:	Paretodiagramm der standardisierten Effekte des reduzierten Modells	322
Abbildung 7-25:	Kontur- und Wirkungsflächendiagramm	324
Abbildung 7-26:	Zeitliche Entwicklung der Ziel- und Einflussgrößen im Fallbeispiel	325
Abbildung 7-27:	Befehlsfeld der logistischen Regression in Minitab	326
Abbildung 7-28:	Prüfung der Linearität zwischen Logits und Einflussgrößen	328
Abbildung 7-29:	Darstellung der Pearson-Residuen	329
Abbildung 7-30:	Prognose für ausgewählte Werte der Einflussgrößen	331
Abbildung 7-31:	Dateneingabe im Programm MINITAB	332
Abbildung 7-32:	Fenster Chi-Quadrat-Test im Programm MINITAB	332
Abbildung 7-33:	Ergebnis des Vierfeldertests in dem Session-Fenster des Programms MINITAB	333

9.2 Tabellenverzeichnis

Tabelle 1-1:	Beurteilung ausgewählter Managementkonzepte und -methoden nach ihren Optimierungsschwerpunkten	3
Tabelle 1-2:	Six Sigma-Werkzeuge im DMAIC-Phasen-Modell	7
Tabelle 1-3:	Merkmals- und Skalentypen	10
Tabelle 1-4:	Tabelle möglicher Testentscheidungen	20
Tabelle 1-5:	Modellierung und Modellierungswerkzeuge	27
Tabelle 1-6:	Auswahlschema für statistische Verfahren zur Prozessoptimierung	29
Tabelle 1-7:	Vor- und Nachteile von Versuchen und Prozessbeobachtungen	30
Tabelle 1-8:	CT-Matrix für das Lego-Beispiel	32
Tabelle 2-1:	Methodensteckbrief zur Regressionsanalyse	36
Tabelle 2-2:	Ausgewählte Fragestellungen der Regressionsanalyse	37
Tabelle 2-3:	Bezeichnungen der Ziel- und Einflussgrößen	38
Tabelle 2-4:	Lego-Beispiel – Datensatz im einer Einflussgröße	39
Tabelle 2-5:	Variablenbezeichnungen des Lego-Beispiels	43
Tabelle 2-6:	Lego-Beispiel – Datensatz mit drei Einflussgrößen	44
Tabelle 2-7:	Regressionskoeffizienten und Konfidenzintervalle für das Lego-Beispiel	55
Tabelle 2-8:	Streuungszerlegung für das Lego-Beispiel	59
Tabelle 2-9:	Modellbeurteilung mit Statistik-Software	62
Tabelle 2-10:	t-Test zur Prüfung der Regressionskoeffizienten	64
Tabelle 2-11:	Variance Inflation Factors für das Lego-Beispiel	65
Tabelle 2-12:	Berechnung der Streuungserklärung mittels Red%	67
Tabelle 2-13:	Modellbeurteilung nach Entfernung einer Einflussgröße	67
Tabelle 2-14:	Beurteilung der Regressionskoeffizienten mit Statistik-Software	68
Tabelle 2-15:	Aktuelle Kenngrößen des Lego-Beispiels	77
Tabelle 2-16:	Beurteilung der Regressionskoeffizienten mit Statistik-Software	77
Tabelle 2-17:	Vollständiger Regressionsansatz „Bauplatten"	84
Tabelle 2-18:	Reduzierter Regressionsansatz „Bauplatten"	85
Tabelle 2-19:	Beurteilung des Regressionsmodells „Bauplatten"	85
Tabelle 3-1:	Methodensteckbrief zur Varianzanalyse	100
Tabelle 3-2:	Ausgewählte Fragestellungen der Varianzanalyse	101
Tabelle 3-3:	Schrumpf in % von Legosteinen an drei baugleichen Spritzgussmaschinen	103
Tabelle 3-4:	Einzelwerte für den Bausteinschrumpf von verschiedenen Spritzgussmaschinen	107
Tabelle 3-5:	Schema der Indizierung von Einzelwerten	107
Tabelle 3-6:	Aufbauschema der Ergebnistabelle einer Varianzanalyse	112
Tabelle 3-7:	Übersicht der möglichen Testergebnisse bei einer Varianzanalyse nach der Methode des Vergleiches der Prüfgröße mit den Quantilen der F-Verteilung	114
Tabelle 3-8:	Bestimmung der Schätzwerte für die Modellparameter der einfachen Varianzanalyse für das Beispiel Bausteinschrumpf	116
Tabelle 3-9:	Zweiseitige 95%-Vertrauensbereiche für die Erwartungswerte des Bausteinschrumpfes an den Maschinen A bis C	117

Tabelle 3-10:	Bestimmung der Absoluten Abweichungen vom Median für das Beispiel Bausteinschrumpf	121
Tabelle 3-11:	Bestimmung der Prüfgröße des Levene-Tests für das Beispiel Bausteinschrumpf	122
Tabelle 3-12:	Quantile der F-Verteilung für den Levene-Test	122
Tabelle 3-13:	Residuen für das Beispiel Bausteinschrumpf	124
Tabelle 3-14:	Stichprobenkenngrößen für den Paarweisen Vergleich nach Bonferroni für das Beispiel Bausteinschrumpf	127
Tabelle 3-15:	Ermittlung der Quantile der t-Verteilung für den Paarweisen Vergleich nach Bonferroni	127
Tabelle 3-16:	Testergebnis für den Paarweisen Vergleich nach Bonferroni	128
Tabelle 3-17:	Testergebnis auf der Basis der P-Wert-Methode für den paarweisen Vergleich nach Bonferroni	128
Tabelle 3-18:	Massetemperatur von ABS in Grad Celsius für verschiedene Schneckendrehzahlen und Schneckentypen	129
Tabelle 3-19:	Schema der Indizierung von Einzelwerten bei einer zweifaktoriellen Varianzanalyse	130
Tabelle 3-20:	Ergebnistabelle der quadrierten Abweichungen zum Gesamtmittelwert für das Beispiel Massetemperatur	130
Tabelle 3-21:	Symbole für die Zellen- und Faktorstufenmittelwerte bei einer zweifaktoriellen Varianzanalyse	131
Tabelle 3-22:	Zellenmittelwerte für die Massetemperatur in Abhängigkeit von der Schneckendrehzahl und dem Schneckentyp	131
Tabelle 3-23:	Erwartete Zellenmittelwerte für die Massetemperatur in Abhängigkeit von der Schneckendrehzahl und dem Schneckentyp	132
Tabelle 3-24:	Tabelle der zweifachen Varianzanalyse für das Beispiel Massetemperatur von ABS	133
Tabelle 3-25:	Empfohlene Transformation der Zielgröße in Abhängigkeit von dem iterativ bestimmten Lambda-Wert	143
Tabelle 4-1:	Methodensteckbrief zur Versuchsplanung	146
Tabelle 4-2:	Aufgabenstellungen und Methoden zur Auswertung anhand von Modellen	147
Tabelle 4-3:	Anwendungsgebiete der Versuchsplanung	147
Tabelle 4-4:	Arbeitsetappen und Methoden für die Produkt- und Prozessoptimierung	149
Tabelle 4-5:	Ziel- und Einflussgrößenliste	151
Tabelle 4-6:	Codierung, Einstellniveaus und Variationsintervalle der Einflussgrößen	158
Tabelle 4-7:	Planmatrix für bis zu 5 Einflussgrößen im transformierten Bereich, Standardreihenfolge der Versuche	159
Tabelle 4-8:	Versuchsprotokoll mit Versuchsvorschrift für den VFV 2^2 in Standardreihenfolge und c = 2 Wiederholungen	160
Tabelle 4-9:	Versuchsprotokoll mit eingetragenen Versuchsergebnissen	161
Tabelle 4-10:	Matrix der unabhängigen Variablen mit eingetragenen Versuchsergebnissen	164
Tabelle 4-11:	Planmatrix des Plackett-Burman-Versuchsplanes für n = 11, 10, 9 oder 8 Einflussgrößen	168

Tabelle 4-12:	Siebpläne nach Plackett-Burman (PB-Pläne)	168
Tabelle 4-13:	Planmatrix des PB-Planes im transformierten Bereich und die entsprechende Versuchsvorschrift	173
Tabelle 4-14:	Versuchsvorschrift des PB-Planes mit c=2 Wiederholungen und eingetragenen Versuchsergebnissen	173
Tabelle 4-15:	Auswertung des PB-Planes	174
Tabelle 4-16:	Spezifikationen für die Zielgrößen Länge und Zeit	177
Tabelle 4-17:	Festgelegte Einstellniveaus der Einflussgrößen	178
Tabelle 4-18:	Planmatrix des VFV 2^3	179
Tabelle 4-19:	Versuchsvorschrift für den Versuchsverantwortlichen	180
Tabelle 4-20:	Versuchsvorschrift des VFV 2^3 mit eingetragenen Messwerten für die Zielgrößen	181
Tabelle 4-21:	Matrix der unabhängigen Variablen mit eingetragenen Messwerten für die Zielgröße Zeit	182
Tabelle 4-22:	Modellparameter für die Zielgröße Länge	183
Tabelle 4-23:	Berechnung der Versuchsstreuung für die Zielgröße Zeit aus 2 Wiederholungen je Versuch	185
Tabelle 4-24:	Modellparameter für die Zielgröße Länge	188
Tabelle 4-25:	Rechenschritte zur Bestimmung von MQ(Anp.def.)	193
Tabelle 4-26:	Ergebnis des Adäquatheitstests für die Zielgröße Zeit	193
Tabelle 4-27:	Ergebnisse des Adäquatheitstests für die Zielgröße Länge	194
Tabelle 4-28:	Zentralpunktversuche mit Versuchsergebnissen	197
Tabelle 4-29:	Nichtlinearitätstest auf Basis der Varianzanalyse für die Zielgröße Zeit	198
Tabelle 4-30:	Nichtlinearitätstest auf Basis der Varianzanalyse für die Zielgröße Länge	198
Tabelle 4-31:	Reduktion des VFV 2^3 auf einen TFV 2^{3-1}	200
Tabelle 4-32:	Teilweise faktorieller Versuchsplan TFV 2^{3-1}	201
Tabelle 4-33:	Festlegung der Niveaus und der Codierungen der Einflussgrößen	205
Tabelle 4-34:	Einflussgrößen, die während der Versuche konstant zu halten sind.	205
Tabelle 4-35:	Versuchsplan 2^{5-1} mit zwei Wiederholungen und eingetragenen Versuchsergebnissen in Standardreihenfolge	207
Tabelle 4-36:	Signifikante Modellparameter (α = 10 %)	207
Tabelle 4-37:	Ergebnis des Adäquatheitstests: Das Modell ist adäquat.	208
Tabelle 4-38:	Beispiele für die „Niveaus" nominaler Einflussgrößen	210
Tabelle 4-39:	Versuchsplan für zwei nominale Einflussgrößen A und B	210
Tabelle 4-40:	Festlegung der Codierungen und Einstellniveaus für die Einflussgrößen	212
Tabelle 4-41:	Matrix der unabhängigen Variablen	213
Tabelle 4-42:	Versuchsplan mit Versuchsergebnissen der Zielgröße Ausbeute	213
Tabelle 4-43:	Versuchsplan mit 4 Blöcken und den Versuchsergebnissen für die Ausbeute	214
Tabelle 4-44:	Tabelle der Varianzanalyse für die Zielgröße Ausbeute	215
Tabelle 4-45:	Darstellung der signifikanten Hauptwirkungen	215
Tabelle 4-46:	Ausgewählte Optimierungsmethoden	216
Tabelle 4-47:	Koordinaten der Eckpunkte des Ausgangspolyeders	218

Tabelle 4-48:	Versuchsplanmatrix für das Ausgangspolyeder im transformierten Bereich für 3 Einflussgrößen	219
Tabelle 4-49:	Spezifikationen, Formparameter und Bedeutungen für die Zielgrößen Länge und Zeit	223
Tabelle 4-50:	Beschreibung und Codierung der Einflussgrößen	227
Tabelle 4-51:	Versuchsvorschrift mit den Versuchsergebnissen	228
Tabelle 4-52:	Ergebnisdarstellung für den vollständigen Ansatz	229
Tabelle 4-53:	Ergebnisdarstellung für den reduzierten Ansatz	230
Tabelle 4-54:	Modellbeurteilung des reduzierten Ansatzes	230
Tabelle 5-1:	Methodensteckbrief zur logistischen Regression	235
Tabelle 5-2:	Fragestellungen der logistischen Regression	236
Tabelle 5-3:	Bezeichnungen der Ziel- und Einflussgrößen	237
Tabelle 5-4:	Datensatz 1 des Lego-Beispiels für die logistische Regression	237
Tabelle 5-5:	Durchführung des Paarweisen Vergleichs für den Datensatz 1	238
Tabelle 5-6:	Gesamtendzählwert und Signifikanz für den Paarweisen Vergleich	238
Tabelle 5-7:	Datensatz 2 des Lego-Beispiels für die logistische Regression	242
Tabelle 5-8:	Schrittweise Ermittlung der minimalen Devianz	245
Tabelle 5-9:	Schätzung der Fehlerwahrscheinlichkeit der logistischen Regression	246
Tabelle 5-10:	Klassifikationstabelle für das Lego-Beispiel	249
Tabelle 5-11:	Werte und Beurteilung von Pseudo-Bestimmtheitsmaßen	253
Tabelle 5-12:	Koeffizienten für das Lego-Beispiel mit einer Einflussgröße	256
Tabelle 5-13:	VIFs für das Lego-Beispiel mit drei Einflussgrößen	261
Tabelle 5-14:	Schätzung des Lego-Beispiels mit drei Einflussgrößen	264
Tabelle 5-15:	Schätzung des Lego-Beispiels mit zwei Einflussgrößen	264
Tabelle 5-16:	Beschreibende Statistiken für das Fallbeispiel chemischer Prozess	267
Tabelle 5-17:	Schätzung der logistischen Regression mit fünf Einflussgrößen	269
Tabelle 5-18:	Schätzung der logistischen Regression mit drei Einflussgrößen	269
Tabelle 5-19:	VIFs für das Fallbeispiel mit drei Einflussgrößen	270
Tabelle 5-20:	Klassifikationsergebnisse für das Fallbeispiel mit drei Einflussgrößen	272
Tabelle 5-21:	Backward selection nach dem AIC-Kriterium für das Fallbeispiel	276
Tabelle 5-22:	Signifikanz der Koeffizienten mit Wald- und LR-Test	276
Tabelle 5-23:	Sequentieller LR-Test (Devianz)	277
Tabelle 5-24:	Hosmer-Lemeshow-Anpassungstest	278
Tabelle 6-1:	Beispiele für den Einsatz von Mehrfeldertafeln im Rahmen der Prozessoptimierung	283
Tabelle 6-2:	Aufbauschema einer Vierfeldertafel	285
Tabelle 6-3:	Ereignishäufigkeit für fehlerhafte Einheiten vor und nach einer Prozessverbesserungsmaßnahme als Beispiel einer Vierfeldertafel	285
Tabelle 6-4:	Quantile der Chi-Quadrat-Verteilung für die Vertrauensniveaus 95%, 99% und 99,9%; berechnet für den Freiheitsgrad $f=1$	288

9.2 Tabellenverzeichnis

Tabelle 6-5:	Vergleich der Prüfgröße mit den Quantilen der Chi-Quadrat-Verteilung zur Ermittlung des Risikos, die Nullhypothese irrtümlich verworfen zu haben.	289
Tabelle 6-6:	Ergebnisse einer Qualitätsprüfung von Verpackungsmaterial, dass von drei verschiedenen Lieferanten bezogen wurde.	290
Tabelle 6-7:	Daten zu dem Beispiel Qualitätsprüfung von Verpackungsmaterial, dass von drei verschiedenen Lieferanten bezogen wird.	290
Tabelle 6-8:	Quantile der Chi-Quadrat-Verteilung für die Vertrauensniveaus 95%, 99% und 99,9% und f=2 Freiheitsgraden für das Beispiel Vergleich von drei Lieferanten	293
Tabelle 6-9:	Vergleich der Prüfgröße mit den Quantilen der χ^2-Verteilung für das Beispiel Vergleich von drei Lieferanten	293
Tabelle 6-10:	Allgemeines Aufbauschema der k×2-Mehrfeldertafel	294
Tabelle 6-11:	Ereignishäufigkeit der Lötfehler an drei Fertigungslinien	294
Tabelle 6-12:	Anzahl verformter Kontaktdrähte vor und nach der galvanischen Reinigung, die anhand von unabhängigen Stichproben ermittelt wurden	296
Tabelle 7-1:	Beschreibende Statistiken für das Beispiel Bauplatten	301
Tabelle 7-2:	Korrelationen für das Beispiel Bauplatten	302
Tabelle 7-3:	Vollständiger Regressionsansatz für das Beispiel Bauplatten	303
Tabelle 7-4:	Schrittweise Auswahl der wesentlichen Einflussgrößen	304
Tabelle 7-5:	Reduzierter Ansatz für das Beispiel Bauplatten	304
Tabelle 7-6:	Prognosewerte für die Steuerung des Bauplatten-Prozesses	307
Tabelle 7-7:	Beschreibung und Codierung der Einflussgrößen	315
Tabelle 7-8:	Ergebnisdarstellung im Sessionfenster	319
Tabelle 7-9:	Faktorielle Anpassung reduziertes Modell	323
Tabelle 7-10:	Beschreibende Statistiken für das Fallbeispiel chemischer Prozess	325
Tabelle 7-11:	Schätzung der logistischen Regression mit fünf Einflussgrößen	326
Tabelle 7-12:	Schätzung der logistischen Regression mit drei Einflussgrößen	327
Tabelle 7-13:	VIFs für das Fallbeispiel mit drei Einflussgrößen	328
Tabelle 7-14:	Klassifikationsergebnisse für das Fallbeispiel mit drei Einflussgrößen	330
Tabelle 7-15:	Tests auf Güte der Modellanpassung	330

10 Index

#

χ^2-Verteilung · 22

A

Abhängigkeitsstruktur · 51
Ablehnbereich · 192
Absicherung der Auswertung · 166
Adäquatheitstests · 184
AIC-Kriterium · 247
Aliase · 201
Alternativhypothese, Varianzanalyse · 108
Annahme der Linearität · 261
anspruchsvolles Verbesserungsziel · 4
Anwendungsbeispiele der Regressionsanalyse · 37
Arbeitsetappen der Versuchsplanung · 149
Aufbereitung und Auswertung von Daten · 9
Aufstellen des Versuchsplanes · 179
Ausreißererkennung · 262
Auswahlschema für statistische Verfahren · 29
Auswertung der Versuchsergebnisse · 174
Autokorrelation · 71, 262

B

backward selection · 275
Beobachtungsdaten und Versuchspläne · 29
Berechnung der Modellparameter · 181
Beschreibungsmodelle · 24
Beseitigung von Fehlerursachen · 236
Bestimmtheitsmaß · 57
Bestimmung der Modellparameter · 116
Beurteilung der Schätzung · 245
Beurteilung von Pseudo-Bestimmtheitsmaßen · 253
Binomialverteilung · 15
Blackbox · 153
Blockbildung · 211
Blockeffekt · 214
Blockvariablen · 211
Box-Cox-Transformation · 142
Box-Plot · 105
Box-Wilson-Methode · 224
Box-Wilson-Strategie · 216

C

Centerpoint · 198
Chancenverhältnis · 243, 255
Codierung · 158
Cox & Snell-R2 · 252
Cut off · 244

D

Daten · 9
destra® · 81
Devianz · 245, 249
Devianz und dem Likelihood-Ratio-Test · 251
DMAIC-Phasemodell · 6
Dummy-Codierung · 265
Dummy-Variablen · 96
Durbin-Watson-Test · 123
Durchführung der Versuche · 180

E

Effekte · 161
Effektivität · 2
Effizienz · 2
Einfachregression · 44
Einfluss potentieller Ausreißer · 272
Einflussgröße · 38
Einflussgrößenscreening · 146, 167
Eingangsgrößen · 150
Entscheidungsmodelle · 24
Erklärungsmodell · 37
Erklärungsmodelle · 24
Erwünschtheiten von Zielgröße · 221
Experimentalfehler · 184
exponentielle Funktion · 243

F

Faktoren · 156
faktorielle Versuchspläne · 200

Fallbeispiel · 136
Fehler 1. Art · 170
Fehler 2. Art · 171
Fehleranteil · 13
Fehlerchance · 265
Fehlersammelkarte · 12
Fehlerterme · 42
Fehlerwahrscheinlichkeit · 239
Festlegung der Versuchsniveaus · 178
Formulierung des Modells · 177
forward selection · 275
Fragestellungen der logistischen Regression · 236
Fragestellungen der Regressionsanalyse · 37
Freiheitsgrade · 18, 110, 169
Freiheitsgraden · 48
F-Test · 112, 191
F-Verteilung · 23

G

Generator · 201
Geschäftsprozess · 1
geschätzte Regressionsgerade · 45
Gradienten · 225

H

Haupteffekt-Diagramm · 125
Haupteffekte · 189
Hauptwirkungen · 164
Heteroskedastizität · 73, 239
Histogramm · 13
Hosmer-Lemeshow-Test · 278

I

Informationskriterium von Akaike · 275
Interpretation der Koeffizienten · 253
Interquartilsabstand · 104
Intervallschätzung · 47
Intervallskala · 10
Irrtumswahrscheinlichkeit · 170, 194

J

Just-in-Time-Produktionsprinzip · 7

K

Klassifikationsergebnisse · 249
Klassifikationstabelle · 249
Kleinst-Quadrat-Schätzer · 45
Konfidenzintervall · 17, 258
Konstruktionsparameter · 150
Korrelationskoeffizient · 40
Korrigiertes Bestimmtheitsmaß · 60
Kovarianz · 40
Kovarianzanalyse · 142
Kovarianzmatrix · 258
Kovarianzmatrix der Koeffizienten · 257

L

Lean Management · 7
Likelihood-Funktion · 244
Likelihood-Ratio-Test · 250, 276
linearer Zusammenhang · 69
Linearisierung · 93
logistische Funktion · 240, 254
Logit · 243, 254

M

Managementkonzepte und -methoden · 3
Maß für die Versuchsstreuung · 171
Matrixschreibweise · 52
Maximum-Likelihood-Methode · 244
McFaddens-R^2 · 251
Mehrfachregression · 51
mehrkategoriale Zielgrößen · 279
Merkmal · 9
Merkmalsausprägungen · 9
Merkmalstyp · 10
Methoden zur Problemlösung · 6
Methodensteckbrief zur logistischen Regression · 235
Mittelwert · 14, 40
Modell · 24
Modell der logistischen Regression · 242
Modell mit festen Effekten · 102
Modell mit zufälligen Effekten · 102
Modellannahmen · 69
Modellannahmen der logistischen Regression · 258
Modellformulierung · 241

Modellgüte · 191
Modellierung · 26
Modellprüfung · 55, 248
Modellsignifikanz · 61
Modellspezifikation · 259
Multikollinearität · 73, 260
multivariate Varianzanalyse · 141

N

Nachweis der Verbesserung · 153
Nagelkerke-R2 · 252
nicht normalverteilt · 142
Nicht-lineare Regression · 92
Nichtlinearität · 196
Nominalskala · 10
normalverteilte Residuen · 75
Normalverteilung · 16
Null- und Alternativhypothese · 18, 170
Nullhypothese, Varianzanalyse · 108
Nullmodell · 250

O

Odds · 243, 254, 265
Optimierung · 3
Ordinalskala · 10
Orthogonalität · 214

P

Paarweiser Vergleich · 238
Paarweiser Vergleich nach Bonferroni · 125
Pareto-Diagramm · 12
Paretoprinzip · 152
Pearson-Residuen · 262
Plackett-Burman-Pläne · 167
Poissonverteilung · 15
Policy Deployment · 8
Polynom n-ten Grades · 154
Press's Q-Test · 278
Prinzip der logistischen Regression · 237
Prinzip der Streuungszerlegung · 129
Produkt- und Prozessentwicklung · 147
Produkt- und Prozessparameter · 149
Produktfunktion · 153
Produktmerkmale · 150
Prognosemodell · 37

Prognosemodelle · 24
Projektorientierte Prozess- und Produktverbesserung · 5
Prozentuale Streuungserklärung · 66
Prozess · 1
Prozessfunktion · 153
Prozessgleichung · 44
Prozessmodell · 25
Prozessoptimierung · 1
Prozessparameter · 150
Prozesssteuerung · 76, 263
Prozesszustandsfunktion · 153
Prüfgröße - Varianzanalyse · 112
Prüfgröße des Levene-Tests · 122
Prüfung des logistischen Regressionsmodells · 248
Prüfung des Regressionsmodells · 183
Pseudo-Bestimmtheitsmaße · 251
Punkt- und Intervallprognose · 78
Punktprognose · 80
Punktschätzung · 47
P-Werte und Testentscheidungen · 128
P-Wert-Methode · 115

Q

Quadratische Krümmung · 198
qualitative Zielgröße · 235
Qualitätsniveau · 5

R

Red-Auswahlverfahren · 91
Regression · 154
Regressionsgleichung · 42
Regressionskoeffizienten · 45
Regressionsmodell · 42
Residualvarianz · 48
Residuen · 42
Residuen - Prüfung auf konstante Varianz · 119
Residuen - Prüfung auf Normalverteilung · 118
Residuen - Prüfung auf Unabhängigkeit · 122
Residuenanalyse · 198
Residuum · 117
richtige Datenerhebung · 11
Rückwärtsselektion · 91

S

saturiertes Modell · 249
Schätzung · 17
Schätzung der Regression · 44
Signifikanz der Regressionskoeffizienten · 63
Signifikanz der Schätzung · 249
Signifikanz des Regressionsmodells · 61
Signifikanzniveau · 18
Signifikanzschwelle · 185
Signifikanztest der Effekte · 169
Simplex-Suchverfahren · 216, 219
Six Sigma · 4
Skalentyp · 9
Standardabweichung · 14, 40
Standardfehler · 56
Standardnormalverteilung · 21
Statistik · 9
Statistische Tests · 18
Steckbrief Regressionsanalyse · 36
Steigung einer Regressionsgeraden · 47
Steuerung · 263
Stichprobenumfang · 259
stochastisches Modell · 42
Störgrößen · 150
Streuungsdiagramm · 40
Streuungszerlegung · 59
strukturprüfendes Verfahren · 90
Studentsche t-Verteilung · 21
Stufen der Modellierung · 26
Symbol für Streuung · 4

T

teilweise faktorielle Versuchspläne erster Ordnung · 200
Test auf Nichtlinearität · 194
Testentscheidung · 19
Testentscheidungen · 20
Teststatistik · 18
Total Productive Maintenance · 7
Total Quality Management · 7
Transformation von Einflussgrößen · 157
t-Test · 170

U

Umgebungs- und Funktionsparameter · 150
Ursache-Wirkungs-Beziehung · 38
Ursache-Wirkungs-Diagramm · 152

V

Variance Inflation Factor · 64, 260
Varianz - Zufallsstreuung MS(Rest) · 110
Varianz MS_{Faktor} · 111
Varianzanalyse · 100, 197, 214
Varianzanalyse - Ergebnistabelle · 112
Varianzanalyse, einfaktorielle · 107
Varianzanalyse, Fragestellung · 100
Varianzanalyse, Prinzip der Streuungszerlegung · 108
Varianzanalyse, Residuen · 119
Verhältnisskala · 10
Vermengungen · 201
Versuchsanzahl · 155
Versuchsbedingungen · 205
Versuchsdurchführung · 160
Versuchsplan 2. Ordnung · 196
Versuchspläne 1. Ordnung · 153
Versuchsplanmatrizen · 158
Versuchsplanmodell · 156
Versuchsplanung für nominale Einflussgrößen · 210
Versuchsraum · 179
Versuchsstreuung · 169, 191
Versuchsvorschrift · 173
Versuchswiederholungen · 155
Vertrauensbereiche für die Faktorstufenmittelwerte · 116
Voraussetzungen für Versuchsplanung · 148
Vorschlagswesen · 8
Vorwärtsselektion · 91

W

Wald-Test · 257
Wechselwirkungen · 164, 182, 202
Wechselwirkungsdiagramm · 135
Wechselwirkungseffekt · 162
Werkzeugkoffer zur Problemlösung · 6
Werteverlauf · 13

wesentliche Einflussgrößen · 90, 275
Wunschfunktion · 221

Z

Zeitreihenanalyse · 37
Zentralpunktversuch · 195

Zielgrößenoptimierung · 146
Zusammenhang · 40
Zustandsparameter · 150
zweifaktoriellen Wechselwirkung · 163, 186
zweistufigen Zielgröße · 249